三祖文化论坛汇编

李阳 ○ 主编

李学勤 题

中国社会科学出版社

图书在版编目（CIP）数据

三祖文化论坛汇编／李阳主编．—北京：中国社会科学出版社，2016.7
　ISBN 978－7－5161－7615－3

　Ⅰ.①三…　Ⅱ.①李…　Ⅲ.①文化史—涿鹿县　Ⅳ.①K292.24

中国版本图书馆 CIP 数据核字（2016）第 025275 号

出 版 人	赵剑英
责任编辑	宋燕鹏
责任校对	李　莉
责任印制	李寡寡
出　　版	中国社会科学出版社
社　　址	北京鼓楼西大街甲 158 号
邮　　编	100720
网　　址	http://www.csspw.cn
发 行 部	010－84083685
门 市 部	010－84029450
经　　销	新华书店及其他书店
印刷装订	北京君升印刷有限公司
版　　次	2016 年 7 月第 1 版
印　　次	2016 年 7 月第 1 次印刷
开　　本	787×1092　1/16
印　　张	27
字　　数	472 千字
定　　价	108.00 元

凡购买中国社会科学出版社图书，如有质量问题请与本社营销中心联系调换
电话：010－84083683
版权所有　侵权必究

毛泽东在《祭黄帝文》中咏涿鹿

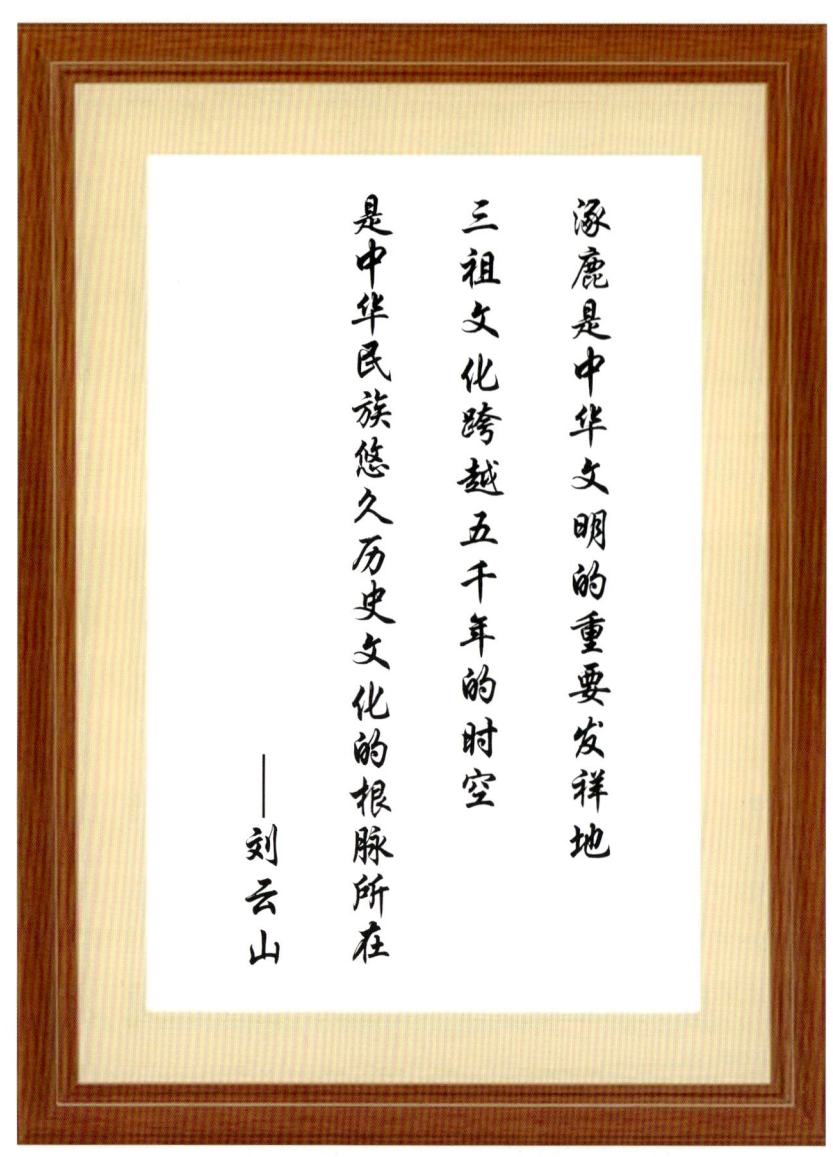

涿鹿是中华文明的重要发祥地
三祖文化跨越五千年的时空
是中华民族悠久历史文化的根脉所在
——刘云山

中共中央政治局常委刘云山
考察涿鹿时的重要讲话

国学大师、著名历史学家李学勤先生寄语

　　三祖文化一词出自涿鹿，有关研究在涿鹿也已进行多年。我认为涿鹿在这方面起有重要作用，"千古文明开涿鹿"这句话实有深远的根源。

　　涿鹿这一地名，一看即知有悠久的历史。据我所知，涿鹿一名最早见于《逸周书》的《尝麦篇》。尝麦是古代帝王每年春季进行的一种礼仪，篇中引述很多史事，里面就有炎（赤）帝、黄帝和蚩尤，还特别讲到涿鹿。涿鹿即是中冀，意即冀州的中心。这比《史记·五帝本纪》古老，从各方面看应该是西周时的文字。由此可见三祖传说的久远，也说明涿鹿地名有非常悠长的历史。这是我想贡献给涿鹿的。

李学勤

二〇一一年八月
于清华园

涿鹿县二十三处遗址遗迹旅游资源分布图

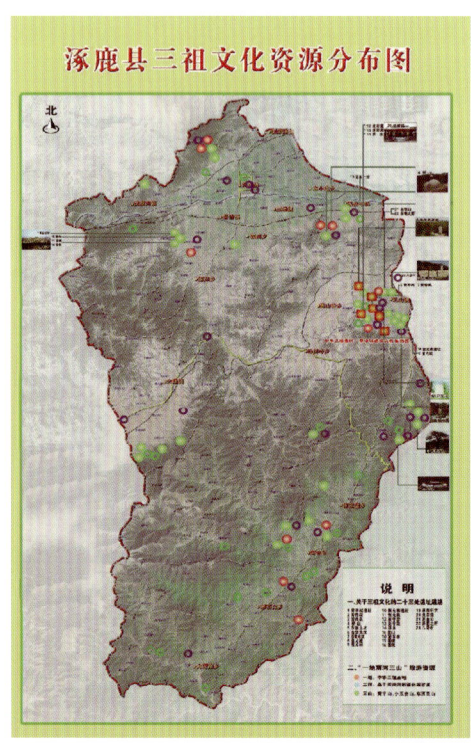

涿鹿县三祖文化资源分布图

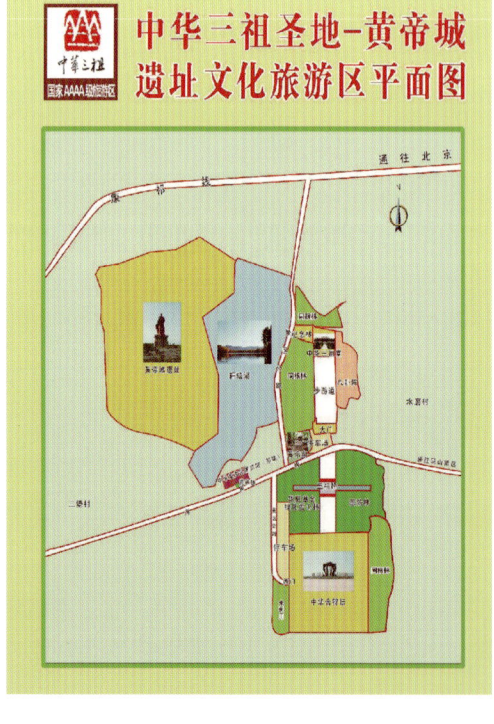

中华三祖圣地-黄帝城遗址文化旅游区平面图

遗址遗迹及景点

黄帝城遗址

黄帝泉

轩辕湖

黄帝杨

桥山

釜山遗址

釜山远眺

合符石

遗址遗迹及景点

潘城遗址

潘泉遗址

定车台

炎帝营

蚩尤寨

蚩尤泉

蚩尤怪树

蚩尤松

西蚩尤坟

南蚩尤坟

遗址遗迹及景点

涿鹿之战、阪泉之战古战场

涿鹿山

中华三祖堂

黄帝殿

黄帝殿全貌

炎帝庙

蚩尤祠

遗址遗迹及景点

蚩尤文化产业园

三祖圣地景区

中华合符坛华表

九龙腾飞柱

港土归根碑　　澳土归根碑

三祖文化广场

文化广场的三祖雕像

影视基地

名人名家题词题字

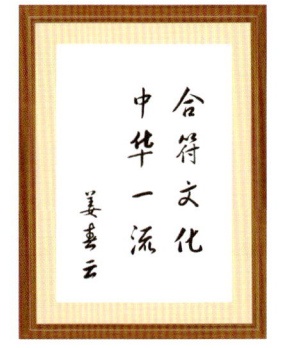

原全国人大副委员长姜春云
为三祖文化题词

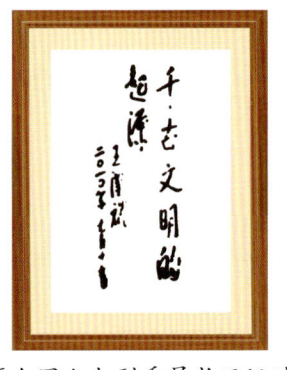

原全国人大副委员长王汉斌
为三祖文化题词

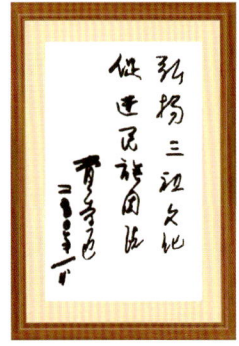

原全国人大副委员长、民盟
中央主席费孝通为三祖文化题词

原全国人大副委员长程思远
为《黄帝故城行》一书题名

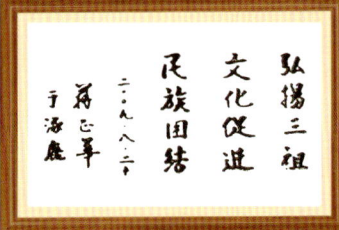

原全国人大副委员长蒋正华
为三祖文化题词

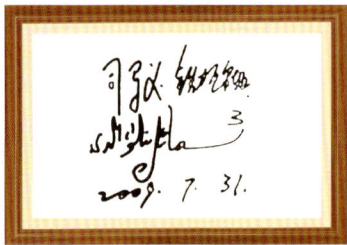

原全国人大副委员长司马义·铁
力瓦尔地视察黄帝城后签名

原全国政协副主席萧克
为三祖文化题词

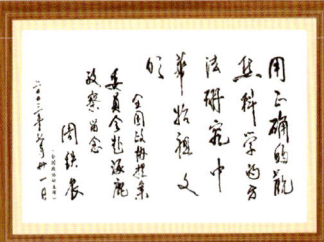

原全国政协副主席周铁农
为三祖文化题词

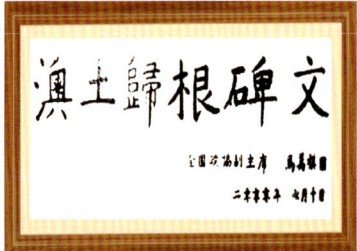

原全国政协副主席马万祺为
澳土归根碑题写碑名

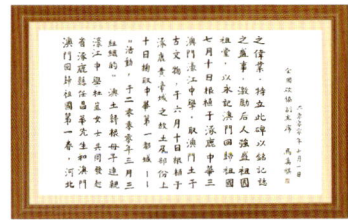

原全国政协副主席马万祺
为澳土归根碑题写碑文

名人名家题词题字

原全国政协副主席孙家正
为三祖文化题词

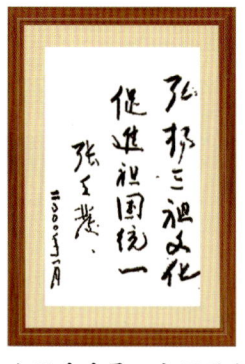

原中央军委委员、空军司令员
张廷发为三祖文化题词

原澳门特别行政区行政长官
何厚铧为澳土归根碑题写碑名

原林业部部长高德占
为三祖文化题词

原全国政协常委吴修平
为三祖文化题词

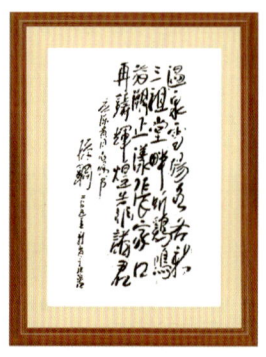

原国家旅游局副局长孙钢
为三祖文化题词

原全国政协委员陈玉书为
港土归根碑题写碑名

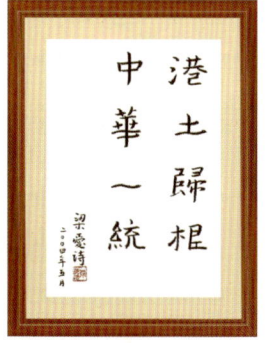

原首任香港特别行政区律政司司
长梁爱诗为港土归根活动题词

原河北省副省长王祖武为《轩
辕黄帝的传说》一书题词

名人名家题词题字

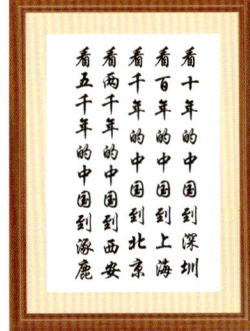
已故著名考古学家苏秉琦对涿鹿的评价

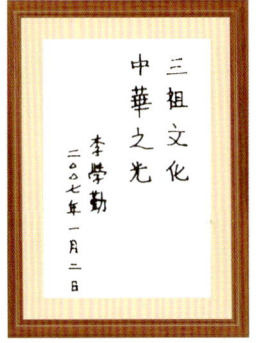
国学大师、著名历史学家李学勤为三祖文化题词

中国社会科学院学部委员、著名甲骨学家宋镇豪为三祖文化题词

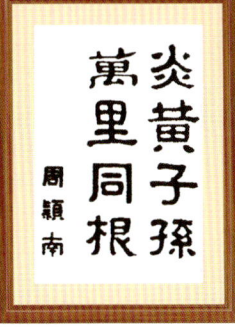
著名学者、新加坡籍华人周颖南为三祖文化题词

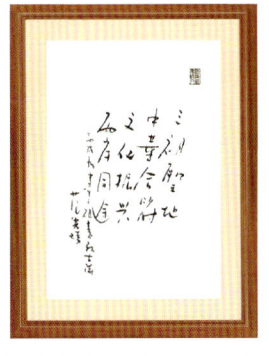
范仲淹后人、诗人、台湾中华文化协会会长范光陵为三祖文化题词

著名书法家赵之中为《轩辕黄帝在涿鹿》展览题词

著名作家、诗人、中国文联委员苏叔阳为三祖文化题词

著名学者王大有为三祖文化题词

台湾鬼谷子研究会顾问混元禅师（张益瑞）为黄帝殿题名

著名导演张纪中为三祖文化题词

各级领导视察三祖文化照片

中共中央政治局常委、中央书记处书记刘云山视察涿鹿中华三祖文化园区

原全国政协主席贾庆林视察涿鹿中华三祖文化园区

原中共中央政治局常委李长春视察涿鹿中华三祖文化园区

原全国人大副委员长蒋正华视察涿鹿中华三祖文化园区

原全国人大副委员长司马义·铁力瓦尔地视察涿鹿中华三祖文化园区

原全国政协副主席李蒙视察涿鹿中华三祖文化园区

原全国政协副主席孙家正视察涿鹿中华三祖文化园区

原全国政协副主席厉无畏视察涿鹿中华三祖文化园区

各级领导视察三祖文化照片

原全国人大常委朱相远视察涿鹿中华三祖文化园区

原涿鹿县委书记王江（前排左一）、原县委常委、县委办主任李建龙（后排左一）陪同全国政协常委胡德平（前排左二）视察涿鹿中华三祖文化园区

原国家安全部部长许永跃（左一）视察涿鹿中华三祖文化园区

原国家文物局局长单霁翔和原河北省副省长孙士彬等领导视察涿鹿中华三祖文化园区

原河北省委书记白克明（中）与中华三祖圣地有限公司董事长任汉华（左一）和总设计师冯钦铎在涿鹿中华三祖圣地合影

原河北省省长胡春华（前排右一）视察涿鹿中华三祖文化园区

原河北省委副书记刘德旺（前左三）视察涿鹿中华三祖文化园区

原河北省委副书记付志方视察涿鹿中华三祖文化园区

各级领导视察三祖文化照片

原河北省委常委、宣传部长,现任河北省委副书记赵勇到黄帝城、轩辕湖、黄帝泉调研

河北省领导赵勇(右一)刘永瑞(左一)视察涿鹿中华三祖文化园区

河北省委常委、常务副省长杨崇勇(右一)视察涿鹿中华三祖文化园区

原河北省委常委、省委统战部部长刘永瑞视察涿鹿中华三祖文化园区

原河北省委常委、宣传部长聂辰席(前左三)视察涿鹿中华三祖文化园区

原河北省委常委、省委统战部部长田向利指导三祖文化工作

原河北省政府副省长杨汭(左五)视察涿鹿中华三祖文化园区

原河北省副省长龙庄伟(前右四)视察涿鹿中华三祖文化园区

历届三祖文化论坛照片

原全国政协副主席、中国文联主席孙家正同志在三祖文化论坛上

全国政协教科文卫体委员会副主任张耕同志在三祖文化论坛上

全国政协教科文卫体委员会副主任江绍高同志在三祖文化论坛上

全国政协委员、民革中央常委、宣传部部长吴先宁同志在三祖文化论坛上

全国政协委员、中央人民广播电台编委会委员刘振英同志在三祖文化论坛上

全国政协委员、农工民主党中央常委、中央文化委员会主任张新建同志在三祖文化论坛上

全国政协委员、中外名人文化产业集团董事长陈建国同志在三祖文化论坛上

全国政协委员、中国社科院民族学与人类学研究所宗教文化研究室主任何星亮同志在三祖文化论坛上

原全国政协委员、民盟中央委员、北京市政协原副秘书长朱尔澄同志在三祖文化论坛上

全国政协常委、中央社会主义学院党组书记、第一副院长叶小文同志在三祖文化论坛上

历届三祖文化论坛照片

全国政协委员、原国有重点大型企业监事会主席解思忠同志在三祖文化论坛上

全国政协委员、中华文学史料学会副会长陈漱渝同志在三祖文化论坛上

原贵州省长、全国人大委员王朝文同志在三祖文化论坛上

国学大师、著名历史学家李学勤先生在三祖文化论坛上

中华炎黄文化研究会常务副会长赵德润先生在三祖文化论坛上

历史学、古文字学家孟世凯先生在三祖文化论坛上

历史学家、甲骨学家宋镇豪先生在三祖文化论坛上

历史学家、甲骨学家罗琨女士在三祖文化论坛上

考古学家安家瑶女士在三祖文化论坛上

先秦史学家宫长为先生在三祖文化论坛上

历届三祖文化论坛照片

原国防大学教官、中国先秦史学会鬼谷子研究分会会长房立中先生在三祖文化论坛上

著名旅游专家、学者李庚先生在三祖文化论坛上

著名学者、社会活动家王大有先生在三祖文化论坛上

原文化部艺术局局长兼中国戏剧家协会书记处书记曲润海先生在三祖文化论坛上

国民党政策委员会副执行长兼大陆事务部主任张荣恭先生在三祖文化论坛上

首都师范大学教授赵敏俐先生在三祖文化论坛上

北京语言大学教授方铭先生在三祖文化论坛上

中国政法大学教授黄震云先生在三祖文化论坛上

先秦史专家徐义华先生在三祖文化论坛上

历届三祖文化论坛照片

国家文物局政策法规司政策研究处副调研员王汉卫先生在三祖文化论坛上

民族史专家石茂明先生在三祖文化论坛上

台湾中华经济文化发展促进会许水树先生在三祖文化论坛上

台湾学者杨极东先生在三祖文化论坛上

世界华商联合会余勇先生在三祖文化论坛上

原河北省政协副主席王玉梅同志在三祖文化论坛上

原河北省政协常委、社会和法制委员会主任王宽同志在三祖文化论坛上

河北省文化厅副厅长李建华同志在三祖文化论坛上

历届三祖文化论坛照片

原河北省社会科学院副院长孙继民同志
在三祖文化论坛上

河北省直部门领导冯建雄同志在三祖
文化论坛上

原张家口市委书记王晓东同志在三祖
文化论坛上

张家口市人大主任李建举同志在三祖
文化论坛上

张家口市政协主席唐树森同志在三祖
文化论坛上

原张家口市委常委、市委宣传部部长
郑丽荣同志在三祖文化论坛上

原张家口市人民政府副市长侯桂兰
同志在三祖文化论坛上

原涿鹿县委书记王江同志在三祖文化
论坛上

历届三祖文化论坛照片

原涿鹿县委书记陈岗同志在三祖文化论坛上

原涿鹿县委副书记、县长冯印涛同志在三祖文化论坛上

原涿鹿县委副书记魏红侠同志在三祖文化论坛上

涿鹿县委常委、宣传部部长王玉荣同志在三祖文化论坛上

2009年-2012年三祖文化论坛秘书长、涿鹿县人民政府副县长李阳同志在三祖文化论坛上

涿鹿中华炎黄蚩三祖文化研究会会长任昌华同志在三祖文化论坛上

涿鹿中华炎黄蚩三祖文化研究会副会长赵育大同志在三祖文化论坛上

涿鹿中华炎黄蚩三祖文化研究会李怀全同志在三祖文化论坛上

历届三祖文化活动照片

原河北省文物局副局长谢飞（左二）与
涿鹿县领导在考古挖掘现场

全国首届炎黄蚩三祖文化研讨会与会领
导和专家合影

原涿鹿县委书记王宽（左）和有关专家
参加三祖文化研讨会

周颖南先生参加中华三祖堂竣工仪式

原涿鹿县人民政府县长武尚成同志参加
中华三祖堂竣工仪式

原涿鹿县委书记张卫东同志（中）
在三祖文化考察团欢迎仪式上

中华炎黄文化研究会名誉会长、老将军
冯征先生参加中华三祖堂开游仪式

第二届中华三祖文化研讨会会场

历届三祖文化活动照片

原全国人大副委员长程思远题词现场

原贵州省长、全国人大委员王朝文考察蚩尤寨

原全国政协委员陈玉书参加澳土归根碑揭碑仪式

原全国政协副主席马万祺（左）和原张家口市政府市长张宝义（右）参加澳土归根碑揭碑仪式

原张家口市委书记杨德庆（左）在澳土归根活动现场

原涿鹿县人民政府县长张晓光（左）在澳土归根活动现场

原涿鹿县人大主任李顺玉（左）在澳土归根活动现场

原涿鹿县委副书记任昌华（右）、原涿鹿县政协主席冯志品（左）与原澳门濠江中学校长杜岚女士（中）在澳土归根活动现场

历届三祖文化活动照片

澳土归根·母子连亲揭碑仪式现场

澳土归根·母子连亲活动发起人、原澳门濠江中学校长杜岚女士（中）在澳土归根活动现场

原中国首任驻美大使柴泽民（左）在澳土归根活动现场

原澳门特别行政区行政长官何厚铧（左）参加澳土归根碑揭碑仪式

澳门驻京办考察涿鹿三祖文化

蚩尤祠开工典礼仪式

蚩尤祠二期工程开工仪式

涿鹿中华合符文化高层论坛现场

历届三祖文化活动照片

河北省第十一届运动会火种采集仪式

中科院八位院士与有关领导集体合影

中国科学院院士吴传钧教授在中华三祖圣地总体规划评审会上

原中国文物学会会长、著名古建专家罗哲文在中华三祖圣地总体规划评审会上

中国工程院院士李文华在中华三祖圣地总体规划评审会上

原河北省常委、省委宣传部部长赵勇在中华三祖圣地文化项目新闻发布会上

北京奥组委官员考察涿鹿奥运圣火取火点合影

《发现黄帝城》电视专题片研讨会

历届三祖文化活动照片

四十集电视剧《炎黄大帝》剧本签约仪式

上海世博会河北馆将涿鹿中华三祖圣地称为"城市起源"之地

涿鹿县人民政府副县长李阳主持黄帝城景区升级仪式

涿鹿县领导陪同原市委组织部部长魏福刚以及李学勤、郭来喜、宫长为、李庚等专家在黄帝城景区

原全国政协副主席、中央统战部部长杜青林参加涿鹿共祭中华三祖大典

海峡两岸关系协会副会长王在希(中)和台湾新党主席郁慕明(右)参加涿鹿共祭中华三祖大典

原中国国民党副主席林丰正参加涿鹿共祭中华三祖大典

原中共张家口市委书记许宁主持中华三祖大典

历届三祖文化活动照片

原团市委书记、中共涿鹿县委副书记高薇在祭祖大典上

原河北省政协副主席冯文海在省三祖文化研究会成立大会上

河北省领导孙士彬在省三祖文化研究会成立大会上

原涿鹿县委书记、河北省三祖文化研究会秘书长王宽在省三祖文化研究会成立大会上

河北省文物局局长张立方在省三祖文化研究会成立大会上

原团市委书记、涿鹿县委副书记高薇，原涿鹿县委副书记任元，原涿鹿县委常委、宣传部长田成明在河北省三祖文化研究会成立大会上

河北省炎黄蚩三祖文化研究会成立暨第一届会员代表大会

历届三祖文化活动照片

2009海峡两岸"三祖文化"论坛会场

2009年参加三祖文化论坛领导和专家合影

2010年三祖文化论坛会场

2011年三祖文化高峰论坛会场

2011年三祖文化高峰论坛活动领导、专家、学者合影

历届三祖文化活动照片

原全国政协副主席孙家正（正中）在2012年三祖文化论坛期间与相关领导合影

2012年三祖文化论坛活动领导、专家、学者合影

2010年冀台同胞涿鹿共祭中华三祖大典现场

海峡两岸同胞共祭中华三祖大典仪式

象征民族大团结的五十六个民族服装表演队

《三祖文化论坛汇编》编委会

顾　　问：李学勤

主　　任：陈岗　高薇

副 主 任：魏红侠　李建龙　王玉荣
　　　　　李　阳　任昌华

委　　员：宋镇豪　宫长为　李　阳
　　　　　林建中　任昌华　李怀全
　　　　　高小卫　毕晓娟　张生海
　　　　　刘魏巍　唐文博

主　　编：李　阳

执行主编：张生海

摄　　影：张生海

序　言

为了进一步探索研究中华始祖文化，弘扬中华民族龙的精神，促进中华民族的伟大复兴与和谐社会建设，由涿鹿县有关方面人员编纂的汇集弘扬三祖文化20年来所有领导题词题字、活动照片、专家言论、研究成果的《三祖文化论坛汇编》一书，今天正式面世，这是深入挖掘中华民族悠久历史，进一步弘扬中华民族始祖文化，实现中华民族伟大复兴的一件幸事，在中华民族文化发展史上具有里程碑意义。在此，我们谨致祝贺！

翻开尘封的历史，我们可以看到，自先秦以来，有众多部史书记载着中华民族三大人文始祖黄帝、炎帝、蚩尤在涿鹿开创中华文明的业绩，特别是司马迁在《史记》中，更是以详尽的笔墨，记录下黄帝、炎帝、蚩尤在涿鹿征战、融合，最终"合符釜山，而邑于涿鹿之阿"。大史学家顾颉刚先生在《中国上古史演义》开篇中提出"千古文明开涿鹿"；著名考古学家苏秉琦先生更加明确指出，"看一百年的中国到上海，看一千年的中国到北京，看两千年的中国到西安，看五千年的中国到涿鹿"，进一步强调涿鹿在中华文明史上的重要地位；国学大师、著名历史学家李学勤先生题写"三祖文化，中华之光"，对炎、黄、蚩三祖在中华文明史上的贡献给予了充分的肯定。从众多的史书记载和专家研究成果中，我们可以清晰地看到，我国五千年的文明历史，以黄帝、炎帝、蚩尤的阪泉之战和涿鹿之战为开始，标志着中华文明的开端。因此，涿鹿成为中华三祖的唯一汇聚地，中华文明的源点，中华民族的奠基地。五千年岁月，积淀出中华人文的皇皇高地；千里桑干，富庶了三祖子孙的殷殷沃土。正是基于这些认识，从20世纪90年代初开始，涿鹿县委、县政府积极组织各方面的力量，对涿鹿的始祖文化资源进行挖掘和研究。1993年5月，时任涿鹿县委副书记的任昌华同志第一次提出了炎、黄、蚩三祖文化的观点，得到了历史学家李学勤、孟世凯、王北辰等一大批专家学者的肯定，并亲自到涿鹿考证。20年来，中国社会科学院历史研究所和中国先秦史学会一如既往地关注和支持着涿鹿三祖文化的挖掘和弘扬，从1995年开始到现在，先后组织召开了七届全国性三祖文化论坛，通过上百次的考察，先后撰写出研究论文上百篇，对这一世界独一无二的文化资源进一步挖掘、研究、论证。今天我们看到的这个汇编，是涿鹿弘扬三祖文化20年来的丰硕研究成果，从中我们可以更加系统、完整地了解中华始祖文化，了解中华民族的历史，了解涿鹿的历史渊源，这本汇编是集大成的历史读本，也是弘扬中华民族传统文化、普及爱国主义教育的很好的教科书。这一汇编的出版，无疑是给普天下的中华儿女留下了一笔宝贵的精神文化财富。对此，我们深感欣慰！

20年来，涿鹿历届县委、县政府高瞻远瞩，励精图治，十分重视文化事业的发展，相继对23处遗址遗迹进行了系列的保护，先后投资10亿多元建起了以中华三祖堂、黄帝殿、炎帝庙、蚩尤祠和中华合符坛为核心的中华三祖文化园区。著名制片人张纪中先生拍摄的以炎、黄、蚩涿鹿大战为核心内容的40集电视连续剧《英雄时代》已经封机，中央一套待播。涿鹿中华三祖文化园区被列入《河北省文化产业振兴规划》。冀台同胞涿鹿共拜中华三祖大典，已成为海峡两岸乃至全世界中华儿女寻根拜祖的盛事。对此，我们深感骄傲！

三祖文化的提出和弘扬，不仅扩展了传统的炎黄文化的内涵和外延，而且改变了数千年以来沿袭的炎黄是正统，蚩尤为邪恶的历史偏见。三祖文化所体现的团结和谐的合和理念，日益成为社会各界的共识。它为准确地认识中华文明的起源及发展史，不断地推进中华民族的大团结，创建和谐社会，努力促进祖国统一大业，发挥着越来越重要的作用，从而得到了海内外中华儿女的广泛认同，受到了国家、省、市各级领导的高度关注和大力支持。20年来，原党和国家领导人姜春云、程思远、费孝通、萧克、王汉斌、张廷发、吴修平、蒋正华、孙家正、周铁农、厉无畏等相继考察涿鹿三祖文化并参加祭奠中华三祖大典。2012年以来，国家领导人刘云山、贾庆林、李长春先后视察涿鹿中华三祖文化园区，对三祖文化研究开发建设做出重要批示和指示。国家领导人刘云山视察中华三祖文化园区后这样评价：涿鹿是中华文明的重要发祥地，三祖文化跨越五千年的时空，是中华民族悠久历史文化的根脉所在。对此，我们深感振奋！

　　三祖圣地，遍沐春风；古郡赤子，奋发图强。三祖文化不仅是河北人民、中国人民的骄傲，也是海内外中华儿女和全世界人民的财富。《三祖文化论坛汇编》的出版，向世人全面总结和展示了涿鹿县弘扬三祖文化20年来的文化成果，我们通过它与所有的中华儿女共享源远流长、博大精深的中华文化，对进一步弘扬三祖文化，创建和谐社会，实现我们的中国梦，推动社会主义文化事业的大发展、大繁荣，将会起到巨大的推动作用。

中国社会科学院历史研究所　宫长为
2014年10月1日于北京

目录 CONTENTS

一九九五年

会议纪要	会议秘书处	3
开幕词	李学勤	7
欢迎词	王　宽	9
闭幕词	王祖武	11
冯征同志在1995年"三祖文化"论坛上的讲话		13
孙钢同志在1995年"三祖文化"论坛上的讲话		17
韩克华同志对1995年"三祖文化"论坛的看法和意见		20
论苗族在中华民族形成和发展中的贡献	陈　靖	22
三祖文化始说	任昌华	31
涿鹿三祖文化简介	任昌华　王玉书	35
涿鹿、阪泉、釜山考	王北辰	38
关于黄帝城的有关问题	郑　光	48
中华文明始于涿鹿	周颖南	52
从"涿鹿之战"看涿鹿	孟世凯	54

试论涿鹿在中华文明发展史上的地位	潘哲伟 朱 武	58
关于黄帝传说的"神性"与"人性"问题	谢维扬	61
论涿鹿、阪泉之战在中华文明多元一体构成格局中的作用		
——从考古学区系类型文化的特色与交融谈起	孙敬明	66
炎、黄二帝的历史功绩及意义	郑洪春	72
黄、炎、蚩大战与中国古代战争起源研究	苏兆庆	75
黄帝是信史 帝都在涿鹿	李先登	78
蚩尤氏在中华文明史上的杰出地位论纲	王大有	83
阪泉之战与涿鹿之战在中华文明形成过程中的历史地位	罗 琨	87
涿鹿桥山黄帝陵史实考证	曲 辰 席 喻	91
涿鹿之战论析	黄朴民	100
三祖时代军事思想考索	张 文	106
黄帝"合符釜山"的历史意义	杜 宇	110
北魏王朝与涿鹿黄帝庙祭	杨倩描	112
黄帝、蚩尤与涿鹿	赵育大	115
阪泉、涿鹿之战与黄帝都涿鹿	陈 平	122
从周族的起源论及黄帝氏族的发祥地	沈长云	126
《水经注·漯水注》有关今涿鹿境内河流及黄帝遗迹考	孙继民	133
黄帝留民于燕赵之域考	魏建震	139
论战争的起源	房立中	142
蚩尤坟考	任昌华 赵育大 毕晓娟	144
"涿鹿"之由来	高志升	150

二〇〇三年

奥运圣火与涿鹿·中华合符文化高层论坛致辞	高金浩	155

全国人大常委、北京市政协副主席朱相远同志的讲话 …………… 157

北京奥组委副主席蒋效愚同志的讲话 …………………………… 160

中共北京市委副书记龙新民同志的讲话 ………………………… 163

河北省委常委、宣传部部长张群生同志的讲话 ………………… 165

2008年北京奥运旅游重大项目及庆典策划专家李庚先生的发言 ……… 167

中国先秦史学会常务副会长孟世凯先生的发言 ………………… 170

中华炎黄文化研究会第一副会长张文彬先生的发言 …………… 173

台湾群益国际投资有限公司总裁、涿鹿中华炎、黄、蚩三祖文化研究会
　　顾问张益瑞先生的发言 …………………………………… 175

二〇〇九年

2009年海峡两岸"三祖文化"论坛纪要 ………………………… 181

张家口市人民政府副市长侯桂兰同志在2009年
　　"三祖文化"论坛上的讲话 ……………………………… 184

涿鹿县人民政府县长陈岗同志在2009年"三祖文化"论坛上的讲话 … 186

中华炎黄文化研究会常务副会长赵德润先生在2009年
　　"三祖文化"论坛上的讲话 ……………………………… 189

全国政协委员、中国社科院历史所宋镇豪先生在2009年
　　"三祖文化"论坛上的讲话 ……………………………… 191

中国先秦史学会常务副会长兼秘书长宫长为先生在2009年
　　"三祖文化"论坛上的讲话 ……………………………… 192

合符文化与龙图腾的形成 ………………………… 李学勤　193

涿鹿古文化论坛演讲 …………………………………… 宋镇豪　198

合符釜山与合符文化 …………………………………… 任昌华 203
黄帝"合符釜山"的文化理念及其现实借鉴 ……… 孙继民 宋 坤 207
古涿鹿地望及相关问题辨析 ………………………… 沈长云 白国红 211
黄帝合符釜山：从部落联盟到多民族国家 …………………… 石茂明 221
中华三祖文化在台湾的弘扬 ………………………………… 杨极东 224
涿鹿在古文化方面的重要意义 ……………………………… 郑豪寿 228
三祖两战在涿鹿　合符釜山定中华 ………………………… 赵育大 230
在编写《涿鹿县志》中凸显中华三祖文化 ………………… 李怀全 240
黄帝铸鼎与合符釜山史迹考察 ……………………………… 张 翀 243
这一万年
　　——从中华文明的形成与发展说起 …………………… 宫长为 249

二〇一〇年

涿鹿县委书记王江同志在2010年"三祖文化"论坛上的致辞 ……… 253
涿鹿县人民政府副县长李阳同志在2010年
　　"三祖文化"论坛上的主持词 …………………………………… 255
与中华文明探源工程接轨,确立三祖文化在中华文明中的地位 … 安俊杰 258
谈涿鹿文化产业发展的运作 ………………………………… 侯廷生 265
"合符文化"的精髓是和谐 …………………………………… 戴长福 267
"三祖文化"传承中华五千年文明 …………………………… 王 江 269
开发特色文化产业　打造特色文化品牌　涿鹿县全力完善
　　公共文化服务体系 …………………………………………… 高 薇 271
涿鹿——点燃中华文明的薪火 ……………………………… 李 阳 274
黄帝"合符釜山"之釜山在涿鹿 …………………………… 张生海 276

二〇一一年

会议纪要 …………………………………………………………… 285

张家口市委常委、副市长郑丽荣同志在 2011 年
　　"三祖文化"论坛上的讲话 ………………………………… 287

涿鹿县人民政府县长陈岗同志在 2011 年"三祖文化"论坛上的讲话 … 289

河北省台湾事务办公室副主任张献民同志在 2011 年
　　"三祖文化"论坛上的讲话 ………………………………… 294

中国先秦史学会常务副会长、秘书长宫长为先生在 2011 年
　　"三祖文化"论坛上的讲话 ………………………………… 296

中国秦文化研究会常务副会长戴树先生在 2011 年
　　"三祖文化"论坛上的讲话 ………………………………… 298

中华三祖文化的传承 …………………………………… 王大有 299

扬三祖文化　推产业发展　促强省跨越 ……………… 刘进昌 301

从地质地理学角度分析"三祖"合符后为什么
　　选择在涿鹿定都 …………………………………… 冯健雄 305

三祖文化开发与产业化 …………………………………… 余　勇 310

"合符釜山"与中国龙文化 ……………………………… 季　方 315

中华三祖文化传承与产业开发 …………………………… 许水树 324

托斯卡纳 VS 涿鹿
　　——涿鹿区域发展战略定位思考之管窥 ………… 刘青社 328

炎黄文化的发祥地——"涿鹿"与"阪泉" …… 崔　勇　魏隽如 335

从血缘祖先到天下共祖
　　——中国国家起源中的共祖认同 ………………… 徐义华 343

005

拓宽视野，深入三祖文化研究 …………………………… 赵育大 344

黄帝城与涿鹿故城同是一城 ……………………………… 李怀全 346

二〇一二年

全国政协教科文卫体委员会副主任张耕同志在2012年

　"三祖文化"论坛上的讲话 …………………………………… 351

河北省政协副主席王玉梅同志在2012年

　"三祖文化"论坛上的讲话 …………………………………… 352

中共张家口市委书记王晓东同志在2012年

　"三祖文化"论坛上的讲话 …………………………………… 354

中共涿鹿县委书记陈岗同志在2012年

　"三祖文化"论坛上的讲话 …………………………………… 356

涿鹿县委副书记、县长冯印涛同志在2012年

　"三祖文化"论坛上的讲话 …………………………………… 359

著名历史学家、古文字学家李学勤教授在2012年

　"三祖文化"论坛上的发言 …………………………………… 361

全国政协常委、社会主义学院党组书记、第一副院长叶小文在

　2012年"三祖文化"论坛上的发言 …………………………… 364

全国政协常委、国务院参事室参事任玉岭在

　2012年"三祖文化"论坛上的发言 …………………………… 366

全国政协委员、中华文学史料学会副会长、鲁迅研究馆原副馆长

　陈漱渝在2012年"三祖文化"论坛上的发言 ………………… 370

全国政协委员、中国社科院学部委员、中国社会科学院历史研究所

　研究员宋镇豪在2012年"三祖文化"论坛上的发言 ………… 373

全国政协委员、民革中央宣传部部长吴先宁在2012年
　　"三祖文化"论坛上的发言 …………………………………… 375
全国政协委员、农工民主党宣传部原部长、安徽大学教授李汉秋在
　　2012年"三祖文化"论坛上的发言 ………………………… 377
全国政协委员刘震英在2012年"三祖文化"论坛上的发言 ………… 380
全国政协委员、原国资委国有企业监事会主席、历史学家谢思忠在
　　2012年"三祖文化"论坛上的发言 ………………………… 382
全国政协委员、农工党中央文化委员会主任张新建在2012年
　　"三祖文化"论坛上的发言 …………………………………… 383
全国政协委员、中外名人文化协会副会长、中外名人文化产业集团
　　董事长陈建国在2012年"三祖文化"论坛上的发言 ……… 385
全国政协委员、中国社会科学院考古研究所研究员安家瑶在
　　2012年"三祖文化"论坛上的发言 ………………………… 388
全国政协委员、中国社科院民族学与人类学研究所宗教文化研究室
　　主任何星亮在2012年"三祖文化"论坛上的发言 ………… 390
全国政协委员、民盟中央委员、北京市政协
　　原副秘书长朱尔澄在2012年"三祖文化"论坛上的发言 … 392
中国政法大学中文系教授，中国辽金史学会副会长黄震云在
　　2012年"三祖文化"论坛上的发言 ………………………… 396
北京语言大学教授、中华文化研究所所长、中国屈原学会
　　代会长方铭在2012年"三祖文化"论坛上的发言 ………… 398
首都师范大学文学院、教育部人文社会科学重点研究基地
　　教授赵敏俐在2012年"三祖文化"论坛上的发言 ………… 400
中国先秦史学会常务副会长兼秘书长宫长为在2012年
　　"三祖文化"论坛上的发言 …………………………………… 402

中国社会科学院民族学与人类学研究所研究员石茂明在
    2012年"三祖文化"论坛上的发言 …………………… 404
中国社会科学院历史研究所研究员罗琨在2012年
    "三祖文化"论坛上的发言 ……………………………… 407
首都旅游集团研究院首席研究员李庚在2012年
    "三祖文化"论坛上的发言 ……………………………… 410
国家文物局政策法规司政策研究处副调研员王汉卫在
    2012年"三祖文化"论坛上的发言 …………………… 412
全国政协教科文卫体委员会副主任江绍高在2012年
    "三祖文化"论坛上的总结发言 ………………………… 414
后　记 ………………………………………………………… 416

三联
文化论坛汇编

一九九五年

会议纪要

会议秘书处

为了弘扬中华民族历史优秀文化，深入探讨黄帝、炎帝、蚩尤三祖文化的历史意义和地位，促进学术交流，以便保护、开发、利用涿鹿三祖文化资源，在河北省、张家口市和涿鹿县人民政府全力支持下，经中共涿鹿县委副书记任昌华同志和涿鹿县人民政府副县长王玉书同志具体筹划和多方奔走联络，并得到中国社科院历史研究所和中共河北省委赞同批准，由中国先秦史学会、中华炎黄文化研究会、河北省社会科学院、河北省炎黄文化研究会、河北省张家口市人民政府等单位共同发起，1995年9月25日至28日，"全国首届涿鹿黄、炎、蚩三祖文化学术研讨会"在涿鹿矾山镇隆重召开了。

本次盛会引起各方热烈反响，中华炎黄文化研究会常务副会长冯征同志，河北省炎黄文化研究会执行会长、河北省原副省长王祖武同志，国家旅游局副局长孙钢同志，河北省旅游局局长陆正，文物局副局长谷同伟，张家口市委宣传部部长刘儒和涿鹿县委书记王宽、县长武尚成等各级党政领导同志，亲临大会并发表了热情洋溢的讲话。中华炎黄文化研究会执行会长萧克同志特为大会题词："中华民族大团结"，以示祝贺。全国人大常委、贵州省人大主任王朝文，河北省社科院院长严兰绅，新加坡籍华人、著名作家周颖南等，也专门致信祝贺。

来自海峡两岸历史学界和考古学界的40余位高级的专家学者出席了本次盛会。他们中有我国著名古文字和先秦史学家、中国社会科学院历史研究所孟世凯研究员、王宇信研究员，考古学家、中国社会科学院考古研究所郑光研究员，历史地理学家、北京大学城环学系王北辰教授，山东省潍坊市博物馆孙敬明研究员，华东师范大学史学研究所谢维扬教授，河北师院历史系沈长云教授，河北省社会科学院历史研究所夏自正所长、孙继民教授、杜荣泉教授，河北大学历史系刘式今教授以及王大有、李庚、曲辰等专家和台湾中华伦理教育学会秘书长席瑜先生等。出席本次盛会的代表，不仅有学泽淳厚的年长学者，也有一批富有学术建树的中青年学者，还有致力于弘扬炎黄文化的海外赤子，更有许多关心中国文化发展事业的政府领导人和各方人士。大家以文会友，济济一堂，共同切磋。大会共收到论文30余篇，还有一系列演讲及讲稿，就中华民族人文三祖的各个方面，展开了多层次、全方位、多学科学术交流和充分讨论。会议邀请了新华社、人民日报社、民族画报社、台声杂志社、中国文物报社、中国报道杂志社、河北电视台、张家口电视台、张家口人民广播电台、张家口日报社等16家新闻单位到大会进行系列报道。

涿鹿县及其周边地区，地处太行山脉和燕山山脉环卫的山间盆地，是我国古代人类文化南北东西纵横并汇的重要舞台。考古发现表明，这一带有许多旧石器时期、新石器时期仰韶文化、龙山文化、夏家店下层文化及商周文化乃至汉文化的考古遗址遗存，文脉延续，源远流长，文化蕴含明显带有山东、河南、山西、陕西、辽河等地的考古文化因素，又强烈呈现出当地自身发展的特色。另外，由内蒙古东部发现的赤峰英金河、阴河流域几十处史前古城堡群，连成半月状弧带，构成涿鹿地区的北翼，山东、河南、山西等地发现的龙山文化或更上溯至仰韶晚期的城址，亦在其南、其西形成拱卫之势。史传远古时黄帝、炎帝、蚩尤三大集团的纷争交汇，也都围绕涿鹿地区展开。因此，本次盛会在涿鹿举行，十分得当，是学界长期企盼的实现，对于弘扬中华文明，昭示博大绵远的中华传统文化内涵，阐发中华民族的凝聚力和提高爱国主义教育意识，非常及时，有着特殊的重要意义。

会议期间，专家学者重点考察了涿鹿境内的黄帝城、阪泉、蚩尤城、蚩尤泉、北魏祭黄帝的温泉行宫等一批古文化遗址，还远眺了桥山黄帝陵和黄帝"合符釜山"的地理地貌。特别是黄帝城出土的仰韶文化彩陶，龙山文化蓝纹灰陶，以及龙山时扁平穿孔磨光石等"礼器"，引人关注。地下考古发现表明，西周文献已经有了黄帝、炎帝、蚩尤史迹的记载，在涿鹿表现尤为突出，应属信史，并非子虚乌有，不应轻易怀疑，中华民族已有五千年以上文明发展史，实难以否定，其中涿鹿地区更相应显示了在中国古史中的显赫地位。与会学者认为，从《逸周书》、《山海经》中关于炎、黄、蚩尤传说的记载，到汉初帛书《黄帝四经》出土，到《史记·五帝本纪》之述，绵延不绝的大量文献叙述，均揭示一个事实，即炎帝、黄帝、蚩尤既是中华民族形成之初的人文三祖，又代表了几个历史的延续。有学者进而指出，炎帝和黄帝虽代表了远古所经历的两个时代的前赴后继的延续，但炎、黄、蚩三祖的文化发展却是平行并进式的，三者有分布地域上的差异，社会构成及生活习俗的差异，三者之间的关系，是了解中国古代文明形成及早期国家产生过程的关键。而涿鹿是黄帝、炎帝、蚩尤会聚在一起进行中华民族文明初期最重大活动的唯一圣地。因此，研究涿鹿三祖文化尤为特殊和重要。

本次会议围绕的炎、黄、蚩三祖的发祥地，存在两种不同意见。一种据《国语·晋语》所说："黄帝以姬水成，炎帝以姜水成。"认为炎、黄两族均起于西部黄土高原今陕西渭水流域，黄帝族又是姬姓周边的始祖，涿鹿黄帝族是由西东迁的一支。对此不少学者提出异议，指出今陕西渭水流域或扶风、岐山一带尚没有发现更早的先周文化，先周早期文化史见于陇东及泾水上游，黄帝族与姬姓周人未必有必然的联系，况且《国语·鲁语》还有另一种说法，讲周人先公稷继烈山氏子之柱能殖百谷，烈山氏即炎帝，可见周人已肯定其出自炎帝。但凡早期文献，均提及黄帝活动在"中冀"或"冀州"，就在河北北部涿鹿地区，有关黄帝的传说中也有着许多东方文化的因素，黄帝是在我国东方地区登上历史舞台的，甚至周初"封黄帝之后于蓟"。两说不同，但有若干共识，即认为炎帝发祥于西部，蚩尤原居地在山东地区，而涿鹿县是黄帝重要活动要地，也是三大集团最终大融合、大统一的归宿地。

关于我国历史记载最早的发生于涿鹿地区的炎、黄、蚩之间的两次战争，也是本会议的重要议题。不少学者认为，黄帝与炎帝有涿鹿的阪泉之战，实是东西文化的碰撞和交汇，促成了新的炎帝集团的联盟关系的形成。而成为一次东部地区南北文化的交流和炎黄、东夷两大集团重新组合的标志。这两次战争带有原始性，并夹杂着许多神话色彩，但若滤掉其中的荒诞成分，毕竟提供了当时的战争素材，可看出这类早期战争，是民族生成和融合的催化剂，有推动文明进程的积极作用，由此奠定了中华民族的根本。从这个意义上讲，涿鹿县就是中华民族的奠基地、发祥地、寻根问祖的圣地。

本次会议上，还有学者专门就蚩尤的历史地位，蚩尤族逐步南迁、最后立足南方、成为苗人崇拜的始祖做了探讨。与会代表共同认为，蚩尤在古代历史上与炎帝、黄帝一样，应占同等重要的一席，蚩尤对中华文明史的贡献，应给予充分的肯定，把炎、黄、蚩作为中华人文三祖，不仅符合中国历史的实际，而且利于民族团结，有其深刻的学术价值和现实意义。

对于各地出现的致祭黄帝现象，与会学者也展开了讨论，指出这是一种人文现象，反映了海内外炎黄子孙的一种渴求自强自立的愿望和心系祖国的深情。寻"根"热也是一种民族"返祖"心态的表露。"有陵大家祭"，正可见有关各方对于传统历史文化的重视和利用，其积极方面应予以肯定。这并不影响学术探讨，相反更可见涿鹿作为炎、黄、蚩三族重要的历史舞台的突出地位和所能起到的难得作用。

除此之外，本次会议还对炎黄时代社会性质和文明发展形态做了探讨。有学者认为，当时已进入文明初曙的英雄时代，属于野蛮社会的高级阶段。有学者认为，炎、黄、蚩时代尚处于部落联盟或者军事民主制时期。亦有学者认为，当时已进入国家社会，黄帝已建立起"大统一"国家。另有学者认为，炎、黄、蚩时代处于早期国家产生前的酋邦阶段，其突出特点是这三大集团均具有相当的吸收新的群体的能力，但各族不是平等的联合，而是有高下等级之分，炎、黄、蚩三族各自成为其酋邦的中心族。另外，还有学者分别就涿鹿三祖史迹、历史地沿革、炎黄年代问题、黄帝"合符釜山"的历史意义、涿鹿黄帝庙的缘起、黄帝城旅游开发等问题做了探讨。

鉴于涿鹿特殊的历史地位，现存的地下古文化遗址遗迹，以及其历史环境整体风貌犹存，与会学者一致认为，应重视和加强本地区的考古调查和发掘工作，此是真正的保护前提，否则一旦毁去，再难弥补，将永远有愧于子孙后代。大会代表经充分酝酿，达成共识，一致吁请国家有关部门尽快批准建立"涿鹿中华民族历史文化圣地"的大型中华始祖文化博物馆，设立"涿鹿中华历史文化圣地基金会"，以利该地域的全面保护、科学研究和开发利用。

开 幕 词

李学勤

由中华炎黄文化研究会、中国先秦史学会、河北省炎黄文化研究会、河北省社会科学院、张家口市人民政府和涿鹿县人民政府共同举办的"全国首届涿鹿三祖文化研讨会"现在开幕了，请允许我代表会议，热烈欢迎各位的光临。

我们中国人自称为炎黄子孙。黄帝、炎帝和蚩尤的传说源远流长，在传世的西周文献中已经有了。关于炎黄和蚩尤的记载繁多，反映了我们祖国自远古以来绵延不绝的历史传统。大家常说的炎黄文化，就是内涵丰富的中国传统文化。这一文化，是居住在祖国辽阔大地上的各族人民共同创造、共同发展的，对全世界有重大的贡献和影响，蕴含着许多我们应该继承的珍品。今天我们会聚一堂，正是为了深入探讨中国传统文化的始源和发展，加以分析评价，对其精华弘扬和阐发。

这次研讨会在河北涿鹿举行，有着特殊的重要意义。涿鹿在古代历史上有其显赫的地位。大家读司马迁《史记》的《五帝本纪》，在有关黄帝、炎帝、蚩尤的记述中，就讲到涿鹿之野。《五帝本纪》接着叙述黄帝"东至于海，西至于空桐，南至于江，北逐荤粥，合符釜山，而邑于涿鹿之阿"。《史记正义》说明涿鹿本为山名，山下有涿鹿故城，为黄帝所都。司马迁为了研究这段古史，亲自游历，"西至空峒，北过涿鹿，东至于海，南浮江淮"，去追寻有关的传闻，现在我们沿着太史公的足迹，也来到涿鹿，可以亲眼看到当地群山，看到山侧的被称为"黄帝、尧、舜之都"的涿鹿城，实在是令人兴奋、值得纪念的事。

大家知道，随着考古工作和研究的发展，中国古代历史文化的研究近年取得显著的进步，有了不少具有重要理论意义的新成果。这次"全国首届涿鹿三祖文化研讨会"，集中了历史学、考古学等方面的多位专家学者，带来了多角度、多层面的不少学术论文。可以预见，在这金秋的几天大好光阴里，大家相互启迪切磋，将对中国古代历史文化的一系列重大问题提出新见解，推进科学的发展，会议的成果，将为学术界所瞩目。

让我们在这里预祝研讨会圆满成功！

谢谢大家！

（作者系原中国社科院历史研究所所长，原中国先秦史学会会长）

一九九五年九月二十五日

欢 迎 词

王 宽

值此金秋送爽、硕果飘香的时节，全国首届涿鹿炎、黄、蚩三祖文化学术研讨会在我县隆重开幕了！在此，我谨代表中共涿鹿县委、涿鹿县人民政府及32万人民向与会的各位来宾表示热烈的欢迎，并致以崇高的敬意！

涿鹿地处河北北部，总面积2802平方公里，人口32万，是一个粮、果、肉综合发展的农业县。虽然地处塞北，却不乏江南秀色，物产丰富，气候宜人。这里土质肥沃，水源充裕，广种玉米、小麦、水稻及蔬菜，是河北最早确定的粮食生产基地，人均占有粮食高达500公斤，高于全国平均水平。中部丘陵地区，年产葡萄、鸭梨、苹果等各种水果7000万公斤，是华北著名的果品基地。南部深山区，盛产杂粮，干果，尤以享誉海内外的"龙王帽"甜杏仁为珍品，占全国出口量的一半以上。涿鹿县工业基础较好，有县办工厂28家，初步形成机械、采矿、电子、建材等8大系列，有16种产品获得国优、部优、省优称号。特别是乡镇企业迅速起步，现有企业8672个，总产值达10亿元。几年来，我县投资两亿元，加强了工业基础设施建设，实现了公路油路化，电话程控化，交通便利，通信通畅。

涿鹿县最引以为豪的还是它悠久五千年的灿烂文化。这里以黄帝战蚩尤的古战场著称于世。黄帝、炎帝、蚩尤三大始祖均在这块文明土地上劳作、征战、创建伟业，实现了中华民族的融合和统一，并留下了系统的、大量的遗址遗迹。这里有历史上最早的都城——黄帝城；在黄帝城东南0.5公里处有黄帝泉，相传是黄帝濯浴龙体、汲水、饮马的地方；有蚩尤部落安营扎寨的蚩尤寨；有桥山、蚩尤坟、蚩尤泉、釜山等。所有这些，为我们更好地研究三祖文化提供了非常珍贵的第一手资料。各位专家、学者通过实地考察，参观展览，一定会大有收益。我们这次三祖文化研讨会，就是要通过考察和研讨，探讨三祖文化的起源及其丰富的内涵，探讨三祖文化在中华文化形成中的重要意义，探讨炎、黄、蚩三大始祖与中华民族的形成与发展，探讨三祖文化在当代社会进步中的作用与意义。现在我们著名的专家学者聚集一堂，从历史学、考古学、文化学、民俗学，以及宗教学、艺术学等角度对三祖文化进行探讨。我深信，这次会议一定会取得丰硕的学术成果。

这次三祖文化学术研讨会的胜利召开，既拉开炎、黄、蚩三祖文化研究活动的序幕，也表明涿鹿作为三祖文化的发祥地，已为世人所瞩目，其研究价值已提高到一个新的层次。这对涿鹿乃至中华民族来讲，是炎、黄、蚩三祖开基立业以来，弘扬三祖文化、追溯中华文明、振兴民族精神的一次重大事件。特别是全国人民共同纪念抗日战争胜利50周年之际，召开这样的会议，对于我们进一步加强民族团结，促进祖国和平统一，都有着十分重要的现实意义和深远的历史意义。我相信，有各位领导、海内外知名人士和专家学者参加的三祖文化研讨会，必将在我们今后的事业中发挥出越来越重要的作用。

各位专家学者不远千里，不辞辛苦，光临涿鹿，这对于我们搞好三祖文化的开发，搞好涿鹿的改革开放，发展全县的经济，是巨大的鼓舞和支持。我们对各位的敬祖敬业精神，对各位振兴中华的殷殷之情，表示衷心的感谢！我们一定努力搞好这次会议的服务工作，为大会的顺利召开创造良好的环境。由于我们接待条件有限，如有照顾不周之处，敬请大家多多原谅和批评指正。

预祝大会圆满成功！

祝各位领导、各位专家、学者、各位朋友心情愉快，身体健康！

谢谢大家！

（作者系原中共涿鹿县委书记）
一九九五年九月二十五日

闭 幕 词

王祖武

全国首届涿鹿炎黄蚩三祖文化学术研讨会,今天即将闭幕了。

这次会议,会聚了先秦史学界、考古界和文物、旅游部门一些著名的专家学者,大家相聚在涿鹿,在考察遗址遗迹、出土文物和参观展览的基础上,从多角度、多层次研讨了华夏三祖的历史文化。这是一个成功的开端,无疑将会对今后的三祖历史文化的研究起到促进作用,为省、市、县领导关于如何保护和开发利用这一珍贵的文化遗产提供了有益的意见。

经过专家学者对历代史籍的详细考证和实地考察,经过多方面的切磋和交流,大家取得了一些共识性意见:

涿鹿地位从《史记》确立起,一直未变,发生在这里的阪泉之战、涿鹿之战是为信史;

炎帝、黄帝、蚩尤在涿鹿的争战、会盟和融合,促成我国原始社会时期部落联盟的大统一。这种大融合、大统一,奠定了中华民族的根本,它是中国历史上的一件大事,也是东亚文明史上,乃至人类史上的一件大事;

涿鹿战后,黄帝成为天下之共主,中华民族开始步入文明时代;

黄帝、炎帝和蚩尤是中华民族人文始祖,明确提出"三祖文明"的概念。

当然对炎、黄、蚩三祖文化的研究还是初步的,不少问题还有待于深入研究和探讨,我相信,在"百家争鸣"的方针指导下,经过大家的努力,我们将会不断地取得新的学术研究成果。

涿鹿地区是中华民族的始创地,涿鹿炎、黄、蚩华夏三祖历史文化遗迹,不仅是涿鹿人民、也是全国人民的一笔极宝贵的历史文化财富,具有很大的开发价值,挖掘它的历史内涵,展示它古老的历史风采,对弘扬优秀民族传统文化，对增强我们56个民族的凝聚力，促进中华民族的团结和国家的统一，对促进涿鹿县乃至张家口市的对外开放和经济、文化、旅游业的发展，将起到巨大的作用。怎样科学利用这笔历史遗产，为当今"两个建设"服务，是摆在我们面前的一大课题。

在这次研讨会上，专家学者还吁请涿鹿县人民政府、张家口市人民政府、河北省人民政府，向国家有关部门提出两项申请：一是申报涿鹿三祖历史文化名城。我们将努力争取促其早日实现。刚才与会专家学者又发出了有关三祖文化的倡议书，专家学者们的这种热情是今后搞好三祖文化研究与开发和重要因素。

各位专家学者、同志们、朋友们，这次会议虽然就要结束了，但对三祖历史文化的研究还远没有终结，我们期待着你们，在这一领域里的研究取得更大的成绩，并希望你们继续对三祖文化的开发工作给予指导和支持。

最后，我代表会议主席团和全体与会人员，共同向为这次学术研讨会顺利举行以及为会议提供周到服务付出了辛勤劳动的全体工作人员，致以衷心的感谢！

谢谢大家！

（作者系原河北省人民政府副省长）

一九九五年九月二十八日

冯征同志在 1995 年"三祖文化"论坛上的讲话

酝酿已久的中国首届涿鹿炎帝、黄帝和蚩尤"三祖文化"学术研讨会开幕了。这是炎黄文化研究中的一件大事。我受周谷城会长、萧克执行会长的委托，代表中华炎黄文化研究会，向与会的专家学者和各位来宾，特别是来自海峡对岸的亲爱的台湾同胞，表示热烈的欢迎！向积极筹备这次会议的先秦史学会、河北省炎黄文化研究会、张家口市和涿鹿县的同志致以诚挚的慰问和深切的谢意！

众所周知，长期以来，我们习惯说的炎黄文化，就是指中华民族的传统文化。是以神农氏炎帝和轩辕氏黄帝为代表的我们的人文始祖所开创的传统文化，其中包括九黎、苗族文化和其他民族的文化。"千古文明开涿鹿"，据史书记载：涿鹿是中华民族发祥地和文明史起点之一。是我们的先祖黄帝、炎帝和蚩尤及其部族征战的地方，同时也是相互融合的地方。是黄帝打败蚩尤、炎帝后各氏族部落拥戴为天下共主而建立的"都城"。由此，在辽阔的神州大地上形成了以涿鹿为中心的东至于海，西至空桐（今甘肃平凉），南至于江，登熊、湘（今湖南），北至塞外的大统一局面。这在氏族社会中当然是件了不起的大事。两次涿鹿大战的结束，黄帝一统局面的出现，为各部族部落人民，协调一致，提高生产能力，战胜自然灾害，摆脱野蛮进入文明时期，奠定了基础。从那时起，以炎、黄二帝为代表的人文始祖所创造的炎黄文化，流传开来。几千年来我国家喻户晓的神农尝百草、种五谷、寻医药、兴集市；黄帝造车船、制衣衫、抚万民、治天下；蚩尤 81 个兄弟部族黎民南下，勤奋劳作、发展农业，炎帝、黄帝作为科学家、发明家，蚩尤作为军事家，在部落人民中享有盛誉。他们在涿鹿征战和融合劳动中，创造的天人合一、自强不息、勤劳勇敢、勇于改革、厚德载物、无私奉献等原始共产社会的风尚和美德逐步形成，而且深入人心，有力地促进了社会的发展。随着生产力的提高，阶级国家的出现，经过夏、商、周和春秋战国，以炎黄文化为标志的我国古代文明发展得丰富多彩，在哲学、政治、军事、经济、文化、艺术等方面都呈现了繁荣的局面，促进了多元一体的中华民族的融合和发展。今天我们亿万炎黄子孙，创建的社会主义新中国屹立在世界的东方，我国优秀的传统文化为世界的文明事业做出了不可磨灭的贡献，这和黄帝、炎帝、蚩尤角逐涿鹿，黄帝统一中原是分不开的。"炎黄子孙，不忘始祖"（陈云）。今天在欢庆伟大抗日战争和世界反法西斯战争胜利50周年和新中国建立46周年的时候，我们在古涿鹿圣地进行实地考察，对"涿鹿三祖文化"进行探讨，研究如何进一步弘扬中华优秀传统文化，振奋民族精神，增强民族团结，促进祖国的经济建设和统一大业，显然具有重大的历史意义和现实意义。

首先，肯定我们先祖涿鹿征战和实现统一历史贡献。在生产力极为低下的氏族社会中，人类为争生存、求发展，部落之间发生争执、格斗是很自然的。涿鹿之战以及最终形成的大统一，符合生产力的要求，为人类战胜野蛮进入文明社会迈进了一大步。传说和文字记载表明，人们对于分裂、抢劫、征战和惨杀是反感的、厌恶的，渴求和平统一，发展生产，过上好的生活，分久必合是人心所向，任何力量都阻止不了。这是氏族社会向文明社会过渡中人们在斗争实践中形成的一种信念。由黄帝成为共主实现各部族和民族的融合，追求消灭战争残杀，和平幸福生活为人民所向往，受到先民拥护。这就是后来孔子提倡的"大道之行也，天下为公"的原始共产主义理想，也是中华民族强大凝聚力的最初标志。从《五帝本纪》和《正义》解释中可以看到，黄帝、炎帝和蚩尤三大部族的领袖，蚩尤比较强悍，黄帝联合各个部落才打败了他，并借助蚩尤的形象和影响，把蚩尤部族收编起来，后来人称被打败的蚩尤部落的人是黎民，以后黄帝又打败了炎帝，但没有杀死他，让他继续发挥领导的作用，共同创造古代的物质文明和精神文明。在司马迁的笔下，这段历史和夏、商、周三朝都是大统一政权，其实黄帝时代还是原始共产社会，构不成中央集权的统一国家。司马迁赞扬的黄帝大统一的思想从那时起代代相传，影响很大，促进了多元一体的中华民族的形成和发展。不仅汉朝如此，其他少数民族的统治者也维护和宣传这一思想。五代、十六国时匈奴人建立了大夏国，自认为是夏禹的后代，要恢复夏禹的统一大业。匈奴人刘渊建立的汉国，认为自己是刘邦的后代，要恢复汉朝的正统。这两个匈奴小国，建立时间并不长，统治地区也不大。但大统一的思想是很强烈的。这可以看出从黄帝到现在，大统一思想已经深入人心，成为中华民族凝聚力的源泉。这对于多元一体的中华民族的形成和巩固起了重大作用。蒙古族和满族统一为中华民族的形成和巩固起了重大作用。蒙古族和满族统一了中国，都使大统一思想为核心的中华民族优秀文化得到了继承和发展。保持了中国历史和文化传统的继承性。其中元代的成吉思汗和清朝的康熙、乾隆，在坚持传播大统一思想为核心的中国传统文化，巩固、发展多元一体的中华民族方面都做过重大贡献。清朝统一中国后，一支流落在中亚的拥有十万之众蒙古群体，仍然冲破一切艰难险阻，不远万里回到了中国。我们这个多民族的国家在三千年的阶级社会中，分裂时间不到三分之一，三分之二的时间是统一的。分久必合，而且越合越大，凝聚力越强。历史证明"民族的团结，国家的统一"代表了中国各族人民的最大利益。大统一思想是多元一体的中华民族形成和发展的基础。新中国成立后，以平等、团结、互助为特征的社会主义民族关系的形成，巩固祖国的统一和加强民族团结，已成为我国各族人民的共同心愿和坚定的信念。这是任何时代、任何国家所不能比拟的，也是任何侵略者难以破坏的。我们的探讨和研究应紧紧围绕这一点并做出成绩来。

其次，探讨和研究从涿鹿建都以来的优秀传统文化，应该抓住主流和精华，弘扬爱国主义的主旋律，为创造有中国特色的社会主义新文化做贡献。我们今年在纪念抗战胜利50周年中，曾以"爱国主义与传统文化"为主题，在北京和曲阜举行了影响较大的学术讨论会。我们认为：中国优秀传统文化中孕育的爱国主义是我们伟大中华民族精神的集中体现，是我国人民最强大的民族魂。它代表着我国传统文化的主流和精华，在我国有悠久的历史和深厚的土壤。扎根于人民群众和几千年来思想和实践之中。爱国主义的内涵是爱国、爱民。包括热爱祖国的山川田园，热爱民族的传统文化，热爱国家的主人——人民、父老亲人、骨肉同胞。"爱国主义"作为现代术语时间并不长，但是热爱集体、热爱家乡、热爱人民的思想却源远于国家的形成之前，前边提到的以黄帝、炎帝代表的我们的祖先所创立的古代文明中的集体主义精神、原始共产主义社会的美德，都有充分的体现。黄帝、炎帝、尧、舜、大禹……无私奉献的精神和风格，他们勇于求索和改革的精神，光照千古，现在和将来都是需要倡导学习的。随着生产力的发展，阶级国家的出现，屈原的铮铮铁骨，忧国忧民，孔子讲的"仁爱"，孟子的"民为贵，君为轻"，王昭君、文成公主的和亲睦邻；诸葛亮的"鞠躬尽瘁，死而后已"，岳飞的"精忠报国，还我河山"，文天祥的"视死如归"，顾炎武的"国家兴亡，匹夫有责"，大败侵略军收复台湾的郑成功，坚持抗英保卫祖国的林则徐，以及抗日战争中涌现的许多英雄，都是具有伟大民族精神和爱国主义的典范。他们体现的精神和思想，已经超越了时间和阶级局限，作为道德意识，代表着国家和民族尊严，具有神圣的号召力、深厚的感染力、不可分割的凝聚力和坚强力。爱国主义作为强大无比的意识形态，谁也不敢违反，谁也违反不了。不管你是什么人，即使是至高无上的皇帝，一旦违反了它，就会遭到人民的唾弃，受到历史的惩罚，弘扬了它，就国运亨通，国富民强，受到人民的拥护和尊敬。我们党在20世纪30年代中面对日本帝国主义的侵略，把马列主义和中国实际、包括中国优秀传统文化相结合、高举爱国主义旗帜，提出了抗日民族统一战线政策，团结全国人民，打败了日本侵略军，并且发展了新民主主义文化，创造了延安精神，为新中国创立和社会主义建设，绘制了蓝图，总结了经验，在亿万人民心目中铸造了一块永垂青史的丰碑。面对21世纪的到来，我们在塞上名城涿鹿探索我国优秀文化的渊源，从中得到启示吸取教益，"以史为鉴、以史育人"，弘扬爱国主义主旋律，创造有中国特色的社会主义新未来，这个课题无疑是十分重要的，我们应该为此加倍努力。

　　最后，我还要提到涿鹿、张家口地区是革命老区。在第二次国内革命战争中这里就有党的组织活动，在抗日战争和解放战争中这里是革命根据地，对打败日本侵略军反对国民党反动统治做出过巨大的贡献。聂荣臻、彭真、萧克等许多老一辈革命家都曾经在这里战斗过，和这里的人民有血肉联系和深厚的感情。由于种种原因这一地区仍然比较贫穷，我们在考察、探索和弘扬涿鹿三祖文化的同时，应该和如何把这一地区经济建设尽快搞上去的任务联系起来，两个文明一起抓，扎扎实实做好各项工作，使涿鹿和张家口地区在建设有中国特色的社会主义的道路上迈出新的步伐，做出新的贡献。借此机会请允许我代表中华炎黄文化研究会向张家口和涿鹿地区的人民致以亲切的慰问和崇高的敬意。

　　谨祝会议圆满成功！谢谢大家。

（作者系原中华炎黄文化研究会常务副会长）
一九九五年九月二十五日

孙钢同志在 1995 年"三祖文化"论坛上的讲话

一、中国旅游的发展情况

中国的旅游资源丰富,但是起步较晚。1994 年,中国国际旅游创汇达到 73.23 亿美元,比 1978 年的 2.6 亿美元提高了二十六七倍,中国的国内旅游收入占国内生产总值的 3.78%。但是跟国际先进水平相比,我们的差距还是比较大的,欧美一些国家旅游产值占国内生产总产值 8%—10%。今年中国旅游情况比去年好,预计到年底,来华旅游入境总人数可达 4500 万人次,比 1990 年增长 64%;外国旅游者达到 560 万人次,比 1990 年增长 2.21 倍。五年平均增长 26.2%,幅度很大。今年外汇旅游收入可达到 80 亿元,比 1990 年增长了 2.6 倍。国内旅游可达到 5.5 亿人次,比 1990 年增长 1.3 倍,国内旅游可达到 1170 亿人次,比 1990 年增长 1.34 倍。旅游发展的速度是很快的。而且,我们认为"九五"期间,中国旅游会有更大的发展。这有几个方面原因:其一,旅游基础设施更加雄厚。行、游、住、吃、购、娱六大因素都比 80 年代、90 年代初期有显著的发展;旅游景点建设、旅游结构调整取得了很大成绩。以前我们中国旅游主要是观光型产品,1992 年国务院批准建立试办国家旅游度假区,我们度假型产品明年可以第一次推向世界。初步统计,明年可以有 160 多个度假单元推向国际市场。其二,我们现在还在抓专项旅游,包括滑雪旅游、生态旅游。抓这些后进的产品,就是因为中国的旅游资源很丰富,通过抓旅游产品结构的调整和优化,将为今后旅游的更大发展增加后劲,也可以提高在国际市场的竞争力。所以,中国旅游发展的前景是非常广阔的。

二、涿鹿的三祖文化遗迹在旅游业当中的价值

第一,涿鹿区位优势非常好,离北京很近。北京是中国城市旅游产出最高的。1994 年来京的海外旅游者有 200 多万人,国内的就更多了。北京的旅游创汇去年是 20.1 亿美元,在全国 73 亿美元中占 27%。北京市区的人口这么多,流动人口这么多,从北京到涿鹿坐车仅 3 个小时,其中两个半小时是在北京范围内走的,过了官厅水库到这里车程半个小时。距离北

京近，就是涿鹿发展旅游最大的优势。

第二，涿鹿是三祖文化集中的地方，具有其他地方不具有的垄断优势。没有一个地方能够把炎帝、黄帝、蚩尤的故事结合在一起的，其他地方有黄帝陵、炎帝陵个别的一些故事，但三大始祖在这儿打仗、融合、会盟，在中国不可能有第二个地方。不打仗就不可能融合，历史也不能书写。就在这个地方，三祖里面一些可歌可泣的事情、生活的场景、战斗的场景、融合的场景，都能够充分展现。所以这个地方具有三祖文化的垄断优势。其他东西有的地方可以模仿，而历史不能模仿。涿鹿三祖文化，在促进旅游发展上也有垄断意义。一般要谈资源的垄断价值，有垄断价值就有开发价值，有垄断价值就有垄断效益，这都是连在一起的。所以，涿鹿具有垄断优势，对旅游开发是一个重要方面。

第三，涿鹿的三祖文化对于促进民族大团结，开展爱国主义教育，有着特殊的作用和意义。炎、黄、蚩三祖经过历史学家讨论，慢慢变成正式的提法。对于促进民族大团结，加强爱国主义教育都是非常好的一个基地，在振兴民族大团结中具有重要的作用。

第四，对张家口市、涿鹿县对外开放和经济发展，将产生很重大的促进作用。这个地方是老区，现在经济还比较落后，要搞活经济就要找到新的经济增长点，旅游的作用实际上是对外开放的催化剂，对外开放是一种先导产业。从世界旅游组织公布的数字看，旅游每增加1分钱，社会综合效益是4.3元，旅游每增加一个从业人员，可以带动间接就业人员5人。按照我们中国的一些典型调查，我们的带动作用比世界旅游组织公布的数字还要高，贵州的黄果树瀑布大概指数是1∶7，即旅游的直接收入每增加1块钱，社会效益就能增加7块钱。

三、三祖文化资源如何开发

第一，主张在保护原址的情况下就地开发。黄帝城有多大，这个城到底怎么开发，要正视历史的再现，多大多长，里面局部的地形可以改变，但不能破坏，不能寻找新址地方开发。蚩尤寨也要在原址上开发，不能违背历史，要正视历史价值，并充分发挥历史作用，有助于人家想到当地的历史，迁就性的保护文物。如果咱们这一代不研究这些问题，把那圈起来，隔上若干年后，还有大自然的破坏，还有什么？所以我是主张在保护文物的情况下就地原始修建。有一句话叫"修旧如旧，建古如古"。如果把它搞成远古时期的东西，那个地方就有旅游价值了。

第二，要请历史学家、文物学家参与进来，发挥历史学家的研究成果。我们要充分听取专家的意见。如果干不成真实反映远古时期的景点，那么在北京周围就没有吸引力。因为单纯的人文风景的景点，黄土文化地方，什么河南的、陕西的，那边很多，不是什么特殊的。我是希望历史学家、文物学家把当时三个寨子怎么弄，从整体建筑风格、建筑材料，里面的人等按照你们研究的成果进行开发。如果真的成功恢复它的古，那么这个点就成功了，海外旅游者、国内旅游者都会来看的。如果你们搞成不伦不类的东西，或者选一个新的地方干，那么价值就大不一样了。

第三，就是将来还得走滚动发展的道路。因为刚才讲的面积三十多平方公里，一下搞这么多点，全部铺开很难。我看了看，大体第一步以黄帝城为主，如果专家同意按照复古地、历史地、艺术地再现五千年以前的情景，那么这个地方就要成为一个很好的点，那么就能进行，就有旅游者来了，吸引人就能够赚到钱，赚钱就能够滚动发展，滚动发展才可以去建设蚩尤寨，那个地方比较高，工程比较难。然后考虑把黄帝泉周围不协调的房子拆掉，再现远古时期的情景。如果不搞文化发展，光说这个地方，没钱什么事也干不成。虽然有一大堆好的想法，对当地改革开放的经济发展起不了大的作用。滚动发展就是要选择一个突破口，各方面专家一起策划，经过策划，最后产生效益。产生效益以后，慢慢往下搞，经过若干年，将来把方圆几公里之内的，包括釜山、桥山，都干好。也许几十年以后，整个涿鹿就是一个大的旅游城，但是这个旅游城的根本是历史地、真实地再现。

（作者系原国家旅游局副局长）

韩克华同志对1995年"三祖文化"论坛的看法和意见

1995年9月8日，河北省旅游开发研究中心参与黄帝城旅游开发总体规划的同志向国家旅游局局长韩克华同志做了汇报。韩老听说最近要在涿鹿召开研讨会，专题研讨黄帝城的问题，非常高兴，非常赞成，很想参加，跟各位学习、探讨，只是外出日程早已定下，不好变更，深感遗憾，嘱托将意见整理出来，提供与会各位参考。

韩老首先表示，涿鹿这个景点他看过以后印象深刻，念念不忘，非常关心这个景点的开发。韩老说，这个景点很有价值、很有前途，开发出来很有意义，很有必要，要认真对待。省里决定组织一个这样的专家研讨会，很有必要，也很及时，说明省和县以及各有关部门对黄帝城的开发问题都有足够的认识，这是开发基础，是很关键的一步。

韩老说，他初步认识炎黄、黄蚩古战争就在这里发生。他说："我读书不多，看过这个景点以后，就找了些资料，认为涿鹿之野的提法是确切的，地点就是现今的涿鹿县境内发生的。"

当我们汇报了开发黄帝城的设想后，韩老提出，因为这个景点的开发很有价值、很有前景，所以大家都很关心，正因为这样，对这个景点的开发，既要抓紧又要慎重，不可毛躁。

接着，韩老谈了三点意见。第一，要请些在历史和考古上造诣较深专家，很好地研讨、确认一下。经过研讨或拜会，把一些争议问题、模糊问题，从学术角度上大体定下来，这是开发基础，立足点要尽量扎实，把握性大些，基础牢固些。俗话说，万丈高楼平地起，根基好坏是很重要的。我们在基础上下点功夫，是值得的，是必要的；不然的话，稀里糊涂地开发出来，大家争议很多，这个景点建设就白费劲了。

第二，关于黄帝、炎帝、蚩尤的说法。韩老提出，要注意妥当处理、平等对待，但认为炎帝和蚩尤不能摆在黄帝之前，黄帝一统天下、功不可没。因为当时的战斗是部落之间的矛盾，有些拼杀和角斗是不可避免的，但总之是部落之争，绝不是现在国与国之间的战争。所以，我们现在来展示他们，就要搞民族团结，不能制造分裂，因为这里面还有个教育问题，不能忽视。

第三，韩老还提出，开发景点既要考虑历史价值，还要考虑经济价值。景点上原有的文物和古迹一定要保护好，决不能为开发而破坏历史文物原有的风貌和状态。我国土地上的文物大多是土木建筑，不像意大利多是石料建筑，保存下来很不容易。即使要修也有整旧如旧，这是古建筑维修原则。黄帝城、黄帝泉都搞些什么要慎重，要先搞发掘，然后按发掘的成果适当地恢复一些还是可以的。开发就要有价值，包含故事性、趣味性、参与性。即使全部恢复，这里（指黄帝城、泉）也不会像长城、兵马俑、十三陵。搞什么，既要有学术价值，还要有观赏性。不要把城内搞乱，新建东西不要与历史古迹交叉，可以在城外建些参与性、观赏性、趣味性内容。因为开发后还是一般观众多，学术界人士少。

黄帝、炎帝、蚩尤都要表现、都要宣传，选些生动的传说故事，展示他们治国安邦、发展生产、促进科学之举。可以分开表现，但要合情合理，要有趣味，要上档次，要熟悉他们才能搞好。

最后，韩老提出，开发规划一定要搞好，要在可靠的学术基础上搞出来。这个地方旅游价值很高，民族文化内容很丰富，对吸引外资很重要，要加大宣传力度，把这个地方逐步开发出来，使它成为国家一流旅游景观，长盛不衰。

（作者系原国家旅游局局长）

一九九五年九月八日

论苗族在中华民族形成和发展中的贡献

陈 靖

一、炎、黄、蚩是中华民族先祖中的三兄长

中国以汉字记载历史的正史叫"二十四史",第一部是《史记》,第一篇《五帝本纪》首先就写到远古时期中原地区许多部落,提到名字的有三位大首领:

> 轩辕(黄帝)之时,神农氏(炎帝)衰,诸侯相侵伐,暴虐百姓,而神农弗能征,于是轩辕习用干戈,以征不享。诸侯咸来宾从,而蚩尤最为暴,莫能伐。

这就是一些中国人自称为"炎黄子孙"的由来。这个称呼没有提蚩尤。蚩尤是个什么样的人(部落)呢?上引《史记》文后的《正义》解释说:

> 龙鱼河图云:"黄帝摄政,有蚩尤兄弟八十一人,并兽语人身,钢头铁额,食砂,造五兵,仗刀戟大弩,威震天下,万民钦命,黄帝行天子命。黄帝以仁义不能禁止蚩尤,乃仰天而叹。天遗玄女,下授黄帝兵符,伏蚩尤。后天下复扰乱,黄帝遂画蚩尤形象,以威天下,咸谓蚩尤不死,八方皆为殄灭。"

从这些古老的传说中,抛开不科学的成分,对蚩尤和他的部族可以得到以下的认识:

1. 蚩尤族是强健武勇的群体,他们早已生活在中原地区,有雄厚的群众基础;

2. 蚩尤部族已具有当时先进的文化和生产能力,创造了干、戈、戟、矛、刀、弓弩等各种先进武器;

3. 蚩尤诛杀的是无道者；
4. 蚩尤族是正义的，因而得到万民的钦仰；
5. 蚩尤族是强大的，足以威震天下；
6. 黄帝的道理没有使蚩尤信服；
7. 黄帝与许多部族联合，最终才战胜了蚩尤；
8. 蚩尤战死了，但他的部族和拥戴者并没有死绝，还继续斗争。黄帝不得不借助蚩尤形象，以威天下，平定八方。

蚩尤是在著名的涿鹿大战中被杀的。那时候既没有国家，也没有形成民族，更没有统一的文字。史书是后人写的，是为当时的统治者而写的，作为战败被杀的蚩尤，被称为"四凶""暴虐"，成为"叛逆者"而被摒弃于炎、黄之外。这显然是以成败论英雄的偏见，不符合历史事实的。

炎、黄都被称为帝，这个"帝"只是后世对他们的尊称，只有部族首领的含义，并不是指一个国家的元首，因为他们那时还没有国家。炎、黄、蚩尤都是中原一些部族中最杰出的首领，他们地位相等，不存在谁是正统谁是偏枝。他们同是中华民族先祖中的三位大兄长，与他们同时存在的还有许多弟弟妹妹。中华民族是一棵枝茂根繁的参天大树，炎、黄、蚩是深埋在地下的三条粗根。根，就是植物生长于地下或水中的吸取营养的部分。任何植物都有许多或粗或细或长或短的根，一个民族也不例外。中华民族追本溯源到炎、黄、蚩时，已经在中国这块大地上有了许多根在吸取营养了。炎、黄、蚩是三条粗根，这是不能随意取舍的。更何况，史书上说蚩尤凶暴，只是空洞的贬词，并没有具体事实加以说明。民间的传说，蚩尤却是一位受人怀念的人物。《苏氏演义》据古代记传说：冀州人把蚩尤称为神，民间人常为他作戏；齐魏之间，太原村落中祭蚩尤神；汉武帝时，太原人还为蚩尤立祠。因此，炎、黄、蚩并列于先祖中的三兄长，蚩尤作为其一，不论从任何一个角度看，都是当之无愧的。

历史上说蚩尤的部族就是"九黎""三苗"。《史记》正义，"九黎君号，蚩尤是也"。这时所说的"君"，也只是首领的意思。蚩尤部族在北方所开拓发展的主要地域，从史家们的论证来看，在今河北、山东、河南及山西南部的"黄河中下游"这片土地上；从考古学家们的物证来看，那就远不止此了。以徐旭生为代表的中国古史学家还绘制了一幅地图来表达他的观念：南起杭嘉湖平原，北至冀豫平原，从东海、黄海、至渤海这条海岸之西，至太行山、大别山这片土地，并认为这是中国古史最辉煌的时期，是我国古代最发达，文明程度最高的良渚文化。这一最辉煌文化后来因为东夷西侵和涿鹿大战，致使蚩尤及其部族遭到了千古之不幸。对中华民族别具深情而胸怀大度的鲁迅曾这样感叹说，"苗族大败之后，都往山里跑，这是我们的先帝轩辕氏赶他们的"（见《准风月谈·踢》）。

二、苗族对中华民族文化做出过重大贡献

"黎""苗"都是中原文字，即现在所称的汉字。作为族名，也是后人给取的，取义命民，这是中国的传统，也许是世界的通例。《论语》记述孔子的话说，"必也正名乎，……名不正则言不顺"，以至于"事不成"，"礼乐不兴"，"刑罚不中"。由此可见，中国古代对正名的重视了。甚至连皇帝的取名（谥号）该用什么字，都是严格规定的。炎帝名神农，是盛赞他为发展农业做出的贡献，汉朝的班固说他"教民耕农，故号神农"。他"以火德王"，所以称"炎"。轩辕得名，是由于他与造车有关。班固《东都赋》："……作舟……斯乃轩辕之所以开帝功也。"因为他"以土德王"，所以称他为"黄帝"。那么对战败者蚩尤这个名字取什么意义呢？最古老的汉字字书《说文》等对"蚩"的解释是"虫也""痴也""乱也"，至于"尤"就是"最"的意思。这就是说，"蚩尤"是最恶的虫。很明显，这是战胜者给战败者取得一个恶名。这种传统习惯，从不久前的"文化大革命"中，不乏累累佐证。在中国长期封建社会中，"官家"人有一门哲学，叫作对敌不但要打倒，而且要搞臭，并使之永世不得翻身。但民间人则不如此，而是把好人好事牢记心头。今天大西南山区中，苗族对蚩尤极为尊崇。苗族东部方言称蚩尤为"倍尤"，西部方言叫"赐尤"，中部叫"启尤"，其义是"始祖"，"祖公"或"父"的含义。苗族为何这样崇拜蚩尤呢？回答是蚩尤把当时九九八十一个氏族连成一体，使整个部族像一个大家庭。后来这个部族连遭不幸，受辱受欺，人民群众则不像官家那样，而是用自己的情义给这个部族命名："黎"，以"黍"作本，黍就是五粮之一的高粱，"苗民"不论到什么地方，总是从事农业劳动，使洪荒之野，变为沃土良田。奴隶社会和封建社会的全过程中，苗族始终是一支劳动主力军，影响和推动着农业的发展，使来自西北的游牧部落加快适应并同农业相宜，这是中华民族发展史上的一次大跃进。蚩尤族人与神农族人一样，都为此做出了重大贡献。

《史记·封禅书》记："黄帝采铜首山下，铸鼎于荆山下。"这就是说，当时处于青铜器时期。蚩尤集团的文化、技术发展又如何呢？《管子》说：

"蚩尤爱庐山之金而作五兵。"金在当时就指铜；兵，是兵器；五，不是实数，有多的意思。是哪些兵器呢？《世本》《吕氏春秋》及《史记》正义提到的就是刀、戟、戈、殳、酋矛、夷矛、弩等。这证明，蚩尤族在冶炼和兵器制造技术方面处于领先地位。历史证明军工技术的发达，往往是带动其他科学技术进步的火车头。蚩尤族对中华民族的科技发展做出了不可磨灭的贡献。

苗族人民战败南迁，来到"楚天荆地"的长江中游，这里一是云梦大泽，南有三湘两湖，苗人充分发挥良渚文化和文明之能，首先把稻谷农业的生产技术与治水经验带给这片广土，很快建立起一个历史著名的强大国家。《战国策》记道："三苗之君，左彭蠡之波，右有洞庭之水……"这片"九派汇中国"的大野，到处密布河源港湾，水患多端。但自有了同水打交道成长起来的蚩尤部族带领之后，这片楚天荆地国运昌盛，兴旺发达。三苗国治水经验还传入巴山蜀水，一些从实践中培养出来的水利专家也随之西移。鳖灵就是其中的一位。距今约2700年前，鳖灵氏率领他的部族，离开梦泽地区，辗转到达蜀地（今四川西部）。当时的蜀族首领杜宇（即望帝）以鳖灵为相。《华阳国志》说："会有水灾，其相开明决玉垒山以除水害。"《御览》引《蜀王本纪》说："时玉山出水，若茏尧之洪水。望帝不能治，使鳖灵决玉山，民得陆处。"《水经注》说："江水又东别于沱，开明之所凿也。"鳖灵后来取代了望帝，建立了开明王朝。川西平原本是个沼泽地带，治水是一项浩大的、长期的工程。最先开凿今天称之为都江堰宝瓶口的是荆人鳖灵，又经过十二世，到了李冰继续开明氏的成果，使之更宏大、更系统，成为最古老、最伟大的水利工程，造福人民两千余年，闻名于全世界。这是蜀族古先民、荆楚人民和汉族人民共同劳动的辉煌成果。一位学者说，都江堰工程是鳖灵追于先，李冰总其成，许多学者都同意这个看法。

由于明王朝带到四川的楚文化，内容是相当广泛的。1980年四川新都马家乡发掘的蜀王墓，从出土的文物可以得到真实而概略的了解。大量的出土文物中，有陶器、铜器、漆器、玉器、石器，按成品分，有餐器、祭器、兵器、乐器、饰器、葬器。其中有带孔的水晶珠，方形玉饰，带图形的铜印，用直径在1.6米以上的楠木凿成的整体木椁。特别值得一提的是有一具制作精美得使人惊叹的食鼎，其盖内有"邵（昭）之食鼎"四字，明确无误的是楚文化产物（详见《文物》1981年第6期），这些都是楚、蜀文化发展与交流的真凭实据。楚文化的范围，不仅止于巴蜀。它东接良渚文化吴、越，南到交趾，远及云贵、川以至于越南，都是有史可证的。楚文化中，以屈原为代表的文学作品，更是中华文化中的一枝奇葩。伟大的诗人屈原叙述自己的身世说，"帝高阳之苗裔兮……"高阳就是颛顼。颛顼是古代传说中的一个捉摸不定，说不准的人物。著名史学家顾颉刚在《论巴蜀与中原的关系》一书中说："颛顼在古人中是一个偶像，既是偶像，就会随处被拉。"在充分举例后，顾先生说："难道这些记载一一可信，他（颛顼）真是一个'东西南北之人'吧？"司马迁写《楚世家》第一句话就说："楚之先祖出自颛顼高阳。"这是他根据较早的传说写的。同样屈原也是按有的传说自认为是高阳的苗裔的。可是，这个说法，连楚王熊渠都坚决否认。他说："我蛮夷也，不与中国（指中原）之号谥。"（《楚世家》）楚的祖先，熊氏芈姓，这是不可改变的事实。受周成王封为子爵的熊绎，居丹阳，即今湖北秭归县。今天，在美国和许多苗人还以"蒙"自称。屈原真正祖先是苗人。楚国和楚文化最早都是以苗族和苗文化为主体的。屈原的《招魂》等都是楚文化的代表作，具有鲜明的巫史文化的特色，它把《诗经》后的文学创作推向更高的境界，乃汉赋的前身。楚辞最大的特点就是驰骋奔放地反映了楚人实际的思想和生活。《九歌》《招魂》中所表现的祀神载歌载舞的情景，这在近代苗族生活中不难看到。

中华民族文化是一个浩瀚的大海，各族人民就是不断给大海送来流水的大小江河，苗族是这些河流中的一条——注水时间很长和流源最长的一条：她由南向北，又从北而南，即从杭嘉湖流向冀鲁豫，在那里生根发芽，继续开拓，建立起黄河中下游的九黎集团。涿鹿之战后，又流向长江中下游，再开拓发展，建立了著名的三苗国。

三、苗族人民的耐磨特点

在风云万变的生活道路上，苗族在曲折坎坷的生活中始终保持着一些可贵的特色。

（一）勤劳俭朴

苗族从远古时代就被迫北移与南迁，不断被征伐歼剿。五千年来，无论处在何等困难的逆境中，总是保持着勤劳俭朴、艰苦奋斗的民族性，进入奴隶社会和封建社会，他们处于社会的最底层，被称为"黎民""苗民"。中国古代"百姓"和"民"是大有区别的。"百姓"是有封姓的上层氏族，"民"是奴隶、农奴、农民的称谓，大部分是战争中的俘虏。大概因为九黎俘虏的人最多，称为"黎民"，时间长了，"黎民"也就成了所有民族的总称了。黎民、苗民长期处于受压迫、被剥削的地位，过着"老鸦无树桩，苗子无地方"的流离生活。他们多居于山区。凭着勤劳的双手，把无数荒山野岭变成了可耕地，他们虽像石山的小草，却顽强地从石缝中挣扎出来。旧中国有句话："苗子苗子，饿死不当讨口子。"他们靠的是自己艰苦奋斗求生存。苗族人生活俭朴，历史上从未见过苗人高车驷马、绫罗锦绣、奢侈淫靡的记载。这自然是与他们生活的贫困有关，却也是他们长期养成、代代相传的美德。

（二）酷爱和平

苗族人民虽然饱受战争的苦难，但是他们从未发起过战争。中国历史上记载着许多的民族间的战争。回顾秦统一中国至中华人民共和国诞生的两千年间，不论哪朝历史，都要遇到民族问题，也都要遇到民族间的冲突与战争。有些民族曾割据一地或一方，甚至有的民族（如鲜卑、蒙古和女真族）还曾统治过全中国。史书中却没有苗族的争霸与扩张或侵占他族和好战之类的记载。我们说苗族人从未建立过政权，也没有独占一方，称王称霸，这是历史的客观存在，但并不是说苗族人没有参加过战争，相反，为了生存和正义，历史上许多著名的战争，苗族人不仅是全力以赴，而且是付出了很大的代价。如以一个同盟投入"武王伐纣"之战，直到19世纪中叶，贵州苗族领袖张秀眉所领导的苗民大起义，誓死反对满清政府的腐败与残酷统治。这三千年间，苗族几乎所有著名战争都参加过。史书上所谓的"苗蛮"，就是对苗族的泛称，其中如"飞山蛮""五溪蛮""喇叭蛮"及"武陵蛮"等，所有这些"蛮"名，几乎都与战争有关，"蛮"字同"勇"字是同义语。所以久经迁徙与争战的苗族，总希望有一个安稳、和平、宁静的生活环境。

（三）与人为善

苗族人有自己的古训，如"守义若""比则索""麻汝翠"等传世箴言，其思想内涵是精湛深邃的。其内容大体是"对事物不计消亡计变化"，"世界万事万物是同根同源相互依存的"，"对人的根本是与人为善"。所以，苗族人一次次被赶走，走遍黄河、长江，广布于各方的崇山峻岭，天涯海角，他们和许许多多兄弟，不打冤家，不搞械斗，不争地盘，总是和睦相处，与人为善，以忍让为美德。"没有田，土也好；没有坝子，山顶也好"，凡事以人格标准要求自己，这是各兄弟民族深有所感的。

苗族人的这些特点，就形成了他们的韧性哲学。他们凭着这种韧性，以顽强持久的精神和坚韧不拔的意志在极其险恶的环境中生存下来了。然而，苗族的性格特征还有它的另外一方面，我认为，也可以大体归纳为三点：

一是能吃苦，却不能把吞下的苦果消化吸收，变成营养品，从中总结出教训，找出苦根；

二是能将就便将就，大抵是安于现状，缺乏进取精神，一盘散沙，难捏到一起；

三是站得高而看得不远，"有大度之心，无大任之志"。

这些，应该说是苗族人的缺陷一面。

苗族是中华各民族中起源最早的民族之一，但在几千年的历史长河中，却也是进步最慢、发展最缓的民族之一。坚韧不拔地生存下来了，却相对贫穷落后地生活着。

从客观原因看，长期受奴隶制、封建制的压迫剥削，多数是生活在山区贫瘠地区，经济落后又带来教育落后，求生存尚且困难，就更难求发展了。

但是主观上的原因却是更值得研究的。

现在，客观条件已经完全不同于从前了，中华人民共和国各民族一律平等的有关条文已经写进宪法，特别是实行改革开放政策以来，国家已经继续为各民族创造良好的外部环境。苗族人民认真总结自己的历史，研究自身的长短优劣，适应新时期的社会发展就成为迫切的课题了。

四、苗族与各兄弟民族血缘关系初探

任何民族是在不断分化与融合中成长壮大的。

涿鹿一战，蚩尤部族大败，一部分人被俘虏了，成为奴隶。在漫长的岁月中与华夏族人逐渐融合。到了汉代，华夏族人就如海纳百川形成了强大的民族，即现在的汉族。

蚩尤族人的余众被迫南迁，或让流窜"三危"，辗转巴蜀，或深入武陵乌蒙……随着时间的流逝，经历了难以想象的历程，与所到之地的民族发生了分化和融合过程。"九黎"与"三苗"都同属蚩尤部族，本是一家人，这就不用详述了。苗族人与其他民族的血缘关系，根据史料，可以做一点粗略的考察。

羌族。《后汉书·西羌传》："西羌之本，出自三苗，姜之别称也"，今天的四川岷江上游，是古代氐、羌人活动的区域，这又和古蜀族有密切关系。

蜀族。古蜀王杜宇（望帝）让位于荆人鳖灵。在鳖灵建立的开明王朝十一二世的三百多年间，蜀、楚通婚，血缘融合，这是自然的事。蜀地还有许多民族。《华阳国志》记开明氏孙保子帝"攻青衣，雄张僚僰。九世有开明帝，始立宗庙，以酒曰醴，乐曰乐，人尚赤，帝称王"。刘琳注"青衣在今四川芦山县，为古代青之羌之地"。"僰，在僰道（今四川宜宾）一带的一种少数民族。"

爨族、白族。李根源老先生在《大理国张胜温梵画长卷》里说："滇中旧世家，先爨而后段，爨段本音，东西各分半。"徐中舒教授认为这是符合实际的。"爨""僰"可以互代，皆为一种。"追本溯源，建立大理国的段氏，其先亦应为楚人。""僰"人与楚人关系极为密切，原为楚国的段思平，是一位白族首领，这是确定无疑的。他的部属白蛮、乌蛮、僰人共同创造了白族文化。白、楚、苗的血缘线索是十分清晰的。

莫徭、瑶族。《隋书·地理志》："长沙郡有夷蜒，名曰莫徭。""莫徭"急读便是苗，已为学者公认。瑶族名早见于《南史》自称是"瓠之后"的"苗众"便是瑶族的先民。

彝族。唐太宗时，云南六诏中蒙舍诏在洱海地区建立南诏，酋长细妈罗彝族人。后南诏以乌蛮蒙氏为国王，但辅佐都是白族大姓。彝族中的黑拨，便是黎族。南诏蛮事见《旧唐书·西南蛮传·南诏蛮》。故有的苗族自称"蒙"。

壮族。古时称"俚""僚"等名。晋张华《博物志》卷二："交州夷名曰俚子。""俚""黎"同音。现在云南文山壮族苗族自治州壮族支系布依族中就有黎族。

土家族。长期与苗族共处于武陵山区，分布于雄、蒲、酉、辰、沅五溪地带，即今湘西土家族苗族自治州。古代对湘、鄂西地区的少数民族统称为"武陵蛮"或"五溪蛮"。土家族自称"比兹卡"，这是楚语，意为本地人。梁启超《中国史叙论·人种》说世代定居的本土民族"其一苗种，是中国之土族也"。《后汉书·桓帝纪》："武夷蛮寇汉陵，车骑将军冯绲讨，皆降散。"土家族与苗族的渊源是久远的。

以上简略地探索了苗族与汉族、羌族、蜀族、僰族、白族、莫徭族、瑶族、彝族、壮族、土家族的族缘关系，这只是有史可查，较为明确的情况，并不全面。特别是苗族与中国以外的民族的血缘关系完全没有谈及，例如蜀王十二世于秦后，开明后裔安阳王率众逃安南（越南）建立了文郎国，还有许多可歌可泣的海外苗族悲壮历史，如三千年前的四五十万殷军殷民（以东夷部族为主体的百族群落，即奴隶兵卒），由于商亡周胜而被迫东渡大海，不知受了多少亡国之苦而终于找到了美洲大陆，形成了印第安人的主体；再是几百年和几十年前，从印支各国或地区，也是以数十万计相继逃亡或流散到亚、美、欧、澳等洲的数十个国家或地区。这且按下不说。这里主要是谈中华民族这个具有强大凝聚力的大家庭中，各兄弟民族之间的是你中有我、我中有你的血肉相连，而苗族在这个大家庭的形成和发展过程中曾起过重要作用。

目前，世界上共有一千多万苗族同胞，七百多万在国内，三百多万分布于海外各国。长久以来，早就漂洋过海，涉水到国外去的苗胞，带去了中国的传统文化，并在当地生根发芽，但他们的心向着祖国。我接触过许多国家的苗胞代表，他们异口发出同样的心声："我们的根在中国""中国是世界苗族的故乡！"中国实行改革开放政策以来，许多苗族同胞回国探亲寻根，进行文化研讨和经济合作。苗族同胞又成为中外交流的纽带之一。

本文所讨论的主要是从古代史中看苗族人民在中华民族发展史中所起过的作用和有关的历史情况。我提出，炎、黄、蚩应该并称为拥有56个民族的中华民族大家庭先祖中的三兄长，是因为它比别的提法更有概括性与凝聚力，更符合历史，更有利于民族大团结。过去有些提法是不恰当的。比如辛亥革命后提出的汉、满、蒙、回、藏"五族共和"，以及最近片面掀起"炎黄热"等，而把其他几十个少数民族抛开了。说"三兄长"，就是说后面还有许多弟弟妹妹，并且，这只是指炎、黄、蚩这三位最古老而见于正史的首领而言的。并非给各民族排座次。自汉代以来汉族人口最多，文化最发达，和平发展最快，贡献最大。作为现有56个民族的老大哥是当之无愧的。至于其他55个少数民族，不论人口多少，历史长短，发展程度高低快慢，都对中国文化建设做出贡献，各民族是一律平等的。

探讨历史，目的是以史为镜，把握现在的机遇，加强民族团结，共同创造中华民族大家庭幸福、康乐、美好的未来。

（作者系原贵州省苗学会顾问，原南京军区炮兵司令员）

三祖文化始说

任昌华

中国历史上，大凡谈论中华民族的历史文化，通常以"炎黄文化"为正称。1993年10月，我根据炎帝、黄帝、蚩尤在涿鹿的史实和对史志及古遗址遗迹的考究，第一次提出了"炎黄蚩三祖文化"的观点，得到了中华炎黄文化研究会、中国先秦史学会、台湾中华伦理教育学会以及海内外一批高层专家的认同。并于1995年9月，就这个命题专门召开了全国首届涿鹿炎黄蚩三祖文化学术研讨会。值此，一个新的关系中华民族文明源根的命题正式受到社会的广泛关注，并在海内外引起热烈反响和高度重视。随着"三祖文化"这一命题的广泛宣传和深入研究，我相信，她必将对中华民族历史的研究和发展产生积极而深远的影响。

那么，何谓"三祖文化"，提出"三祖文化"又有何意义呢？

我提出"三祖文化"的含义有三：

其一，中华民族的文明始祖有三个，而不只是两个，这就是：炎帝、黄帝、蚩尤。这是为什么呢？因为我们的祖先在几万年、几十万年前就已经在中国这块土地上繁衍了。但是，我提出"三祖文化"首先是把历史定位在中华民族的文明初创这个阶段上，在文明初创前无论有多长的历史过程，都不能称作文明历史，当然也不会有文明始祖。只有在文明初创这个历史时刻或叫历史发展转折关头的代表人物，才是我们的文明始祖。而炎帝、黄帝、蚩尤三个人正是我国社会由野蛮向文明、由游牧向农耕、由母权制向父权制转变的历史关头的杰出代表。至于他们之前的伏羲、燧人、神农是中华民族的远祖，而不是文明始祖。

其二，中华民族的文明初创是炎、黄、蚩三祖及其所代表的部落或部落联盟共创的。说炎帝创造了中华民族文明的初制不全面，说炎黄创造了中华民族文明的初制也不全面，只有说炎、黄、蚩共创了中华民族的文明初制才是全面和公正的。至于当时散居于各地的众多小部落或氏族，都没有成为那个时代的主体,所以不能与炎黄蚩并论。

其三,炎、黄、蚩三祖开创中华民族的文明初制,足迹遍布全国大部分地域,但是,最重大、最具决定作用的事件是在涿鹿完成的。这主要有:(1)黄蚩涿鹿之战和黄炎阪泉之战。这两战是中华民族历史上规模最大、争战最烈、时间最长、影响最深的重大事件,是推动社会发展的催化剂和根本动力。(2)合符釜山。两战后,在现今保岱镇窑子头村北的釜山举行政治大会盟,标志着中华民族历史上的第一次大融合、大联盟,奠定了中华民族大一统的根基。(3)定都涿鹿。釜山会盟后,初步形成的大一统的社会需要建立统治中心,于是黄帝"而邑于涿鹿之阿"(《史记》),在涿鹿建立了中国历史上第一个帝都——黄帝城。(4)桥山黄帝陵、祭山蚩尤坟。建都涿鹿后,黄帝成了天下之共主,开始了有组织的中华文明大创造。正如《史记》所载:"官名以云命,为云师。置左右大监,监于万国。万国和,而鬼神山川封禅与为多焉。获宝鼎,迎日推策。顺天地之纪,幽明之占,死生之道,存亡之难。时播百谷草木,淳化鸟兽虫蛾,旁罗日月星辰水波土石金玉,劳勤心力耳目,节用水火材物。有土德之瑞,故号黄帝。"就这样,黄帝在涿鹿争战、合符、建都、创业,最后死于涿鹿,而葬于桥山(今小矾山村北的桥山南坡)。也就是《史记》中记述的:"黄帝崩,葬桥山。"而蚩尤在涿鹿大战中阵亡后,手下把尸体葬于涿鹿的祭山(今矾山镇塔寺村祭山)。只是由于蚩尤战败史书未予记载。以上四大事件,是三祖开创中华文明初始最辉煌、最有决定意义的史实,是"三祖文化"的基石和精髓。没有三大始祖在涿鹿的这些重大史实,"三祖文化"就不能成立。所以,"三祖文化"与涿鹿的名字可谓同义词。也就是说,研究"三祖文化"不研究涿鹿的历史,等于无水之源,无论如何说不清"三祖文化"的根本;而研究涿鹿的历史,唯有"三祖文化"最辉煌、最独特、品位最高,对全民族包括海外华人最有吸引力和凝聚力。从这个意义上讲,全国各地不论有多少研究和开发始祖文化的地方,但最终必然归根到涿鹿。

关于"三祖文化"的意义,由于她涉及中华文明的根源,是一个极为重要的大课题、大概念。用"三祖文化"的观点来审视历史,对待当今,指导未来,它的意义是极为深远而重大的。简要地讲有这样几点:

1. 还历史以公正,给蚩尤以正名,使中华文明史更加完美灿烂

炎、黄、蚩时代正是我国原始社会末期,那时还没有文字,更没有书籍。一切人类活动全靠时代传言和文物佐证。而真正有文字记载，已经是炎黄得胜后上千年的事了。所以，我国历史上的大部分典籍，一般只记述蚩尤在涿鹿败死，而不去记载蚩尤的主要史绩及其对文明初创的贡献。这样，几千年来人们按照华夏族的史书为正统教材，一直把蚩尤看作"暴虐""作乱"，而在《龙鱼河图》中更是把蚩尤说成"兄弟八十一人，并兽身人语，铜头铁额，食砂石子，诛杀无道，不仁慈"。这显然是对蚩尤的丑化和对历史的歪曲。现在我们用"三祖文化"的观点审视历史，自然就否定了几千年来对蚩尤的不公正评价，推翻加在蚩尤头上的不实之词。改过去把蚩尤当作"怪物""败寇"来批骂，为文明始祖来敬崇。站在历史长河上看问题，虽然历史过去了几千年，今天才还历史以公正，给蚩尤以正名似乎太迟，但是对于中华民族长久的未来发展却是一件可喜可贺的喜事。

2. 炎黄蚩为共祖，各民族是同根，有利于民族团结和祖国统一

炎、黄、蚩本来是我们中华民族的共同始祖，这无论对内对外都是一件值得自豪、添光彩的事，也是中华民族坚如磐石不可战胜的根本所在。但是由于先秦以后的历史典籍大都站在黄炎后裔华夏大汉族主义的立场上，不仅把蚩尤排斥在始祖之外，而且对蚩尤进行了丑化和误传。使得我们的民族大家庭中有许多兄弟民族感到不舒服、不服气。因为在我国，除个别外来民族外，大多数少数民族如苗族、水族、布依族、瑶族等，均是崇拜蚩尤为始祖。这样，我们中华民族大家庭中显然出现了分根和不合的现象。正是由于这个原因，历史上剥削阶级都利用这一点推行民族压迫或民族歧视政策，使各民族之间不能实现真正的平等和团结。新中国成立后，共产党不仅禁止民族歧视，反对民族压迫，而且坚持各民族一律平等、民族间相互团结。在这个大环境下，我们提出"三祖文化"的观点，从根源上把蚩尤也提到中华民族共同始祖的地位，与炎帝、黄帝一样共敬共崇。恢复了中华民族同祖共根的本来面貌。为各民族的平等、友好和团结统一提供了可靠依据。所以，坚持和弘扬"三祖文化"，有利于民族团结、祖国统一，符合党的民族政策和全国各民族人民以及海外华人爱国敬祖的共同愿望，是中华民族的凝聚力工程，对民族振兴、国家强盛有重大意义。

3. 坚持和弘扬"三祖文化"，再现当年涿鹿的辉煌，不仅有利于提高涿鹿的知名度，把涿鹿建成凝聚海内外华人寻根祭祖的圣地，而且能向世人展示中华民族五千年文明源根的光辉

涿鹿是炎、黄、蚩三始祖会聚在一起共创中华文明伟业的地方，这在

全国是绝无仅有的地方。可以说涿鹿在炎黄蚩时代是全国政治、军事、经济、文化的中心，也是当时社会文明程度最高的标志。对于这一点，1995年全国首届涿鹿炎、黄、蚩三祖文化学术研讨会会议纪要曾这样概括："涿鹿是中华民族的始创地，涿鹿炎、黄、蚩三祖文化遗址不仅是涿鹿人民，也是全国人民一笔极为可贵的历史文化财富，具有很大的开发价值。涿鹿在古史中有显赫的地位，展示它古老的历史风采，不仅有巨大的学术价值，而且对弘扬民族传统文化，增强当今五十六个民族的凝聚力，促进中华民族的团结和国家的统一，促进涿鹿县乃至张家口的对外开放和经济文化、旅游业的发展都具有重大的意义。"

但是由于历史的原因，涿鹿这个曾经是中华民族文明圣地的地方却沉默了几千年。如今我们提出"三祖文化"并广为宣传，深入研究，弘扬光大，不仅使涿鹿重新名扬天下，更重要的是能向全世界展示中华民族五千年文明源根的辉煌。特别是通过利用"三祖文化"资源来开发人文旅游事业，必能吸引整个海内外华人来涿鹿寻根祭祖、旅游观光、投资开发、合作建设；必能使涿鹿成为中华民族重要的向心点、凝聚点和感召点，在"三祖文化"的旗帜下实现全国各民族和海外华人钢铁般的大团结；也必能成为全国重要的爱国主义教育基地，激励海内外华人为祖国的强盛和民族的振兴而不懈奋斗。届时我们可以向世界宣告：要熟知中华民族的光辉文明史，看当今的中国去上海，看一千年的中国到北京，看两千年的中国到西安，看五千年的中国来涿鹿。为此，我吁请社会各界都来参加和支持涿鹿"三祖文化"的开发和建设，为实现涿鹿的再度辉煌而奉献各自的一份光和热。

（作者系原中共涿鹿县委副书记、涿鹿中华炎黄蚩三祖文化研究会会长）

涿鹿三祖文化简介

任昌华　王玉书

"千古文明开涿鹿",河北省涿鹿县在中国历史上是个名声显赫的文明古地。是华夏五千年文明史之摇篮和中华民族的发祥地。

一、翔实的历史资料记载

涿鹿的历史源远流长,许多典籍都有记载。《战国策·秦策》苏秦始将连横说秦惠王:"昔者神农伐补遂,黄帝伐涿鹿而禽蚩尤。"更早的史籍《逸周书·尝麦解》:"蚩尤逐赤帝,争于涿鹿之阿。赤帝说黄帝执蚩尤杀之独鹿。"《周书》《列子》《尸子》《新书》《太平御览》《汉书》《后汉书》《归藏》《帝王世纪》《春秋释例》《古今注》等先秦文献都有关于涿鹿是黄帝、炎帝、蚩尤争战、结盟、融合之地的记载。更为可信的是汉代司马迁通过对百家之言的分析提炼并"北过涿鹿"亲自游历采访,在其《史记·五帝本纪》中说,黄帝的政治、军事、文化等主要活动在涿鹿,先后"与炎帝战于阪泉之野""与蚩尤战于涿鹿之野,遂杀蚩尤"。又巡视各地,东至于海,西至空桐,南至于江,北逐荤粥,从而保障了南北大地的安宁。于是黄帝威信大震,被各部族尊为首领,并与之"合符釜山,而邑于涿鹿之阿"。即兴建了我国历史第一座都城——黄帝城。其他如《山海经》《水经注》等史籍都详尽地记录了涿鹿就是炎、黄、蚩三祖的发迹之地。

二、特有的三祖文化遗址遗迹

蚩尤虽然被黄帝擒杀于涿鹿,但他作为赫赫始祖,功不可灭,涿鹿随之提出三祖文化,并得到了史学界的认可,这正是涿鹿区别于陕西、湖北、湖南、河南等地炎黄文化的显著特点。

炎帝、黄帝、蚩尤三大始祖在五千年以前的同一个时间在同一个地点涿鹿经过长期的征战、劳作、生息开创了中华民族文化发展的新纪元,奠定了中华民族56个民族团结统一基础,中华民族从蒙昧时代进入文明时代。人们定居、垦荒种谷、发展农牧、制造生产工具、始制文字和历法、养蚕缫丝、织帛染色、发展医药、创造指南车，从而使我国成为世界四大文明古国之一。历代名人如孙膑、司马迁、郦道元、李白、贾岛、文天祥、乾隆、孙中山、毛泽东、朱德等对三祖功绩都给予了肯定和赞扬。

关于三祖文化资源，不仅有历史记载，而且现存大量的古迹遗址。其密集度、丰厚度、原始度及其历史文化环境风貌的完整度也是举世罕见的。

黄帝城尚存，地面暴露出大量陶片，大部分发现是泥质灰陶和红陶，出土石器很多，有石杵、石斧、石凿、石环、石纹轮、石镞等。其陶石器仰韶文化、龙山文化均有。三祖时期的发展创造与征战的兵器，在黄帝城的出土文物中都能找到佐证。国家和省文物局都有过小规模发掘。著名历史学家、考古学家罗哲文、安志敏、王北辰，台湾学者李实等六十多名知名学者专家实地考察论证，都认定这座城是五千年左右的建筑。

黄帝泉（即阪泉）：位于黄帝城东一里，唐《括地志》曰："阪泉，今名黄帝泉。"此泉为黄帝濯浴龙体，汲水之地，其水自平地涌出而成池，五千年不变。其水质经国家权威部门化验，属含锶质重碳酸——钙镁型饮用矿泉水，现已开发利用。

桥山：《史记·五帝本纪》载："黄帝崩，葬桥山。"《魏土地记》载："下洛城东南四十里有桥山，山下有温泉，泉上有祭堂。"至今拱形石桥仍屹立在桥山之巅。周围有黄帝庙遗址和积石冢群，此当是黄帝陵寝地。

蚩尤寨：即黄蚩之战时蚩尤部落安营扎寨之地，应地势分南、中、北三寨。隔壑相望，紧紧依偎。寨下有蚩尤泉，是九黎部落取水之处。泉边有一千年古松，苍劲挺拔。

釜山：《后魏舆地风土记》曰：此山"形似覆釜，故以名之，其上有舜庙，瞽叟祠存焉"。此山即黄帝统一各部落，合符结盟之地。

此外还有上七旗、八卦村、定车台、涿水、涿鹿山、蚩尤城、蚩尤坟、温泉行宫、望乡城等遗址遗迹成系列集聚在20平方公里之地。这绝不是偶然的，是历史的事实。

三、古老的口碑传说及民风民俗

长期以来，涿鹿一带流传着大量的有关炎帝、黄帝、蚩尤等先民的故事。这些源于上古时期的口头传说，能够历经沧桑流传至今，足见三大始祖扎根于此，深受广大民众爱戴。同时，涿鹿一带之所以集中如此之多的传说故事，本身就证明"涿鹿之野"的历史遗存。这些故事从战争到和平，从生活、生产到创造文明无所不包，从其形象、细致的描述可以看出绝非后人任意想象和生造，它是未成文的重要历史文献。

当地民风古朴淳厚，现仍保留上古时期的一些风俗习惯。居民建筑，人们的穿着、节日庆典祭祀活动、方言土语等许多方面均与上古先民有着许多相似相近之处。

四、权威专家的研究论证

史籍的记载，出土文物的印证、遗址遗迹的存在、群众的口碑传说、当代专家学者的考察论证，涿鹿在远古时期的辉煌历史是可信无疑。

在多年的工作基础上，我县在各级领导的关怀与支持下，特别是省委书记程维高的亲自批示，使我们于1995年9月25日至28日成功地召开"全国首届涿鹿炎帝、黄帝、蚩尤三祖文化学术研讨会"。此会由中华炎黄文化研究会、中国社会科学院历史研究所、中国先秦史学会、河北省社会科学院共同组织，来自海峡两岸历史界、考古界的40余名资深专家，经过考察论证，鉴定出土文物，一致认为涿鹿是中华民族的奠基地、发祥地和寻根问祖的圣地。

为此，以炎、黄、蚩三祖文化为特征的黄帝城旅游开发，意味着涿鹿县以至于河北省对内对外开放步伐的加快，而且必将会对促进中华56个民族的团结和共同繁荣、发展做出积极的贡献。

（任昌华系原中共涿鹿县委副书记）
（王玉书系原涿鹿县人民政府副县长）
一九九五年九月二十五日

涿鹿、阪泉、釜山考

王北辰

一、《史记》所记的涿鹿、阪泉、釜山

关于远古时期黄帝在涿鹿活动的传说，在先秦的百家之言中早有记载：《太平御览》卷七十九《皇王部》引《归藏》云："昔黄帝与炎神争斗涿鹿之野，将战，筮于巫咸……"《大戴礼·五帝德》篇载："宰我问于孔子……孔子曰：黄帝，少典之子也，曰轩辕。（中略）抚万民、度四方，教熊、罴、豹、虎以与赤帝战于阪泉之野，三战然后得行其志。"《逸周书·尝麦解》云："蚩尤乃逐帝（赤帝），争于涿鹿之河（按，当是阿字），九隅无遗，赤帝大慑，乃说于黄帝，执蚩尤杀之于中冀……"《左传》僖公二十五年记，晋侯将出兵勤王，"使卜偃卜之，曰吉，遇黄帝战于阪泉之兆"。《山海经·大荒北经》记："蚩尤作兵伐黄帝，黄帝乃令应龙攻之冀州之野。"郭璞注云："冀州中土也，黄帝亦教虎、豹、熊、罴、罴，以与炎帝战于阪泉之野而灭之。"《战国策·秦策》记苏秦说秦惠王曰："黄帝伐涿鹿而禽蚩尤。"这些记载虽不一致，但足证黄帝战于涿鹿、阪泉的传说是源远流长的。

关于黄帝传说的记载，当然要以《史记·五帝本纪》为完整而可信的，因为太史公自述云：他撰写《五帝本纪》所据的资料有两大来源：一是百家之言中的"雅驯"之文，如上举各条他肯定是见过的；二是他游历各地，从长老中采访来的传说、口碑，其中包括他北过涿鹿的访古见闻。在此基础上写出《五帝本纪》虽不免有浓厚的传说色彩，但它终归是我国古籍中对于黄帝史事的权威性记载。

据《五帝本纪》，黄帝的重要政治、军事活动都在涿鹿地区。先是"与炎帝战于阪泉之野，三战然后得其志"，继而"蚩尤作乱，不用帝命，于是黄帝乃征师诸侯，与蚩尤战于涿鹿之野，遂禽杀蚩尤"。两次胜利后，黄帝又巡视各地，东至于海，西至空桐，南至于江，最后乃能"北逐荤粥，合符釜山，而邑于涿鹿之阿"。那么，黄帝创业活动的三大要地——涿鹿、阪泉、釜山，现在各地的何处？

二、历代地书所记之涿鹿、阪泉

按《汉书·地理志》记，汉代全国只有一个涿鹿县，位于上谷郡内。查上谷郡由来甚久，战国燕置，秦得其地仍设上谷郡，汉则沿袭秦制。涿鹿地名早见于战国的上谷郡内，《竹书纪年》载："燕伐赵，围浊鹿，赵武灵王及代人救浊鹿，则燕师于勺梁。"是在公元前320年间，浊鹿非它（考见后），即后来的汉上谷郡涿鹿县。这个地名两千多年来相沿未变动。涿鹿既是古县，太史公在访古旅行中又特意采访过它，那么他在《五帝本纪》里所指的涿鹿，以及先秦诸家所记的涿鹿，显然就都指的是汉上谷郡涿鹿县了。

东汉时期，班固撰《汉书》，他在《律历志》及《刑法志》里同样记有黄帝阪泉之战与涿鹿之战。东汉末学者文颖，在《汉书·刑法志》涿鹿之野句下注："在涿鹿在上谷，今见（现）有阪泉地、黄帝祠。"文颖此注很有价值，他明白指出，当时的上谷郡涿鹿县内，确有阪泉地与黄帝祠。史迹乃是历史留在大地上的烙印，它们是靠当地人民群众一代代传说、记忆而流传下来的，东汉涿鹿境内之有阪泉地与黄帝祠，当然是源远流长的。

西晋时期，有两种书记载了涿鹿县境的黄帝史迹。刘昭在《后汉书·郡国志》的上谷郡涿鹿县下作注："《帝王世纪》曰：'黄帝所都，有蚩尤城、阪泉地、黄帝祠。'"《帝王世纪》系西晋人皇甫谧（215—282年）所撰，他明白指出涿鹿城是黄帝所都，并指出涿鹿县境内有蚩尤城、阪泉地、黄帝祠，比文颖多记述了一处蚩尤城。他的记载，进一步揭示了一个情况，黄帝的阪泉之战与涿鹿之战都在涿鹿县内，阪泉之野与涿鹿之野乃是一片平野。

西晋的全国地志《晋太康三年志》所记尤为详明："涿鹿城东一里有阪泉，上有黄帝祠""阪泉亦地名也，泉水东北流与蚩尤泉会，水出蚩尤城，无东面"。此书与《帝王世纪》不同，因为它是地理志书，所以地理性强，不但第一个记述了阪泉在涿鹿城东一里，而且较全面记述了当地的水系与各史迹的相对位置。

北魏时期的地理书《魏土地记》载："下洛城东南六十里有涿鹿，城东一里有阪泉，泉上有黄帝祠。"下洛城址即今之涿鹿县城，其东南六十里的涿鹿城，恰相当于现在县城东南约六十里处的矾山镇涿鹿古城。这样，迄于《魏土地记》，古书已经把涿鹿城、阪泉、蚩尤城等古迹的位置与分布，逐步记载得基本完整而清楚了。

北魏地理学家郦道元，正是在上引各种古书记载的基础上，极可能又加以他自己的实地考察，才能够在其《水经注》卷十三漯水篇的涿水条内，对黄帝的各处史迹，做出如下完整而准确的记述：

> 涿水出涿鹿山，世谓之张公泉，东北流迳涿鹿县故城南，王莽所谓褫陆也，黄帝与蚩尤战于涿鹿之野而邑于涿鹿之阿即是处也。其水又东与阪泉（水）合，水导源县之东泉，（中略）涿水又东北迳亭北而东北入漯水。

按，漯水即今之桑干河。

逮乎唐代，地理之书对涿鹿史迹续有所记。唐初著名的总地志《括地志》，在妫州条下记："潘，今妫州城是也。阪泉今名黄帝泉，在妫州怀戎县东五十六里，出五里至涿鹿东北与涿水合。涿鹿故城在妫州东南五十里，本黄帝所都也。"那么，唐妫州怀戎县是今何地？从政区沿革看，西晋分汉上谷郡之西部为广宁郡，统下洛（治在今涿鹿县城）、潘、涿鹿（治在今矾山镇涿鹿）三县；东部仍为上谷郡，统居庸（相当今延庆）、沮阳（相当今怀来）两县。至唐，在晋广宁郡地只设一县即怀戎县；在晋上谷郡地也只设一县即妫川县（天宝中又割妫州置缙山县），两县都属妫州。那么，妫州治所怀戎县又是今之何地？按，唐怀戎县原为汉潘县地，而潘县故址是今涿鹿县志的保岱乡古成《考证见后文》，以此可知，上举各处史迹既然都在怀戎县境，也就是都在今涿鹿县境内了。

本地区在五代的后晋时期，已被割赂契丹，北宋建国后并未回归。但，北宋太平兴国年间成书的《太平寰宇记》仍视燕云十六州为宋朝版图，仍按唐代政区之旧，记本地区为妫州，仍领怀戎与妫州二县。《太平寰宇记》卷七十一妫州怀戎县下记："本汉潘县也，属上谷郡……涿鹿山。山下有涿鹿城，亦涿水出焉。羹颉山黄帝祠有泉湛而不流，即古阪泉也，今在城东二百步。……阪山，《史记》轩辕与炎帝战于阪泉之野，又《周书》曰黄帝杀蚩尤于中冀，名曰绝辔之野。"

唐妫州至北宋时期既归辽领，那么《辽史·地理志》所记如何？按

《辽史·地理志》，本地区属奉圣州武定军节度，下领四县三州，兹录其在本地区者于下：

> 永兴县。本汉涿鹿县地，黄帝与蚩尤战于此。户八千。
>
> 矾山县。本汉军都县，山出自绿矾，故名。有矾山桑干河。在州南六十里，户三千。
>
> 可汗州清平军，下，刺史。本汉潘县。元魏废。北齐置北燕郡，改怀戎县。……贞观八年改妫州……有妫泉在城中，相传舜嫔二女于此。又有温泉、版泉、磨笄山、鸡鸣山、乔山、历山。统县一：怀来县。本怀戎县，太祖改。户三千。

按，永兴县治即今之涿鹿县城，"黄帝与蚩尤战于此"一句乃是漫而不确的记法，矾山县即今之矾山镇，矾山设县始于辽代。既然矾山已经设县，涿鹿之战就该记入矾山县条下。记矾山为"本汉军都县"也是误记，涿鹿古城就在今矾山镇北，今矾山在汉当然属于涿鹿县，岂能远属军都县？

前文已述，唐妫州原治在怀戎县城，其址在今保岱镇。长安二年，妫州和怀戎县迁到清夷军城，其址至今已淹没在官厅水库下的怀来故城。辽之可汗州，置在唐长安二年后的妫州怀戎县新址即清夷军城，其地去旧妫州城甚远，新、旧妫州并非一地。《辽史·地理志》的编者们不察，以为可汗州怀来县地即旧妫怀戎县地，并把旧妫州的记事称记到可汗州条下，说怀来县"本汉潘县""有妫泉在城中"，这实在是李戴张冠，一大误记。这个错误《清一统志》卷在宣化府古迹门、清夷军城条下已经指出，清人李慎儒在其《辽史地理志考》里也作了纠正。《辽史·地理志》编者涿鹿与版（阪）泉分记，且未能把这两处古迹都归入矾山县下，这乃是编者在沿用唐、宋旧志时的疏忽所致。

金、元两代的史书地理志内，对该地区的史迹无所记载。

以下对明、清两代的一统志所载做些比较和评论。

《大明一统志》是明代官修的总志，因其纂修时间仓促，参加人员水平参差不齐，故而疏漏之处不少，古今学者多有批评。其卷五龙庆州（今延庆）山川门内记："阪山。在州境内，轩辕与炎帝战于阪泉之野即此。"古迹门内记："蚩尤城在州西南，去废怀来县东南六十里。"这两条看来都有问题。首先，州有阪山，自无可议，但编者在山名之后注出轩辕与炎帝战于阪泉之野，却不可信，因为汉、唐地理诸书，对相当于明龙庆州的地方（汉居庸县、唐妫川县）都不曾记有炎、黄阪泉之战，那么《明一统志》的编者们，根据什么忽然注说炎黄阪泉之战在明龙庆州？

其次，《明一统志》记蚩尤城在州城西南，去废怀来县东地六十里。查元代的怀来县至明撤废，其旧城即今之怀来县故城（已没于官厅水库下）。若其东南六十里果有蚩尤城，也应在军都山以东的昌平县西部某地，又怎么会在龙庆州城西南？而且，有关昌平的史志诸书都不记昌平西部有古蚩尤城，那么《明一统志》的根据又何在？

《明一统志》在同卷的保安州（今涿鹿县）山川门内记："涿鹿山在州西南九十里，一名独鹿山，涿水出焉，黄帝破蚩尤于涿鹿即此。"古迹门又记："轩辕城在州城东南四十里，今名古城，其中旧有轩辕庙基。"《明一统志》既在隆庆州内记了阪山、蚩尤城，又在保安州内记了涿鹿与轩辕城，同书之内如此矛盾，作何解释？

与《明一统志》相比，清《嘉庆重修一统志》所记却准确可信得多。其卷四十，宣化府古迹门有涿鹿故城条，条内引用《魏土地记》《括地志》及旧志地云："今保安州（今涿鹿县）东南四十里有土城遗址，制甚宏阔，中有黄帝庙，明志谓之轩辕城，即涿鹿城也。"山川门内记有涿水，大段引用《水经注》及《括地志》后指出："阪泉今名黄帝泉，矾山堡西南十里有七旗里泉（按，应是张公泉）即阪泉也。"

三、涿鹿城、阪泉的考定

《清一统志》在其宣化府古迹门指出，保安州城东南四十多里的矾山堡古城即古涿鹿城。其比定，合乎《魏土地记》《括地志》的记载；其次又在同书的山川门、涿水条下，引《保安州志》初步比定了阪泉与涿水，尽管不够准确，却也足资参考。在《清一统志》之后，杨桂森所做的工作则更为可贵。

清道光年间，保安州知州杨桂森爱读郦书而热心于访古，为了落实《水经注》涿水条的记述，他于道光十五年亲到矾山堡进行了考察。在当地首先访问了有学识且熟悉当地地理的老僧世雅，与他共同讨论了《水经注》文，在取得一致认识之后，又亲自逐项考察了水道与古迹，经过一番研究，最后写成了《矾山考古记》一文，收进他所重修的《保安州志》艺文门内。按杨文，矾山堡管界内的上七旗泉乃《水经注》所记之张公泉。

泉水北流为小河，相当古之涿水。小河在三堡村外逶古城之南而东北流，通注桑干河（古漯水），当地称这条小河为北沙河。矾山堡南有龙王塘村，村内有泉为古蚩尤泉，泉水北流，汇入北沙河。村南一里余有古蚩尤泉，泉水北流，汇入北沙河。村南一里余有古城残墙一段，当地人相传是古蚩尤城。古涿鹿城东偏南一里余有黑龙池，池水冬季不冰，水质甘美，乃古之阪泉。杨桂森考察当时，涿鹿古城只有四户居民，《明一统志》所记之轩辕庙已无存。《矾山考古记》结尾说："凡信耳不如信目，森亲履矾山……验之皆与《水经注》一文吻合。"

古张公泉今名七旗泉，泉水北流，逶古城南面而东北流，在古城东南被拦蓄为古城水库。雨水大时，原有小河出水库而东北流注桑干河，后因下游又建果园水库，小河汇入果园水库后不再能通向桑干河。

涿鹿古城尚未经过科学的考古研究，笔者仅就所见、所闻聊作介绍如下。古城平面呈不规整的方形，城墙系利用天然地形夯土筑成。城南北长510—540米，东西宽450—500米，残墙高3—5米，上宽约2.5米，底宽约10米。墙上可以辨认出夯层，厚10—14厘米。南、北、西三面尚存断续之残墙，东南角已坍没入水库内。（据县文化局测量）

城内地面上散布着各种碎陶片，陶鼎腿、陶鬲足几乎随地可见。县文化局已从城内收集到石器多件，其中有石杵、石斧、石纺轮、磁、石刀等，现均陈列在鼓楼文物陈列室内。据县文化局介绍，古城周围有古墓群，古墓地面无坟，尸骨埋在地下一米多。墓坑内无棺木，尸骨葬于大瓦瓮中，或用两块半甬形瓦片夹葬。另据《人民日报》1957年11月30日第8版和《光明日报》1957年11月23日第3版报道，古城出土过多件战国时代的汉代文物；县属鼓楼文物陈列室内，亦收陈有战国和汉代的陶器和钱币。从出土的各种石器看，古城早在新石器时代就是一块先民集居之地，从出土的汉代文物看，古城从远古到汉代是一直被沿用的。

古城东南一里余有黑龙池，即古之阪泉（今已正名为阪泉）。黄帝祠早已无存。阪泉为自流泉，池为圆形，周98米，池面近3000平方米，深约3米，水清见底，冬不结冰。水质甘美，流量每小时120立方米。泉水北流为小河，汇入古城水库。几千年来，泉水滋哺着当地居民，最近经国家科研机构化验，水质优于闻名全国的崂山矿泉水，县政府已与外资合营，兴办矿泉水厂，历史名泉之水，不久将为国内外所饮用。

蚩尤泉在矾山镇南的龙王塘村内，一在生产队部院内，石砌泉口；一

一九九五年

在生产队部前，石砌泉口直径6—7米。泉水出村北流，至矾山镇外与阪泉水相合，泉流都如《水经注》所记。至于蚩尤城，当地传说在龙王塘村南一里多农田中，现在连城墙一段遗迹都难以辨认了。

四、涿鹿城的沿革

《史记》的原文是"北逐荤粥，合符釜山，而邑于涿鹿之阿"。邑字，按《说文解字注》许云："邑，国也，从口。"又云："古国邑通称。"关于口，段注："音韦，封域也。"关于国字，许云："国，邦也。从口从或。"可见汉以前的邑、国，都是有口有封域的，也即有城的，依义则"邑于涿鹿之阿"应理解为，选在名为涿鹿的一片高地上兴建起有口的邑。邑而有口，应该是有城的。

从考古成果方面看，我国考古学界已在北方各地发现了几处属于新石器时代晚期的古城址，它们是山东章丘县的城子崖古城，河南登封县的王城岗古城，河南淮阳县的平粮台古城。（皆据《中国大百科全书·考古学》"中国新石器时代考古"条内的建筑技术项）至于小规模的聚落围墙，在安阳的后岗已发现了一处属于龙山文化的村落围墙，在内蒙古包头市的阿善，也发现了一处小聚落的围墙。上列几处城址和围墙址，都属于新石器时代晚期的龙山文化遗存，其时间都相当于夏代之前。既然上记各地有城、有围墙，那么大致同时期内，一位杰出君主黄帝的设计和指导下，在涿鹿大邑的周围，岂不更有可能、更有条件，利用天然地势建筑起城墙来吗？纵使现存的涿鹿古城并非全系原始遗存，但涿鹿古城始筑于新石器时代晚期却是合乎历史的推断。

黄帝以后，下迄春秋时期，涿鹿城的情况不见于史书，直到战国时期，才出现了本文第二节所引《竹书纪年》里的一条记载。这里需要澄清两个问题，即所记的浊鹿城，是否会指史书所记的另两个地点——浊鹿罗或山阳浊鹿城？

《水经注》卷十一沉水支流博水条下记有浊鹿罗这个地点，文云："博水又东南于渍，重源涌发，东南迳三梁亭南，疑即古勺梁也。《竹书纪年》曰：燕人伐赵，围浊鹿，赵武灵王及代人救浊鹿，败燕师于勺梁者也。今广昌东岭之东有山，俗名之曰浊鹿罗，城地不远，土势相邻，以此推之，或近是矣，所未详也。"

按，滱水是今河北保定境内的唐河，博水是其支流。广昌乃汉、晋故县，故址在今涞源县北不远。其东岭以东之山，大致指今之狼牙山而言。

这段注文所记的浊鹿罗，乃是一座山的俗名，并非一座城，从而它也绝非是《竹书纪年》所记的燕军围攻的浊鹿罗。而且，连郦道元自己对此也是存疑的，他只说"以此推之，或近是也，所未详也"，并不曾肯定浊鹿罗山乃是浊鹿城。

其次，是否指后汉河内郡、山阳邑的浊鹿城？显然也不是。否定的根据有二：从历史看，按《后汉书·献帝纪》载，建安二十五年献帝禅位，曹丕"奉帝为山阳公……都山阳之浊鹿城（李贤注：浊鹿一名浊城，亦名清阳城，在今怀州修武东北）"。其后，《魏书·地形志》在汲郡条下记："北修武，孝昌中分南修武置，治清阳城。"《水经注》卷九清水篇有注云："（敬泉水）南注于陂泉，陂在浊鹿城西，建安二十五年，魏村汉献帝为山阳公，浊鹿城即是公所居也。"《元和郡县图志》卷十六，怀州修武县项内。所记沿革较详，文云：修武省，本殷之宁邑。《韩诗外传》曰：武王伐纣，勒兵于宁，改曰修武。《左传》曰：晋阳处父聘于卫，过宁。（中略）浊鹿故城在县界东北二十三里，魏文帝受禅，封汉帝为山阳公，居河内山阳之浊鹿城，即此城也。

总观汉、魏、唐三代的重要史书和地书，对于山阳邑和修武县，都不曾记注有关黄帝的史迹。从地理看，汉山阳邑相当现在河南的修武县境，浊鹿城（浊城、清阳城）即在今修武县境内。这在地图上是一目了然的，修武县远在赵都邯郸（今邯郸）之南甚远，燕军岂能越过赵邯郸而来围浊鹿？显而易见，汉山阳邑的浊鹿城绝非《竹书纪年》所记之浊鹿城，当然也不是黄帝所都之涿鹿城了。

我们再回到沿革正题上来。前已详述，自秦迄晋的五百多年间，涿鹿一直是一座普通的县城。北魏时期虽仍设广宁郡，郡治仍在下洛城，但却撤废了涿鹿县，《水经注》也记其为涿鹿故城。从这时起，涿鹿已不再是县城，而降格成了一般城镇。直至现代的一千五百多年间，涿鹿古城作为一座县城的时期，会经过某些修缮，降格为一般镇城之后，大概就不再有什么修缮了。

五、釜山考

釜山是黄帝北逐荤粥（秦汉称匈奴）后，与各部族代表举行合符之地，也即统一符契，共同结盟的地点。然则釜山何在？据张守节引《括地志》云："釜山在妫州怀戎县北三里"，这是一条考求釜山所在的重要依据。按，《括地志》成书于贞观十六年，其时的妫州怀戎县又在何处？《括地志》记："潘，今妫州城是也。"《旧唐书·地理志》妫州怀戎县条下记："后汉潘县，属上谷郡……妫水经其中，（妫）州所治也。"《辽史·地理志》在可汗清平军条下所记略同，也说唐之妫州（指长安二年以前的故址）乃汉之潘县。关于唐妫州城故址问题，唐代地理书内并无足以显示其位置的记载，幸而《水经注》内留有汉潘县故城的注记，我们可以按注去考求潘城，潘城故址也即妫州城址。《水经注》漯水篇协阳关水条下记：（协阳关水）水出协溪。《魏土地记》曰：下洛城西南九十里协阳关，关道西通代郡。其水东北流历笄阳头山，阚曰：笄头山在潘城南，即是山也，又北迳潘县故城，左会潘泉故渎，渎旧上承潘泉于潘城中，或云舜所在地。《魏土地记》曰：下洛城西南四十里有潘城，城西北三里有历山（中略）其泉纵广十数步，东出城注协阳关水，雨盛则通注，阳旱则不流，惟洴泉而已。关水又东北注于漯水。

　　对于这段注文，清人杨桂森也进行过实地考察，其成果为《保安考辨》，也收进了他所重修的《保安州志》内。他认为下洛城即保安州城（今涿鹿）。古潘县为保安州西南之舜乡堡。协阳关乃舜乡堡南之下关。（《保安州志》关隘门引《畿辅通志》及《两镇三关志》）我们依据《水经注》参考杨桂森的《保安考辨》，在保岱镇进行了考察，所见如下：

　　从今涿鹿县城向西南，有公路（下广公路）穿过山谷通向蔚县，中经下关、倒拉嘴两处隘道，这条大路历史悠久，因路经古协阳关，这里称之为斜阳关路。保岱乡即清之舜乡堡：位于协阳关山谷北口的西侧，背依山地，东北面向桑干河平原，形势冲要。保岱村位于两座紧邻的古城内，东边的一座地势稍低，从建筑形式及破毁程度看，显然是明、清旧城；西边的一座地势稍高，残城的一面仅存墙基，形迹古老。西古城内有泉两处；东头一口砌以砖石，口径六七米，水面低于地面，供居民生活之用；西头的一口已干涸，老人们讲50年代泉尚有水，雨水大时，泉水穿城而出汇入岔道河，岔道河即古协阳关水，1982年笔者考察时泉虽干涸，但穿城而出的小河道宛然可辨。又据《保安州志》载，清代舜乡堡内原有镇潭寺，寺内有泉。另有保宁塔，塔下有暗井四口，井与寺泉相通。现在寺、塔、泉、井虽都早已无存，但这些记载反映出，古城内过去的泉水量比现在丰富很多。从泉、河等迹象看，西古城即汉之潘县故城，唐之妫乃潘泉故渎，水文状况一如郦道元所记。

　　既已断定保岱村的西古城就是唐妫州城，那么釜山就必然是保岱村北三里的某山了。关于釜山的位置，本文前已举出了两条资料：一是《水经注》引《魏土地记》云："潘城西北三里有历山"；二是《括地志》记釜山在妫州城北三里。对于历山，《太平御览》卷四十五《地部十》引《后魏舆地图风土记》曰："潘城西北三里有历山，形似覆釜，故以名之，其下有舜祠、瞽叟祠存焉。"可知历山即覆釜山，即釜山。《魏书》记山在潘城西北三里，《旧唐书》记山在妫州城北三里，基本一致。笔者在当地考察时，文化局副局长赵育大同志介绍，保岱村西北约三里的窑子头村，村外群山中有一山形体圆整恰如覆釜，当地有许多传说，据云其山即覆釜山或釜山。就其在古妫州城的西北三里余而论，认为它即釜山是可以的。

"合符釜山"乃是一项重要的政治活动，黄帝选在釜山举行政治集会，在历史、地理上是很有意义的。

（作者系原北京大学历史地理系教授）

一九九五年九月二十五日

关于黄帝城的有关问题

郑 光

涿鹿县在炎、黄、蚩三祖文化遗址的开发上做了一些扎扎实实的工作，通过这些工作，虽然不能百分之百地证明这个地方，比如黄帝城、蚩尤城，或者桥山，就是黄帝在这里建的，或蚩尤在这里建的，起码也要证明，从时代上是有依据的。比如黄帝，一般研究年代学的就认为黄帝时代相当于公元前2600—前2500年。我们在考古上也得到证明，黄帝城、蚩尤城有相当于这个时代的一些文物、一些遗迹。如果通过考古没有这些东西，那么它的说服力就差了。如果通过证明，那对我们这个地方就大大有利，首先是增加了说服力，同时也增加了它的神圣性，因为作为一个圣地，我们的祖先黄帝、炎帝、蚩尤在涿鹿这个地方有重大活动，是非常神圣的，这不仅对我们国家，对我们全民族也是有好处的。所以我认为这个工作是应当做的。我相信，这个工作做了，就会在某种程度上找到一些根据，可以形成一种优势，这种优势就证明涿鹿不仅在文献上占据优势，而且在考古上比其他一些关于黄帝、炎帝、蚩尤的遗迹、圣地有更多的证据。这种优势是其他任何地方不可取代的。那么对我们涿鹿这个地方的开发，对我们国家的历史更加有利。下面，我将结合考古文献就有关问题再谈一谈。因为这里重大事件涉及一个历史背景、社会背景和社会性质的有关问题，也涉及中国国家跟文明起源的一些问题。通过这个可以反过来看发生在涿鹿的一些重大事件在历史上的重要意义。

现在考古界、历史界都是把中国文明起源和国家的起源作为一个很重要的课题。我们的社科院考古所专门有一个中国文明起源的课题小组，我也是其中一员，本所也开过几次学术会议，到长江南北、长城内外、中原大地都进行过一些有关考察，所以对中国文明起源问题我们有一定的认识，这种问题可能跟学术界有一定差距。我的一个基本观点就是中国国家什么时候进入国家社会跟文明时代呢？我认为是在距今五千年以前，或更早一些时候，就是在仰韶文化末期，或仰韶文化、龙山文化之间的这段时间进入的。也就是说，如果黄帝时代是在公元前2800—前2600年，那么在早于黄帝时代就进入文明时代、进入国家了。有什么根据呢？进入国家、进入文明，国家必须要形成一个等级社会，就是说一个金字塔形的等级结构的社会。按照西方理论，酋邦也是属于等级结构，但是，等级结构是有局限的、有范围的，如果按照美国的酋邦理论，他的酋邦是四个等级、三个等级，两个决策机构。那么国家必须在这之上，就是在两个决策机构、三个等级之上，它的范围也是有限的。我们现在通过考古发现，证明黄帝时期不只是三个层次、两个决策机构。比如从距今5500年的河梁祭祀遗址和祭祀种物看，不只是两层等级，而是有多层的等级结构。从现在的长江中下游两祖早期，也可以说在黄帝之前，距今五千年左右，到黄帝以后这一段时间，文化发展已相当高了，已经形成一种叫玉器文明，从它的整个文化的分布范围也有一个中心，在这个中心下分了很多层次，而不是两层、三层。关于这个问题，我已在有关文章里说了。我想从他的等级结构、层次的数量来讲，应该是属于文明社会了。我们国家关于黄帝或黄帝以前的一些重大发现，大家都知道的，比如说河南郑州附近的西山遗址、长江中下游的大成山、属于屈家岭早期有些城址等，这些城址的范围是很大的，有的有几十万平方米，不比黄帝城小。属于天目山石家河那个是120万平方米，但是时代比较晚了，就是到了龙山中晚期，也比黄帝时代要晚了。就是说联系起来看，这个时候原来作为满、彝族那个地方已形成不同层次的等级结构。刚才讲的玉器文明已经比较高了，所以，要真正通过考古的发现证明这些东西，我们国家在黄帝以前应该进入国家文明社会。当然这个观念我也在发生变化，我原来观念跟大家一样，认为中国文明起源应该是尧舜时代。随着时代的推移，考古资料的不断发现，想法也逐步改变了。既然是搞考古的，就得尊重实际。所以我提出来，但也不是我的发明，其实早有人提出了这些观念。现在涉及一个问题，就是黄帝时代的社会性质既然进入文明，那么这个国家形态是什么呢，也就是黄帝跟炎帝之战、黄帝跟蚩尤之战，是部落与部族之间呢，还是什么样的战争呢？既然进入国家、进入文明，当然也存在这种部落、部族，我认为不应该是部落之间的战争。《史记》记载，炎帝世衰，然后诸侯起来并吞，到了神农氏这一个大的时代的末期，天下已经大乱了，诸侯都起来互相征伐，互相侵讨，炎帝已没办法了。这个时候起来一个黄帝，把那些暴乱的诸侯给征服了，最后把蚩尤也征服了。这就涉及蚩尤是一个什么性质的问题了。按照文献讲，他还是一个诸侯，当然我不排除讲蚩尤是苗族的祖先。按照《史记》等有关文献记载，在我的术语里，国家不是一个部落社会，而是相当于一个诸侯国，由炎帝、黄帝组成，以后是五帝、尧舜，一直到三代，就是以天子为中心的封国制（这是相对于后来的君宪制而言的）。所以我认为战争的性质，决定黄帝时代才进入国家。他的势力范围很大，大家也谈到，《史记》也记载，司马迁考察过涿鹿古城这个问题，"西至空桐，北至涿鹿，东渐于海，南浮至江淮"，这么大的范围，也就是大体相当于后来的荆州范围。

但是现在又涉及一个问题，在考古的区系类型发生了矛盾，就是说不同的区系类型代表了不同的文化，怎么把它们联系成一个统一的国家呢？我觉得区系类型是依据陶器来划分的，陶器除了一部分礼器外，大部分是日用工具，除时代变迁以外，它是随着不同的地域变迁的，真正能够代表一个国家最高层次的文化。如果黄帝处在龙山时代早期的话，这一段时间应该是以玉器为代表的。往后，到龙山晚期有了铜器、玉器、石制品、漆器，这是作为高层次的文化实物代表。这个时期如果以陶器为代表，不好说明问题，那就用高层次的玉器来说明问题。关于玉器的鉴定问题，如果是按照现在的矿石学定义，中国有些古董不能算是真玉，有的是假玉，有的就是石头。所以按照传统的讲，玉就是美石，凡是加工漂亮的石头都可以当作玉器。严格地说，比如二里头出土的石器，不够玉器资格，我们还是把它当作玉器，从这个意义上讲，它属于礼器。我们中国文明具有一个重要特点，就是礼制比任何国家都出现得早，也比较发达，所以我国历来被称为文明之邦、礼义之国，这个东西是很重要的。玉，特别是表现于器物上，就是属于圭和璋，这是代表一种等级、身份的象征。比如天子有王子的用玉，诸侯、公侯、伯制圭是不同的用玉。我们通过对全国范围的考察，如果以陶器为代表，很难作为一种文化来理解，但是看高层次的文化，就是陶器的礼器，很多地方有它的共同性，另外就是发现一种重要的礼器，我叫作扁平钻孔磨光石斧，就是昨天在涿鹿县文化馆所看到的，一种是宽的，一种是窄的。研究文明就得研究它的礼制，研究礼制就得对作为礼制重要的代表工具，如圭、璋进行研究。我们发现后来的圭璋追根溯源，圭、璋、钺、器都是从扁平穿孔石斧发展来的。钺也可以叫石斧，因为按古文字"钺者，土斧也"。器，比较窄的石斧叫器。根据我们从三代往前推，发现这么一个很重要的玉器，还没有发现装柄的痕迹。但是从长江中下游一直到中原地区，装柄从龙山时代，更早的从仰韶时代，比如同河南临汝出土的关于石斧的图，那种装法一直到二里头时期，装柄的方法是一样的，这是一个很值得重视的现象。通过对玉器包括磨制很精致的扁平穿孔石斧这类的礼器，可以把从陶器上看有很大差别的、不同地域的文化串在一起来证明它在高层次的政治、高层次的文化是统一的。当然，以前的不好说，但是，在殷朝的时候，陶器在大江南北、长城内外差别很大。所以有人把它划分成多种文化。但是，铜器到处都是一致的，具有很大的一致性。铜器既然是代表最高层次文化，也就代表统治阶级的一种意识，甚至代表一种制度，它不能随意乱来。像春秋战国时期，文字不一样，车辙不一样，什么东西都不一样。到秦时把它统一起来。要形成统一的国家，要从礼制上统一，从礼制上反映出来。应该说，黄帝时代从高层文化看是个统一体。以此证明，我认为黄帝时代我们已进入了文明，而且国家版图是相当大的。另外，很有希望的一点，就是刚才讲的黄帝城发现的两件石斧。虽然是两件，跟南方发现的基本一样，都是从斧类往下发展的。所以，这是很有意义的。回过头来，从当时黄帝所处的时代背景、社会性质看，涿鹿之战、阪泉之战，在时空上所具有的一种重要意义，它不是简简单单的氏族部落战争，而是涉及一个时空非常广泛的、一个很重要的历史事件，中国历史跟涿鹿之战、阪泉之战有很重要的关系。阪泉之战，我认为是炎帝时衰落，黄帝起而代之，改朝换代性质的战争，也就是一个朝代取代了另一个朝代。自从黄帝统一了中国，标志着一种新王朝的诞生。也就是说，诸侯都承认黄帝这种新政权的诞生，承认黄帝的统治权力。也标志着黄帝对国家的统一。通过这个说明我认为涿鹿县这个地方很重要，这次研讨会也很重要。我认为，这次会上取得了很大收获。特别是在关于文献记载、考古方面，大家都取得了共识。怎么能够把我们的工作做得扎扎实实的，让大家更加信服，另外从建设方面、开发方面把它做好，这是我本人的愿望。

（作者原中国社会科学院考古研究所研究员）
一九九五年九月二十五日

中华文明始于涿鹿

周颖南

历史资料显示，黄帝大约生活在4700年前，出生在有熊部落的酋长之家。定居涿鹿后，便在此地完成其重大的政治、军事、文化伟绩。经过"涿鹿之战"，黄帝将北上作乱的苗黎蛮人首领蚩尤首领所率领的联军击败，又经过"阪泉之战"，黄帝族和炎帝族方能联合结盟。实现了著名的黄炎联盟，轩辕黄帝被推崇为炎帝族、黄帝族、南方苗黎蛮族三大部落的首领。继之完成了定都涿鹿，北征荤粥（匈奴的始祖），合符釜山，取得辉煌的胜利。

中国北方广袤的疆土上，远古的一百多个小族、小部、小邦、小国共同拥戴轩辕黄帝为领袖，形成了中国华夏民族最早的雏形。这许多丰功伟绩，都是在张家口涿鹿一带完成了。所以说，张家口涿鹿一带是中华民族最早而又最重要的发祥地之一。黄帝成为中华民族的始祖。

黄帝崩后，涿鹿建立黄帝庙，秦始皇曾到此谒庙。历代皇帝或亲自或派重臣拜黄帝像、谒黄帝庙，当时，列为国家重要的祭礼大典。

可是，沧海桑田，由于历史的变迁，时代的转移，慢慢地，古城消失了，只剩下残墙。涿鹿县改名为保安县，在历史上消失了1280年。至中华民国建立，1914年才恢复了旧有名称，而涿鹿县已不是旧日的样子。

据王北辰所见，古城呈不规整的方形，城墙系利用天然地形夯土筑成。城南北长510—540米，东西宽450—500米。上宽约2.5米，底宽约10米。明代城内曾有轩辕庙，逮至清初，庙已无存。道光十五年杨桂森到此时，城内尚有四户居民，现在城内已是一片果树，全无住户了。

城内地面上散布的各种碎陶片、陶鼎腿等，几乎随地可见。县文化局从城内收集到石器多件，其中有石杵、石斧、石纹轮、石镞、石刀等，可以考证。

从史书记载看，黄帝在涿鹿阪泉、釜山的史迹，清晰可见。

王北辰、曲辰先生做了大量的考证，他们引述《史记》《汉书》《水经注》《两唐书》《太平寰宇记》等大量典籍，并多次实地考察，把涿鹿城、釜山、桥山等地有关的古代的建筑地点的正确位置考订下来。

《史记·五帝本纪》载："黄帝崩，葬桥山。"黄帝的陵墓是在桥山，而陕西省黄陵县的"黄帝陵"乃是衣冠冢。

从历史发展的轨迹看，中华民族有今日光辉灿烂的文化，是发祥于涿鹿，导致五千年来绵延不断。当年的黄帝，建立了汗马功劳！

中国人有"饮水思源"的传统美德，中华民族的文明，既源自涿鹿，我们应该还它历史上应有的地位，把过去被割断的各种关系重新联系起来。

最近十多年来，中国实行经济改革开放政策，各省市的经济建设热火朝天、欣欣向荣，达到了前所未有的程度。紧跟着的自然是各种文化建设。

中国旅游资源丰富，旅游事业相应地蓬勃发展起来，河北是中国古文明繁衍的地区，可开发的地方不少。如石家庄"抱犊寨"和"天桂山"的开发，傲视于世，将成为举世瞩目的景点。涿鹿黄帝城的恢复，既具有深刻的历史价值，又有实际的现实意义。

我们把具有五千年文化历史的神州大地，展示在全世界人民面前，就是一大贡献！

其实，从中国各地的出土文物考证，中国的文明史还要推前2000年。这里，我们说的只是从黄帝时代开始。

历史赋予炎黄子孙光荣的任务！

张家口市和涿鹿县人民政府承担了这个责任，这将是惊天地、泣鬼神的伟大创举。

涿鹿已沉睡了几千年。今天，我和张家口市及涿鹿各位领导，共同铲起这第一锹土，意义非常重大，它将唤起世界亿万炎黄子孙的关注。

恢复象征中华文明发祥地的黄帝城及各项工程，对弘扬海内外炎黄子孙的爱国热情，增强全民族的团结凝聚力，将产生不可估量的积极作用！

（作者系新加坡作家协会终身理事长）
一九九五年九月二十五日

从"涿鹿之战"看涿鹿

孟世凯

"涿鹿之战"的两次战役是见于正史最早且记载较详的战争,关于这一战争其他传说的情况也见于一些先秦文献。有学者认为:"中国古代的氏族部落既然在5000年前已纷纷在叩文明社会的大门,他们在彼此犬牙交错而处的中原地区必然要发生部落冲突和联合而形成华夏族,产生奴隶制的文明国家。古籍中记载的黄帝、炎帝和蚩尤之间的循环战争就是在这个时期开场的,因而标志着中国文明的开端。"一般称我国具有五千年文明历史,所指的就是自黄帝、炎帝、蚩尤在涿鹿交战后开始。故可以说"涿鹿之战"是我国向文明时期过渡的前奏曲。由于农耕文化的发展,促进了氏族社会的发展。

在黄帝、炎帝、蚩尤以前,遍布于祖国大地的大大小小的氏族,部落已在多种形式的组合,由地域为主的部落联盟相继产生。这些部落联盟都形成有自身特点的文化,如古东夷,虽然不能认为古东夷就是一个部落联盟,但属于这一区域的各个氏族、部落都有相同的文化,即"东夷文化"。可以说从南到北,从东至西都可以根据其原始文化的特点划分出若干区域文化。这里所说的"原始文化"指的是考古学上的新石器时代的文化。这些原始文化当与历史文献记载相印证才能构成一种完整的历史文化。在炎黄时代的农耕文化,较突出的是南方炎帝文化,是继承神农氏的农耕文化发展而成,因炎帝部落迁徙的地方较多,其覆盖面比较大,留下的传说记载也就不少。

我国自古称礼仪之邦,就是自古形成一套礼仪制度。在古代社会生活中上至帝王下至平民,都要以相应的礼仪来规范自己的言行。我国礼乐文化起源最早,可以说与原始宗教仪式同步。由于人们对自然界许多现象的不理解,于是产生自然界一切都有神灵的迷信,天、地、山、川有神灵,人死后也有神灵。为了自身的生存,社会生活的安定,凡遇自然灾害、生、老、病、死等都要祈求神灵辅佐,祈求的方式由自然形式发展为有固定的形式，由自发的祈求发展到有人神之间中介人——巫。有了巫来代神言事，就产生一定的祭祀仪式。以氏族社会最初祈福或禳灾的祭祀仪式为基础，发展为与祭祀有区别的礼乐制度有一个很长的过程。孔子说："殷因于夏礼，所损益可知也，周因于殷礼所损益可知也，周因于殷礼，所损益可知也，其或继周者，虽百世可知也。"夏、商、周的礼乐即有继承，也有所删增。从夏上溯，可以说自黄帝时期就有礼乐制度，故黄帝时期的文化，是以礼乐文化为主。也就是这种有悠久历史的礼乐文化，才有强大而牢固的凝聚力。黄帝族将四面八方的氏族、部落凝聚为华夏族，进一步发展，创造出中华民族丰富的礼乐文化世代相继传于后世。

《史记·五帝本纪》载黄帝在战胜蚩尤和炎帝之后"披山通道，未尝宁居：东至于海，登丸山，及岱宗。西至于空桐，登鸡头。南至于江，登熊、湘。北逐荤粥，合符釜山，而邑于涿鹿之阿。迁徙往来无常处，以师兵为营卫。官名皆以云命，为云师。置左右大监，监于万国。万国和，而鬼神山川封禅为多焉。获宝鼎，迎日推策"。这段文字是研究黄帝活动的主要根据，但是历来有不同的认识，如崔东璧的《补上古考录·黄帝氏》，对这段文字的评论，在先秦史学界影响较大。他认为："此皆战国、秦、汉之间方士异端所述，所谓有黄老家言，阴阳家言是也。盖既托其术于黄帝，因伪撰黄帝之事以实之耳。尧自举舜以前其事尚不可详考，况黄帝踪迹之所至乎！"在先秦史研究中，夏以前的历史按传统的划分法是传说时代。既是传说，当然是由古人口耳相授，代代相传而被后人用文字记录下来的。在相传过程中，又掺杂不少的神话，所以又可称为"神话传说时代"。但是这部分最古的神话传说资料是中华民族历史文化的一份丰富多彩的宝贵遗产，是研究上古史的主要资料依据。在探讨黄帝时期的人和事当然不能对神话传说全部照搬，必须剔除神化的成分才能看得出较为可信的资料。如果将这部分含有上古史料的资料不加分析地否定，也不是科学的态度。

司马迁编写《五帝本纪》，特别是有关黄帝的事迹，不仅参考过先秦古文献，还亲自到有关各地去做过考察，访问长老，所谓"西至空桐，北过涿鹿，东渐于海，南浮江淮矣，至长老皆各往往称黄帝、尧、舜之处，风教固殊焉，总之不离古文者近是"。最后是"择其言尤雅者"编写有关黄帝的事迹。故黄帝在涿鹿战胜蚩尤和炎帝以后，才征伐"天下有不顺者"。黄帝是否亲自到过东西南北四方，并不一定。因黄帝文化影响所及，各地皆传当年黄帝曾去过。所以司马迁就将他所到之处写为黄帝曾去过。

但"合符釜山""邑于涿鹿之阿"应当是有可能。因为在氏族社会中，谁的势力大，谁能行仁义，就会得到其他氏族、部落首领（诸侯）和成员的拥戴。故黄帝在北方取得一系列的胜利以后，召集诸侯大会，订立盟约，宣布建立更大的部落联盟。风后、力牧、常先、大鸿这些"黄帝臣"，就是一些加盟以黄帝为首的部落联盟氏族、部落首领。这个部落联盟的根据地就在两大战役的发生地涿鹿。所谓"邑于涿鹿之阿"，就是黄帝在涿鹿山下建立城邑，作为部落联盟的根据地。其后伴随黄帝部落联盟的发展壮大，向南进入中原地区，在黄河中下游的氏族、部落先后加盟黄帝部落，最后形成最早的华夏部落联盟，成为中华民族最早的一个群体。

"合符釜山"，曲辰先生认为"符"是调兵的兵符。黄帝"在釜山大会各路征归来之诸侯的'合符'之举"。符作为调兵遣将的凭证可能是后起之事，最早也应是统一王朝建立后才可能产生。在黄帝初期还是"诸侯相侵伐、暴虐百姓"，黄帝战蚩尤就是"蚩尤作乱，不用帝命，于是黄帝乃徵师诸侯"协助征伐。"徵师诸侯"的"徵"字，意为求助，请求。简化字变为"征"，则成为征调之意。黄帝初期时还不可能有如此大之权力。故我认为"合符"之"符"就是一种"符瑞"，是天帝所赐，以此来代表黄帝是受天帝之命，团结各地诸侯，建立一个联合体。直到商代，商王凡事必祭祀占卜，祈求上帝保佑，甲骨卜辞中有大量的"帝命雨""帝命风""帝命雷"等。商王是代表天帝来主宰人间一切的，商代甲骨卜辞中反映得淋漓尽致。两千年后的商王朝后半期尚且如此，难道黄帝时期的迷信思想就会比商人少？那种认为黄帝时的就有"符瑞"是战国时阴阳家的东西更是想当然。如此，难道商代甲骨卜辞也是战国时的吗？前面所说黄帝创造了原始的礼乐文化，就是从原始宗教发展而成的，"合符"就是内容之一。

"釜山"，曲辰先生考证为非山而是地名，即今河北涿鹿县的矾山，可从。"涿鹿之阿"，《史记·五帝本纪》《正义》："广平是曰阿。涿鹿山名。"即黄帝在涿鹿山下广平之地建立的城邑。

"涿鹿之战"的两次战役之古战场、黄帝在战胜炎帝之后，"合符釜山""邑于涿鹿之阿"这些地方在今天的何处，历来有不同之说。目前在先秦史学界中仍有不同的看法，这都是研究先秦史的学者众所周知的问题，如景以恩先生就认为："鲁地之涿鹿、空桑，既为炎黄争战之所，又是炎黄为都之地，实华夏核心之都也。细考史籍，乃一地而两名。地在今济宁市。"古地名是个较为复杂的问题，尤其是传说时代的帝、王，即氏族、部落首领的族居、活动地往往变动很大，故传说不一。但到了黄帝时期较大的部落联盟已经产生，炎帝、黄帝、蚩尤这些部落联盟，其活动地域已有一定的范围，在涿鹿的两大战役是统一之战，对后世影响颇大，故传说的战场不会与今地相距太远。王北辰和曲辰两位先生多年以来，对河北涿鹿县进行了实地考察，对有关的古文献做了全面、深入的研究后，在有关论述中认为《五帝本纪》及先秦文献中的涿鹿就是今河北涿鹿县。在其他地方没有考古资料证明以前，我认为王、曲两位先生的论述是可信的。

据《轩辕黄帝在涿鹿》一书介绍，在涿鹿现存的遗址和遗迹有：涿鹿山、涿水、涿鹿之野、阪泉、阪泉之野、蚩尤三寨、蚩尤城、蚩尤泉、蚩尤坟、定车台、釜山、黄帝城、桥山等。在涿鹿有如此多的历史文化遗址和遗迹，过去由于种种原因未予重视，缺乏有力的宣传，加以学术界又有不同的说法，因此鲜为人知。如果允许这种状况继续存在下去，作为炎黄子孙则愧对自己的祖先。

今天的涿鹿是个交通便利，资源丰富，环境优美的地方。全县农业产量人均数高于全国平均水平，各种果树繁多，尤其是以"北国明珠"之称的良种葡萄，种植数量达五万余亩，是华北最大的葡萄种植园，以其质量享誉海内外。冠以"龙王帽"美称的甜杏仁，其出口总量占全国一半以上。畜牧业也较发达，是养猪的基地。工业发达，许多现代化的工业产品也在国内外享有盛誉。由此我们可知，早在距今5000年时，黄帝部落选择这里为其根据地，可能在当时的这块土地上，就有发达的农耕和畜牧业，在这里可以蓄积力量向四方发展，其后因黄帝部落南下中原，此地方被遗留的氏族经营而淡出历史舞台。

涿鹿县在工农业方面有一定基础，就可以充分地开发，利用历史文化资源来促进经济、文化建设的进一步发展。首先应对现已发现的历史文化遗存加以妥善的保护，然后有计划地用其来开展历史文化旅游，同时将这些历史文化遗存开辟为对炎黄后裔进行传统的爱国主义教育的基地。在此过程中要加大宣传的力度，使海内外炎黄子孙们知道自己的祖先曾在这块土地上生息和战斗过。开发历史文化旅游是一项专业课题，此与自然景观和旅游应有所区别，其中有许多历史问题要经过研究而定，否则达不到应有的效果。只要领导者有决心，考古专家和历史学者做出奉献，可以预料在不久的将来，这个古代文明发源地之一的涿鹿县，将会为世人所向往。

（作者系中国先秦史学会常务副会长、历史学家）

试论涿鹿在中华文明发展史上的地位

潘哲伟　朱　武

中华民族是伟大的民族,有着五千年的悠久历史和博大绵远的灿烂文化,普天下炎黄子孙,无不以此倍感光荣和自豪。抚今追昔,探本溯源,一个同五千年中华一样古老的历史圣地——涿鹿,越来越引人注目,使人向往。作为中华民族的奠基地之一,五千年文明的发祥地,涿鹿在中华文明的发展史上,有着重要的不可替代的历史地位。

一、阪泉之战、涿鹿之战促成了民族融合,奠定了华夏根基

大约在五千年前,发生了两次旷古大战:黄炎阪泉之战和黄蚩涿鹿之战。上古时期,人类尚处于蛮荒时代,改造自然的力量极其微弱,为了生存,人们常常结成群体,捕鱼、狩猎、采摘果实。以后,又以血缘为纽带组成氏族,由氏族、部落发展到部落联盟。黄帝时代,我们先人正处于原始父系氏族社会向阶级社会转变的过渡时期,即部落联盟时期。当其时,位于黄河上游的黄帝部落和炎帝部落,位于东部沿海的蚩尤九黎部落,是三个实力强大的集团,他们为了本部落的利益,互相拼争,多次冲突,最后决战涿鹿,终以黄帝获胜而告终。位于今涿鹿山下的矾山川,广袤十余里,平畴阔野,良田千顷,这就是史籍记载的两次大战的古战场——涿鹿之野。以秉笔直书,注重实录著称的西汉大史学家司马迁,曾两次北过涿鹿,考证采访,于《史记》开篇记述了两次大战的情况。经此两战,黄帝统一了北方各地各部落,成为万民拥戴的英雄领袖。从此"诸侯咸尊轩辕为天子,代神农氏,是为黄帝"。战后,炎黄部落和部分九黎人长期融合,不断发展,成为华夏民族的主体。描绘考证山川、水道等地理的经典著作《水经注》,对涿鹿古战场也做了充分的肯定。曰:"涿水出涿鹿山,世谓之张公泉,东北流迳涿鹿县故城南,王莽所谓褫陆也,黄帝与蚩尤战于涿鹿之野而邑于涿鹿之阿即是处也。"

二、"合符釜山"成就一统大业

釜山,在今涿鹿县保岱镇窑子头村,村后有一座山,圆整覆釜,故名釜山。当年黄帝曾于此处会诸侯合符契,一统天下。《史记》云:"天下有不顺者,黄帝从而征之,平者去之,披山通道,未尝宁居。""东至东海,登丸山(今矾山),及岱宗,西至于空桐,登鸡头。南至于江,登熊、湘。北逐荤粥,合符釜山,而邑于涿鹿之阿。"这些记述说明,黄帝战胜炎帝、蚩尤后,又进一步南征北战,开疆拓土,征服了周围的一些部族势力,尤其是北逐荤粥的胜利,保障了涿鹿以南各地各部落人民的安全。从而黄帝威信大增,诸侯归顺,咸来宾从,至此黄帝统一大业已成,可以说"合符釜山",是开国定天下之举。因此,釜山这一历史圣地格外引人注目。难怪司马迁北过涿鹿时,登釜山,谒先祖流连忘返。

三、定都涿鹿开创了千古文明

"合符釜山"后,在安定统一政治局面下,黄帝乃选涿鹿之阿兴建都城——涿鹿城,即黄帝城。这是我国有史以来最古老的城邑,是华夏第一都城。据著名历史地理学家王北辰先生考证:涿鹿城建自黄帝,其时大约是新石器时期。公元5世纪以前,即自秦迄晋都是县城,公元五世纪后,即自北魏到清1400年间,一直是一个普通城镇。城里出土了大量的该时期的文物。《人民日报》1957年11月30日报道:"1957年10月,涿鹿县文物工作者曾在古城发现出土文物多件。属于工具的有石斧、石刀、石杵、有粗孔的石敲砸器和陶纹轮等;属于生活用品的有陶盆、陶甑等。除石器外还出土过各种古钱,龟钮、蛙钮的铜印等。出土石器一事证明,《五帝本纪》关于古城建自黄帝时代的记载较为可信;出土过古钱,铜印则表明涿鹿城被沿用的时间很长。"往事悠悠,岁月漫漫,这闪耀着文明的远古都城,正在向人们诉说着五千年的辉煌。

尤其需要指出的是,绵远博大的中华文明集中了炎、黄、蚩人文三祖的共同智慧。他们会聚涿鹿,生息、劳作、争战、融合,共同缔造了中华远古文明,在涿鹿境内至今完好地保存着有关三祖的二十多处遗址遗迹,其密集度、系列度、完整度世所罕见,更加显示了涿鹿独特的历史地位和价值。

长期以来,由于历史的原因,涿鹿这方历史圣地没有得到足够的重视。随着改革开放的深入和国际交往的扩大,涿鹿越来越成为海内外专家学者关注的特点。1995年9月25日,由中国先秦史学会、中华炎黄文化研究会、河北省社科院、河北省炎黄文化研究会、张家口市和涿鹿县共同发起召开了"全国首届涿鹿炎黄蚩三祖文化学术研讨会",来自海内外的四十多位著名专家学者,经实地考察,多方论证,向海内外郑重宣告:涿鹿是黄帝、炎帝、蚩尤会聚在一起进行中华民族文明初期最重大活动的唯一圣地,是华夏5000文明的奠基地、发祥地之一,是寻根问祖的圣地。目前,以黄帝城为核心的三祖文化已得到全面开发,这对弘扬中华文明,昭示博大绵远的中华传统文化内涵,增强中华民族的凝聚力和提高爱国主义意识,有着特殊的重要意义。看一百年的中国到上海,看一千年的中国到北京,看两千年的中国到西安,看五千年的中国到涿鹿。相信在不远的将来,涿鹿这方千古文明圣地,必将再度辉煌!

(潘哲伟系原涿鹿县旅游局局长)
(朱武系原涿鹿县旅游局副局长)
一九九五年九月二十五日

关于黄帝传说的"神性"与"人性"问题

谢维扬

黄帝传说对于说明中国早期历史，尤其对于说明中国早期政治组织和社会组织的演变有重要价值，在我国古史学界向来颇被重视。

近代学者对于包括黄帝在内的上古传说的基本看法，大体上可分为"神性"说与"人性"说两种。所谓"神性"说，就是认为上古传说在起源上并无事实的依据，只不过是将远古神话"人性"化的结果；因此，"神性"说对于黄帝等传说人物作为远古人群或其代表的真实存在是绝然否认的。而"人性"说则倾向于对上古传说在起源上具有一定的事实的依据这一点持较为肯定的态度，而在这些传说中的"神性"的成分与"人性"的成分之间的关系上，认为"人性"的成分在先，而"神性"的成分在后，从"人性"说的立场来看，黄帝传说虽不能说是信史，但作为传说的资料，它仍具有一定的历史意义。

很显然，在黄帝传说的"神性"与"人性"问题上的看法，实质上关系到对这些传说作为历史性资料的可信性的估价问题。我感到，近代学者（主要自三四十年代以来）对黄帝传说的"神性"与"人性"问题的讨论的得失，归根结底还是在于文献学和语文学方面的问题；也就是说，同有关各方在处理资料时所使用的方法有关。本文即准备从这个角度对有关的两个问题做初步的讨论，以期为探讨黄帝传说的历史地位问题提供依据。

一、"黄帝"与"皇帝"通假的问题

关于黄帝传说的"神性"说观点，以杨宽先生在《中国上古史导论》中提出的黄帝传说"出于上帝神话"这一表述最为典型；而杨先生关于黄帝的"神性"说观点也最为激烈。因此，我想以他的论证为代表来分析"神性"说在黄帝问题上的得失也许是可以的。

在《中国上古史导论》中，杨先生为论证黄帝乃"出于上帝神话"所提出的理由中很重要的一点就是他认为"黄帝"即为"皇帝"。而他的主要方法涉及某些资料中"黄帝"与"皇帝"通假的问题。然而，正是在这个涉及通假的与语文学有关的问题上，我们可以看到杨先生的论证是有重要缺陷的。

杨先生指出，在文献中，"黄帝"与"皇帝"每有通假之例。这一点自然是事实。其所举之例有《易·系辞传》："黄帝、尧、舜垂衣裳而天下治"；《吕氏春秋·贵公篇》："丑不若黄帝"；毕沅《校正》云："'黄帝'本作'皇帝'、'皇''黄'古通用"；《春秋繁露·三代改制质文篇》："周人之王尚推神农为九皇而改号轩辕，是为皇帝"，乃以"轩辕"为"皇帝"等。据此杨先生遂认定黄帝即"皇帝"，认为"'黄帝'实出'皇帝'之变字"；而"古'皇帝'本指上帝"。但是，如杨先生这样，根据文献中的通假现象做出上述的推断，从方法上说是并不严密的。

所谓通假，是指古人在写定或传抄某些文句时，用同音或音近的字来代替某些定字的做法。通假现象对于解释特定的文句有重要意义，但处理不当也会造成失误，在文献研究中此类事并不罕见。而要防止在处理含通假的文句时发生错误，最重要的必须注意以下两点：一是为确定含有通假字的特定文句的两个字，只可能有一个是本字，而解释整个文句的意义必须根据本字的含义来进行。如果辨认本字错误，则对整个意思的解释也不可能正确。二是通假的具体可能性，在不同的文句中是不一样的。也就是说，在某些文句中发生通假的字，在另一些文句中则未必发生通假。不能认为，一个字只要在这有些文句中发生过通假，它就在所有文句中都与通假有关。因此，在确定某个文句中某个字是否有通假情况时，不能只根据一般的原理，而必须还要有必要的例证。以上两条都是人们在处理通假现象时最容易发生错误的地方。而杨先生在"黄帝"和"皇帝"通假问题上的意见恰恰在这两个方面都有一些问题。

（一）本字

首先，在相互通假的"黄帝"和"皇帝"二词中，"黄""皇"二字孰为本字这个问题上，杨先生的意见就颇有商榷的余地。由于杨先生说"'黄帝'实出'皇帝'之变字"，可见他认为"黄""皇"二字中，"皇"为本字。但如果我细审杨先生所举的事例具体内容，实难得出这样的结论：比如《易·系辞传》中一句："黄帝、尧、舜垂衣裳而天下治"，由于尧、舜皆为具体的人名，与之并列的"黄帝"亦指具体的人名的可能性就比较大，而以"黄帝"代"皇帝"的可能性应该说比较小，况且，作

"皇帝"的《风俗通》成书又在《系辞传》之后。故就本句而言，以《系辞传》的"黄"为本字是最平实、通顺的解释，而杨先生强以"皇"为本字、"黄"为借字就有先入为主之嫌了。

再看《吕氏春秋》一条。《贵公篇》此句全文为："隰朋之为人也，上志而下求，丑不若黄帝，而哀不己若者。"意为隰朋为自己不如黄帝而感到羞愧。这里的"黄帝"亦较少可能是上帝的借代，因为隰朋拿自己同上帝去比的可能性是很小的，而同"黄帝"比则很自然。因此在《贵公篇》这条中"黄"字亦应该是本字。

至《春秋繁露·三代改制质文》中一句，杨先生的读法亦属勉强。此句中，董仲舒明以黄帝为上古王之一，且为神农氏后人：这只要看该篇上文所说的："文王……亲殷故夏，绝虞谓之帝舜，以轩辕为黄帝（此处旧本即作'黄帝'，无假借）推神农以为九皇"，就不会有什么疑问。自殷、夏、虞、轩辕至神农，董仲舒是依时间上溯的顺序逐个提及的；轩辕，亦即"黄帝"，在这里不仅与殷、夏、虞并列，而且还在神农之先提及，说明董子只是把他看作神农之后，而早于殷、夏、虞的一个人王，所以，这句中的"黄帝"不可能是指上帝。杨先生所引一句（按杨文引为："周人之王尚推神农为九皇而改号轩辕，是为皇帝"，文字及句读皆有误，应作："……周人之王尚推神农为九皇，而改号轩辕谓之皇帝"，意思与上句雷同，自然亦无以轩辕为上帝之意。故杨先生以该句中"皇帝"为本字一说实有未妥。

在《庄子·齐物论》中，有一段话也可能与黄帝有关，其谓："长梧子曰：'是皇帝之所听荧也，而丘也何足以知之。"《释文》："'皇帝'本又作'黄帝'此句从内容上已很难判断'皇（黄）帝'是指上帝，还是指作为人王的'黄帝'。"成玄英疏以为："本亦有作'黄'字者，则是轩辕。"知成氏仍以"黄"字为本字。因此，就这一句来讲，杨先生因"黄帝"与"皇帝"通假，遂断定"皇帝"是本字的说法，也还是不能坐实。

总起来说，对于通假中的"黄帝"与"皇帝"孰为本字的问题，杨先生的判断似乎主要是受先入之见的引导。而从纯语文学的角度衡量，杨先生的结论恰好是不正确的。这对他整个理论的成立是有严重影响的。因为，如果上述文例中，根据本字知其只是讲的黄帝的事，而与"皇帝"并无关系（尽管"黄"有时假作"皇"），那么，试图从这些例证中引出黄帝就是"皇帝"的结论，显然就失去了理由。

(二) 通假的可能

杨先生为了证明他关于"黄帝"就是上帝的看法，对于文献中的"皇帝"还有不加分辨地以其皆与"黄帝"相通假的倾向，这似乎使其论证落入人们在处理通假现象时很容易犯的第二种错误中，我们可以举杨先生对《尚书·吕刑》中一段话的解释为例。

《吕刑》中有两次提到"皇帝"（在整部《尚书》中也只有这两次提到"皇帝"），即：(1) "皇帝哀矜庶戮之不幸，报虐以威，遏绝苗民，无世在下"；(2) "皇帝清问下民鳏寡有辞于苗"。这两处"皇帝"，古代注家的解释多以其当某个具体的人王。

杨先生的解释与古代注家的不同，概括起来，主要有两点。第一是认为《吕刑》中的"皇帝"是指上帝。

杨先生的第二个与古代注家不同的解释，是认为《吕刑》之"皇帝"与"黄帝"亦有通假关系。

要之，如杨先生那样，将《吕刑》中的"皇帝"与黄帝等同起来，在文献依据方面几乎是空白，即没有资料能佐证这一点。在这种情况下，正如我们前面说过的，就不能轻率地根据其他资料中有"皇""黄"通假的文例而断定《吕刑》中的"皇帝"亦可通假为"黄帝"。杨先生的方法看来在对通假问题的处理上是有一种比较简单化的倾向的，也就是把两个原则上可以通假的字，看作在实际上也是无条件通假的（这正是前文说过的人们在处理通假问题时易犯的又一种错误）。而杨先生在这样方法的基础上提出"'黄帝'实出'皇帝'之变字"的论断，其说服力自然就很低了。连前面指出的杨先生在对有关通假中本字的判断上的问题，可以说，以通假现象来证明"黄帝"。即"皇帝"的方法，对于论证关于黄帝传说的"神性"说观点来说，其实并没有真正解决什么问题。

二、帝的原始意义问题

当下的意义与原始意义的区别。

从论证的一般要求说，运用"帝"的资料来论述"黄帝"的问题，有两个环节是重要的。第一，是在逻辑上，应说明"黄帝"与"帝"这两个概念之间的关系。具体地说，也就是要证明"黄帝"是"帝"的概念，因为只有证明了这一点，才有理由根据"帝"的意义来判断"黄帝"的意义。第二，则是应该对"帝"的原始意义有确定的和全面的认识。

首先，就甲骨文资料而言，许多概念的当下的意义与其原始意义是并不完全雷同的：比如，在甲骨文中，对商王和商王国有"受又""受年"之类的影响和支配力的，就包括商的先公先王。就当下的意义说，上甲和大甲的"受又""受年"与上述"帝"的"受又""受年"没有什么不同，即是说也是具有"神性"内涵的。但我们显然不能为这两条资料当下意义上的"神性"内涵而判定"上甲"和"大甲"的原始意义也是指神。在上甲和大甲的问题上，我们之所以不会把有关资料的当下的意义与其原始的意义混同起来，是因为从其他的资料中我们可以确认上甲和大甲是商的先王，因此在发生上"上甲"和"大甲"都不可能是神。可见，对含有"受又""受年"之类内容的资料来说，要确定有关的概念的"神性"或"人性"问题，仅从这些资料本身是难以抉择的，主要还是要依靠独立资料的佐证，甚至在涉及对纯自然现象有超自然控制力内容的资料中，也存在这个问题。但在发生上他无疑是人王，而不是神，这也是依靠甲骨文中关于商王世系的独立资料来判断的。因此，就"帝"而言，尽管有许多资料表明在当下的意义上，它是具有"神性"内涵的概念；但这不等于说，它在发生上也一定是属于"神性"范畴的。换言之，"神性"说虽然引用了甲骨文关于"帝"的资料，并正确地展示了"帝"在甲骨文中所具有的属于"神性"的当下意义，但由于对"帝"的原始意义问题未能提出明确的意见和有力的证据，因此对于说明"黄帝"在发生上是出于神话的观点，实际上并没有什么帮助。事实上，如果"帝"在发生上被证明同"上甲""大甲"一样，是属于"人性"范畴的概念，那么用有关"帝"的"神性"内容的资料就很难说明"黄帝"在发生上与神话的关系。

（作者系华东师大博士生导师）

一九九五年九月二十五日

论涿鹿、阪泉之战在中华文明多元一体构成格局中的作用

——从考古学区系类型文化的特色与交融谈起

孙敬明

传统的两种互为对立的史学观点，对中国古代尤其是远古时期的历史，或可说是走向了极端，前者认为凡是经典所载、文献记传的都是信史，后者则认为远古的历史大都不可信。这种互为对立的史学观点论争抗衡了两千多年，迄至清代甚至民国时期达到了极致。疑古派的骁将们挥动大旗，把历史的陈寂与传说进行了彻底的扫荡，这对于传统的经典所载的神圣不可侵犯的历史，无疑是一种彻底的批判。但是，中国历史文明肇绪创自何处，则由此而更使人茫茫然了。然而，与此同时在中国新兴起的考古学及其逐渐的进步与发展，则对两种传统的史学观念进行检验，从历史积累走向了田野发掘的现实，从据卷卷经书无休止的论战，走向了众多的出土文物和科学的研讨与综合论证的面前。时至今日，中国考古学已进入黄金时代，由其所提供的科学实证，使诸多的历史纠葛逐渐得到澄清。尤其关于中华起源的点与面的关系等，则是日见其清晰。由此亦可检验，那些被传统的疑古派所认定的历史的神话传说，则有许许多多原本该是信史的。

而与本文关系最密切的冀西北及与之相关的晋东北和环渤湾地区考古工作，则更是成绩斐然。涿鹿、阪泉之战为什么发生在冀西北地区，其在中华文明多元一体构成格局中的作用，这不仅是传统史学和新兴考古学所需要探讨的重大课题，并且对于今天所讲求的爱国主义教育，精神文明建设，以及由此而引申和涉及的中华民族炎黄子孙的实质，则具有更为深远的历史与现实意义。

经过河北省、中科院以及吉林大学等有关单位所做的考古工作，在张家口地区发现了众多的古文化的遗址，尤其在涿鹿境内的桑干河流域及其

周边的蔚县、延庆、宣化、赤城以及龙关等县区,所发现的仰韶文化,或者是相当于仰韶文化、龙山文化和夏家店下层文化的遗址,以及通过对这些遗址所做的调查、试掘或发掘工作,由其丰富的内涵,可以大致勾勒出远古时期该区域内,人类文化发生发展的序列和特色。如在涿鹿县城南30公里的下水磨村所发现的仰韶文化遗址,在县城南15公里所发现的龙王塘龙山文化遗址,以及在传统文献与地方史乘所载的黄帝城中所发现的仰韶和龙山文化遗存等,都比较典型。并且在张家口内的桑干河流域所发现的各个时期的古文化遗址数量和面积,以及文化发展的状况,都较其他地段要大、多而且高。考古调查与发掘证明,张家口地区新石器时代遗址分布广,且文化性质相当复杂。张家口虽然大部处于草原地带,但考古发现的农业用具却不少。仰韶文化遗址出土不少的石质生产工具,其中如石锛、石斧等,它们往往是具备复合用途的,既可用于农耕,亦可用于狩猎,或做攻击与捍卫的武器。龙山文化遗址中出土的遗物更为丰富,但在这引起繁杂纷纭的众多的遗物中,给人以突出印象的则是数量众多的石斧。至此时期石斧可为生产工具,但亦具有更大的作为武器使用的可能性。在涿鹿黄帝城遗址中所出土,现存该县文化馆的石铲,其长约20厘米、宽约11厘米,其上部居中有一个对钻的直径约1.2厘米的穿孔,极为工整。这件石铲石质泽润,造型精巧,是不可多得的文物珍品,其不但对于研究当时该区制石、制玉的工艺水平,而且对于研究整个社会生产力发展的综合水准,以及文化面貌、特色和对外交流等,都具有不一般的意义与作用。并且馆中还收藏自1984年以来,在矾山、太平堡、左卫、堡岱、孙家沟等遗址出土的石铲、锄、凿、镞锚及陶器等。其中这件单孔石铲,有的考古学家指之为礼器,应是很有道理。律之商周时期的青铜斧钺,其功用亦应是从这类铲衍化而来。同时还可看出龙山文化时期,张家口地区对外文化交流的频率与密度更为发达,出现了错综复杂的文化交融发展的现象。并且从这些文化遗物的特征中,轻易便可发现,它们有明显的周边地区,诸如河南汤阴白营、山东茌平,以及晋北和辽西等地的文化特征,同时,又体现出当地独具特色的丰富的文化内涵。

　　我国著名的考古学家苏秉琦教授指出:"张家口地区是我国古代东方和西方,中原民族和北方民族文化交流的孔道……张家口地区,是从西拉木伦河到永定河,从燕山到太行山这一广大文化区的西翼。这地区的古文化既有自己的特点,又有这一广大文化地区的共性,它反映了这一地区以及它和邻近地区古代居民迁徙及文化交流、融合、分化的情景，同时从区系类型的角度看，这一地区是很有特点的……燕山南北地区是中华民族的一个熔炉，夏商时期，这里和商人有密切的文化联系，是商人的后方，到战国时，这里的诸文化又融合成富有特点的燕山文化。"

苏秉琦先生还指出："源于陕西关中西部的仰韶文化，约距今6000年前分化出一个支系……其影响面最广，是为深远，大致波及中国远古时代所谓'中国'全境，从某种意义上讲，影响了中华历史的全过程。而这一支系的主流正是通过山西省境，到河北省的西北隅，和源于辽西的红山文化的一支会合的。"正是来自四面八方的文化在此会合，和因于当时种族与生存环境的局限，以及部族首领权力的归属，而逐渐发生了彪炳史册的大规模的战争，促进了民族的融合与分化，奠定了中华文明的基础的。

涿鹿、阪泉之战争，尽管已经相去遥远，经过沧桑岁月的消磨，其原有的情景，实是难以全悉，并且有些问题恐怕也难免出现一些流传上的讹误。但是，作为中华文明、人类文化的发展史上的一件大事，却是具有深远的历史意义的。因为大规模的战争与人类早期文明的出现有着密切的关系，这不但在亚洲中国人类文明发展史上，而且在非洲等其他地区和民族亦有相类似的情景，通常认为战争是政治的继续，战争有其残酷和反动的一面。但是发生在远古文明创生阶段的战争，其作用与意义甚至是性质，均与今所发生的战争不可同日而语。

虽然张家口地区的古代人类文化遗存的情况尚不清楚，并且迄今在此范围内也没有发现原始社会晚期的城堡。但是其所处的特殊的人文文化地域环境，和所见到的地方文化发展的水平与特征，以及文献中所载："黄帝邑于涿鹿之阿"的情景便愈加清晰。位于今矾山镇的黄帝城，其规模较大，作不规则的四边方形，其东西长约550米，南北宽约450米，并且大段城墙尚屹立于地上，高者可达3—4米。经笔者亲历考察，此城暴露的夯层中多为战国与汉代以前的遗物，故其上限不会早于战国。但这只是目光所及，其能否早到原始社会晚期，则需要通过考古发掘去认定。还有城中出土的新石器时代的遗址，例可证明，早在新石器时代，黄帝城遗址就有繁衍生息于斯。或可推断只要通过进一步的丰富的田野考古工作，是有可能在此发现黄帝时代的城堡的。同时比及周边地区的，也就是今华北，东北平原和黄土高原，所发现的城堡、文字、青铜器，以及相关的宗教祭祀遗址等，例可推断这些多源头的人类文化，在冀西北地区并汇时所产生的积极与进步作用。

上所称引在冀西北地区所发现的有关周边的文化因素，诸如龙山文化、红山文化以及仰韶文化对此地文化影响所产生的特征，尤其体现在陶石器方面的，应该是极易流动的，但是城堡和祭坛则是相对固定的，并且是代表当地社会生产力发展水平的重要标志。而这些城堡等遗址则正是环围着冀西北地区的，正是因为人类社会的发展达到了相当的高度，其必然要进行大规模的迁徙流动，以寻找新的适应于社会生产力发展水平的广阔地域。又因而加速了民族融合与分化的进程，而且这种融合与分化的进程，则往往是伴随着战争来进行的。

关于炎、黄、蚩三祖大战，在民族融合与分化和中华文明起源中的作用已见于前，最后我们重在探讨战争的起源，以及炎、黄、蚩之战在探讨中国战争起源中的作用与意义。战争是社会发展到一定阶段的必然产物，其性质、规模和形式，都要受到社会客观环境条件的制约。以往，由于文献记载互为扞格，致使许多的重要资料没有得到充分的认识和利用。如晋人袁康《越绝书》（关于此书的作者、时代均存异议，此从该说）所记风胡子对战争从早到晚的论述：

"风胡子对曰：'时各有使然。轩辕神农赫胥之时，以石为兵，断树木为宫室，死而龙藏，夫神圣主使然。至黄帝之时以玉为兵，以伐树木为宫室、斫地，夫玉亦神物也，又遇圣主使然，死而龙藏。禹穴之时以铜为兵，以斫伊阙、通龙门，决江导河东注于海，天下通平，治为宫室，岂非圣主之力哉。当此之时，作铁兵，威服三军，天下闻之，莫敢不服，此亦欣兵之神，大王有圣德'。"

有关研究者依据中国考古文化的实际内涵，而与风胡子所言相参证，划分中国人类文化发展为石器、玉器、铜器与铁器四个时代。这较之丹麦考古学家汤姆森的划分，又多出一个玉器时代。并且黄帝的生活时代，据风胡子所言是以玉器为兵的，这段话中的"兵"，皆是指的兵器。而作为战争，兵器又是必不可少的，其有时还决定战争的规模、形式与性质。古所谓"国之大事，在祀与戎"，那么关于战争，以及战争的起源，自然都是人类历史上重要大事。所以古代的军事家和政治家，所谓"立言"，都要谈到战争起源的命题。以往对风胡子这段话，其与社会发展进程中的实质情景有多少距离，的确难以把握，现在通过考古学的工作，可以认为其所言称的，是基本符合历史实际的。

银雀山汉简《孙子》十三篇佚文《黄帝伐赤帝》载："孙子曰：'至于嵌遂……赦罪。东伐［青］帝，至于襄平……西伐白帝，至于……赦罪。北伐黑帝，至于武口……之。已胜四帝，大有天下，暴者……'"由此简文即可证知，孙武对战争起源的认识，起码应溯及黄帝之时。孙膑继孙武之后，对战争起源和发展的问题，又有更为系统的认识。其谓"昔者，神戎（农）战斧遂；黄帝战蜀禄；尧伐共工；舜伐斥□□而并三苗……管，汤涝（放）桀；武王伐纣；帝奄造反，故周公浅之。故曰，德不若五帝，而能不及三王"（《见威王》）。孙膑认为战争起源于黄帝之前的神农之时，其后又历数尧、舜、汤武王、周公等政治家和军事家，所进行的是典型的靖敌服国、巩固社稷的战争由此可以清晰地看到，在中国历史进程中先秦时期战争的起源、发展及各代著名军事家所指挥的典型战例之史实。

并且以孙膑《见威王》中记其答威王问时，所列举的神农战斧遂与黄帝战蜀禄等。其中斧遂有可能为地名，蜀禄也应是地名或部族名。因为古代的人名、地名、氏族名三者之间的关系极为密切，并且有的互为因转。所以黄帝战蜀禄之"蜀禄"，无论其是人、地或部族名，但其后来应转化为今天的涿鹿则不会有多大问题。古音蜀与渴通，《战国策·韩策一》："秦韩战于酒泽。"汉帛书中淌泽作蜀潢。渴与涿通假，《史记·五帝本纪》："与蚩尤战涿鹿之野。"《索隐》："古今异字耳。"禄与目录古音同，《说文》："碌读若鹿。"今天的涿鹿，在先秦时期应是写作"蜀禄"的。

考古方面证明战争起源于神农、黄帝之时的实际资料更为丰富。王献唐先生在其所著《炎黄氏族文化考》中指出："故炎黄之战，为中国战争发端，故兵刃制作，因始于黄帝。兵书著录，亦托始炎黄。"又："黄帝所以战胜炎族，正以发明兵器耳。""有此利器，以新兴民族临之，故冲横决荡，无不如志。其最难制服者，厥为蚩尤，以蚩尤能作兵器，藉兵器之利，与黄帝争衡，无他谬巧也。"尽管张家口地区的仰韶、龙山文化时期的文化内涵与面貌，尚不尽清晰，但是由有关遗址中所出土石斧数量为多的情景，其与早期战争的对应关系，应非偶然。如将眼光更放开些，在此古战场周边地区相同时期的文化遗址中，所发现的大量石或玉制的兵器，也可作为当时战争已经发端的证据。红山文化中出现的玉或石制的铲、斧、镞，大汶口、龙山文化以及良渚文化中出现的数量更多的玉、石质兵器，其中又以玉钺最具特征，研究者认为，其已不是普通意义上的实用兵器，而是已转化为军事首领王权的象征。并且还出土大型的陶牛角号，研究者认为，这是征召氏族成员进行集体行动，包括战争在内的号令法器，或形象地称之为吹响文化之声的号角。

　　文献所载当时黄、炎、蚩之战，为中国文化发展史上的大事，其不但记下了这段民族融合与分化的历史，并记述了有关战争发端和兵器制作，城邑出现的史实。从考古所见众多的兵器与城堡，并依据事物发展的普遍规律推考，恐早在黄、炎、蚩之战以前就已出现相邻小部族之间的冲突，从而积聚发展，进行融合与分化，及至黄、炎之时，才发生真正的规模大、参战部族多、牵涉地域广、进行时间长，并且是多种兵器混合应用的大战争。所以后世的军事理论家和政治家，在论述战争时，大都称引黄帝与炎帝、蚩尤之战，作为战争的开端，亦有的在黄帝之前，而推至神农之时，这些应该是符合历史发展的内在规律的。或者认神农是以发明农业而见称，黄、炎、蚩则是进行大规模战争和发明战争所用兵器而闻名于史的，故为后世所称引亦就各有所侧重而已。

（作者系山东省潍坊市博物馆研究员）
一九九五年九月二十五日

炎、黄二帝的历史功绩及意义

郑洪春

一、炎帝的历史功绩

（一）修火之利，以火德王

传说中的"钻燧取火"的火的发明者为燧人氏。但是火的广泛运用，以至于生火，特别是火引用到原始农业生产中去的"刀耕火种"应当首推炎帝。在当时原始社会，自下而上条件是特别恶劣，生活环境是十分艰苦的。在那样的艰苦生活环境下，原始先民学会取火并加以利用，在当时历史条件下是一件了不起的大事。它从根本上改变了原始先民生产和生活状态，是人们逐渐适应自然环境和战胜大自然的一大进步。

（二）始制耒耜，教民稼穑

炎帝发明制作了农耕工具——耒耜，在陕西关中地区—仰韶文化遗址中，曾发现了耒耜的木朽痕迹，因系木制，腐朽成灰。但它反映出炎帝时始作耒耜这一生产工具的事实。

在炎帝时代，发明了谷物种植。《管子·形势解》："神农教播种五谷，相土地宜燥肥浇高下。"《礼记·外传》："起自神农氏，始教民谷物。"

据《路史》上说炎帝"耕而作陶""埏埴以为器"。炎帝实创制陶业，还制造出石制的生产工具，如石斧、石铲、石锛等，同时还有骨铲、蚌镰等。这为先民进行原始农业提供了强有力的生产手段。

（三）尝百草味，发明医药

《帝王世纪》载：炎帝"尝味草木，宣药疗疾，求夭伤人命。"《史记·三皇本纪》炎帝"作蜡祭，以赭鞭鞭草木，始尝百草，始有医药"。口尝而亲身试味，一日之内而遇到七十毒，甚或一日百死百生，所得药物360种，以应天数。后世之人，传承作书为之《神农本草》，又作方书，以救时疾。

医药的发明，为原始先民们解除疾病的痛苦，从而增强了先民身体素质和与大自然的抗争能力。

（四）织麻为布，成作衣服

《商君书·画策》："神农之时，男耕而食、妇织而衣。"炎帝时，发明了纺织术。仰韶文化晚期陶器出现了细绳纹，到了龙山文化时期，陶器上普遍装饰为绳纹，新石器时代文化遗址中出土纺织工具陶纺轮，石器轮、穿梭工具有骨针、骨梭、骨锥等缝制工具。

二、黄帝的历史功绩

1. 《史记·五帝本纪》：黄帝"艺五谷"，即播种五谷农作物。

2. 《白虎通》云："黄帝作宫室，以避寒暑。"

3. 《史记·封禅书》："黄帝菜首山铜，铸鼎于荆山下。"即黄帝时开采铜矿冶铸，并发明了冶金术。

4. 《史记·历史》："黄帝考定星历。"说明黄帝时即开始制定天文历法。

5. 《说文序》："仓颉之初作书，盖依类象形，故谓之文，其后形声相益，即谓之字。"即黄帝时期史官仓颉创造了原始文字。

中华文明起源于龙山文化时期晚期，笔者在拙文《试论龙山文化晚期社会形态》一文中认为，文明社会主要表现是城堡、文字、青铜制造，在龙山文化晚期，即黄帝时期都有出土，据此，我认为龙山文化晚期，即黄帝时期，即进入文明社会的初级阶段。从某种意义上说，黄帝是中华文明的开拓者和奠基人。

中国是一个统一的多民族国家，现有56个民族都不同程度对中华文明做出不可磨灭的历史功绩。炎、黄二帝时代，中国各地分布着大大小小无数部落，但只有华夏、东夷、苗蛮三大部落是中华民族的主体。而汉族在历史上形成较晚。所以炎、黄二帝是中华民族共同祖先，这是毋庸置疑的。

炎、黄二帝时代，为了本部落的生存，不断向外发展，涿鹿、阪泉战役就是向外发展的产物，蚩尤部落大体居住在今山东、江苏北部一带地区，是九黎族首领，他联合80多个小部落组成联盟，相继兼并了周围部落后，向北发展，进入黄河中游地区，遇到了由渭水向东发展的炎帝部落而发生冲突，结果炎帝族部落败北，被驱逐到桑干河流域。炎帝并不甘心失败，凭借他与黄帝族的关系，向黄帝求援，炎黄两部落结成联盟，共同对付蚩尤。当蚩尤率其联合部众由空桑（今河南开封陈留镇）进发到涿鹿

（今涿鹿县）时，黄炎二帝联合部落向蚩尤九黎族落发动猛攻，涿鹿一役，蚩尤战败被杀。黄帝族遂控制了黄河中下游地区。

克劳塞维茨在《战争论》一书说："战争是一种人类交往行为。"在炎黄时代，民族林立，随着时间的推移和历史变迁，氏族部落之间通过流血的战争和不流血的交往，通过联姻通婚与互相渗透，不断融合，不断发展。炎、黄二帝两个部族集团关系比较密切，早通婚姻，文化互相影响、交融，共同创造和推进社会物质文明和精神文明的发展和提高进步。姜、姬两部族正是在长期生活和生产斗争中，创造了各自部族具有特色的个性文化类型。氏族间互通婚姻，政治上、军事上结成联盟，从而逐渐形成华夏族主体，与东夷、苗蛮三部族组成中华民族主要部分，而炎、黄二部族是起核心作用的。所以说，炎、黄二帝不只是汉族而是中华民族的共同祖先。

中华五千年文明发展史，炎、黄二帝是开拓者和奠基人。炎、黄二帝的精神，作为一种古老优秀传统文化，随着历史发展和社会前进，其精神内涵，也随之不断地丰富和扩大，它铸造了中华民族的民族人文品格，升华为中华民族的民族精神和民族之魂，所以具有强大的凝聚力。我国是一个多民族的国家，"尽管民族学和历史学已经证明华夏民族并非单一祖先，但是，后人一直把炎黄二帝作为中华民族兴始和统一象征……这种发端于上古、绵延数千年的观念，成为不同时期，来源于不同地域的人们所共同具有民族意识"。从而炎黄文化"成为一种反映民族共同感情的纽带，体现和包容了华夏民族形成一个统一性的自我意识"。正因如此，数千年来"尽管各民族之间或民族内部，产生过矛盾、冲突，以至于战争，也曾造成国家分裂和地区之间的政权的对立……但是，统一时间长于分裂时间，而且越到后来，统一时间越长，统一局面越巩固"。这正是炎黄文化核心的体现。

（作者系陕西省考古研究所研究员、中国先秦史学会会员）

一九九五年九月二十五日

黄、炎、蚩大战与中国古代战争起源研究

苏兆庆

中国古代典籍浩如烟海,但有关远古记载却是被喻为"断烂朝报,阙有间"。其中有关古代人类文明起源的大事,即所谓上古时期的黄帝、炎帝及蚩尤之间的多次大规模的战争的记载,更是扑朔迷离,难究其根底。近半个世纪以来,由于中国考古学研究的逐步深入,尤其有关东方濒海地区考古学区系文化典型内涵与特征,被考古学和史学界所认识,使得中国史学与考古学走到了两相交会的十字路口,逐步改变或者正在改变着人们对古代文献所构筑起的中国史学传统模式的观念。尤可庆幸的是,有关古代战争起源这个人类文明的大命题,已由众多的无可怀疑的考古文物所证明,当时的黄、炎、蚩大战应该是信史,并且关于此种部族间频频交战的地点,即我国古史上最早的大战场的记述,亦可证之可信。

大凡探讨文明的起源,考古学界似乎讲究三要素:铜器、文字与城堡、玉器等方面。东方濒海地区原始社会中晚期的遗址中,出土铜器的地点,有胶县三里河、牟平照格庄等遗址。尽管这些少量的发现,在山东地区众多的同时期遗址中,为数极少,但由此仍能证明铜器时代的到来,已为期不远了。

目前我国所发现的龙山文化时期的古城堡有十数处。其中海岱地区所发现的城堡为数最多,且分布又有一事实上的规律,均在泰沂山脉北侧和东方濒海地区博大的冲积扇上。其中如章邱城子崖、邹平丁公、临淄桐林旺、寿光过线王、五莲丹土等,这些城址的面积较之同时期其他城域所发现的,有的要大出数倍。城堡的分布密集程度,以及它们之间的连缀关系则为其他地区所不见。这些分布相对密集为数众多的城堡的出现与存在,则正与我国历史上所谓"万国"林立的局势相去不远。或者可以认为,这些城堡,应该就是早期方国都邑的雏形。大汶口文化遗址晚期阶段,目前尚未发现夯筑城垣,但随着考古工作深入发展,亦定会有新的突破,像护

卫沟之类的防御体系定会有的，因它是战争的需要。从陵阳河等遗址出土的一些兵器、法器、陶文等分析，东方濒海地区的夷人，早在距今五千年左右，已进入了军事民主的时期。

如《史记·五帝本纪》载："轩辕之时，神农氏世衰，诸侯相侵伐，暴虐百姓，而神农氏弗能征。于是轩辕乃习用干戈，以征不享，诸侯咸来宾从。而蚩尤最暴，莫能伐。炎帝欲侵陵诸侯，诸侯咸归轩辕。轩辕乃修德振兵，治五气，艺五种，扶万民，度四方，教熊罴貔貅虎，以与炎战于阪泉之野，三战，然后得其志。蚩尤作乱，不用帝命。于是黄帝乃征师诸侯，与蚩尤战于涿鹿之野，遂擒杀蚩尤。而诸侯咸尊轩辕为天子，代神农氏，是为黄帝。"神农、黄帝、炎帝在这里是三个人。黄、炎二帝本出自同源，起自陕甘黄土高原。后炎帝支沿渭河、黄河南岸向东发展，黄帝支沿黄河北岸向东北发展，到达燕山南北地带。蚩尤则是东方集团的大首领。徐旭生说，古时地名、人名、氏族名常常混合，郭璞注《山海经》、司马迁著《史记索隐》亦都有此说。这里的黄、炎、蚩尤当是指人、氏族名或部落名。黄、炎、蚩尤族处于距今5000年左右到6000年阶段，代表了当时黄河中下游和北方长城地带的几个主要影响力。并不是神农氏早于黄炎族和蚩尤族。后来神农族的影响削弱了，黄帝族、蚩尤族开始强盛起来，影响日益增大。文献《诸侯咸归轩辕》以前的文字，大体反映了这种情形。强盛起来的黄帝族和蚩尤族，可能大体与大汶口文化中期阶段相当。原先主要在小范围内进行相互争斗的"诸侯相侵伐"，此时扩大到三个集团之间的部族战争。先是黄炎之间在阪泉发生的一系列战争，炎帝族以失败而告终。接着是蚩尤族与炎帝族的战争，炎帝族以惨败而结束。随后黄炎联合与蚩尤大战于涿鹿，这次大战，终于导致东方族团的失败，蚩尤被杀。这些部族间的相互攻战，证明当时正处在军事民主时期。《周书·尝麦篇》载："昔天之初，用二后，乃建典。命赤帝分二卿，命蚩尤于宇少昊，以临四方，司上天未成之庆。蚩尤乃逐帝，争涿鹿之河，九隅无遗。赤帝大慑，乃说于黄帝，执蚩尤，杀之于中冀，以甲兵释怒，用大正顺天思序，纪于大帝。用名之曰绝辔之野。乃命少昊请司马鸟师，以正五帝之宫，故名曰质。天用大成，至于今不乱。"徐旭生先生释："'赤帝'即炎帝，'命蚩尤于宇少昊'。"于宇当是"宇于"之倒。意即天帝命蚩尤居住于少昊之地。"少昊"既是地名又是氏族名。这段记录的大意是说，最早的时期，有两位首领炎帝和蚩尤，实即两个重要的部落，管理四方，蚩尤攻伐炎帝族，战于涿鹿之野，炎帝族地盘全失，十分害怕。于是求救于黄帝。黄帝应炎帝求援，起兵南下，杀蚩尤于中冀，用兵甲消除民众的怨怒，命大正致天讨，使民众畏怯而不敢再反抗。于是扶持了少昊清统帅蚩尤所部。记载中争于涿鹿的应是蚩尤与黄帝，不是蚩尤与炎帝。涿鹿有说在北京西南的涿县，有的说在燕山北涿鹿县境，有的说在徐州附近，有推测在河北南境钜鹿县一带，前两处偏南，当以后两处地望相近。至于蚩尤被杀的地方无关紧要，关键是这场十分激烈的战争存在，说明长时间内有过多次争斗，否则蚩尤不会轻易被杀。这一上古史的大事件，影响深远，一直流传到后世，以致引出许多神话。

《山海经·大荒北经》云："有人衣青衣，名曰黄帝女魃，蚩尤作兵伐黄帝，黄帝乃命应龙攻之冀州之帝，后置之赤水之北。叔均乃为田祖。魃时亡之。所欲逐之者，令曰：'神北行，先除水道，决通沟渎。'"这段记载里，作为人帝的黄帝、蚩尤都有广大神通，能指挥天神下地，帮助自己制服对方，残酷激烈的部族战争，被蒙上神秘色彩，正是上古人思想状况的反映。古人想象他们的人帝，就有这种威力。这正是军事民主时期，部落联盟大首领们半人半神的形象。

涿鹿之战，可能发生在军事民主制晚期，当时氏族冲突，部落战争仍频。开始主要是各氏族、部落间的冲突，逐步形成以族团为基础的大部落联盟，进而发展成部族联盟（集团）之间的战争。涿鹿之战属后者，也是最著名、影响最大的一次。这一系列的冲突和战争，虽带来生灵涂炭、社会经济的破坏，但也促进了各族间的交流，文化的融合，加速了原始社会的瓦解，促进了文明社会的到来。从这一意义上讲，部落战争是文明的催生剂。因此，东方濒海地区，由于战争的刺激，也促使它率先跨入了文明的时代。

（作者系中国先秦史学会会员）
一九九五年九月二十五日

黄帝是信史　帝都在涿鹿

李先登

根据汉代司马迁《史记·五帝本纪》的记载，黄帝是中国古代五帝之首。姓公孙，名曰轩辕，邑于涿鹿之阿。黄帝一生有两件大事，其一是经过阪泉大战，打败了炎帝，从而建立炎黄联盟。其二是经过涿鹿之战，擒杀蚩尤。以后，"诸侯咸尊轩辕为天子……是为黄帝"。

根据多年来史学界的研究，黄帝所处的时代大约距今 4000 年前，处于中国古代原始社会末期的军事民主制时代，即中国古代文明的前夜。黄帝打败炎帝、建立炎黄联盟并擒杀蚩尤以后，统一了中国古代自然优越、文化发达最早的黄河中下游地区。由于黄帝（确切地说是炎黄蚩尤）的统一，又促使黄河中下游地区的经济文化更迅速地向前发展。经过五帝时期的发展，终于在距今 4000 多年前进入了文明时代，建立了中国古代历史上第一个王朝——夏王朝。也就是说，黄帝的统一，使华夏从文明初曙，进入了文明的前夜，并为尔后世界四大古代文明之一的中国古代文明的诞生奠定了基础，即为后世华夏文明与中华民族的形成奠定了基础。不言而喻，黄帝的统一对于后世中国古代文明的出现与发展具有决定性的伟大意义。因此，黄帝受到了中华民族历代亿万子孙的极大尊敬和崇拜，不但被尊为"帝"，而且被尊为中华民族的人文始祖。正因为如此，至今海内外的华人皆自称为"炎黄子孙"，以表达对于黄帝、炎帝和蚩尤的认同、崇敬与自豪之情。

根据多年以来中国历史学与考古学的记载、发现与研究，我们认为，中国古代与世界各国古代历史一样，都经历了传说时代，西方或称之为英雄时代。

具体来讲，我们认为，首先，黄帝是信史。黄帝在中国古代历史上是真实存在的，是距今约 5000 年前主要居住于今河北省北部（包括北京市）地区的黄帝族的领袖，并且经过阪泉之战与涿鹿之战成为当时黄河中下游地区部落联盟的盟主，他推动中国古代社会历史发展进入文明的前夜。并且，我们认为，汉代司马迁在写作《史记·五帝本纪》时，曾"西至空桐，北过涿鹿，东渐于海，南浮江淮"，亲自到黄帝等五帝当时居处活动过的地方进行实地调查采访，并与汉代时尚且存在的古代的文献记载《大戴礼记》《孔子家语》等互相印证，然后，"择其言尤雅者"，写成了《史记·五帝本纪》。其写作态度是严肃认真的，其记述基本上是可靠的。这些情况，司马迁也早已在《史记·五帝本纪》最后的"太史公曰"中做了说明。

20世纪二三十年代中国历史学界的疑古派对于黄帝及中国古史的传说时代曾加以否定。他们甚至认为中国古代"东周以前无史"。我们认为，疑古派的史学理论与方法是唯心主义与形而上学的，因此，他们对于中国古代文献的批判也必然是否定过头的，他们对于古史传说时代的批判也必然陷入了"将小孩与洗完澡的脏水一起泼掉"的错误。我们今天的任务是，一方面要批判地继承疑古派对中国古代文献记载清理的有用成果，而更主要的是在马克思主义历史唯物主义的理论与方法指导下，把被疑古派否定的真实的中国古代历史及其文献记载重新肯定下来，建立马克思主义的中国新史学。这其中自然也包括对于黄帝的古史传说时代予以重新肯定。这也是学术发生"否定之否定"的必然途径。

其次，自20世纪20年代以来，尤其是新中国建立以来中国考古学的发现也有力地证实中国古史传说时代的客观真实存在。根据考古发现，中国大地至少从170万年以前的元谋人时代已有我们的祖先在这里劳动生息。从此以后，中国大地一直有人类在此居住生产、创造历史。尤其是到了距今5000年前至4000年前的时期，即古史的传说时代，即中国考古学上的仰韶文化晚期与龙山文化时代，我们祖先经济文化已经发展到了一个新的阶段。尤其是在黄河中下游地区，由于自然条件优越，磨光石制生产工具斧、锛、刀、镰的制作技术及锋利程度有了很大提高，生产效率提高，耜耕农业有了新的发展。铜器冶铸也有了发展，达到了金石并用时代的高峰，晚期在先进的中原地区则已进入了青铜器时代初期。制陶业更达到了原始社会的最高峰，采用还原焰烧制黑陶与灰陶。所有这一切都使社会生产力有了很大的提高，社会组织已发展起来，成为当时社会历史的主要内容。因此，部落联盟普遍出现，社会历史发展进入军事民主制时期，即已到达了文明的前夜。这一切也正与上述《史记·五帝本纪》等所记述的黄帝时期的历史情况相符合。即黄帝是信史，是否定不了的。

上述黄帝时期的两件大事，一件是与炎帝之间的阪泉之战。根据河北省涿鹿县先生们的实地考察与研究，阪泉在今河北省涿鹿县矾山镇西南上七旗村口，位于黄帝城遗址西南3公里处。另一件是黄帝在涿鹿之野擒杀蚩尤。据《史记·五帝本纪》集解引服虔曰："涿鹿，山名。"因此，涿鹿之野应即涿鹿山下平野之地。又据《汉书·地理志》："上谷郡，（秦置）……县十五……涿鹿。"应劭曰："黄帝与蚩尤战于涿鹿之野。"那么，秦代所置之涿鹿县当然与涿鹿山有着直接的关系。并且，司马迁在写作《史记·五帝本纪》时所述的黄帝与蚩尤大战的涿鹿之野，自然指的就是自秦代以来的涿鹿县所在的地区。而自秦代以来的涿鹿县之所在，根据学术界历来的研究就在今河北省张家口市涿鹿县城东南的矾山镇地区。这一点不仅在学术界没有歧义，而且业已被新中国成立以来的考古调查所证实。这就是《大明一统志》等古代文献记载的位于今河北省涿鹿县城东南约25公里的矾山镇三堡村北的"轩辕（黄帝）城"遗址。根据自20世纪50年代以来的考古调查，城址位于涿鹿山北面的一个黄土丘陵之上，平面呈不规则长方形，南北长510—540米，东西宽450—500米。城墙夯筑，残高3—5米，底宽10米，上宽2.5米。从城墙夯土的包含物及夯筑特点来看，为战国时期所筑。城内地面散布有丰富的战国及汉代的筒瓦、板瓦、兽面纹瓦当等遗物。说明此城始建于战国，沿用至汉代，结合古代文献记载，当为秦汉时期涿鹿县城之所在。

不仅如此，在历次的考古调查工作中，在黄帝城遗址内还采集有大量的新石器时代仰韶文化及龙山文化的石斧、石锛、石刀、石磨盘、石磨棒、石铙、细石器、蚌器以及彩陶盆、钵、绳纹陶鬲、陶斗、篮纹钗形器等。说明这里从新石器时代仰韶文化时期起就是一处重要的先民集居之地。尤其是作为军事首领权力象征的龙山文化石钺的出土，与黄帝所处的时代和性质相吻合，具有十分重要的意义。结合黄帝城附近的黄帝泉、蚩尤城、蚩尤三寨、蚩尤泉等历史文化遗迹，我们认为黄帝城遗址可能就是《史记·五帝本纪》所记载的黄帝"邑于涿鹿之阿"之所在。如果今后能开展大规模的田野考古发掘工作予以最后确定，那么，黄帝城就是中华第一帝都，不仅在中国古代史上，而且在世界古代史上都将具有非凡的意义。

我们认为，既然炎黄阪泉之战及黄帝和蚩尤的涿鹿之战都发生在今河北省北部地区，既然黄帝之都在今河北省北部张家口市涿鹿县境内，既然居处在今陕西等省的炎帝族以及居处在今山东地区的九黎族蚩尤的都来到今河北省北部地区与黄帝族大战，那么，显而易见，黄帝族当时主要居处在今河北省北部地区，这才是中国古代历史的真实的情况。

关于黄帝族主要居处在今河北省北部（包括北京市）地区，还有其他的重要证据。首先，周武王伐纣以后，除分封同姓诸侯以藩屏周以外，还分封了一些古代著名的各族之后。如封商人微子于宋（今河南商丘地区），即将商人的后裔分封于商人的老家。而据《礼记·乐记》记载，周武王又"封黄帝之后于蓟"。蓟在今北京市城区附近。这就说明直至西周时期黄帝族仍然居处在今河北省北部（包括北京市）地区。那么，这自然也有力地说明在古史传说时代黄帝族主要居处在今河北省北部（包括北京市）地区。

再有，根据古代文献记载，在今北京市平谷县山东庄有黄帝陵与黄帝庙，这也是黄帝族原来居处于今河北省北部（包括北京市）地区的重要证据。

此外，黄帝都涿鹿，除上述"轩辕（黄帝）城"的考古发现以外，还有一些考古文物的发现可以为证。根据新中国成立以来河北省及张家口地区、涿鹿县文物部门进行的考古调查，在涿鹿县及其西邻的蔚县均已发现了距今六千年至四千年的仰韶文化及龙山文化遗址。例如在涿鹿县城南 30 公里下水磨村发现了仰韶文化遗址。遗址在距下水磨村 0.5 公里的一个土岗上，清水河在遗址北面自东向西流过。地遗址上发现有灰坑等，出土有泥质红陶钵残片等。又如在涿鹿县城东南 15 公里的龙王塘发现了龙山文化遗址。遗址在村西约 100 米，北邻桑干河，面积南北长约 350 米，东西宽约 375 米。龙山文化遗址被压在汉古城之下。采集的遗物有石斧、石纹轮、泥质红陶篮纹陶片、泥质黑陶磨光陶片、夹砂灰陶绳纹陶片等。又如在涿鹿县城南约 15 公里的西湘广也发现了龙山文化遗址。遗址在村西北 0.25 公里处，南邻小沙河，西靠通往县城的公路。南北长约 450 米，东西宽约 300 米。遗址亦压在战国至汉代的城址之下。采集的遗物有石斧、石凿、石环、石镞及泥质灰陶篮纹陶片、绳纹陶片及蚌器等。此外，在涿鹿县城西南蔚县的三关、四十里坡、庄窠、筛子绫罗等也发现了大面积的仰韶文化、龙山文化遗址。上述这些遗址均位桑干河南岸坝下半山区，均属于古代涿鹿范围之内。上述这些考古发现有力地说明今天的涿鹿县很可能就是古代黄帝族活动的中心所在。

总之，我们今天研究黄帝，恢复黄帝为信史、帝都在涿鹿，还中国古史传说时代客观的真实面目，其目的就是弘扬中华民族悠久的、优秀的传统文化，对广大人民进行爱国主义教育，使我们的伟大的中华民族的凝聚力更为增强，为建设社会主义现代化强国而努力奋斗！

（作者系中国国家博物馆研究员）

一九九五九月二十五日

蚩尤氏在中华文明史上的杰出地位论纲

王大有

一、史书关于蚩尤氏的记载

有关蚩尤氏的记载,散见于《山海经》《书经》《逸周书》《大戴礼》《吕氏春秋》《韩非子》《管子》《列子》《归藏》《尸子》《史记》《盐铁论》《水经注》《十三州志》《皇览》《世本》《路史》《太平御览》《焦氏易林》《述异记》等典籍中。1973年湖南长沙市马王堆西汉墓出土的《黄帝四经》中的《十大经》中蚩尤作"之尤"。商代甲骨文"商周金文"楚金文蚩尤作红尤。

二、昔天之初,蚩尤氏为苗蛮九黎东夷最高君长

《逸周书·尝麦解》:"昔天之初,□(或作诞)作二后,乃设建典,命赤帝分正二卿;命蚩尤于宇少昊,以临四方,司□□上天未成之庆。"此处明言是最早的时候,黄河流域只有赤帝(炎帝)和蚩尤是东西方(以太行山为界)氏族集团的最高领袖。

三苗之苗,古音"毛"。苗与冀,本同文异写。三苗都是头戴飞鸟形玉冠上插羽毛(3—5不等)。这种王冠,首见于河姆渡文化(距今7000多年),发达于良渚文化(距今6500—4200年)——大汶口文化(距今6500—4500年)——龙山文化(距今4500—4000年)的陶器、玉器上,尤其集中于玉圭、玉钺、王冠上。这揭示三苗氏族是由长江流域逐渐北迁进入河南、江苏、山东、河北,所以称"于宇少昊"。《山海经·大荒南经》说:"蚩尤所弃桎梏,是为枫木。"也揭示了蚩尤本是风夷阳夷人,由南来北上。蚩尤之山或止,原是昊字,曰所放光芒形。至今云贵牛头苗仍戴此冠。尤为九。是风姓太昊的螭(蚩)图腾支。三苗是羽冠鸟图腾。黎是发明灼耕(牛耕)的种黍米、稻米氏族。进入少昊穷桑地区后,主要居住在古济水流域和沂蒙山区、泰山、九山、苗山,西境达于漳河流域的黎城,并向北进入今河北,也就是古冀州。统领江淮流域和渤海湾、山东半

岛的淮夷、九夷。东夷最高君长称昊，次称后（后字可能也是标示羽毛，而不是手）。羌姜戎翟称帝，冠作山形，与东夷不同。

三、蚩尤夸父炎夷联军与轩辕之战

夸父《山海经》中屡见，是炎帝的第九世。殷甲骨文和三代金文中屡见其族徽，《竹书纪年》中东夷的"于夷"、雩夷、孟夷即是夸父。《山海经》记载炎帝世系十分明确，当最为原始可靠。《史记·五帝本纪》中记的炎帝、当即是夸父氏。按《史记·五帝本纪》轩辕先与炎帝战于阪泉之野，三战，然后得其志，似乎是先杀夸父，后与蚩尤战于涿鹿之野，擒杀蚩尤，代神农氏而称黄帝。按《逸周书·尝麦解》则蚩尤逐赤帝争于涿鹿之野，赤帝求援于黄帝，执杀蚩尤于中冀，谓绝辔之野。徐旭生认为炎黄两部族曾先有冲突后有媾合，而后有蚩尤北伐黄帝。燧人氏—炎帝—烈山氏—神农氏原本一系。神农氏是炎帝族群谱系中以秦岭、华山、太行山南部、湖北北部的一支，是继伏羲氏王天下的。《帝王世纪》记神农氏世系与《山海经》不同。殷甲骨文中有"魁隗氏"卦易名，即连山氏卦。精卫氏在太行山发鸠山，也曾东达于海。宿沙氏煮海盐，也东达于海，夸父氏更深入东夷。《归藏》说："蚩尤伐空桑，帝所居也"，可能是曾在这里和炎帝发生冲突，这或许是《逸周书》说的"蚩尤乃逐帝"，蚩尤才真正宇于少昊穷桑之地，然后率炎夷联军攻打涿鹿。

四、蚩尤鏖战阪泉涿鹿之野及其遗迹

《帝王世纪》称："神农氏……又曰魁隗氏、又曰连山氏，又曰列山氏"，其名称正是记载了自古昆仑山而祁连山、秦岭烈士（厉山）的迁徙过程。乃是以地名族称。炎、农则是以发明人工火、烧陶、莱麦的族称。东夷中的"莱夷"即神农氏支。故蚩尤所率的"魑魅"，均是戴炎帝、神农氏的"魁隗"蛇、牛、鸟、兽图腾面具（傩面）的将士。

《管子》说蚩尤"明乎天道"，才利用涿鹿之野夏天大雾弥漫的自然现象，进攻轩辕氏。传为蚩尤"纵大风雨"作大雾弥三日，空人皆惑"（《太平御览》卷十五引《志林》）。今涿鹿矾山川的蚩尤城，蚩尤三寨，南为灵山，灵山河谷出大沙河，涿鹿山余脉在西，成蚩尤城天然屏障，北寨向北天然沟堑通向轩辕城，正可借大雾弥漫之势令轩辕军人迷惑。应龙氏族和女魃氏族在灵山河谷蓄水淹没蚩尤城，才使蚩尤川成为"凶黎之谷"，蚩尤寨所凭依之丘才成为"凶黎之丘"，蚩尤将士战死之尸才为"犁灵（犁灵）之尸"。

在蚩尤寨、蚩尤城、轩辕城、阪泉之野、涿鹿之野，我采集到仰韶文化大汶口文化—龙山文化的典型器物，例如有段石锛、石杵、蛋壳陶，还有人在矾山采集到大汶口文化的红陶鬶，证明东夷文化深入此地。是典型蚩尤文化。至于石簇、石钺、石斧、石球这些古代兵器，也十分丰富。

五、从《天官书》记载看蚩尤兵败退出黄河流域向南迁徙的情况

在涿鹿阪泉之野，黄帝使应龙已杀蚩尤，又杀夸父，蚩尤夸父联军从涿鹿之野向冀州撤退。结果，在冀州蚩尤氏最高首领被械杀，身首异处。被蚩尤氏兵士抢得部分尸解的肢体，归葬阚乡。

轩辕氏穷追不舍，蚩尤三苗九黎仓皇渡黄河南逃。《史记·天官书》中有此史录。中国天界的星名与地上的国名、氏族名对应，叫作"分野"，是中国古代天文学独有的特征。

六、颛顼时三苗复九黎之德与重黎绝天地通

《国语·楚语下》说"少昊清阳鸷（质）后期，九黎乱德""三苗复九黎之德"，《尚书·吕刑》说"苗民弗用灵"。这说明在轩辕氏黄帝及金天氏少昊时期，留在黄河流域的三苗九黎诸蚩尤的裔民，展开了复兴民族文化力图摆脱黄帝族的文化，九黎所乱的"德"，和不用的"灵"，就是黄帝族的"德"和"灵"。少昊氏本与蚩尤氏有姻亲关系，这就使三苗九黎有可能复蚩尤之天时天道（历法和图腾崇拜）。

颛顼看到了黄帝族统治力量衰微后出现的历法宗祀的解体败坏，因而顺应民意，并整顿神、人、巫、政的社会秩序，起用少昊羲和氏支的重氏族（又称老童、卷章、大章），立圭表扶木日晷观测太阳的运行规律，司天道，属神；起用蚩尤氏九黎支黎氏，以璇玑玉衡等观测北斗星、大火星的运行规律，司地道，授民时，属民。这就发挥了蚩尤氏"明乎天道"的特长。

七、尧舜禹时对丹朱鹳兜三苗九黎之战及其再度分流与南迁

尧、舜、禹三代发生了大洪水，围绕着治水和中央王权的转换，三苗、九黎、丹朱、鹳兜、共工（炎帝支）、鲧（黄帝支）遭到了重大打击。共工被流徙幽陵；鹳兜被放逐到岭南丘陵；三苗被迁徙到甘肃三危山；鲧被诛杀于山东临沂一带。当时三苗主要分布在河南、湖北，有所谓"衡山在南，岐山在北，左洞庭之波，右彭泽水"。（《战国策》《韩诗外传·卷三》），屈家岭文化和大溪文化（距今6500—4500年）即其遗存。丹朱、鹳兜要在丹水、华山、郑州、新郑、鲁山、开封、嵩山一带，大河村文化是其文化遗村（距今6000—4500年）。共工主要在太行山南麓共县辉县一

带。这次迁徙从《山海经·大荒南经》看，主要是由于尧、舜、禹的武力反复征剿，强行把丹朱、鹳兜、三苗、九黎赶到南方，分散成百濮、百越，三苗九黎的主体则成为苗、黎、畲、侗。鹳兜氏、蚩尤氏、羲和氏鹤字（鸡雉）氏（或为须女南迁支），由河南入湖北，在鄂西与炎帝氏、神农氏支融合，转向湖南，沿湘、资、沅、澧进入云贵。在湖北鄂西的炎帝祝融氏文化—屈家岭文化，和湖南安乡县汤安岗—大溪文化，可视为蚩尤姜娥炎帝联盟文化。另一支南下琼崖，为黎族，和广西融水苗族等。进入三危的苗族成为羌戎长翟氏、赤狄诸姜羌支裔。

八、进入美洲大湖地区和密西西比河流域的蚩尤氏

碳十四测定鹳兜氏族文化遗存大河村文化的年代为公元前4000年，其中第三期年代为公元前3685±125年。见于第三期大河村文化的鹳兜氏图腾徽铭以及畎夷、宿沙、三苗九黎、羲和、常羲氏的徽铭，俱见于北美洲圣埃米格迪亚洞岩画、丘曼斯岩画、加利福尼亚州楚玛斯（chumash，瓠娲氏）岩画，证明距今5500年时蚩尤鹳头羲和族团已迁入美洲。整个美洲称羲和为"奥林妣"（olilbis），做蝴蝶载日飞行状，见于美洲土著印第安人的太阳历。

在五大湖区的莫哈克河的奥顿哥村（Otstungo）民祈祷节供奉的所谓"改邪归正"的"恶神"归墟值夜扶桑图中的蛇发冠人，就是"知天时"的蚩尤氏。

在密西西比河流域的田纳西州、密苏里州和俄克拉何马州的斯毕拉·蒙特（Spiro Mound, Oklahoma）的贝雕上，雕有伏羲女娲、蚩尤、鹳兜祖先像。其造型与汉代的山东武梁祠画像石、画像砖上的同类造像如出一辙。而且还有与大汶口文化一脉相承的獐牙、凿齿、圭璋（牙璋）的"苍牙"，蚩尤作风、鹏、蛇、牛整合的"疏首……羽蛇状，持大弩和金兵短首剑或匕或簇"。

上述文物和习俗，为蚩尤东夷苗黎炎帝集团至少距今5500年前入居美洲，提供了确凿证据。

（作者系北京大学国情研究中心太极文化研究所研究员）
一九九五年九月二十五日

阪泉之战与涿鹿之战在中华文明形成过程中的历史地位

罗 琨

按照传统说法，中华民族有五千年的文明。距今五千年前，是传说中黄帝登上历史舞台的时候，田野考古证明正是从这时，或更准确切说是从公元前3500年开始，在中华大地上很多地区进入了文明初曙的英雄时代。恩格斯在《家庭、私有制和国家的起源》中论及野蛮高级阶段时说："一切文化民族都在这个时代经历了自己的英雄时代：铁时代，但同时也是铁犁和铁斧的时代。"在中华大地，也有过自己的英雄时代，却不是铁剑时代，而是向青铜时代过渡的铜石并用时代。

所谓"英雄时代"，一个显著的特点是推崇勇敢善战的英雄，随着氏族制度的衰落，所谓"刑政不用而治，甲兵不起而王"的时代结束了。出现了"强则是分种为酋豪，弱则为人附落，更相抄暴，以力为雄"的形势。这一时期的田野考古多次揭露出被毁弃的聚落，里面有砍下敌人头颅作战的头盖杯，也有被敌人杀戮的男女老少尸骨，层层枕藉的青壮年尸骨上还封上一层红烧土，使他们永世不能返回人间施行报复。稍后，毁于战火的村落更多了，被焚毁的房子里有很多日用器物，尤其是被倒塌墙体砸碎的陶片，四下飞散，甚至还有身首异处的老人以及儿童的骸骨。暴力甚至殃及大型墓中的死者，把他们从坟墓中拖出来，捣毁或洗劫墓中的财货。很明显，战争增多了，但是世代口耳相传有声有色的大战却屈指可数，而阪泉之战、涿鹿之战是其流传最为广泛的故事。

这不是偶然的，因为这两场大战是英雄时代两桩重要的里程碑。

黄帝、炎帝的阪泉之战是华夏集团内部争雄争长的战争。有人说他们既然都是少典氏和有蟜氏之后，同源共祖，阪泉之战不可能发生在黄、炎之间，这实是历史的误会。因为，第一，阪泉之战距离这两个部落的先祖从同一个母系氏族中分裂出来，又沿着不同路线东迁的时代已非常遥远了。这时私有财产的发展已经瓦解了血缘亲属同生共死的古老团结，远缘亲属部落为争雄而战，在英雄时代应不足为奇。第二，这场战争在传说中虽有反复较量，"三战，然后得其志"，却没有残酷杀戮的记忆，也可证明是一场内部争雄的战争。战争以黄帝胜利而告终，此后，黄炎两部落连同他们的从属部落一起形成了一种超越亲属部落联盟的共同体雏形，拉开了英雄时代，亦即黄帝时代的序幕。华夏集团正是在这个基础上日益强大起来，为对东夷、苗蛮集团战争的胜利，奠下基础。

涿鹿之战晚于阪泉之战，战争过程有关暴风雨及其后旱灾的记载，可能反映距今4700年前后气候从平稳到发生波动。战争起于东夷集团的蚩尤九黎部落联盟西向发展，这支繁荣昌繁、经济文化发展，在中华大地走在前列的古族，进入华夏集团活动地区，所向披靡，炎帝无法抵挡，疆土全无，转向黄帝求助，引发黄帝、蚩尤的涿鹿之战。这是华夏、东夷两个集团之间的战争，因而进行得分外激烈，留下很多神话传说，最后以蚩尤被擒杀、黄帝获得最后胜利而告终。战争大大提高了军事首长的威望，以黄帝为首的黄炎部落联合体通过征伐与盟会，"合符釜山"，并"监于万国"，与更多氏族、部落、部落联盟建立了联系，形成松散的地域性联盟关系。最高军事首长产生，权力日益强化，终于形成王权，礼仪制度萌芽了，扈从制度出现了，氏族制度的机关开始被改造，逐渐脱离了它在人民大众中的根了，走向自己的对立面，成为"治民"的工具……涿鹿之战作为这些深刻社会变革开端的标志，成为英雄时代又一重要的里程碑。

这座里程碑所标志的还有部族集团界限被打破，不同文化共同体的人们在更大范围内的交流与融合。关于涿鹿之战失败者蚩尤，曾有各种各样的传说，有些把他说成是"兽语人身""食沙石子"的怪物，"诛杀无道，不仁不慈""帅魑魅"作乱的恶人，所以黄帝的盛德与功绩就是诛灭蚩尤才成为文明始祖。这是在阶级社会正统思想影响下对历史的误解。以涿鹿之战为代表的英雄时代早期的战争，有别于其晚期的掠夺与奴役的战争，更不宜用对阶级社会战争的认识来看待它，原始战争虽然也有残酷的厮杀、对生命财产的破坏，却也对打破民族、部落狭小界限给予强有力的推动。在一些传说中，蚩尤是不死的，如说"伏蚩尤后，天下复乱，黄帝遂画蚩尤形象以威天下"。在历史上蚩尤曾与黄帝一起并列为战神。在民间，四面八方都有他的"纪念碑"：如东夷故地有高大的蚩尤冢和肩髀冢，世世受到民间的祭祀。在南方，传说香炉山上的枫香树是他被擒杀后的刑具所化，在今山西支城盐池"卤色正赤"的池水长久被百姓传为"蚩尤血"。蚩尤的不死是因为他所代表的部族集团早已融入了中华文明。考古学的研究成果正证明了这一点，现在知道，在东夷之地距今 5000 多年至 4000 年间，文化的发展非但没有中断，而且径直走向了鼎盛时代，经济文化的某些成果，继续处于领先地位，不断加强对四处的影响及与中原的文化交流。尤其是在公元前 2600 年前后进入龙山文化时代，黄河中下游古文化面貌同一性增强了，居民体征的差异缩小了。可证涿鹿之战后，东夷、华夏两大部族集团解仇结盟，加速了文化的交流融合与发展，共同形成了后来华夏族和华夏文明的核心。

  关于中华文明的起源，中国考古学前辈学者苏秉琦先生十多年前提出了这样的观点，即中华文明相对世界其他文明发生中心而言是独立起源，本土起源的；就中华本土而言又是多源多根系的。在广阔的中华大地，通过各个地区文化的不断组合和重组，在不同文化的交汇、撞击中不断获得更新和发展，最后形成中华文明多源一体的格局。正因为这样，中华文明有区别于其他文明古国的特点，获得长盛不衰的生命活力。已有越来越多的考古学成果表明，中华文明这种多元一体格局奠基于文明初曙的英雄时代，不仅这时经济文化的发展为民族文化的组合与重组创造了条件，不断增多的原始战争，实际上也是一种撞击，文化的交流、融合占主导地位的是和平的方式：人口的迁徙、交换的扩大、技术的传播，而以阪泉之战和涿鹿之战为代表的这类原始战争，对阵的双方经过较量冰释前嫌，形成新的联盟关系，为更大规模的文化交流与融合开拓了道路，成为华夏集团、东夷集团一次组合和重新组合的标志。这是阪泉之战、涿鹿之战之所以成为中华文明形成过程中的里程碑世代流传的重要原因。

  正由于中华文明形成的道路具有以上特点，那些标志着历史进步的事件不仅流传于它的发生地，更随着文化的交流融合，人们的迁徙被带到四面八方，如黄帝、炎帝、蚩尤的传说及记述传说的遗迹几乎遍布大河上下、大江南北，关于阪泉之战和涿鹿之战的战场也是众说纷纭，如解州说、曲阳说、彭城说、保定说、涿鹿说、延庆说等，至今未有定论。其中以涿鹿的民间传说和遗迹最为丰富，虽然不是信史，却应看到这些传说折射了真实历史的影子，是值得研究和探讨的。

  蔚县三关、庄窠、筛子绫罗相当于中山文化阶段的陶器特征不仅与目前所知的几种龙山文化区别显著，而且和目前所知河北境内同时遗存也有差别。石器中更有其他龙山文化遗址所不见的。考古学家告诉我们：这些特征性质表明，张家口蔚县一带是古代文化交汇的"三岔口"，这一地区西南的仰韶文化、东北辽宁的红山文化、西方的河套地区新石器时代文化曾在这里交汇、撞击，使这一地区在距今5000年前发生了转折变化，而由于文化撞击而迸发出的"火花"，无论对东北辽宁，还是对黄河中游都发生了巨大影响。可以想见，在"以力为雄"的英雄时代，这些不同文化传统、不同部族集团文化的撞击不可避免地会出现战争的形势。在筛子绫罗出土的大量细石器中，石镞占有相当大的比例，一个坑中曾发现50多件石镞等细石器及数百件尚未加工成型的石镞和石片。这固然可能与经济形态有关，但从生产工具组合看，不能排除大量的石镞（此外还有矛形器等）是作为武器而制作的可能。这一发现提示我们，在黄帝时代，在冀西北的桑干河流域，作为一个文化交汇的中心，不同文化的撞击、组合与重新组合也是在战争与和平方式交替中进行的。

阪泉之战和涿鹿之战既然是这种方式的集中体现，在涿鹿用这两座纪念碑记叙该地所发生过的历史，将中华文明形成的道路传于后代，无疑是很自然的。

（作者系中国社会科学院历史研究所研究员）

一九九五年九月二十五日

涿鹿桥山黄帝陵史实考证

曲辰 席喻

一、桥山得名与历史演变

自太史公"北过涿鹿"考信实录，于《史记·五帝本纪》明确记载"黄帝崩，葬桥山"之后。班固、魏收、李泰、王钦若等相继笔移桥山，造成桥山所在地的历史争论，于今历史遗址能为旅游来赚钱，则争之更盛。但相争各方却忽略了一个极为重要的历史事实：中国在战国以前的历史上，既无桥之建造，更无桥之名称，汉字中亦无桥字的实际产生与使用。如：周文王为了迎亲，曾在渭水河以船并连为临时浮桥，在当时称之为"梁"。故，《诗·大雅·大明》曰："亲迎于渭，造舟为梁。"中国的第一座浮桥，是秦昭王五十年（前257），始建于山西蒲州。即使是到秦末汉初，石桥、木桥开始出现之际，对桥还一般都通称之为"飞梁"。如此，远在距今4700年左右的黄帝时期，安有"桥山"之称？

轩辕黄帝的葬地古称穷山，这在古籍记载、解释之中非常明确。如《山海经·海外西经》载："轩辕之国，在此穷山之际……穷山在其北，（射者）不敢西射。"晋朝郭璞注云："言敬畏黄帝威云，故不敢向西而射也。"

汉武之际，桥梁之建日多，桥字已有，故司马迁"北过涿鹿"实地调查后，按古籍所载穷山之际，依穷山东峰天然形成的拱形石桥之景，记载为"黄帝崩，葬桥山"。近来有尝得言，黄帝葬地桥山之载始于司马迁，非是。

帝王葬地谓之陵寝，故当地居民习称桥山为"陵寝山"。元朝元统四年（1338）二月乙酉日和七月己酉日，奉圣州两次遭受毁灭性强地震，桥山黄帝庙、历山尧庙和舜庙以及人民房舍俱毁。八月，诏改奉圣州为保安州。是年，疾病流行。次年，民大饥，人相食。从此保安州成为人民稀少、土地荒芜的地方。明永乐十四年（1416）"从山东、山西、湖广流民于保安州"，免三年税赋。今头堡、二堡、三堡等许多村子，即为元末明初移民而新建。此后，桥山在无庙的情况下，当地居民世代口耳相传地名，遂将"陵寝山"讹呼为"刘家山",又称作"天架山""天桥山""透窟窿山"。

二、桥山位置与历史记载

黄帝葬地桥山,属太行山脉余支,其地理位置在今涿鹿城东南约二十公里的温泉屯乡东孤山、里虎沟村南,小攀山乡的小攀山、好地洼村北,其坐标为北纬48°18′,东经115°21′,主峰约1090米。桥山山北为涿鹿—怀来山间断陷盆地,桑干河(古称漯水)、洋河(古于延水)于其中汇合,《山海经》称此地为"诸沃之野";在北的温泉屯古有"温泉宫",是历代帝王祭桥山黄帝祠之前驻跸沐浴、斋戒的行宫;"温泉宫"旁古有温泉,泉上建有华丽的祭堂;桥山东南22公里的攀山镇三堡村北,为"轩辕之丘"遗址,轩辕之丘亦称"轩辕之台",在黄帝生前称"青丘",是有熊部落政治、经济、军事中心,黄帝肇造国家之制后的都城。其城在西汉置涿鹿县治,约于南北朝时毁坏,城址现在保存较好,文物所见为新石器时代,青铜器时代,战国、秦、汉之际遗物;轩辕之丘东南约三公里的云山河谷中有"蚩尤城"遗址,《山海经》称之为"山黎土丘",此处有蚩尤泉,蚩尤城遗址,西山坡上有蚩尤兵寨遗址三处,自然出土文物与轩辕之丘早期文物相同,轩辕之丘西南三公里为涿水源头阪泉,黄帝战蚩尤之际为炎帝姜榆罔驻扎之地,亦是战胜蚩尤后,黄、炎争战的古战场。阪泉西侧约五十米处,为黄帝庙旧址,阪泉之南即古涿鹿山,涿鹿山南为灵山,灵山有东西二峰,西峰峰顶有古庙遗址,东峰现为涿鹿县与北京市界山。

1. 《山海经》的记载

《山海经》是夏、商、周之际巫史记载遍祭山川、陵庙地点、祭法、礼制等级的实用书,历代都有增补,非出一时一人之手。此书各篇依山、水的不同走向为经纬,对中华大地山川风物作纵横交叉如网络式的记述,故各经之载地名、物产等多有重叠式的重复记述,可以互补互证。如《山海经》所记载的"灵山",即今河北省涿鹿县南之灵山。"巫咸、巫即、巫盼、巫彭、巫姑、巫真、巫礼、巫抵、巫谢、巫罗十巫,从此升降,百药爰在。"故,《山海经》的记述中又称灵山为"巫咸国"。如《海外西经》记:"巫咸北……隋轩辕之国……穷山在其北,穷山之北为'诸沃之野'……在'四蛇'北。"此中"四蛇"即是轩辕之丘的简约代称。因为同一经中业已载明:"轩辕之丘,在轩辕国北,其丘方,四蛇相绕。"语中的"蛇"即"龙",因为古代之龙以蛇的形貌而画出。"四蛇相绕"方形的轩辕之丘,是记载黄帝都城在黄帝之时,城郭四周有以龙蛇为图腾的兵士所环绕守卫，这同司马迁记载黄帝都邑"以师兵为营卫"的情况是一致的。

2.《楚辞·天问》的印证

古代，列入国家祭典中的祭祀对象，都是对国家、对人民做出重大贡献者。无功者，虽是帝王至亲先人，也不能列入国家祭典进行祭祀。这就是《国语·鲁语》《礼记·祭法》所载的："圣王之制祀也，法施于民则祀之，以死勤事则祀之，以劳定国则祀之，能御大灾则祀之，能捍大患则祀之。非是族也，不在祭典。"夏代帝王因亲亲关系，将禹的父亲即因治水无功被处死羽山的鲧，也列入了国家祀典进行祭祀，大约当初为遮掩这种破坏古祭祀初制的行为，曾经编造出了一则离奇的神话为说辞：说是鲧因治水无功被处死之后，其魂十分懊悔，由是，尸化成熊西到穷山向黄帝之灵认罪，并求重生以补过。而后由穷山南行，到灵山求十巫以药救活，回到穷山之北的"诸沃之野"，播秬黍，织莆藋，建功被过，造福于民，因而亦属"以死勤事"者，理合祭祀。此事《国语·晋语》《左传·昭公七年》等有所披露。这一点，自是难使世人尽信。屈原在《天问》中就对此提出了尖锐的质疑："阻穷西征，岩何越焉？化为黄熊，巫何活焉？咸播秬黍，莆藋是营。何由并投，而鲧疾修盈？"此证明，在战国时期，人们都熟知黄帝葬地为穷山，穷山在灵山以北。但自石敬瑭为做儿皇帝将幽蓟十六州送于契丹后，整个宋代未能收复失地，中原帝王不能到桥山（穷山）祭祖，故难解《天问》"阻穷"为何意，南宋朱熹为《楚辞》作注不能解释"阻穷"即是例证。朱熹说："此章似又言鲧事。然羽山东裔，而此云西征，已不可晓。"所以，唐兰先生在《天问"阻穷西征"新解》中就说："'穷'即《山海经·海外西经》《穷山》鲧尸……化为黄熊而西征，被阻于穷山，卒越岩而南，求活于诸巫。"以研究《山海经》而著称的袁珂先生对唐先生的观点十分赞赏，他说："鲧所被'阻'之'穷'，确即穷山，因巫咸国指灵山在其南，去此不远也。

3. 虽然，后汉班彪父子攻击司马迁，立志与太史公做个对头，班固笔移桥山，于《汉书·地理志》上郡杨周县下自注有桥山黄帝冢。然《后汉书·郡国志》则不受影响，在上谷郡涿鹿县条下记："黄帝所都，有蚩尤城、阪鹿地、浙山）黄帝祠。"在上郡各县均无桥山及黄帝冢之记。

4. 三国之际的《魏土地记》也说："下洛城卿今涿鹿城，东南四十里有桥山，山下有温泉，泉上有祭堂，雕檐华宇，被于浦上。"

5. 晋代郭璞在《山海经》"轩辕之丘"注释中说："黄帝居此丘，娶西陵氏女，因号轩辕之丘。"又对经文中"轩辕之国……穷山在其北，寸者不敢西射"注释中言："言敬畏黄帝威灵，故不敢向西而射也。"此亦证明，晋代学者仍然知道黄帝都城和桥山黄帝陵的地理位置。

6. 北魏郦道元惑于班固之说，于《水经注》中首次出现桥山两记。既于《㶟水》篇记："㶟水……经下洛县故城南……又东，温泉之注之，水上承温泉于桥山下。"并引《魏土地记》关于对桥山及温泉祭堂的记载做了正确记述。同时，又在《河水篇》奢延水条记载上郡杨周县故城南有"桥山"。

7. 《隋书·地理志》涿郡怀戎县：怀戎县是时治汉潘县城旧址，遗址在今涿鹿县城西南，辖境比今张家口市略大条下记："有桥山……涿水、阪泉水。"而在其他郡县均无"桥山"记载。

8. 《辽史·地理志》于可汗州怀来县条下记："有阪泉、磨笄山、鸡鸣山、桥山、历山。"但当时的实际情况是：阪泉、桥山在攀山县；磨笄山在蔚州；历山在永兴县；只有鸡鸣山在可汗州怀来县。这种错误记载出现的原因是北齐曾因滥置县份安插官员有以私害公之弊而合并了很多县。其所置的北燕州，治所在汉潘县城旧址，北燕州的辖境基本上为今张家口市下属13县及北京市延庆县的广大地域。隋沿北齐旧制，只将北燕州改名为怀戎县，隶属于涿郡辖地。唐贞观八年在怀戎县治所汉潘县旧址置妫州，州县同治一城，属地仍和北燕州，到了武则天的长安二年（702），迁妫州及怀戎县治所于清夷军城，即后来的旧怀戎县城，并割小了县地。到了石敬瑭送地给契丹后，隋之怀戎县已分割为三州六县之地，《辽史》编撰者脱脱等人不详历史沿革的改变，以辽之怀来县与隋之怀戎县相照，抄录《隋书·地理志》，所以就出现了错误。明清史地学家包括当代的范文澜先生述史释地，都不同程度地受到了这个历史沿革巨大变易的影响。但是，话又说回来，即使是《辽史·地理志》的明显误记，桥山也还没有偏离出原地多远，这与某些不着边际的随意附会相对，仍不失为近正。

然而，自明洪武四年（1731）在陕西中部县始建黄帝陵庙进行祭祀以后，《明史·地理志》就出现了陕西中部县桥山的记载。《清史稿·地理志》分别在宣化府保安州、鄜州中部县各记"桥山"一处；《中国古今地名大辞典》虽然首记"桥山在察哈尔涿鹿县东南"，并引《魏书·太宗纪》曰："泰常七年，如广宁，幸桥山，遣使者祠黄帝、唐尧庙。"但随后又记载了山西、陕西两个桥山。

三、历代祭祀及庙宇修葺

涿鹿桥山，亦即古穷山的黄帝庙始建于何时，今难考其确切时代，因为，议汉魏史地书籍记载中它已有庙宇、祭堂、行宫等，我们只知涿鹿桥山黄帝庙的最后一次葺修，是辽统和十三年（995）八月到今年八月恰1000周年。历代帝王祭祀见史籍确载者如下：

1. 《史记·封禅书》载：汉武帝元封元年（前110）冬，"北巡朔方，勒兵十余万""还祭黄帝冢桥山"。后汉班固笔移此山，述史又篡改了武帝行军路途以与其笔移的"桥山"地理位置暗合。但是，只要将班固的记述所经地点、路途往图上一一标明，就会很明显地发现其所记是如何错误与可笑。关于这一点，曲辰1985年发表于第三期《地名知识》上的《涿鹿桥山》一文，以及（1992年7月）由中国社会科学出版社出版的《轩辕黄帝史迹之谜》一书中，已做了详细辩证。此处不赘述。

2. 北魏道武帝于天兴三年（400）五月己巳日，"幸涿鹿，遣使者以太牢祠（黄帝）、帝尧、帝舜庙"。

3. 神瑞二年（415）六月壬申北魏明元帝"幸涿鹿，登桥山，观温泉，使使者以太牢祠黄帝庙"。

4. 明元帝又于泰常四年（419）"九月，幸桥山，遣使者祀黄帝"。

5. 泰常七年（442）九月的辛酉，明元帝第三次"幸桥山，遣使者祀黄帝、唐尧庙"。

6. 北魏太武帝于神鹿元年（428）八月，"东幸黄宁，临观温泉，以太牢祭黄帝、尧、舜庙"。神鹿三年（430）正月"癸卯，行幸黄宁。临温泉，作《温泉之歌》"。

7. 北魏文成帝于和平元年（460）正月，"东巡历、桥山、祀黄帝、尧、舜庙"。

隋、唐用后汉故事，不祭桥山、历山等庙，而在帝都设黄帝、颛顼、帝喾、唐尧、虞舜牌位于明堂中，以近祖配祭。五代十国频于战乱，更兼石敬瑭将桥山黄帝陵所在地送于契丹，整个宋代都未能收复失地，难祭桥山黄帝庙。正因为如此，辽帝下诏修桥山黄帝庙，宋真宗闻讯便授意王钦若等附会桥山于陕西。

四、桥山考察文物发现

桥山虽以山中一峰有天然形成的拱形石桥之景而得名，但它却不是一座孤立的山峰，而是一处群峰高耸、山体回还交错、地形复杂而有一派雄浑气势的山地，周围约为三十余公里。主峰在轩辕之丘，亦即涿鹿故城西北约十一公里处。将考察所见古道路、古建筑群、古积石冢群、古文物等所在位置列述如下：

1. 桥山"石桌"

桥山"石桌"在桥山主峰南面的山顶上，高约1.5米，长、宽各约2米，似为人工凿成。当地人称此为"石桌"。据里虎沟村地方人士赵海军的父亲赵梅听其父亲说，老辈人们都说，黄帝葬于此山，不知坟墓在何处，古人在山顶凿石为桌，以为祭祀时摆放供品之桌石。但也有人说那是黄帝与仙人对弈之处。元朝鲜于枢到涿鹿桥山游，有桥山诗一首载于《保安州志》，其诗曰："旁通日月上星辰，有路遥应接玉京。仙奕未终人世换，秦鞭不到海波平。当时混沌知谁凿？他日崆峒强自名。枯树重荣事尤异，欲从樵者问长生。"

2. 人工凿山改水工程痕迹

山丘之北，有一道从拱形石桥之景西面延伸下来的山梁，此山梁原将谷中北来之水渠向西流，而后折顺从有人开筑覆土状山丘的背后再向东流然后拐向南，从山丘东侧流出。然小山丘背后山梁似被人工筑断，使山谷中洪水直接从"墓冢"样山丘东侧直接流出。此处无耕地，若不是筑山改水，为防发出"空空"响声之山丘的后身被洪水所冲，则难做出其他解释。

3. 石室

在似为人工筑山改水切断山梁痕迹之东，山顶上即为天然形成的拱形石桥之景，石桥之北为一石一室，石室内可容十五六人。

4. 类似岩画、文字类的刻石

在进入桥山腹地所经过的山谷中，发现有类似岩层、文字之类的刻石。是否为古人有意刻画？它所表示的是什么？这需要专家，特别是古文字学家们来判断的。

5. 桥山山岩上的石臼

在桥山主峰东北一处山岩上，有人工筑于山岩上的石臼一个，此石臼风化程度严重，证明其使用的历史年代很久远；开凿于山岩上，不能够搬动，证明山上曾有人长期居住，并有永久居住观念。

6. 桥山积石冢群

在桥山山岩石臼北，有一道山坡，坡上有人工用山顶岩石堆垒的积石冢群一片，总数约有三十个，高约半米，直径约1.5米。因未发掘，不知冢下有无尸骨与文物，亦不知此类似积石冢群的现象因何而有。

7. 桥山黄帝庙遗址

桥山黄帝庙遗址在桥山南麓一道土梁上，遗址现为耕地。耕地面积百余亩左右的土地上，到处可见夹砂粗红陶、灰陶碎片。涿鹿县炎黄文化研究会副会长任昌华先生，在调查中还捡到了磨制石斧一件，更证明黄帝庙最早之建都在新石器时代晚期。在此庙址上有大量砖、瓦，并见有龙首砖雕、朝脊犬头雕刻、石臼残缺、筒瓦等。据1994年10月13日晚于小攀山乡政府办公室召集的调查会上，80岁的范仲元等农民说：在黄帝庙基东南沟沿边，曾经坍塌出一口古水井遗迹，井全高约十三丈，井筒三尺见方，井壁用柏木镶嵌，有人取回井木盖锅用。这是六十多年前的事。对于这处黄帝央遗址所在处，今小矿山人积其地中为"祀上""太祀"。

黄帝庙旧址西南一公里之遥为小攀山村。黄帝庙址与小山村中间为一道黄土大沟，黄帝庙正南沟中有一台地，是小攀山村旧址。村民都说小攀山旧村村北黄帝庙都是地震震坏的，并说大沟塌的速度很快，老人们说过去沟很窄，搭一块木板就能过去，调查中未能在黄帝庙旧址找到有关碑石，据村民说，石碑也是抬回村龙王庙改刻了。黄帝庙遗址东南的一道土梁上，有一处古墓群，共有封土冢4个，其封土直径约10米，高约3米，夯层厚约10厘米。古墓群北为一古城址。古城址所见物有石器及古陶残块。此可证小攀山在汉代之前并非一个普通小村，甚或有相当职位的官员居住。笔者与参与考察者一致认为：《史记·五帝本纪》所载的黄帝"合符釜山"事，即是黄帝集中各部出征兵马，合验收回战时所发的兵符信契，相当后世开国大典的阅兵式，是一次重大的庆典活动。故"釜山"不是山地，而是古统一度量，烧制古计量陶器"融"的地方，其"山"字当为"堆积如山"的形容用语。釜是汉代炊器，"釜"字是后有之字。而这种陶制量器因为易碎，到了战国时代已经普遍不用，所以到了西汉之际，"鬴"字已是不常用冷僻字，司马迁述史，就将古之鬴记载为"釜山"，而当地人以方言之音书为"攀山"。因为鬴山为轩辕黄帝举行开国大典的重要地方，故黄帝葬地桥山南面也要命称一个象征性的鬴山，为与生前举行开国大典之处相区别，桥山之南的象征性地名前面就冠以一个"小"字，这便是今"大攀山"与"小攀山"地名的由来。唯其如此，在地名学研究与地名实际命名中，凡对应而称的地名，如上胡芦、下胡芦，上七旗、下七旗，大流水沟、小流水沟，大龙门峡、小龙门峡等，都是两地紧密相连，唯大攀山与小攀山之间，距离24华里之遥，中间隔着水磨、三堡、古城、上榆林、下榆林等很多村庄。这种极为少见的地名，是由特殊的历史原因造成的。

8. 古道路调查

桥山既为黄帝陵庙所在地，那么从黄帝时的都城轩辕之丘，亦即涿鹿故城遗址到桥山，必有古官道遗迹所存。此次考察，发现古官道遗迹有三条，第一条最古，第二、三条次之。

第一条，由黄帝城轩辕之丘出南门向西北，经一古路槽，越沙河，经萧家堡村西南入向西北方向的一古路槽，而后经过帽山东侧。赵庄村西，经古小攀山遗址达黄帝庙。

第二条，出轩辕之丘入向西北古路槽，越沙河，经下榆林南、入车道沟，经小攀山遗址达黄帝庙。

第三条，走古涿鹿城与古下落城之间官道，此路最晚，约始于战国。

9. 碑石与大积石冢

桥山黄帝庙建于何时难得确知，但就黄帝庙遗址文物所见，结合历代史书记载，从西汉至元代至元四年地震庙毁为止，至少有庙、祭祀和不断修葺的历史长达2500年左右，没有碑石是不可思议的事情。然现在的黄帝庙遗址上，却是一块碑石都未能找到，那么桥山黄帝庙的碑石跑到哪里去了？小攀山村龙王庙会从桥山黄帝庙址上抬回过石碑的情况，给我们提供了一条思路：桥山腹地中央，有座规模很小的佛寺，此寺原名金庵洞，是明朝正德十一年，一个云游和尚到此，居于石室中始创建的，只有一间房的小庙，直到十几年前被拆毁时，也只有正殿三间，偏殿一间、配殿三间的规模，但这里却有大小不同、石质各异的石碑八块之多。其最早的一块刻于嘉靖十三年十月初四日，上距轩辕黄帝庙毁为196年，其余碑文之刻上距黄帝庙毁266年、267年、359年、414年、514年不等。其正殿所砌基石下还压有石碑，那是将石碑当普通石料用了。桥山黄帝庙遗址距此小寺只有三华里左右，这是否有利用桥山黄帝庙上旧碑磨平改刻的情况呢？考之此寺所在的桥山腹地山谷中，只有一脚宽的蜿蜒小路通向山外，往山中运石碑极为困难，以及此寺碑文文理不通，错别字很多的情况又可证此小寺中历代僧人文化水平低而无知的状况，将桥山黄帝废墟上石碑挪用改刻的可能性是很大的。

桥山黄帝庙址东南的约五公里处，亦即地名叫东陵寝、西陵寝的山顶，有积石冢一个，直径约七米，积石高级约二米，此为墓冢，还是遥祭桥山黄帝庙的古代祭坛？因未发掘，考察小组成员又缺乏考古知识，亦存疑难定。

10. 温泉行宫遗址

古桥山下有温泉，有祭堂，亦有"温泉宫"一处，如：北魏太武帝于神鹿三年正月丁卯"行幸广宁，临温泉（宫），作《温泉之歌》"；文成帝于同光元年十二月"幸灵丘至温泉宫"；又太安四年春正月"乙卯，行幸广宁温泉宫，遂东巡平州……"今温泉宫遗址温泉屯乡政府东，宫墙原为堆土，后世又夯土增筑加厚、加高。今尚存残墙一段。遗址内出土有磨制石器，如石斧等。陶器出土完整者不少，据在当地调查中所闻，每次农民种地掘土出后，或被农民认为无用而当场砸碎，或被孩子们捡去玩耍而自然流失。今地里所见，有夹砂粗红陶、灰陶罐、鼎等残片。它与桥山黄帝庙址所见时代一致。但最早文物都晚于轩辕之丘遗址所见。

结论

史载"黄帝崩，葬桥山"。西汉以前，桥山只有一处，地在涿鹿；然自东汉起，桥山呈逐步递增之势，至今中华大地"桥山"已有若干。后世争论桥山只依个别地志之记载为据，而不研究其记载之由来与历史时间早晚，遂使使桥山所在地真伪不辨，成为中华文明史上一大历史"疑案"。殊不知战国之前中文本无"桥"字，亦无"桥山"之称，"桥山"即太史公依古"穷山"之音转，按斯山东峰有天然石桥之景而记，地在黄帝都城"轩辕之丘"北偏西22公里。穷山（桥山）黄帝祠，山下祭堂旁温泉宫等遗址遗物尚存。其所存文物最早者为新石器时代遗物，如石斧、石臼、夹砂粗红陶、积石冢群等。祠庙建筑物所见有汉代砖、瓦、兽头、瓦当等。其历史上最后一次修庙时间为公元995年8月，到1995年8月整整1000周年，它比陕西中部县于明洪武初始建的黄帝陵庙还早376年。现在，唯穷山（桥山）黄帝墓冢虽有种种迹象显示其所在，但未经考古学家作科学测定，不敢确指。但我们依据长期考察而言，《竹书纪年》载：黄帝"地裂而陛葬"不应无由，或为确载。总之，我们认为：只要我国的历史学家、历史地理学家、考古学家对穷山（桥山）进行实地考察、研究、发掘、测定，则黄帝死、葬这千年史谜之揭开，将指日可待！

（曲辰系中华炎黄文化研究会会员）
（席瑜系台湾中华伦理教育学会秘书长）
一九九五年九月二十五日

涿鹿之战论析

黄朴民

一、涿鹿之战在古代战争发展史上的地位

我们认为，一场战争的地位，是由战争的性质、战争的目的、战争的手段、战争的结果、战争的影响等诸多综合因素所决定的。涿鹿之战的性质、目的，双方战争指导者的战略战术运用，以及该战争的结果、影响，等等，都充分显示了这场战争在中国古代战争发展史上具有里程碑式的意义，堪称中华文明的奠基之战。

众所周知，战争是人类集团之间以一定政治、经济为目的进行的武装斗争。它作为一种特殊的社会政治现象，本身也随着社会文明的演进而经历了从无到有，从幼稚到逐渐成熟的发展阶段。从中国历史进行考察，我国在原始社会向阶级社会过渡时期之中，战争曾发挥过其特殊的作用，对完成社会形态的转变起到决定性的影响。大致而言，当时的战争主要经历了五个重要阶段。

（一）母系氏族社会基于扩大生存空间，实行血亲复仇的目的武力冲突

在大约六七千年之前，在黄河、长江流域的广阔大地上，母系氏族即已进入繁荣阶段，这与传说中的神农时代大体相当。当时各个氏族部族之间曾发生过不少基于扩大自己的生存空间，实行血亲复仇目的的武力冲突。如果将它们和战争起源两要素（私有财产的出现与阶级的分化）进行联系考察，可知其既无攫取私有财产的因素在起作用，更不是以从事阶级奴役为基本宗旨，所以它们并不是科学意义的战争，而仅仅是战争的萌芽。与此相适应，当时的武力冲突还没有形成专门的武装和动用正式的兵器，而通常由氏族部族成员集体进行，以木、石等生产工具为武器，同时其影响也不大。

（二）部族集团内部争长称雄的武力冲突

随着社会的发展，血缘相近氏族逐渐结成相当规模的部族集团，来自

不同氏族的首领们，为了争夺部族集团中的领导权，也不断发生相当规模的武力冲突。其中战胜的一方首领登上本部族集团酋长的宝座，而失败的一方则听命于胜利者，从而加强了部族集团内部的整合和团结。传说中的黄帝攻炎帝的阪泉之战，就是这一种情况的客观反映。但就这类武力冲突的性质、目的、手段、影响诸因素进行分析，它们也不是真正意义上的战争。

（三）私有财产的出现和大规模的部族集团之间的战争

大汶口文化显示出，随着原始生产力的提高，劳动产品有了一定的剩余，这直接刺激了私有财产的产生，而私有财产的出现，又进一步刺激了氏族部落领袖攫取更多的物质利益的欲望，这样，大规模的部落战争就自然而然登上了历史舞台。涿鹿之战正是其中的典型代表。它的基本性质已与"神农伐斧遂"等武力冲突有所不同，它是父系氏族代替母系氏族占据社会历史舞台中心位置在军事领域的必然产物。由于它符合战争起源两大因素之一：私有财产的出现，因此在性质上具有质的飞跃。战争的目的，已不单纯是为着争夺生存空间，而与征服异部落，掠夺财富相交融。从这个角度看，涿鹿之战才是真正意义上的战争，在中国古代战争发展史上具有里程碑式的意义。另外，透过蚩尤"作兵"、黄帝臣挥"作弓"、夷牟"作矢"、黄帝得九天玄女战法等传说，可见当时专门用于作战的兵器已逐渐与生产工具相分离，原始的战阵也开始出现了。这就从战争的手段、方式的角度进一步印证了涿鹿之战是中国历史上真正意义的第一场战争。

（四）与阶级分化相紧密联系的部落征服战争

这类战争的主要代表是尧、舜、禹征伐三苗之战。所谓的尧舜禹时代，实际上就是原始社会向阶级社会过渡的最后一个阶段——军事民主制时代。这个时期的主要战争，就是尧、舜、禹攻伐三苗之战。它表明在当时以战俘为奴隶已成为战争的目的之一，已经开始以掠夺生产资料和从事阶级奴役为战争的宗旨，这与黄帝伐蚩尤的涿鹿之战相比，战争的性质有了进一步的发展，其影响是极其深远的。

（五）与国家形成相紧密联系的阶级社会战争

夏启攻杀伯益，废除"禅让制"，确立世袭制，建立起中国历史上的第一王朝——夏朝，表明中华阶级文明社会的正式开端。而夏启征伐有扈氏的甘之战则是完成这一重大历史转折的关键。甘之战的结果是，沉重打击了旧的传统势力，粉碎了他们重归"禅让制"的企图。从此，"天下成朝"(《史记·夏本纪》),夏王朝的统治大大得到了巩固,使国家的形成成为不可动摇的事实。从这个意义上说,甘之战是中国战争发展史上的又一个里程碑。从此"国之大事,在祀与戎",战争作为阶级斗争的最高形式,占据了整个社会活动中的显著地位,成为历史发展的最直观表现形态。

涿鹿之战作为上古战争起源的具体标志,在中国战争发展史上具有承前启后、继往开来的巨大意义,它揭示了这么一个历史趋势:原始的武力冲突已经走向终结,体现政治本质属性的战争即要全面上演。

再从涿鹿之战的结果及其影响看,说它为中国古代战争起源的重要标志,也是完全可以成立的。史载"黄帝乃征师诸侯,与蚩尤战于涿鹿之野,遂禽杀蚩尤。而诸侯咸尊轩辕为天子,代神农氏,是为黄帝"(《史记·五帝本纪》);"以甲兵释怒,用大正顺天思序,纪于大帝"(《逸周书·尝麦篇》)。又记载涿鹿之战后的局面是:黄帝"披山通道,未尝宁居;东至于海,登丸山,及岱宗。西至于空桐,登鸡头。南至于江,登熊、湘。北逐荤粥,合符釜山,而邑于涿鹿之阿。迁徙往来无常处,以师兵为营卫。官名皆以云命,为云师。置左右大监,监于万国。万国和,而鬼神山川封禅为多焉。获宝鼎,迎日推策"(《史记·五帝本纪》);"已胜四帝,大有天下,暴者……以利天下,天下四面归之"(《银雀山汉墓竹简·孙子佚文·黄帝伐赤帝》)。这些记载,虽有后人附会增益的成分,但基本上反映了某种历史的真实,不能一概轻率否定。它充分表明,涿鹿之战的影响是巨大而深远持久的,即其有力地奠定了华夏集团据有广大中原地区的基础,起到了进一步融合各氏族部落的催化作用,并和日后尧、舜、禹征伐三苗部落战争等一起,在客观上加速了原始社会的瓦解和阶级、国家的形成:"古代部落对部落的战争,已经开始蜕变为陆上和海上为攫取家畜、奴隶和财宝而不断进行的抢劫,变为一种正常的营生。"(《马克思恩格斯军事文集》第2卷,第413页)取得这场战争胜利的部落首领黄帝、炎帝等,也从此成为中华民族的共同祖先,并被逐步神化。由此可见,从战争的结局和影响来说,涿鹿之战的确称得上是我们中华民族在发展时期决定日后基本面貌的历史性战争。这种战争影响,是母系氏族社会的武力冲突所远远不能比拟的。

二、黄帝、蚩尤双方战争指导的优劣得失

涿鹿之战的大致经过情况是由神话传说所透露的,文字记载是由后人所追叙的，主要散见于《逸周书》《史记》《山海经》《战国策》《韩非子》以及《太平御览》《世本》等有关典籍，因此具体、详尽的细节过程是很难全面考索并复原了。但是，神话传说毕竟是历史活动的投影，曲折地反映了历史事实的本身。大致战争具有以下两个显著特点：

一是，在战争双方的整体实力上，蚩尤族曾处于明显的优势地位。

二是，战争曾经延续了很长一个时期，战斗规模空前，异常激烈，双方曾长期周旋、争战于涿鹿之野。随着战争过程的推移，双方的优劣态势逐渐转换，黄帝族终于由弱转强，变劣为优，占据了战场上的主动地位，并凭借出色的作战指导，最后战胜了蚩尤部落，擒杀其首领蚩尤，"执蚩尤，杀之于中冀"（《逸周书·尝麦篇》）。

在涿鹿之战中，黄帝族及其同盟炎帝族之所以能够以弱胜强，以少克众，反败为胜，取得最后的胜利，关键就在于其战争指导要比蚩尤部落来得高明卓越。具体地说：第一，黄帝已开始注意从政治、经济、军事等方面做好战争准备，为克敌制胜创造了条件。可见黄帝族为了夺取战争的胜利，除了积极增强自身的军事实力之外，也十分重视发展生产，争取民心，修德抚众，这样文武并举，双管齐下，就为自己统率广大部众同蚩尤部落展开决战，创造了必要的条件，奠定了制胜的基础。第二，在战争进行过程中，善于争取同盟者，并能注意选择和准备战场。第三，能巧妙地利用有利于己不利于敌的天候条件，果断及时进行反击。

相反，蚩尤部族方面尽管兵力雄厚，兵器装备优于自己的对手，但由于一味迷信武力，连年对外扩张，侵凌其他部族（氏族），"故国虽大，好战必亡"（《司马法·仁本》），业已预先埋下了失败的种子。在具体的作战指导方面，又骄狂轻敌，缺乏对自然条件的应变能力，缺乏对黄帝族实施大规模反击的抵御准备，因而最终招致败绩，丧失了控制中原地区的历史性机遇。由此可见，涿鹿之战中双方的胜负得失，完全在于其战争指导和战术运用的优劣高下不同。

三、涿鹿之战与古代军事文化传统的形成

涿鹿之战不仅解决了以黄、炎为核心的华夏集团的生存发展问题，而且也为中华优秀军事文化传统的形成奠定了坚实的基础。

第一，黄帝在涿鹿之战中注重改良政治、发展经济、争取民心的战争指导，强调政治条件、经济因素对军事活动的制约关系的理性认识，为后世军事思想家构筑进步的战争理论提供了有益的历史借鉴和启示。

第二，涿鹿之战中黄帝善于争取同盟者壮大自己的阵营，想方设法改变敌我优劣态势做法，对于后世兵家"伐谋""伐交"思想的形成和发展提供了最早的实际素材。

第三，特别值得我们注意的是，涿鹿之战的战争经过以及胜负结局是同正确运用天时地利条件紧密联系的，这一点对后世兵家的影响相当深刻。

第四，涿鹿之战的战争善后做法，也为后世兵家所借鉴，他们据此而确立了战争善后一般原则。涿鹿之战结束后，黄帝对战败的东夷集团并没有采取赶尽杀绝的极端行为，而是"命少昊清司马鸟师，以正五帝之官"（《逸周书·尝麦篇》），好在东夷集团中选择一位能附众的氏族首长名叫少昊清的继续统领九夷部众，用怀柔的方式使东夷集团和华夏集互结为同盟，从而消弭了双方的敌意，促进了两大部族集团的交流和融合。这一高明得体战争善后措施，也给后世兵家以莫大的启迪，为此而提出了"又能舍服，所以明其勇也"（《司马法·仁本》）。"既诛有罪，王及诸侯修正其国，举贤立明，正复厥职"（同上）等种种主张，作为处理战争善后问题的基本原则。

第五，涿鹿之战的双方胜负得失，对于古代兵家以"义战"制止"不义之战"，反对穷兵黩武行为思想形成和发展，也具有重要启迪作用。

这种关于战争问题的态度，是中国古代军事文化中的精华内涵，它们的形成和发展，实与涿鹿之战的实践经验教训不无文化上的瓜葛。

当然，涿鹿之战的过程和结果等史实，是由后人所追叙阐说的，其中不免有后人附会的成分，而后世兵家对涿鹿之战的理解和借鉴，也不免带有当时当地的特定历史烙印，不能简单等同为远古史实本身。但是，这种理解和借鉴同样是值得重视和肯定的，第一，它源于历史本身，又高于历史本身，既是对历史上涿鹿之战真实面貌的揭示，同时更寄托着这些兵家的军事理性观念，是特定历史条件下的产物。经过他们的重新总结和提炼，涿鹿之战的内涵和意义，遂完成了古今之间的沟通，而升华抽象为一种具有超越时空意义的战争活动典范象征，提供着历史的借鉴和时代的启发。第二，对涿鹿之战的重新总结，已经得到当时社会的普遍认同，人们已不大讲求这种总结的真实性程度究竟如何，而更注重它的鲜明的时代性和针对性，以期为现实军事活动的开展和军事理论的构筑提供尽可能多的历史素材。正是在这个意义上，我们肯定涿鹿之战与中国古代军事文化传统和发展之间的关系，乃是一种确实无疑的客观存在。

综上所述，涿鹿之战不仅仅是中国古战争起源的重要标志，而且也是中国古典军事文化传统形成的历史动力。从这个层面上讲，我们今天对它进行深入、全面的研究，充分揭示其重大的历史影响和丰富的文化底蕴，无疑是一项十分必要的基本课题。

（作者系中国军事科学院教授）
一九九五年九月二十五日

三祖时代军事思想考索

张 文

中华民族向以黄帝为人文始祖，司马迁作《史记》开宗明义第一篇是以黄帝为首的《五帝本纪》，意思是说我国古代文明肇始于黄帝。黄帝、炎帝、蚩尤三祖时代的物质因素，铜器、城堡等的出现，说明这一时期是中华文明的曙光期。文明时代的又一个重要标志，是文字的发明和使用，古文献传说也多把文字的发明归结到黄帝时代，史称"仓颉作书"，仓颉其人虽未必真实，但文献传说把文字的起源与华夏文明的产生连在一起，则有其合理因素。大汶口时期的陶文，是考古学界与史学界大多数学者认同的我国已知的最早文字，其时限又恰与古史传说中文字肇始的三祖时代相当。这就进一步证明，有些传说记载是有一定根据的，绝非空穴来风。

虽说古代传说或神话中包含一定时期的历史的投影，但它并不能等同于信史，何况文明社会初期的简略文字，还无法担当起复杂的记事的功能。这就给研究三祖时代尤其是它的军事思想，带来了很大困难。主要困难是，一、文献不足。作为太史令的司马迁在写《五帝本纪》时已有"百家言黄帝其文不雅训，荐绅先生难言之"的感叹。文献不足，谁也说不清楚中国古代文明问题。二、有关三祖的神话传说零星不完整，构不成系列。巧妇难为无米之炊，即使有几粒米也煮不出一锅稠粥来。三、这点贫乏的有关三祖的神话传说，经过后人的辗转加工，以致歧义互见，矛盾丛生，令人难以甄别其是非，这就更增加了探讨这一问题的难度。然而，这一历史时期口耳相传的神话、传说，却担负着保存当时先民生活回忆的职责，在一定程度上是某些重大历史事件的象征性反映，其史料价值是不可替代的，也是不容忽视的。

第一，三祖时代原始军事决策思想的萌芽。

据《归藏》载："昔黄帝与炎神争斗涿鹿之野，将战，筮于巫咸。"

司马迁也认为，黄帝时已有筮占，《五帝本纪》载，黄帝"获宝鼎，迎日，推策"。《集解》引晋灼说："策，数也。"《索隐》引《封禅书》"黄帝得宝鼎神策……于是推策、迎日"曰："神策者，神蓍也。"《五帝本纪》又载，黄帝时有"幽明之占"，《正义》谓："幽、阴、明、阳也。"按，黄帝时尚无阴阳观念，张守节此说，非是。实则，幽有隐义，明有显义。韩康伯注《周易·系辞上》"幽明之故"云："幽明者，有形无形之象"，可谓得"幽明"真谛。所以"幽明之占"就是对无形事物和有形事物的筮占。

巫咸，其所属时代，则众说纷纭，或说神农时人，或说黄帝时人，或说尧时人，或说殷王大戊时人。这是可以理解的，因为在古代，交通人神的巫史，在社会的诸多方面举足轻重，其言行之从逆，常对最高决策者产生重大影响，甚或是左右行动的作用，他们中的一些人，往往就是决策者，跻身于"智囊集团"之中，这些人需要具有一定的专业知识，故而这一职务往往世代相因，这就是神农时代有巫咸，黄帝时代有巫咸，尧时有巫咸，殷商时仍有巫咸的道理，这也是巫史由"民神杂糅""家为巫史"的低级阶级，经过"绝地天通"，神职由少数人垄断，从而发展到"民神异业"的高级专业化阶段的写照。

从民族学资料看，处于原始社会或刚跨入文明时代不久的民族，大多有战前进行占卜的习俗，中国原始社会、包括三祖时代的这种卜筮之风，直至商周时期，未为稍减。

当然，三祖时代的占筮与商周时代的卜筮，不可同日而语。需要指出的是，按照于豪亮先生的考证，"《归藏》的成书，绝不晚于战国。"若然，则前揭《归藏》关于黄帝将战而筮的记载，就可能是我们目前所能见到的涉及黄帝时军事决策思想的较早的一条资料。

由上可见，三祖时代的先民们在战前已有向交通人神的巫史探问出师、行军的凶吉，以进行决策的思想，这在人类思维发展史和中国军事决策史上，都是一个飞跃。

第二，三祖时代原始备战意识和后勤意识的出现。

三祖时代的原始备战意识，主要表现在先民对战前的练兵习战的重视上。《史记·五帝本纪》有三处是记载黄帝战前练兵习战的。其一，是"诸侯相侵伐，暴虐百姓，而神农氏弗能征"时，黄帝乃"习用干戈，以征不享"，习用干戈就是战前的军事训练。其二，是在"诸侯咸宾从"黄帝，而"炎帝欲侵陵诸侯"时，黄帝乃"修德振兵"，振兵就是战前的军事训练。其三，是"教熊、罴、貔、貅、䝙、虎，以与炎帝战于阪泉之野。"《正义》云："言教士卒习战，以猛兽之名名之，用威敌也。"说这是教士卒"习战"，极是。说"以猛兽之名名之"，庶几近是，然终嫌其说未达一间。实际上，这是以熊、罴等野兽之名为图腾的六个民族。

关于战前习战，考古学和民族学也为我们提供了例证。如1972年发现的甘肃黑山岩画，画面人物约30个，三列横排，每列人数不等，它是以武舞的形式表现我国西北地区原始游牧部落战前进行军事训练的。我国高山族在进行原始掠夺战争前，也要进行军事训练，它是将士卒排成两列，相向而立，各持武器对阵。

三祖时代的战前军事训练，在武舞上也有表现。原始舞蹈中的武舞，本是原始狩猎场面的再现，后来与战争相伴，武舞的内容，又逐渐发展成为部落的军事训练。故古有"武舞，象战斗也"的说法，这说明武舞与战前军事训练的密切关系。据《山海经·海外西经》说：

> 刑天与帝（按，指黄帝）争神，帝断其首，葬之常羊之山，乃以乳为目，以脐为口，操干戚以舞。

刑天，炎帝之"臣"，或炎帝以后。

干、戚，郭璞注："干、盾，戚、斧也。"干戚舞为武舞，毋庸置疑。

据袁珂先生考证，这是炎帝失败后刑天"奋起而为炎帝复仇，以与黄帝抗争者也"。这位断头英雄，不服输，豪气凌云，手挥兵器，练武不已，以备再战。我以为，刑天干戚舞应是炎帝族团在战前进行军事训练的武舞。

蚩尤以凶猛善斗著称，所以他死后被尊为"战神"，不但受到后人的崇祀，而且还受到他的当世敌人——黄帝族团的崇奉。古人对蚩尤的祭典相延甚久，而且这种祭祀又与习战交结在一起，因其已远离源头且与武舞无关，故不赘述。

三祖时代的后勤意识，因资料太少，且语焉不详，不能做过多的说明。从有关资料看，三祖时代的后勤意识主要表现在屯粮积谷，以为战用方面。据《五帝本纪》载，黄帝在"诸侯咸来宾从"，而炎帝"欲侵陵诸侯"的情势下，为了赢得即将爆发的战争的胜利，乃"艺五种，抚万民"；

竹简《孙子兵法·黄帝伐赤帝》篇亦载，黄帝为战胜青帝等，决定采取"休民""艺谷"的决策。

第三，三祖时代利用气候变化克敌制胜思想的出现。

"蚩尤作兵伐黄帝，黄帝乃令应龙攻之冀州之野。应龙蓄水，蚩尤请风伯、雨师，纵大风雨。黄帝乃下天女曰魃，雨止，遂杀蚩尤。魃不得复上，所居不雨。"又据《志林》载：

> 黄帝与蚩尤战于涿鹿之野，蚩尤作大雾，弥三日，军人皆惑。黄帝乃令风后法斗机作指南车，以别四方，遂擒蚩尤。

这两则记载，抹去神话色彩，剔除后人虚构的成分，一是说，应龙用蓄水之法阻挡蚩尤，蚩尤请来了风伯、雨师助战。风伯、雨师（又见《韩非子·十过篇》，应是生长于南方风雨之乡的两个民族，惯于风里来雨里走）他们借自然之力——大风雨，攻击黄帝。生活在北方干旱地区的黄帝，当然不是对手，吃了败仗。三祖时代先民把气象知识应用到军事上，是他们认识自然的一大飞跃，也是他们军事思想的一大飞跃。他们的这种认识流泽于后世，对先秦军事理论有相当影响，一些著名的军事家在其兵法著作里，均有关于自然因素，如水、火、风等与战争关系的深刻论述。

（作者系西南大学教授）

黄帝"合符釜山"的历史意义

杜 宇

对汉族的前身华夏族的形成有创始之功的是位居"五帝"之首的黄帝，其发祥之地在今河北省的涿鹿。

司马迁写《史记》，以黄帝为"本纪"第一，认为他是中华文明的始祖。在《史记·五帝本纪》的结尾，相当于后世按语的"太史公曰"里，阐述了他对有关五帝史料的观点与他对史料的清理；又经他"西至空桐，北过涿鹿，东渐于海，南浮江淮"的实地考访，然后才完成了本纪的写作。为此，可以认定"本纪"所载，应为信史。

按照马克思主义的观点，原始社会的基本组织的氏族进而发展为部落，部落结成部落联盟。当部落联盟趋于壮大和稳定，下一步历史的发展方向，就必然是民族与国家的出现。中国也不例外，曾在漫长的原始社会历史发展中经历了由氏族到部落而后结成部落联盟的过程。在这个过程中，氏族、部落及部落联盟之间在战争、迁徙和氏族交错杂居中，逐步进行融合，最终形成汉族前身的华夏族。

由争地盘、争生存权而引发的古代部落联盟之间的战争，是极其激烈而又残酷的。战争的失败者或者被迁徙远逐，或者"臣服"于胜利的部落联盟。在战争中强盛起来的部落联盟的首领，争当"盟主"的战争也继而出现。有的首领能顺应历史潮流，对于失败者，不采取屠杀远逐的方法，而是与之结盟，使其心悦诚服地承认自己的"盟主"地位，并融合于自己的部落联盟之中，使各个部落更加强盛稳定，把历史推向前进。

约在五千年前，由以古戎狄人为主体在我国北方形成的黄帝部落联盟，曾经同其他部落进行过长期而又激烈的战争，其中最为著名的是与蚩尤和炎帝的战争。黄帝率领他的部族擒杀了蚩尤，打败了炎帝。黄帝没有把败方驱逐出原有住区，而是同他们结成平等的联盟，使"诸侯（首领）咸尊轩辕为天子"，自己成为"盟主"。

黄帝两战皆捷后，势力大增，声威远震四方。《史记·本纪》中有黄帝"合符釜山，而邑于涿鹿之阿"的记载，我认为这釜山之会是具有深远意义的历史事件，它标志着华夏族已有了牢固的基础，是华夏族行将形成的历史里程碑。

釜山地处在今涿鹿一带，似不成问题；"合符"在我国一项传之久远并屡见于典籍和有出土实物（如"侯马盟书"）为证的"合盟"信物制度。彼此相合而结盟，以"合符"为信誓之物。《荀子·君道》："合符节别契券者，所以为信也。"把盟誓之词刻在圭（硅）上以为结盟之约，古代"硅以为信"即指此制。

黄帝时代有否"合符"之制，因不见于典籍更无考古实物出土，故未敢妄断。但据《墨子·非攻》所记，禹伐三苗之战中有："亲把天之瑞命，以征有苗……有神人面鸟身，奉璋以待"的话，可知禹时已有以盛表明身份并用以统率部族信物。"硅"亦即"合符"，禹之时去黄帝未远，故黄帝之"合符釜山"大会各部落联盟首领，居"盟主"地位，当非无根虚构之词。《史记》《索隐》也就此解释说："合诸侯符契圭瑞，而朝之于釜山，犹禹会诸侯于涂山然也。"虽然使用的是后世语言文字，却是与"诸侯咸来宾从""咸尊轩辕为天子"相合的。此后，黄帝以"盟主"之尊"邑于涿鹿之阿"，变涿鹿为其对外开拓发展的根据地，结束了黄帝部落"迁徙往为无常处"的游牧或半游牧的历史，进入了"时播百谷草木，淳化鸟兽虫蛾"的定居农耕、驯养家畜的时代。恩格斯说："阶级的存在是由分工引起的。"黄帝部落联盟自釜山会盟之后，由游牧过渡到农耕，促进了社会分工，发展了生产力，为历史的脚步迈向阶级社会，奠定了基础。

总之，"合符釜山"是黄帝以"盟主"身份大会各部落联盟首领之会，是古代氏族进一步融合的结果，它标志着作为汉民族前身的华夏族的基础已奠定，一个融合了远古各方先民及其文化的华夏族，即将出现于历史舞台。此后黄帝族南下中原，与当地先民插花杂居，进一步融合，终至创造出了古老的华夏文明。

黄帝是位有功于中华历史的远古英雄，不愧为华夏文明的始祖，中国人以他为自己的祖先而感到骄傲与自豪。

（作者系复旦大学教授）

北魏王朝与涿鹿黄帝庙祭

杨倩描

关于涿鹿黄帝庙的最早文献记载，是东汉末年的学者文颖为《汉书·刑法志》的"涿鹿之战"句所作之注。其云："涿鹿在上谷，今见有阪泉之地、黄帝祠。"其后，《晋太康地理志》《帝王世纪》等书也对西晋时期涿鹿的黄帝祠庙做了记载。在这一时期，涿鹿以黄帝庙为中心，辅以尧祠、舜祠、蚩尤城，已形成了一个古帝王的祭祀圣地。然而，这个祭祀圣地最为鼎盛的时期却在北魏王朝的前期。

以天、地、人为系统的多神崇拜是缺乏明晰教义的中国古代宗教的显著特点。而多神崇拜不仅是崇拜诸多神灵，而且还具有多层次、多面目的特点。例如，在佛教中，如来佛便具有法身、报身、化身。而黄帝作为传说中的远古帝王之一、华夏的先祖，其本身也处于一种不断神化的演变过程中。在中国古代的祭坛和祠庙中，他也同时具有人神、天神、方位神等多种面目。在春秋时期陈、杞、邾等国的祭坛上，黄帝是氏族神（属人神范畴）。在战国时期秦国的"雍四畤"中，黄帝是天神；在西汉的"雍五畤""渭阳五帝庙""长门五帝坛"中，黄帝既是天神又是方位神；在西汉的"长安泰一祠""甘泉泰畤"中，黄帝是天神泰一的辅佐之一；而在西汉末年以后兴起的南北郊中，黄帝既是五方帝之一，又是五人帝之一。

北魏道武帝拓跋珪立国之时，北魏尚处于游牧生活与农耕生活形态并存、奴隶制与封建制并存的复杂社会阶段。在当时的政治生活中，拓跋鲜卑落后的民族色彩十分浓厚。《魏书·官氏志》曰："初，帝欲法古纯质，每于制定官号，多不依周汉旧名，或取诸物，或以民事，皆拟远古云鸟之义。诸曹走使谓之'凫鸭'，取飞之迅疾；以伺察者为候官，谓之'白鹭'，取其延颈远望。自余之官，义皆类此。"这种情况很容易使人想起《史记·五帝本纪》中黄帝时代的"官名皆以云命，为云师"的记述，原始色彩极为浓烈。然而，在制定所谓五德行次上，由于拓跋鲜卑指认黄帝为祖先，所以很顺利地就按照汉族政权的惯例而确定了北魏王朝的行次和服色。

天兴元年（398年），北魏道武帝拓跋珪定都平城（今山西大同东北），即皇帝位，立坛昭告祭天地后，便下诏让有司定行次、正服色。

既然拓跋鲜卑指认自己系出黄帝历时已近百年，现在黄帝又关系着北魏的五德、规定着行次和服色，那么，对黄帝的祭祀也就成为北魏王朝的当务之急。

道武帝在位期间，巡幸涿鹿仅此一次。但他未祭祀黄帝，仅派遣使者祭祀尧舜。这与当时北魏崇尚黄帝的政治氛围极不协调。究其原因，只能归结为：旧时的黄帝庙已经圮毁。如果是这样，那道武帝此次巡幸涿鹿，其目的也就是在祭祀尧、舜的同时，进行实地考察，拟重建黄帝庙。

在这次巡幸涿鹿后，北魏统治集团内部的矛盾加剧，北方蠕蠕等游牧民族不断南侵，后燕慕容熙遣将寇辽西，后秦姚兴也发兵东侵，使北魏的政治局势急剧恶化。道武帝在受到强烈刺激后，精神失常，胡乱杀人，把长子拓跋嗣（刘贵人所生）吓得逃亡在外。天赐六年（409年），由于暴虐太甚，道武帝被次子拓跋绍（贺夫人所生）杀死。外逃的拓跋嗣返回平城，杀掉拓跋绍，登上皇位。拓跋嗣即北魏太宗明元帝。

在政局稳定后，明元帝于神瑞二年（415年）四至七月间进行了一次大规模的巡幸。六月壬申，明元帝"幸涿鹿，登桥山，观温泉，使以太牢祠黄帝、唐尧庙"，己卯，"登广宁之历山，以太牢祠舜庙"。这是北魏皇帝首次在涿鹿举行黄帝庙祭。此次巡幸，距道武帝的涿鹿之行已有15年，因此难以判断北魏重建黄帝庙究竟是在哪一年，只能把涿鹿黄帝庙的重建时间限定在公元400年至415年。

泰常七年（422年）九月，明元帝再次"驾幸桥山""遣使者祠黄帝、唐尧庙"。神䴥元年（428年）八月，太武帝拓跋焘"东幸广宁，临观温泉。以太牢祭黄帝、尧、舜庙"。和平元年（460年）正月，文成帝拓跋濬"东巡，历桥山，祀黄帝"。文成帝历桥山祭祀黄帝，是文献上北魏皇帝最后一次祭祀黄帝的记载，而且距神䴥元年太武帝祭黄帝已间隔了32年。这反映出在这一时期，黄帝的形象在北魏统治者心中已不如往昔那样崇高伟大了。

太和十五年（491年）正月，孝文帝正式下诏宣布：北魏承晋为水德。这样，黄帝与土德一道，便脱离了北魏政治。但"祖黄"，仍为拓跋鲜卑所认同。

随着北魏孝文帝汉化改革的深入，迁都洛阳已势在必行，但不少留恋平城故土的拓跋鲜卑勋贵却是坚决反对南迁。孝文帝向反对派作解释，说："今代在恒山之北，为九州之外。以是之故，迁于中原。"燕州刺史穆罴抬出黄帝来作为反驳理由，说："臣闻黄帝都涿鹿。以此言之，古昔圣王不必悉居中原。"孝文帝强辩说："黄帝以天下未定，居于涿鹿。既定之后，亦迁于河南。"这件事虽然没有对北魏迁都洛阳造成多大障碍，但却可以作为解释在南迁洛阳之前孝文帝未去涿鹿祭祀黄帝的理由之一。

由于这些政治上的原因，黄帝的地位在北魏中期以后便下降了。太和十六年（492年），北魏孝文帝颁布了新的国家祀典，宣布帝尧、虞舜、夏禹、周公、宣尼为"五圣"，黄帝则未能跻身其间。北魏迁都洛阳后，由于远离政治中心，涿鹿黄帝庙自然更难以博得帝王亲临祭祀了。

六镇起义爆发后，北魏的北方地区陷入长期战乱，涿鹿黄帝庙是否毁于战火，由于史料缺载，便不得而知了。因此，成书于北魏后期的《水经注》在记述涿鹿黄帝庙的有关情况时，也只能引用《魏土地记》和《晋太康地理记》的有关记载。

尽管如此，但北魏涿鹿黄帝庙的历史意义却是巨大的。北魏皇帝中尽管只有明元帝、太武帝、文成帝三人四次到涿鹿举行过黄帝庙祭，而且前后持续时间不到50年（415—460年），但由于北魏王朝当时还是一个处于向封建制全面过渡的少数民族政权，因此可以说涿鹿黄帝庙是全国诸多黄帝庙中最先由少数民族皇帝主持祭祀的黄帝庙。这样，涿鹿黄帝庙中的黄帝也就具有了超越汉族始祖的文化象征意义。黄帝作为今天中华民族的共同祖先，其基础可以说最早就奠定于北魏的涿鹿黄帝庙中。

（作者系河北省社会科学院研究员）

一九九五年九月二十五日

黄帝、蚩尤与涿鹿

赵育大

涿鹿是一个古老的地方，在中国历史上赫赫有名。三大人文初祖黄帝轩辕氏、炎帝、蚩尤曾在这里进行过泣鬼神、惊天地的阪泉之战、涿鹿之战，开创了中国历史的新纪元。这两次战争虽然是我国原始社会时期部落之间的激烈战争，但深刻地反映了当时地处黄河中下游各个部落联盟通过战争这种形式互相融合的历史真实，在中华民族的形成史上，黄、炎、蚩三大部落联盟通过争战相融合，是华夏族形成的重要一步。这一历史过程已为学术研究和考古成就所证实。长期以来，由于史学界的百家争鸣，导致了中华发祥问题上的诸多误解。笔者经过多年的求学与考证，在三个方面提出自己的观点。

一、"两战"的涿鹿

目前，在学术界一般认为，集中在涿鹿的"涿鹿之野""阪泉之野"古战场、"黄帝城"（涿鹿故城）、"阪泉"（黄帝泉）、桥山、釜山、蚩尤城、蚩尤三寨、蚩尤泉、蚩尤坟等23处文化遗存是这一段历史的见证。事实也是如此，在4平方公里这么一小块土地上集中了那么多的黄、炎、蚩的遗址遗迹，它的系列度、密集度、丰厚度，在国内只此一家，实为罕见。上古遗存保存到现在不是偶然的，因有其事才有其物，这是历史的必然。

这些遗址遗迹成系列地保存到现在，印证了历史典籍的记载。

二千多年前，中国伟大的史学家司马迁写《史记》时就曾"北过涿鹿"访问长老，采获到许多不见经传的珍贵资料，并亲自考察了炎、黄、蚩留下的遗址遗迹。当然，他写《史记》主要是根据百家之言的"雅驯"之文，如《太平御览》卷七十九"黄王部"引《归藏》："孔子曰：'黄帝少典之子轩辕，抚万民，度四方，教熊、貔、豹、虎以与赤帝战于阪泉之野，三战然后得行其志。'"《逸周书·尝麦解》云："蚩尤乃逐帝，争于涿鹿之阿，九隅无遗，赤帝大慑，乃说于黄帝，执蚩尤杀之于中冀。"（古涿鹿属中冀）银雀山所出土的汉初写本《孙子兵法》佚文中，就有《黄帝伐炎帝》说："孙子曰：'黄帝南伐赤帝……战于反山之原'（反山即今涿鹿的矾山镇，也就是黄帝兵伐黄帝遗存的所在地）。"《山海经》记"蚩尤作兵伐黄帝，黄帝乃令应龙攻之冀州之野……冀州中土也，黄帝亦教豹、熊、罴以与炎帝战于阪泉之野而灭之"。《战国策·秦策·苏秦以连横说秦》苏秦曰："黄帝伐涿鹿而禽蚩尤。"从《汉志》上初步统计，历代所记载有关黄炎蚩与涿鹿的书共有12类26种之多。

太史公司马迁撰《史记》时，考察涿鹿遗迹，印证了史书的记载是翔实可靠的，五千年历经沧桑，这些遗址遗迹奇迹般地保存到现在，足证太史公所记确凿无误。

黄帝城。《史记·五帝本纪》："合符釜山，而邑于涿鹿之阿。"《水经注》"黄帝战蚩尤于涿鹿之野而邑于涿鹿之阿，即是处也"。邑字，按《说文解字注》："邑，团也。也即国都。"《魏土地记》："下洛城（今涿鹿县城）东南六十里有涿鹿城（黄帝城）。"《帝王世纪》《括地志》《舆地志》等书均载"黄帝所部"或"黄帝初都"。该城保存大体完好，城基为叠土层，上为夯土。城内遍布仰韶、龙山时期陶片。出土过石杵、石斧、石凿、石钺、石刀、石镞和化石、陶器等。经鉴定正是炎黄蚩及其以后一段时期的文化遗存。考古界已在北方各地发现了山东章丘的城子崖古城，河南登封王城岗古城等新石器晚期，距今五千年左右的古城址，根据史籍记载出土文物和考古界对新石器晚期古城遗址的发现，"黄帝城"始建于新石器晚期，也即是黄炎蚩时期，是黄帝的都城，当是可靠的，是有根据的。

阪泉。"阪泉"，又名黄帝泉。《晋太康地理志》《水经注》都说"涿鹿（今黄帝城）城东一里有阪泉，泉上有黄帝祠"。《魏土地记》载"下洛（今涿鹿县城）城东南六十里有涿鹿，城东一里有阪泉，泉上有黄帝祠"。按，北魏时的洛城即今涿鹿城，其东南六十里处，恰是现在的矾山镇涿鹿故城。唐《括地志》："阪泉又名黄帝泉，在妫州。怀戎县（治今涿鹿县保岱乡潘县遗址）东南五十六里。"宋《太平寰宇记》："涿鹿山下有涿鹿城，城东二百步有阪泉。"这些史籍明确记载了阪泉的确切位置，就连距离尺寸都记得非常准确。阪泉乃黄帝阪泉之战的遗址和纪念地，现在保存得十分完好。

釜山。《史记》："黄帝……北逐荤粥，合符釜山"（釜山在今涿鹿县城西保岱乡）。"釜山"是由九个山峰一字排开，诸峰如覆釜山之状。故以名釜山。山上有丹墀地，传为当年举行合符仪式时，万国诸侯（各部落首领）朝拜黄帝之所。山上现存舜庙、瞽叟祠遗址。山下有蚩尤冢。"釜山合盟"使我国北方成为一统，形成了中华民族的雏形，因此它的意义重大。史书上的记载，地上遗址的存在，地下文物的出土，当地群众的口碑（1986年笔者曾组织采风队，专门采集了有关黄炎蚩的传说，并编辑成书，得到中央及省有关部门表彰）应该说涿鹿是三祖会聚，部落融合，华夏一统之地。这段历史是有根有据，不容置疑的。但是，自《史记》问世以来，一直有这样一种观点，言司马迁写《史记》是根据传说，那么，他写的黄帝、炎帝、蚩尤、当然也是传说中的人物，他们在涿鹿留下的遗址遗迹也是后人杜撰的。这个问题随着历史研究的进步，文物考古的新发现，我想应该有个比较科学的结论。现代考古界已经发现七八千年前，人类已经很发达，使用的工具，穿着打扮已很进步，黄炎蚩只不过五千年前左右的人，他们的存在实在是毋庸置疑的，只不过当时没有文字，没能把他们的业绩记载下来，而只靠人们一辈辈、一代代口头传下来，1973年湖南马王堆三号墓出土，在地下整整埋没了2144年的《黄帝四经》真实地记载了黄帝其人其事，说清了黄帝是一个真实的人，纠正了我国最早记载黄帝的史书《国语》《左传》把黄帝说成是神话和传说的说法。

　　《黄帝四经》成书于战国早期，是几千年来出土的翔实记述黄帝的第一本书。那么轩辕黄帝理所当然再不会被人们认为是传说中的人物了，而是实实在在的历史人物。今天我们把《黄帝四经》和《史记》一对照，可以看出司马迁的《五帝本纪》虽然是按传说写的，但这个传说是经过严格考察，是有根据的。比如《黄帝四经》中提到的高阳（即颛顼）、力牧、之尤（蚩尤）等，司马迁都提到过。台湾著名史学家王寒生先生认为这本书是轩辕黄帝"治国之本"，他花了四年时间，费尽心血，将《黄帝四经》注释翻译，于1976年正式出版。王先生在他的序言中说："在四千年前，我祖已经打开了宇宙奥妙之门，指出了一条上进大道，今日能读到宝贵的经典是何等的幸福。"又说："《黄帝四经》出土，更证明老祖思想的伟大，久已失传的佚书，今日又得出土，如老祖再降人间，这是可幸的，凡是黄帝子孙们，全都雀跃鼓舞。"由此推之，涿鹿古战场的遗存遗物，绝非前人的杜撰和后人的妄传，完全是历史的再现。

二、黄帝是人不是神

目前，还有一种观点，认为黄帝是神而不是人。在许多古籍中确实黄帝被神化了。如《太平御览》引《天文录》中有这样的记载："阴阳交感，震为雷、激为电、和为雨、怒为风、乱为雾、凝为霜、散为露……此皆轩辕为之。"《史记·天官书》"轩辕，主雷雨之神"等。从这些记载中，我们发现黄帝确已被神化。那么黄帝怎么会被神化呢？我们知道，在人类发展史上，不论是哪个民族，都有着神奇的传说，不论东方，还是西方，不论是今天的先进民族，还是落后民族，都是如此。从这种神奇的传说中，后人所窥见的是一种神人交织的历史画面。这种情形的出现，主要是当时生产力低下，人们征服自然的力量薄弱，有时完全屈服在自然力量的威慑之下，这样一来，原始社会的人们就借助想象加以形象化。这样人间的力量就以非人间的力量得以出现，但神不是实实在在的，看不见、摸不着。因此，人们在长期的实践活动中，推举出一位最有才华最有权威的人领导大家共同与自然做斗争，向自然索取。这样，每个部落都有了自己的领袖，时间一长，这位领袖人物就升华成为本部落民族的象征。领袖人物一旦具有了这种特征，就自然而然地超凡脱俗，而变成了全智全能的"神"。黄帝之所以由人变神的过程也是如此。在中华民族的形成历史上，黄帝部落先后打败了炎帝、蚩尤等，势力日益强大，这样黄帝在人们心目中的地位越来越高。最后成为华夏民族的象征。黄帝从一个人变成一个民族的象征后，人们理所当然地会附给他许多"神性"，采取各种方法对黄帝加以美化，使其具有神的神奇性和吸引力。

以上，拙笔论及黄帝既不是传说中的人，亦不是神，而是存在于中国历史上的真实的人。他是中华民族的始祖，涿鹿是他生活、战斗、繁衍生息的根据地，这应该是没有什么异议的。这种观念已经形成了一种民族文化，深深地根植于中华儿女的心目中。

三、还蚩尤于历史的公正

黄帝轩辕氏在历史上已成为中华民族一大祖先，他"都于涿鹿"留下了大量的遗存，而他的劲敌蚩尤在这块土地上留下的东西更为丰富。除"蚩尤城""蚩尤三寨""蚩尤泉"外，更引人注目的是"蚩尤坟"。史籍记载，蚩尤被诛杀后分尸九段，身首异处，所以涿鹿大地上就有三处蚩尤坟。尽管国内许多地方也有蚩尤冢，但我认为那都是他的后裔为纪念他的祖先而设的异冢。涿鹿的蚩尤坟才是他的陵寝地，因为他被诛杀于涿鹿，埋葬于涿鹿是顺理成章的，在当时的条件下，将尸体运往千里之外埋葬是不可能的。近年来海内外不少蚩尤的后代，尤其是政界、学界声望很高的领导和学者，更多的是旅居海外的苗胞纷纷来涿鹿寻根问祖，祭奠他们的先祖并有人发起要修蚩尤坟，他们承认他们的先祖葬身于涿鹿。蚩尤屯兵的地方很早以前就称蚩尤寨，当地建过一座小庙，供奉蚩尤塑像，"文化大革命"前像倒庙毁。当地还留传了许多关于蚩尤的传说。1986年我们收集整理编印成书。近两年来在蚩尤三寨上进行数次调查，发现了新石器时代先民们烧制陶器的陶窑，采集到一些石器、陶器。尤为重要的是采集到数枚石镞，证明了这里是蚩尤屯兵和征战的场所。

《帝王世纪》云："（黄帝）又征师诸侯，使力牧、神皇直讨蚩尤氏，擒于涿鹿之野，使应龙杀之于凶黎之谷。"蚩尤虽是战败者，但我认为不应以成败论英雄。蚩尤也应是我们的一大祖先。

蚩尤、炎帝、黄帝在历史上是几乎同时代的人。我国史学界一般认为炎黄蚩时代在我国原始社会末期曾经存在。范文澜、翦伯赞、郭沫若等各自主编的中国通史在原始社会一章里都有关于炎黄蚩肯定性内容。查阅历史文献对蚩尤的记述大同小异，称其"暴虐""作乱"。笔者认为，封建社会的那些典籍和那时人们的眼光和头脑对当时传说的记载或对先秦史籍的转用，其用词和表述的立场，站在黄帝后裔华夏大汉族主义的立场上是有局限性的。看不到中华大地上各个部落氏族的平等性和一体性。当时的中华大地正处于原始社会末期，并无所谓国家和民族，不仅没有汉族、苗族和其他少数民族，中华民族还未形成。当时只不过是大大小小林立各地的氏族、部落和部落联盟。它们之间为了争夺地盘经常发生冲突和战争。黄帝是黄帝部落的首领，蚩尤是九黎部落的首领，他们之间的战争是原始社会末期中原大地上社会进步的必然现象。无所谓谁是正统的，谁是非正统的，谁是谁非，谁尊谁卑，他们的地位是平等的。马克思主义民族观认为，所有民族无论大小、语言、发展程度，都是平等的。不仅现代各民族如此，对于历史部落关系，民族关系也应该以民族平等的眼光来看待和认识。这样看来，黄帝与蚩尤各自部落是平等的，人也是平等的。他们之间并无谁是正统该歌颂，谁是叛逆该贬责的问题。我国封建社会历史比较长，封建正统史观、大汉族主义左右了中国历史几千年，过去对蚩尤的定性是不公正，也是不科学的，违背了历史，违背了马克思主义的唯物史观。时至今日，对这个问题尚没有一个统一的、正确的认识，凡我诸多国人，只知有炎黄，不知有蚩尤。往往称自己为炎黄子孙，而对蚩尤这个始祖不认可，甚至还有认为是"暴虐之徒"。

苗族是我国一个较大的少数民族，其历史悠久。据《苗族简史》记载："在我国长江中下游和黄河下游一带，很古的时候就生活着很多原始人类，他们经过世世代代的生息繁衍，通过艰苦的劳动，在距今五千年前，逐渐形成了部落联盟。其中一个部落叫'九黎'，以蚩尤为其首领。"

《苗族史》（伍新福、龙伯亚著，四川民族出版社出版）在其第一章"苗族的原始时代"，直接以"苗族远祖蚩尤"作为第一个小标题。并以流传于汉族中的传说，汉文文献与苗族流传至今的《相普相娘歌》（祖先歌）传说和习俗互相印证，然后得出结论说："传说时代的蚩尤九黎部落集团，就是后来苗族的最初先民，或至少是包括了苗族的先民。"

我认为蚩尤不仅是苗族的先祖（苗族已经确认），他与黄帝、炎帝同是中华民族历史上三大人文初祖。

从民族史学的角度看，现在的苗族、瑶族、畲族、汉族等许多民族不管是血缘关系还是文化上都有九黎族的遗传。蚩尤在涿鹿大战中被黄炎联盟击败后，他的子民一部分留居当地，归属黄炎联盟，这是最早加入华夏族群的非炎黄成分，大部分南迁江淮流域，组成过"三苗"部落联盟，后来又被尧、舜、禹击败，一部分苗民又与尧、舜、禹融合，"三苗"西北部一部分发展为荆蛮，后建立了楚国，大部分分别向西，向南，向东南迁入山区，形成苗族、瑶族、畲族，甚至后来楚国的大部分人都融入华夏族群之中。他们中还有一部分融入了北方诸如北狄、匈奴、鲜卑等民族中，最后又融入华夏民族中。所以说，华夏民族，更准确地说中华民族就是以黄炎联盟为核心，先后融入了"九黎""东夷""北狄""鲜卑"等众多生活在中国大地上的少数民族群体，形成你中有我、我中有你的多元一体格局的大家庭。谁也分不清你究竟是哪位始祖的后裔。我们既然承认黄帝、炎帝是我们的祖先，有什么理由不承认蚩尤也是我们的祖先？我们应该摒弃封建正统思想遗留下来的非马克思主义对蚩尤的不公正认识和不正确态度，还蚩尤于本来面目，确立蚩尤的先祖地位。

中华民族是具有强大内聚力的民族，而这个伟大民族的形成是从黄、炎、蚩开始的。他们是中华民族最早的，明确而有代表性的，关系密切而平等的始祖体系。

综上所述，涿鹿与黄、炎、蚩三大始祖有着深深的渊源。他们会聚在这里，进行的重大政治活动在这里，征战在这里，融合在这里，中华民族形成在这里，这里是中华民族的发祥地，这里是中华五千年文明史之摇篮。

（作者系原涿鹿县旅游局副局长）

一九九五年九月二十五日

阪泉、涿鹿之战与黄帝都涿鹿

陈 平

关于黄帝与炎帝及蚩尤交战的古战场阪泉之野与涿鹿之野及黄帝都邑涿鹿的具体地理位置，在古书古注中大体有三处。一、在今河北省怀来县与北京市延庆县交界地区。二、在今北京正南面河北省的涿州市境内。三、在今河南修武县境内。

皇甫谧云阪泉"在上谷"，应劭在《汉书·地理志》上谷郡涿鹿县下注云："黄帝与蚩尤战于涿鹿之野。"张晏云："涿鹿在上谷。"《帝王世纪》云："黄帝都涿鹿，于《周官》幽州之域，在汉为上谷……上谷本名彭城，今上谷有涿鹿县及蚩尤城、阪泉地，又有黄帝祠。"《郡国志》以为："妫州涿鹿城即黄帝擒蚩尤处，黄帝泉今枯而不流，即古之阪泉也。"北魏郦道元注《水经注》认为："涿水在涿鹿山，世谓之张公泉，东北流迳涿鹿县故城南，王莽所谓褫陆也。（按：即《汉书·地理志》上谷郡涿鹿县条下，班氏原注云：'莽曰茄陆'也）黄帝与蚩尤战于涿鹿之野，留其民于涿鹿之阿，即于是处也。"《魏土地记》云："下洛城（今河北保安州）东南六十里有涿鹿城，城东一里有阪泉，泉上有黄帝祠。"《括地志》云："阪泉今名黄帝泉合，在妫州怀戎县东五十六里，又有涿鹿故城在妫州东南五十里，本黄帝所都也。"《晋太康地志》云："涿鹿城东一里有阪泉，泉上有黄帝祠。"张琦曰："涿鹿山在今宣化府保安州西南九十里。"程恩泽曰："《汉志》上谷郡有涿鹿县。"刘昭则云："是伐蚩尤之地。"《十三州志》云："涿鹿东北至上谷城六十里。"《魏土地记》又云："州（燕州）东南四十里有轩辕城，相黄帝所筑，今名古城。州西南九十里有涿鹿山，一名独鹿山，涿水出焉。"《水经注》又云："（涿水）又东北与阪泉，上有黄帝祠。"以上诸书诸家所言秦汉魏晋上谷郡的涿鹿与阪泉，即唐妫州怀戎县的阪泉与涿鹿城，应当就是编者所列阪泉与涿鹿地望的第一处，即今河北省怀来县与北京市延庆县的交界地区。此为第一说。

第二说，涿州说，盖因涿州也含涿鹿之"涿"望文生义而起。

第三说，河南修武县境内浊鹿故城说，同样也是缺乏根据的。

关于上谷涿鹿的具体地点，历代有多种说法。《魏土地记》云："下洛城东南六十里有涿鹿城，城东一里有阪泉，泉上有黄帝祠。州东南四十里有轩辕城，相传黄帝所筑，今名古城。"文中的下洛城，即《汉书·地理志》的上谷郡下洛县。故城在今河北涿鹿县城西，具体里程不详。文中之"州"，当指魏之北燕州，州址即今河北怀来县城。若轩辕城即黄帝之都涿鹿，则似应在今河北怀来县城东四十里。《括地志》云："阪泉，今名黄帝泉，在妫州怀戎县东南五十六里，本黄帝所都也。"唐之妫州原为北燕州，改妫州后宋仍沿之，州治怀戎县，即今河北怀来县。据此，则黄帝所都涿鹿故城则应在怀来县城东南五十六里处。验之地图，今怀来县城东南五十里，正在河北怀来与北京延庆县的分界线上。黄帝之都涿鹿，有可能就在这一带。今怀来县城东南五十六里，似已进入了北京延庆县西界，黄炎交战的阪泉似有可能就在这里。今延庆西界张山营乡有地名曰阪泉，或许与之正好相应。这里依山傍水，地势开阔，正是天然的古战场。而怀来盆地西南与汾河河谷、关中平原相连，东南越居庸山而与华北大平原相通，东北又与辽西走廊相接。关中平原与汾河平原是上古炎帝族活动地区，华北平原与海岱平原则是上古东夷蚩尤族活动地区（依近世诸家考证，一致认为蚩尤应为我国上古东夷的首领），蒙古与陕、晋、冀北高原与辽西走廊正是北狄黄帝族的早期活动地区。近年，在辽西走廊的牛河梁和东山嘴发现了红山文化的大型积石冢墓、祭祀遗址和女神庙遗址。其规模之大，出土物之精美，令人叹为观止。据著名考古学家苏秉琦先生推论，这里可能就是我国古史传说中黄帝族的早期文化遗址。当黄帝族自辽西走廊越过冀北山地想要进入炎帝族的汾河平原或东夷蚩尤族的华北、海岱平原时，塞北的怀来盆地自然就成了黄帝、炎帝与蚩尤三家的必争之地。因此，怀来盆地中部的古涿鹿之野与阪泉之野成为这三家大决斗的古战场，黄帝族进入中原后首先定都于今北京延庆县与河北怀来县交界的古涿鹿之邑，也就在情理之中了。因此，从这个角度上讲，说北京建城、定都已有近五千年历史，似也未尝不可；而《日下旧闻考》在《形胜》篇中说，"燕蓟为轩黄建都之地，康山带海，形势之雄伟博大，甲于天下"，也就不是什么夸饰之词了。

近年，有的学者撰文，认为炎、黄、蚩尤的交战地阪泉、涿鹿不应在战国秦汉时上谷郡的涿鹿县境（即今河北省怀来与北京延庆交界地区），而应在河南修武县境内的古浊鹿城一带（见常征先生撰《京西涿鹿、阪泉非炎、黄、蚩尤战地说》一文，刊《北京社会科学》1989年第3期）。编者认为，这一学术见解似未可视为定论，且不乏可商榷之余地。首先，这位学者否定战国秦汉上谷郡涿鹿为炎、黄、蚩尤战地阪泉、涿鹿的理由，似乎是不够充分的。这位学者对炎、黄、蚩尤三大部落联盟分布地域的划分，也似乎过于狭小了一点，而且还往往将这些部落联盟后来的迁徙、发展之地，误当成了其原始的发祥地。炎帝族，为姜姓。姜即是羌，因此炎帝族当是上古西北西羌集团的代表，其原始发祥地应在今这陕、甘、青、宁的大西北地区；鄂西北、河南、山西等地，则当是其族东渐后之所至。黄帝，姬姓，其族乃上古北狄集团的代表，其原始发祥地似当在今陕西、晋北、冀北、内蒙古及辽西地区；河南则应是其族后来南徙之所至。蚩尤族是上古东夷族的代表，其原始发祥地应在今山东海岱地区；其族后来的迁徙分布，北可至河北燕山南麓与太行山东麓的华北平原北部，东夷的颛顼、偃姓之民在这里曾有过广泛的分布，东夷蚩尤族在这一地区也应有较强大的力量。燕山南麓与太行山东麓的华北平原西北部，离京西燕山古上谷郡涿鹿很近。因此，蚩尤族恐怕未必就是一个"需师行两千里以外方可能到官厅水库地区与黄帝作战"的遥远而难至的部族。此外，三族临时的军事集结会战地，并不等于这三族全部成员的永久性居住地。这位学者在否定京西涿鹿、阪泉为炎、黄、蚩尤战地时，所发出的"如果黄帝族果然都居住在水库西南的涿鹿，即使它是一个部落集团，分布区又何如此其小，以致五里之外便是拥有九大部落八十一氏族的蚩尤之城"的质疑表明，他很有可能是把这三大部族军事力量的临时集结、会战地，与这三大部族全体成员的永久性住地这两个根本不同的概念弄混淆了。因此，他以此为由而对京西涿鹿、阪泉为炎、黄、蚩尤争战地说而做出的否定，恐怕也就不是很充分、可信的了。这位学者所以会否定京西涿鹿、阪泉为炎、黄、蚩尤战地，而肯定河南修武县古浊鹿为炎、黄、蚩尤战地，其最重要的理论基础，我以为就是他所持的"中国农业文明发祥地在黄河中下游"之说，也就是中华远古文明以黄河中下游为中心的传统说法。根据这个传统理论，炎、黄、蚩尤的战地涿鹿就不能位于远离黄河中下游这个文明中心的京西之地，而只能处于这个中心之内的今河南省修武古涿鹿城附近。当代中国大量新石器时代考古新发现表明：中国农业文明的发祥地并不仅限于传统所认为的黄河中下游地区，长江中下游、黄河中上游、长城南北和海岱地区也都存在着足以与黄河中下游相媲美、相匹敌的高度发达的上古农业文明。我国历史与考古学界根据这一基本事实归纳总结，近年便提出了以著名考古学家苏秉琦先生所首倡的中国新石器时代的"区系文化理论"。这一新理论的核心，就是在肯定黄河中下游古农业文明对华夏古文明主导地位的同时，充分认识并高度肯定长江中下游、黄河中上游、海岱地区和长城南北等其他地区所存在的高度发达的古农业文明，及其对华夏古文明形成所具有的重要地位与强大影响。根据这些考古新发现和由此而产生的上述新理论，古代著名部落集团、部落联盟的出现，未必仅限于黄河中下游地区而不可能出现于长城南北、长江中下游等其他地区；同理，炎、黄、蚩尤的战地，也就未必仅限于黄河中下游而不可能处于长城南北的京西地区。而从文献依据与山川形势分析，京西地区似更具有成为炎、黄、蚩尤交战地的条件与可能。

（作者系北京市考古研究所研究员）

一九九五年九月二十五日

从周族的起源论及黄帝氏族的发祥地

沈长云

一

《国语·晋语四》说:"昔少典娶于有蟜氏,生黄帝、炎帝。黄帝以姬水成,炎帝以姜水成。成而异德,故黄帝为姬,炎帝为姜。"

如果相信《晋语》的说法,我们确实可以得出黄帝生长发育在西部渭水流域的结论,我个人过去也持这种看法。但问题的关键是,《晋语》的这项记载明显是出于晚起的传说。即以姬姜间的婚姻关系来说,根据可靠的文献,它只建立在周人的祖先古公亶父率领族众进入岐下的周原这个时期。试观周人自己的歌颂其祖先的诗歌《大雅·绵》的载述:

绵绵瓜瓞。民之初生。自土沮漆。古公亶父。陶复陶穴,未有家室。

古公亶父,来朝走马。率西水浒,至于岐下。爰及姜女,聿来胥宇。

诗言"民之初生"时期的周人祖先公古亶父自其原居住的漆沮河流域,循着水边西行至于岐山之下,适遇见姜姓女子,因而安顿下来,建立了新的家室。是姬姓周族人与姜族的姻亲关系开始建立于文王的祖父古公亶父时期,并其居住在岐山下(盖即"姬水"所在)的时间亦不得在此之前。

如果我们相信《大雅》为周人历史的真实记录,则《晋语》的记载就只能视为周人迁居岐下之后才兴起的传说,所谓炎、黄二族共居于岐水边的记载,亦反映了古公亶父之后周姜二族的关系。

《国语·晋语》还记载有黄帝二十五子得姓的传说。据说这黄帝的二十五个嗣中,"其得姓者十四人,为十二姓:姬、酉、祁、己、滕、葳、任、荀、僖、姞、儇、衣是也。唯青阳与苍林氏同于黄帝，故皆为姬姓"。学者分析说，黄帝诸子同父却异姓的现象，实表明其时虽已进入父系时代，却仍然残留着母系社会遗制，故有的子嗣继承父姓（如青阳与苍林氏），有的子嗣却继承母姓，此亦表明作为姬姓族的黄帝娶此十二姓族之女为婚，故有子分属十二姓。查这十二支与黄帝能婚的姓族中，有姞姓一支，证明《左传》所谓后稷娶姞姓女为"元妃"之事不误。值得注意的是，这十二支族中却无姜姓。炎姜在古代社会为著名姓族，并且在周代是与姬周族世通婚姻的，而此项记载与黄帝氏族通婚的姓族中竟无姜姓，这只能表明关于黄帝二十五子得姓的传说来源于较西周（古公亶父之后）更早的时代，并在这更早的时代尚无姬姜通婚的事实。当然，也同时反衬出《晋语》关于炎、黄二帝共同生长在姬姜二水边的记载为后起的传说。

二

既然姬周族人并非始居渭水流域，那么他们是从哪里来的呢？

一种说法是周人来自晋南地区。

我现在认为周人出自夏后氏后裔的说法实出于误会。周人姬姓，夏人姒姓，二者姓氏不同，古代"异姓则异德，异德则异类"，谓周人出自夏人首先就会碰上这个无法克服的矛盾。与此相应，我们在文献中又不止一处地看到周人自别于夏人，不把他们当作自己族类的做法。其中最明显的例子是《左传》僖公三十一年的一则记载，那上面说，卫成公"梦康叔曰：'相夺予享'，公命祀相，宁武子不可。曰：'鬼神非其族类，不歆其祀，杞鄫何事？'"明言夏后、氏族与周人非同一族类。这则记载还谈到作为夏后氏的后裔只是杞、鄫二国。查阅《左传》，则更见杞在春秋时期往往遭到以周人为首的华夏族人的贱视，称之为"夷"。并且这"杞夷"的称呼早在西周时期就已挂在周人的嘴上了。近年发现的作于西周孝王时期的《史密簋》就已如此这般地称呼站在周人对立面的杞人。

有人说，夏人与周人一样，都是黄帝的后裔。这是不可信的。此说所根据的都是晚起的文献，那时黄帝已被奉为华夏九州人们的共同始祖。故而有了如《大戴礼记·帝系》（包括日后的《史记·五帝本纪》）中那样的古帝系的安排，这种系谱不能反映古代氏族部落的相互关系，是没有疑义的。在较古的文献中，黄帝仅是西方姬周族人的祖先，鲧禹部落的祖先，是近东（古河济之间）奉为宗教首领的帝颛顼。颛顼与黄帝不是出自一个系统。我们看所谓黄帝十二姓中本无东方氏族部落的姓氏，而传为颛顼后人的姒姓（夏后氏属之）、妫姓（有虞氏属之）及所谓祝融八姓，也不与西方氏族部落的姓氏相混淆，即可明了其中的道理。

实际上，我们完全可以进一步体会到，那生长在古代河济之间并由治水起家的鲧禹部落，本与西方不发生关联；他们与居住在晋南地区所谓"大夏"并不是一回事。换句话说，晋南地区的所谓"夏墟"，亦本不是夏后氏的故居，"大夏"与"夏后氏"也不是一个概念。我们过去往往把文献中这些名同而实不同的具有"夏"这个称呼的共同体都混为一谈，实在是一种遗憾。

比较可信的，看来还是一些学者主张的周人来源于分布在晋陕之间的白狄族的说法。已故徐中舒先生于此说主张最力。他认为后稷与其母亲姜嫄传说实起于周人与姜族通婚并从姜姓母家那儿学得高等农业以后。周人真正的祖先应自不窋开始，而不窋以下直至公亶父之前周人皆居于长林茂草野兽出没的黄土高原地带（即古代的豳原），从事着粗耕农业，兼以采捕游猎为生，其风俗习性皆同于戎狄徐先生的说法具有很大的启发性。周人出自戎狄，作为他的祖先的黄帝自然也出自戎狄了。在这一点上，田昌五先生的看法也是正确的。在其所著《中国古代的氏族和部落》中，他便将奉黄帝为始祖的部落归入古戎狄部落之首。他还注意到文献中包含着这样一些说法，如《山海经·大荒西经》谈道："黄帝之孙曰始均，始均生白狄"，《大荒北经》亦言："黄帝生苗龙，苗龙生融吾，融吾生弄明，弄明生白犬。白犬窗牝牡，是为犬戎。"是表明黄帝后来的戎狄（包括白狄）之间的渊源关系。需要对田先生补充说明的是，上述与黄帝有着渊源关系的仅是戎狄部落中属于姬姓族的白狄，出身于隗姓部落集团的赤狄与来自西方的姜戎氏族是不应算在其中的。这其中需要考察的是所谓犬戎。在许多人的印象中，犬戎与先前的猃狁及日后的匈奴是同一族别，这是没有根据的。过去王国维仅从犬（畎）字发音及其居于"大原"这一点即做出这一判断，是不足为凭的。仔细斟酌文献，人们即可发现，所谓犬戎实际往往就是居住在骊山下的骊戎的另一种称呼。《潜夫论·志氏姓》说："隗姓赤狄，姮（姬）姓白狄……姮（姬）即犬戎氏，其先本出自黄帝。"说与《山海经》同，并直以犬戎属于姬姓。是犬戎与骊戎相同姓氏。《史记·周本纪》言文王被商纣王囚禁于羑里，"闳夭之徒患之，乃求有莘氏美女、骊戎之文马、有熊九驷，他奇怪物，因殷嬖臣费仲而献之纣"。它书中，骊戎多作"犬戎"。如《逸周书·王会》："犬戎文马，文马赤鬣缟身，目若黄金，名吉黄之乘。"《驿史》卷十九引《六韬》云："太公与散宜生以千金镒求天下珍物以免君之罪，于是得犬戎文马……"此外，如《山海经·海内北经》《说文》等皆有此说法，是表明犬戎与骊戎乃一而二、二而一之事。《史记》记载，当姜姓的申侯与周室关系融洽时，曾与骊山氏互通婚姻，后来申侯与周室闹翻，便招来犬戎灭周幽王于骊山之下，这里亦可见所谓犬戎即居住在骊山下的骊戎。

综观上面所举作为黄帝后裔的姬姓白狄、姬姓犬戎（犬戎是否可以与白狄画上等号，尚可进一步考察）乃至早期的姬周族分布状况，我们不难发现，他们都主要居住在东至太行山，西至陕北高原，南到渭水之滨，北到晋东北与冀西北交界处的广大范围之内，这正是我们考察黄帝氏族发祥地的基本出发点。

三

关于黄帝氏族的发祥地，除了我们上面列举的陕西渭水说之外，目前尚有中原新郑说（谓黄帝出生在河南中部的新郑）、古寿丘（即今山东曲阜）说和古涿鹿（在今河北涿鹿县境）说几种说法。第一种说法，我们已分析了它的晚起的性质。中原说和寿丘说实际上比第一种说法产生更晚。比较可信的，还应是黄帝族发祥于古涿鹿一带的说法。

众所周知，"黄帝邑于涿鹿之阿"的说法最早见于司马迁的《史记·五帝本纪》。在这篇专记古帝王生平的传记中，太史公一则曰："黄帝乃征师诸侯，与蚩尤战于涿鹿之野"，再则曰："黄帝邑于涿鹿之阿。"《正义》曰："涿鹿，山名。涿鹿故城在山下，即黄帝所都之邑于山下平地。"

但是我们的前人往往习惯于华夏族自古以来即居于中土的思维模式，他们想象作为华夏族的祖先，并且以"土德"王的黄帝也一定居住在中原或其他文明发祥充分之地。他们不理解为什么黄帝要在涿鹿那片塞外苦寒之地建立自己的都邑，因而他们宁肯相信黄帝居于渭水流域。或居于中原新郑，或生于曲阜鲁地的传说，而对太史公的记载抱将信将疑的态度。现在，我们既然已经证实了黄帝后裔多属于戎狄，黄帝本身乃众狄之祖的说法。这一问题似乎已将近得到解决。因为戎狄自古以来好被人视为塞外的当地的居民。但为了使问题得到更加圆满的解答，我们愿意继续与大家一起探索当年司马迁之所以认黄帝邑于涿鹿之阿的理由。

我们认为，这其中最重要的一个理由，大约应是有关周初封黄帝之后于蓟的历史记载。按周封黄帝之后于蓟的记载始见于《礼记·乐记》，然而《史记·周本纪》却说是"封黄帝之后于祝，封帝尧之后于蓟"，似乎《乐记》的记载有问题。但司马迁在《史记·乐书》中却又说"武王克殷反商，未及下车，而封黄帝之后于蓟，封帝尧之后于祝"，是仍当以封黄帝之后于蓟的说法不误。诸书记载黄帝的后人直到周初仍居住在蓟这个地方。蓟的所在，位于今北京市的西部。其西面即今京西的西山山地。山中有古㶟水。（即今永定洲，其上游称桑干河）流出，经蓟城南流过。在山之西北面。即古涿鹿城，桑干河亦从城南流过。今天北京西北面的官厅水库，原亦是古涿鹿人生息繁衍的场所。不难想象，居住在涿鹿一带的古黄帝后裔的一支，不如何年何月顺桑干河流而下，越过西山山口，来到山东南麓的蓟城住下，因而在周初有幸成为周武王封的诸侯。

说黄帝及其后裔在这一带生活，还可以找到不少旁证。上文提到，居住在雷水和雷酋山附近的黄帝后裔戎氏的一支，便在这一带居住。据《穆天子传》，他西征的路线是从成川出发，向南，向北，先后经过漳水、钘山（今河北井陉一带），再"北循滹沱之阳"，才到达犬戎所居住的甫水地区。滹沱河源出今晋东北，东出太行后，流入今冀中石家庄地区。顺着滹沱河上游往北行走到达的雷水，应该便是发源于晋北而后又东流河北境内的桑干河，故雷水应即㶟水，雷首山即今晋北雁门关附近的累头山。有关地理考证，过去唐兰先生及顾实的《穆天子传讲疏》已分析得明明白白，无须多虑。

我们还注意到，前人盛称的黄帝"正妃"嫘祖，应当也居住于这一带。她的名字显然便因㶟水而起。实际上，这位嫘祖的真名应叫方雷氏。《国语·晋语》："黄帝之子二十五人，唯青阳与夷鼓皆为己姓，青阳，方雷氏之甥也。"《汉书·古今人表》："方雷氏，黄帝妃，生玄嚣，是为青阳。"可见为黄帝生下嫡系长子青阳的方雷氏便是黄帝的正妃嫘祖。方雷氏的得名应当很早。西周初期的铜器《师旗鼎》铭曰："唯三月丁卯，师旗众仆不从王征于方雷，使厥友弘以告于伯懋父。"可见《国语》关于方雷氏的传说并非向壁虚造。方雷氏的所在，又可与同时期的《吕壶》铭文加以比较。其铭曰："唯三月，伯懋父北征，唯还。"两器铭文内容皆涉及征伐，时间皆在三月，并皆有伯懋父（即卫康叔子康伯髦）主持其事，显然所叙述的是同一次征伐。由是可知方雷氏在伯懋父北征的方向。伯懋父为卫国封君兼王朝卿士，则处在其国北方的方雷氏自应在今河北省境内。唐兰先生考证此方雷氏即《穆天子传》"东至于房"的房，在今河北省中部的高邑县境内。此说虽未必，但大致方位是不错的。其他与冀西北的涿鹿县境已相去不远。或者方雷氏至周初已稍稍沿太行山麓南移，但仍在距其故地不远处栖息。

穆天子（即周穆王）所到过的房国，文献记载它正属于皇帝十二姓之一的祁姓。《国语·周语》说"昭王娶于房，曰房后在"。《通志·氏族略》《新唐书·宰相世系表》等皆以房为祁姓。以上线索联系起来看，则"黄帝妃"方雷氏所在的姓族亦正属于祁姓。此亦证明有关黄帝与方雷氏的故事并非虚拟。此外，《大戴礼记·帝系》提道："黄帝居轩辕之丘，娶于西陵氏之嫘祖，氏产青阳及昌意，青阳降居江水。"此书中西陵氏与嫘祖所生的青阳降居于泜水。泜水所在，亦在河北中部高邑附近，此由近来元氏县发现的周初铜器臣谏簋可证。

今河北北部乃至中部一带，是上古时期北方民族和中原民族往来交融的地区。考古文化，包括分布在这一带的上至龙山时期、下至与中原夏商时期相对应的夏家店下层文化时期的许多遗迹，皆可提供这方面的事实根据。黄帝所处的时期，一般认为应在龙山文化时期，其时冀西北的龙山文化遗址中往往含有大量的细石器遗存，说明这一地区应属半农半牧式的经济类型。这正与传说中黄帝氏族的戎狄身份相对应。其后，燕山南北地区整个纳入了夏家店下层文化的范畴，其文化类型仍旧继承了前一时期的半农半牧性质。从各地出土的陶器制作水平看，甚至农业在社会经济中的比重还有所下降。不少遗址都发现了北方系统的青铜器和相关器物，如铜镞、铜刀、铜耳环和铜指环之类，它们都应是游牧民族文化遗存。值得注意的是，这类文化遗存到河北中部保定地区，而与此地的先商文化交错并存。这种现象，是否与黄帝氏族后裔的南移具有某种相应的联系呢？

过去说黄帝发源于渭水流域的学者，多主张黄帝氏族的后裔自渭水东移，过晋陕间的黄河，入晋，再经由太行山各处山口东出至华北大平原，一直到今燕山山脉的南麓。而今经我们的考证，黄帝氏族的迁徙路线倒是与此正相反，它由冀西北这块发祥地南移，或向南，沿太行山麓，入今河北省中南部的地区。或由桑干河上游向西南方向，越过管涔山，而达于秦晋高原，再由秦晋间的黄河及北洛水、泾水诸水系而最达于渭水流域。想必人们还记得司马迁《史记》记载黄帝的坟墓在陕西境内的桥山之上，此桥山，今人皆认为在今陕北的黄陵县，实则在汉阳周县境、即今子长县境内，比黄陵县更北偏东数百里。过去人们不明白生长在渭水流域的黄帝为何要将自己的坟墓留在陕北的荒原上，而今看来，这陕北高原正是黄帝氏族由北而南迁徙的一个中转地。当年黄帝氏族曾经长期居住在这一地区，因而留下自己的遗址。如此理解问题，岂不是有关黄帝的传说都顺利地清理了吗？

（作者系原河北师范大学历史文化学院教授）

一九九五年九月二十五日

《水经注·漯水注》有关今涿鹿境内河流及黄帝遗迹考

孙继民

一、温泉水

《水经注·漯水注》述协阳关水之后说：

（漯水）又东迳雍洛城南。《魏土地记》曰：下洛城西南二十里有雍洛城。桑干河在城南，东流者也。漯水又东迳下洛县故城南。（王莽之下忠也，魏燕州广宁郡广宁县不治。《魏土地记》曰：去平城五十里，城南二百步有尧庙。）漯水又东迳高邑亭北，又东迳三台北。漯水又东，迳无乡城北。（《地理风俗记》曰：燕语呼毛为无，今改宜乡也。）漯水又东，温泉水注之。水上承温泉于桥山下。《魏土地记》曰：下洛城东南四十里有桥山，山下有温泉，泉上有祭堂，雕檐华宇，被于浦上，石池吐泉，汤汤其下，炎凉代序，是水灼焉无改，能治百疾，是使赴者若流。池水北流入漯水。

按照《水经注》所述，在协阳关水注入桑干河口处和温泉水之间，自西而东有雍洛城、下洛县故城、高邑亭、三台、无乡城。杨桂森在道光本《保安州志》卷七的《保安考辨》一文中认为雍洛城即今长疃，下洛城即清保安州城（今涿鹿县城）。但这里有一个问题无法解决，今岔道河注入桑干河的河口在今涿鹿县城之南，而长疃村（今地图或作长町村）位于河口以西约10公里处。根据河口以西是山前高地的地形特点，古协阳关水不大可能在河口以西注入漯水。就目前所见的地形而言，不存在古协阳关水注入漯水之河口至下洛城（今涿鹿县城）20里之间这样一个距离的地形，亦即不存在的雍洛城位于二者之间的地理条件。所以我们怀疑《水经注》的这段记叙有错漏。"（漯水）又东迳雍洛城南。《魏土地记》曰：下洛城西南二十里有雍洛城，桑干河在城南，东流者也"一段文字应在古协阳关水的一段文字之前。又，"下洛城西南二十里有雍洛城"一句，"西南"的"南"字可能是衍文，王先谦在校语称《朱笺》曰当作"而南"，笔者以为《朱笺》为是，说明雍洛城应在下洛城之西。杨桂森之所以认定今长疃即雍洛城所在，依据可能就是它的方位和里距。无论如何，雍洛城应在河口的上游而非下游。

至于高邑亭、三台、无乡城，于今地名皆无考，但方位在今涿鹿县城以东至温泉屯以西之间并无疑问。道光本《保安州志》卷四《古迹》称为轩辕城，"在州东南，今河南沙滩之上，垅阜累累，宛如城郭"。《水经注》称桑干河流经无乡城北，是则无乡城位于桑干河之南，位于桑干河南沙滩之上的轩辕城是否即无乡城呢？

关于温泉水和桥山。涿鹿及周围的温泉和桥山之名不止一处。道光本《保安州志》卷二《山川》记载温泉两处：其一，"在州南四十里，今涸"；其二，"在州东南四十里，今涸"。此外，在记载老君山时也提到了温泉，称："老君山，在沙城堡正南六里，桑干、洋河经其下，上有老君祠，乡人于此山凿洞，移像祀焉，名老君洞，山之西有温泉，病者浴之辄愈，泉南不数武复有冷泉，澄清可爱，饮之沁人心骨，谚名冷暖泉。"老君山及冷暖泉今属怀来，其余两处温泉一在今涿鹿城东偏南30多里处的温泉屯，一在今涿鹿城南约40里处，均已干涸。根据前述引文，温泉水一带应在《水经注》所称下洛城东南40里处的温泉。

《保安州志·山川》记载桥山也有两处："其一称桥山，《通志》在怀戎县，《宣镇志》在州南一百二十里，山上有黄帝祠。按《魏书》神䴥二年幸涿鹿，登桥山，观温泉，以太牢祀黄帝，泰常七年九月幸桥山，盖在大小矾山一带，今温泉已涸，祠宇无考，姑仍旧志存之。"其二称天桥山："天桥山，疑即桥山。"这两处桥山，其中的天桥山亦即《通志》和《宣镇志》所谓位于州南120里的桥山，今天桥山一名仍存，据《涿鹿县地名资料汇编》所录《涿鹿县标准地名图》和《涿鹿县标准地名录》，天桥山位于涿鹿县南部谢家堡乡和于树底乡、河东乡交界地带，海拔1644.1米。但这个天桥山显然不是《水经注》所说的桥山，因为一则这里没有温泉，再则即使有温泉，也不会流向桑干河，天桥山位于涿鹿县南山南麓，属于拒马河流域。因此与温泉相联系的桥山只能根据前文已知的温泉方位而确定，亦即《保安州志》作者所认为的"桥山盖在大小矾山一带"。

今温泉屯西南有白灵山，位于温泉屯和小矾山之间，海拔1053米。从《河北省地图集·涿鹿县怀来县图》看，白灵山北麓有一条季节河经里虎沟、外虎沟、孟家窑等村北流，又经温泉屯之西注入桑干河，因此这条河流应该就是《水经注》所说北入桑干河的温泉水。"水上承温泉于桥山下"，溯水而至白灵山，则白灵山自然便是《水经注》所说的桥山，亦即《保安州志》编纂者杨桂森推断位于大、小矾山一带的桥山。涿鹿县地方志、地名办公室编印的《涿鹿风土人物志》一书收有《黄帝葬涿鹿桥山》和《桥山》二文，都径指白灵山为桥山。据二文，桥山山顶上有一座天然形成的拱形"石桥"，桥山附近一道山梁上还有一个巨大的四方石桌，传说用于祭祀黄帝时摆放供品；石桌石侧有一峭壁，壁面平整，上面布满似象形文字一样的图案，桥山左侧一块平面石上刻有"□□桥"的象形字，右侧有可容数十人的石洞，当地人称为"大正房"，桥山峡谷口有一对石虎（现已埋入坝底），桥山上还有黄帝庙遗址。这一切都说明，今人所称的白灵山就是北魏时期的桥山。

二、涿水

《水经注》称漯水"又东过涿鹿县北"，《注》文云：

> 涿水出涿鹿山，世谓之张公泉，东北流迳涿鹿县故城南。（王莽所谓茹陆也。黄帝与蚩尤战于涿鹿之野，留其在于涿鹿之阿，即于是也。）其水又东北与阪泉合。水导源县之东泉。（《魏土地记》曰：下洛城东南六十里有涿鹿城，城东一里有阪泉，泉上有黄帝祠。《晋太康地理记》曰：阪泉亦地名也。）泉水东北流，与蚩尤泉合，水出蚩尤城。（城无东面。《魏土地记》称涿鹿城东南六里有蚩尤城。）泉水渊而不流。霖雨并则流注阪泉，乱流东北入涿水。涿水又东迳平原郡南。（魏徙平原之民置此，故立侨郡以统流杂。）涿水又东北迳祚亭北，而东北入漯水。亦云涿水枝分入匈奴者谓之涿鹿耶水。地理浅显，难以究眼，非所知也。

关于涿鹿城的方位。今涿鹿县城东南50里处有矾山镇，镇西约6里处有古城村，村北有座古城遗址，现城址遗迹依稀可辨，残存城墙最高处约2丈，厚2丈。杨桂森《矾山考古记》认为这就是古涿鹿城，王北辰先生《黄帝史迹考——涿鹿城、釜山、桥山考》和《黄帝史迹涿鹿、阪泉、釜山考》都确认并补证了这一点。关于阪泉和蚩尤泉，杨文和王文都认为龙王堂村（距矾山镇约3里）西北5里的黑龙池为阪泉，龙王堂村内之泉为蚩尤泉。这些考证与《水经注》的记载基本相符，笔者并无异议。但关于涿水的起源，笔者却有不同意见。王北辰先生认为涿水发源于古城村南上七旗村的七旗泉（上七旗村距古村约四五里），认为这就是张公泉，是涿水的源头。根据现在的地形和河流走向，七旗泉与黑龙池飞龙王堂泉汇流而成的河流的北沙河的一条支流。北沙河发源于东灵山北麓（北距矾山镇约50里），辗转北流，经矾山镇东南，折而东北注入桑干河。如果认定北沙河就是古涿水，那么作为源泉的张公泉就应该是在东灵山的北麓，而不应该是支流之一的七旗泉。《水经注》在记述河流时，一般是遵循先主干后分支和河源唯远的原则，怎么会以支流之源作为干流呢？

以七旗泉、黑龙池、龙王堂泉汇成的支流作为古涿水主源并非始自王北辰先生，杨桂森《矾山考古记》即持此说，《畿辅通志》卷七十八《水道四·永定河》记矾山水（即古涿水、今北沙河）起源时，虽兼及东、西灵山，却是先述黑龙池，后述东、西灵山。造成这种情况的原因可能有两个，一是对《水经注》所说涿水"东北流迳逐鹿故城南"理解有误，可能是认为涿水既东北流迳故城南，而故城方位已明（即古城村北之古城遗址），靠近古城遗址南侧的河流便是涿水，于是便有了七旗泉、黑龙池是源头的说法。事实上这多半恐是误解。远的不说，仅以《水经注》对今涿鹿境内河流记述的措辞为例便可明了，例如前引《水经注》称"㶟水又东迳潘城县北"，王先生已有考证，潘县故城在今保岱，保岱北距桑干河的直线距离在12里以上。再如《水经注》称㶟水"北过涿鹿县北"，而涿鹿故城距桑干河的直线距离至少有30里。可见"迳"或"过"某城某方向，不一定就是紧接该地。所以涿水"迳涿鹿故城南"不一定理解为就是紧靠古城的河流，涿水的源头应该根据河流的主源来确定。北沙河主源位于东灵山北麓，北距涿鹿故城30里，河流走向先是西南—东北向，然后北流，微转西北，又折而东北流入桑干河，无论是走阔或方位，基本符合"东北流迳涿鹿县故城"的记述。

第二个原因可能是由涿鹿山的方位引起的。《畿辅通志》卷六十五《山川》保安州涿鹿山条引《括地志》称涿鹿山"在妫州东南五十里"。《太平寰宇记》卷七十一河北道妫条称："涿鹿山，山下有涿城，亦涿水出焉。"若据此理解，涿鹿山应指位于今涿鹿故城之南的那片冈峦，并可进一步推定冈峦北坡之下的旗泉为涿水之源。事实上《畿辅通志》所引有误。据《史记正义》，《括地志》只说："阪泉，今名黄帝泉，在妫州怀戎县东五十六里，出五里至涿鹿东北，与涿水合。又有涿鹿故城，在妫州东南五十里，本黄帝所都也。"疑《畿辅通志》所谓"涿鹿山在妫州东南五十里"乃"涿鹿故城在妫州东南五十里"之讹。又《太平寰宇记》只说涿鹿城在涿鹿山之下，并未明言涿鹿山的方位，因此以上两条都不能作为认定涿鹿山是紧接涿鹿故城之南那片冈峦以及七旗泉是涿水之源的依据。真正的涿鹿山应指东、西灵山一带。《史记集解》引东汉人服虔语称："涿鹿，山名，在涿郡"，引曹魏时人张晏语称："涿鹿在上谷。"这两种意见似乎尖锐对立，《史记索隐》作者根据《汉书·地理志》上谷郡有涿鹿县，断定服虔之说不能成立。但笔者不以为然。服虔和张晏都是学者，他们所说应各有所据。两汉曹魏时期，涿郡和上谷郡都是邻郡，互相接壤至少数百里。一说涿鹿山在上谷，一说在涿郡，这恰好说明涿鹿就在两郡交界处，涿鹿山是两郡的界山。东、西灵山是干河和拒马河的分水岭，山北属于桑干河流域，山南属于拒马河流域，从这一点来说，东、西灵山也具备作为界山的自然条件。并且从后人记载的资料推测，东、西灵山也可以称作涿鹿山，《畿辅通志》卷七十八《水道·永定河》矾山水条称：

> 矾山水，出怀来县西南七十里之矾山（注略），其源名黑龙池，在矾山堡西七里，流至堡西北，有龙王塘水（在矾山堡西南三里，即蚩尤泉也），水头寺津（在矾山堡西南四里），七旗里泉（在矾山堡西南七里），皆曲折北流，以次来会。又有大小矾山之水，自西南来会，（大矾山即东灵山。在矾山堡东南五十里。小矾山即西灵山，矾山堡西南六十里。若保安州治东南三十里亦有小矾山，则境界俱别矣。以山白色如矾，故名其水，皆迤北流五六十里，与黑龙池合。）乃曲折东流经古城堡同，下水縻南，至头堡子南，转而东北流，经二堡子，薛家营，杏树洼，至黑家窑西北，又转而西北流迳桑堡，黄家营，又东北流经李官营，至好家营南，张官营北，又折而北入浑河，自黑龙池至此，行三十里。

据此今涿鹿内有4座矾山，所谓"怀来县西南七十里之矾山"，应即今涿鹿故城之南的冈峦，即传统所说的涿鹿山，大矾山即东灵山，小矾山有两个，一是西灵山，一是位于今涿鹿且对面和矾山镇之间的小矾山，矾山之名出现较晚，唐末始置矾山县，但东、西灵山既可与传统所说的涿鹿山同名矾山，亦应可以同名涿鹿山。顾祖禹《读史方舆纪要》称涿鹿山在保安州西南90里（此保安州治今新保安），这个涿鹿山指的就是东灵山。总之，东、西灵山应是古涿鹿山，北沙河应是在涿水，涿水之源张公泉应是东灵山北麓的某泉。

（作者系河北省社会科学院研究员）

一九九五年九月二十五日

黄帝留民于燕赵之域考

魏建震

一、青阳降居亨氏水考

黄帝时期，子多从母居，青阳为方雷氏所生，也当从方雷氏而居。居于今河北高邑一带的古房国起源于方雷氏，此正与青阳氏的活动区域相合。

青阳氏之族姓，《国语·晋语四》："唯青阳与夷鼓皆为己姓……唯青阳与苍林氏同于黄帝，故皆为姬姓。"青阳氏为己姓还是姬姓，学界意见不一。据文献考察，己、姬二姓关系密切（详后），此二姓之间或有一定内在联系，青阳为己姓、姬姓之说当均有所据。

二、帝尧及其后裔在燕赵地区的活动

《史记·五帝本纪》载："帝喾高辛者，黄帝之曾孙也。高辛父曰蟜极。蟜极父曰玄嚣，玄嚣父曰黄帝。……帝喾娶陈锋氏女，生放勋……是为帝尧。"帝尧之族姓，《帝王世纪》云："帝尧陶唐氏，祁姓也。"祁姓正是黄帝后代之族姓。

尧部落的活动地处，应在河北中南部一带。《水经·浊漳水》："衡水又北迳钜鹿县故城东。"注：应劭曰："鹿者，林之大者也。"《尚书》曰："尧将禅舜，纳之大麓之野，烈风雷雨不迷。"《太平寰宇记》卷五十九钜鹿县："本唐尧大麓之地。"大麓之野在今邢台市西北巨鹿县一带。《太平寰宇记·尧山县》："柏人故城在县西十二里。"皇甫谧《帝王世纪》云："尧所都也。"柏乡故城在县东北二十二里，与赵郡古柏乡县东、西、中分为界，《城冢记》云尧时所置。尧台，《隋图纪》云："大陆县有尧台……今置楼其上，世谓尧禅让于舜处。"《顺德府志·唐山县》："唐帝尧受封采地。""尧山，在城西北八里，尧始封于此，因以名山，有元魏武定三年残碑所载惟斯嶝岐，陶唐所封八字。"李吉甫认为，尧的活动地在今河北定州一带，《元和郡县志·唐县》载："本春秋时鲜虞邑，汉唐县之地，即古唐侯国，尧初封于此，今定州北有古唐城，是尧所封也。""望都县，本汉旧县，属中山国。以尧山在北，尧母庆都山在南，登尧山望都山，故以望都为名。"尧为黄帝子青阳（玄嚣）的后裔，青阳降居泜水，尧在河北中南部一带。活动的记载也应可信。

古地名的起源往往与族名、图腾名有关。《战国策·燕策》："今燕又攻阳城及狸"，此狸在今任丘一带，正是丹朱族活动可及地区，此狸之得名也当与丹朱族有关。

夏代初期，尧的后裔仍在今河北中部一带活动。《通志·氏族略三》："刘氏，祁姓。帝尧陶唐氏之后，受封于刘，其地今定州唐县也，裔孙刘氏以能扰龙事夏后孔甲，为御龙氏。"《左传·襄公二十九年》："陶唐氏既衰，其后有刘累，学扰龙于豢龙氏，以事孔甲，能饮食之。夏后嘉之，赐氏曰御龙，以更豕韦之后。龙一雌死，潜醢以食夏后。夏后飨之，既而使求之。惧而迁于鲁县，范氏其后也。"范氏封地在今河北、河南、山东交界处的范县。春秋时期，范氏在今河北南部、河南北部一带活动。

《山海经·海内经》："黄帝娶雷祖，生昌意，昌意降处若水，生韩流。韩流擢首谨耳，人面、豕喙、鳞身、渠股、豚止。"豕喙、鳞身、豚止的韩流，正是豕龙之形。《山海经》中豕图腾的分布大体在河南北部和河北中南部，文献记载中黄帝曾在这一带活动，豕、熊形体相近，豕图腾熊图腾合而转化为豕龙图腾。以熊、龙、豕为图腾的范氏，正是黄帝在燕赵之留民。

三、犬戎白狄与姬姓留民考

《山海经·大荒西经》载："黄帝生苗龙，苗龙生融吾，融吾生弄明，弄明生白犬……是为犬戎。"《山海经·海内北经》载："犬封国曰犬戎国，状如犬。"据此，犬戎当为黄帝后裔，以犬为图腾。犬戎族的分布，《海内北经》载："有人曰太行伯，把戈。其东有犬封国。"太行伯当为活动于太行山地区的部落首领，犬戎在太行伯东，正与古黄帝族的燕赵的活动的地域相合。

有关白狄之姓氏，《潜夫论》认为是姬姓，《续汉志》认为是子姓，韦昭注《国语》认为是姬姓，也有人认为是己姓，群书所言各不同。姬当是姬之字误。蒙文通先生认为，白狄的众多族姓是因音近而译互殊。姚政先生认为，在甲骨文中，子、巳、己乃是一字，子姓即是巳姓，巳、己同形讹变颇有道理。古姬姓、巳姓、子姓，关系密切。前引《国语·晋语四》，既说青阳与夷鼓皆为己（即巳、子，从姚政先生说）姓，同时又说唯青阳与苍林氏同于黄帝，故皆为姬姓。《左传·僖公二十八年》："晋献公娶二女于戎，大戎狐姬生重耳，小戎子生夷吾。"大戎小戎均为白狄。从大戎狐姬的族姓结构看，狐姬为大戎族氏，据此，"小戎子"之小戎当为子姓。族名以大小相别，徐中舒先生认为："古史中称一些民族原住地多称为'少'，少即小，是指该族早期人口稀少，势力弱小时期。'大'，乃该族后来迁徙新地人口众多，势力强大时的称号。如小月氏、大月氏的情况，少梁、大梁、小夏、大夏的情况，都是属于这类名称。"《国语·晋语》所记青阳族姓既为姬姓，又为己姓，前人既未认识一族二姓之现象，也不知姬、己（子，巳）二姓关系密切，解说纷纭，使古史变得更加迷乱。

春秋时期，白狄在燕赵建立鲜虞（又中山，今河北正定、灵寿一带）、肥（今河北藁城市西南）、鼓（今河北省晋州市）等小国。在唐县南伏城出土的西周晚期的风纹贯耳壶、三足匜、绳纹鬲、蝉纹匜等青铜器均是鲜虞早期遗物。徐旭生认为"鲜虞族一定不是周时的建国"。骊戎同鲜虞当全属黄帝部族分支。鲜虞族所建中山国始于何时，文献缺乏记载，张政烺先生据考古资料及《史记》记载，提出鲜虞族为殷之故地余民的观点，得到学术界的认同。徐说、张说不误，则此鲜虞或即有易之后裔。

活动在燕赵北部的代戎，也当是黄帝后裔留民。代戎又称北戎，《后汉书·西羌传》："赵亦灭代戎，即北戎也。"代戎之族姓，《太平寰宇记》认为是姜姓之国，不知何据。蒙文通先生认为"大戎即代戎"。可备一说。代为子姓，代之先以犬为图腾，此正与白狄之族姓、图腾相合。代戎之活动地望，《元和郡县志》载："赵襄子杀代王有其地，其后武灵王置云中、雁门、代郡。"代戎之活动地望，也与古黄帝族活动地望相近。

春秋以前的代戎历史，上古史籍缺乏记载，光绪年间所修《蔚州志》引《两镇三关志》："代，汤所封，同姓，子爵。"在今蔚县庄窠发现二里头二期文化遗物，在苏官堡发现商代早期遗物，在三关、庄窠、前堡等地，发现多座夏家店下层文化墓葬，墓葬形制以三关为例，皆为小型长方形竖穴墓，个别有生土二层台，主要葬式有仰身直肢和下肢完整胸部零散的两种，后一种葬式显然和商文化不同，是一种特殊葬俗，还有一定数量的二次葬。从蔚县考古发现看，代戎为汤时遗民之说恐怕并非无据。

（作者系河北省社科院研究员）

一九九五年九月二十五日

论战争的起源

房立中

中国古代典籍中也保存了大量关于原始战争的传说。《管子·君臣》："古者未有群臣上下之别，未有夫妇妃匹之合。兽处群居，以力相征。"《孙膑兵法·见成王》："昔者，神戎战斧遂。"《战国策·秦策》："昔者，神农伐补遂。"《吕氏春秋·用民》："夙沙氏，自攻其君而归神农。"《史记·五帝本纪》："诸侯相侵伐，暴虐百姓，而神农氏弗能征。"《商君书·画策》："神农刑政不用而治，甲兵不起而王。"《史记·五帝本纪》："炎帝欲以侵陵诸侯"，"诸侯咸归轩辕"，"与炎帝战于阪泉之野，三战然后得其志"。《吕氏春秋·荡兵》："人曰蚩尤之时因削林木以战矣，黄帝之时，以玉为兵。"《周易·系辞》："弦木为弧，剡木为矢，弧矢之利，以威天下。"特别是对涿鹿大战的传说尤为详细。战争的双方是黄帝所率的黄帝族与蚩尤所率的九黎族。战争的起因是争夺生存地和首领地位。传说蚩尤善造兵器，而黄帝善用兵法。结果以蚩尤失败而告终。这个传说可见于许多著述之中。《山海经·大荒北经》载："蚩尤作兵伐黄帝，黄帝乃令应龙攻之冀州之野。应龙畜水，蚩尤请风伯、雨师。从（纵）大风雨。黄帝乃下天女曰魃，雨止，遂杀蚩尤。"《龙鱼河图》："蚩尤兄弟八十一人，并兽身人语，铜头铁额，食沙石子：造立兵杖，刀戟大弩威震天下。"《述异记》："蚩尤耳鬓如剑戟……头有角能触人。"《庄子·盗跖》："黄帝不能致德，与蚩尤战于涿鹿之野，流血百里。"《商君书·画策》："黄帝内行刀据。外用甲兵。"《逸周书·尝麦解》："蚩尤乃逐帝，战于涿鹿之阿，九隅无遗。"《通典》："蚩尤氏帅魑魅与黄帝战于涿鹿，帝命吹角作龙吟以御之。"《史记·五帝本纪》黄帝"教熊罴貔虎，以与炎帝战于阪泉之野。"《太平御览》引《志林》："黄帝与蚩尤战于涿鹿之野，蚩尤作为大雾弥三日，军人皆惑，黄帝乃令风后法斗机作指南车以别四方，遂擒蚩尤。"《黄帝内经》："黄帝与蚩尤战，玄女制夔牛鼓。"《太平御览》引《黄帝元女战法》："黄帝与蚩尤九战九不胜，黄帝归于太山，三日导夜雾冥。有一妇人，人首鸟形，黄帝稽首拜伏不敢起，妇人曰：'吾兀女也，子欲何为夕？黄帝曰：'小子欲万战万胜。'遂得战法焉。"《孙子兵法》中也提到了黄帝时代的战争。其《行军篇》讲到"处山之军""处斥泽之军""处平陆之军"时写道："凡此四军之利，黄帝，之所以胜四帝也。"在中国古代传说中也有一个专门的战神——这就是蚩尤：上面所引，都是关于原始社会的战争传说。这些说法难免有失真之处。但是它们的基本内容是可信的，它在一定程度上反映了原始社会战争的概貌。尽管这些传说加进了一些艺术和宗教色彩。但是，一般来说，神话乃是自然现象，对自然的斗争，以及社会生活在广大的艺术概括中的反映。正如恩格斯在1846年10月18日致马克思的信中所说的："一个部落或民族生活于其中的特定自然条件和自然产物，都被搬进了它的宗教里。"神话传说尽管有被扭曲的一面，但是我们必须看到它终归是人类曾经历过的现实生活的反映。我们只要把其中的艺术色彩过滤掉，把它从宗教的殿堂搬回到客观世界中来，它就可以为我们认识传说时代的社会生活，当然也为认识当时的战争现象提供丰富的材料。

（作者系原国防大学教授）
一九九五年九月二十五日

蚩尤坟考

任昌华　赵育大　毕晓娟

据《史记·五帝本纪》所载："蚩尤作乱，不用帝命，于是黄帝乃征师诸侯，与蚩尤战于涿鹿之野，遂擒杀蚩尤。"

现今在涿鹿大战古战场上有三座蚩尤坟。一座位于怀来县李官营乡八卦村附近，有一大一小两个坟冢，被称为东蚩尤坟。另一座位于涿鹿县的保岱镇窑子头村，即釜山脚下，被称为西蚩尤坟。再一座位于黄帝城东南约15公里处的塔寺村，村后的高地上有一坟冢，周围环绕着四棵千年古树，此坟被称为南蚩尤坟。

为什么一个蚩尤却有三座坟？又究竟哪一座才是蚩尤的真身墓呢？这个问题多年来一直困扰着我们。从1996年至今我们为之做了大量工作。先后查阅了《史记》《括地志》《归藏》《保安州志》等史书，到遗址遗迹处进行了实地考证，并走访了当地的许多百姓，与我县一些研究三祖文化的人士探讨。经过几年努力，我们终于形成了几点粗浅的认识，这个问题也终于有了一个较为完整的答案，现提供给各位专家、学者研讨论证，请给予批评指教。

一、东、西蚩尤坟考

1996年11月至1997年3月，我们三考东蚩尤坟。首先走访了八卦村的一些长者和文化人士。村民李锦（男，约60岁）介绍说："按我们这里的人传说，涿鹿大战时蚩尤部落的兵马死伤很多，满地都是死人和血，蚩尤多处受伤后也死去了。蚩尤死后，他手下的人抢着把蚩尤的尸体放在了马背上，从我们村南的山沟里向南逃走了，据说走了十几里路后，在一座山脚下，本来伤势严重的马也累死了，后人便把这座山叫作'立马关'，这座山很可能就在涿鹿的好妨口（塔寺）一带。很快，黄帝的兵马就追杀了过来，这时蚩尤的兵马已经不多了，应龙要蚩尤的尸体，蚩尤手下的一个大将便指着另一个已经断头的尸体说，那就是蚩尤。这样，应龙便报告黄帝，蚩尤已死，身首分离。黄帝敬重蚩尤的勇猛和刚直，便下令把蚩尤的尸体掩埋掉，于是黄帝部落的人便把这具尸体当作蚩尤分双冢葬在了八卦阵内，以后这里逐渐形成一个小村落，便叫作八卦村，村边的两个坟冢被大家叫作蚩尤坟。"我们访问的其他老人所讲的情况，大致与李锦所说的相同。这个传说是这里世代留传下来的，还是有一定的可信度的。同时，我们又在东蚩尤坟附近发现了一些龙山时期的陶片和石器，这些均可以证明，东蚩尤坟确实是建造于五千年左右的黄帝时期的，而且一大一小两个坟冢也与民间所传的蚩尤是分尸而葬相一致，由此可见，东蚩尤坟与世代传说是相一致的，但并非蚩尤真身墓。

关于西蚩尤坟，我们一方面与县内一些长期研究三祖文化的人士共同研讨，如县志办公室的李怀全、文化局的贾连亮、张家口市文联的曲辰等；另一方面走访了西蚩尤坟所在地的保岱村、窑子头村的长者和文化人士。村民唐某介绍说："西蚩尤坟是在东蚩尤坟建成后建造的。传说涿鹿大战后，黄帝和各部落首领在釜山合符，黄帝认为蚩尤虽死，但他毕竟曾经是东夷集团的首领，合符不能没有蚩尤，于是便下令在釜山下给蚩尤建一个坟，把蚩尤的兵器和一头牛（蚩尤部落的图腾为牛）埋在了釜山脚下，以示纪念。传说黄帝还亲自用黄巾包土为蚩尤添土造坟。据说，釜山合符后，从山上下来的各部落首领都在蚩尤坟前跪拜、祭祀。"对当地百姓的这个世代传说，我县的多数文化人士都持相同看法，认为西蚩尤坟实际上是一座丰碑，是对蚩尤历史功绩的肯定，也是中华大统一的象征。

通过考究，我们认为东、西蚩尤坟可能都不是蚩尤的真身墓，但这两个蚩尤坟都是客观存在的，而且它们的存在也是符合客观事实和历史条件的，并且也都有其存在的重要意义，也仍然是我们祭祀始祖蚩尤的纪念地。

二、南蚩尤坟考

既然东蚩尤坟和西蚩尤坟都不一定是蚩尤的真身墓，那么蚩尤的真身又葬于何处呢？经过考证，笔者认为位于塔寺村的南蚩尤坟应当是蚩尤真正的埋葬地。

（一）南蚩尤坟可能是蚩尤的真身墓

1996年5月我们第一次到塔寺村进行实地考证。塔寺村是一个只有100多户人家的小村庄，位于灵山河的河谷中。在村后面的高地上我们看到了一个巨大的坟冢，我们认为可能就是传说中的南蚩尤坟，在坟的北面有两棵上千年的大云杉树，直径一米有余，十分挺拔。树周围遗留有围墙的石头根基，看上去像是辽金时期的建筑。在树旁还有一座古塔，保存得较为完好。在村里我们采访了一些长者，他们说："咱们村的老辈人儿都这么说，老古时候村南头那两棵大树旁边埋了一个人，说是老祖爷，叫白龙，每年的清明节和农历七月十五，附近百里以内的人们都要来这儿上坟添土。说那时候北面的两棵大树旁是白龙祠，村南头的大树下有坟门，坟上有坟楼，云杉树旁的古塔就是给看守白龙坟的人建的。"

考察结束了，有几个谜团我们却无法解开，村里长者们所说的白龙是指谁呢？又为何要为白龙建祠立庙？这些古树、古塔、坟冢和蚩尤又是什么关系呢？带着这些问题，我们于1996年8月又一次来到了塔寺村。这次古塔的原看守人周德伟给我们提供了一个特别重大的情况，周德伟说："任书记，我问你，蚩尤到底是好人还是坏人，我要找到蚩尤，你们能保证他安全吗？"我们当即说："老周，蚩尤不仅是好人，还是中华民族的祖先之一，没有人敢破坏的。"老周喘着气指着面前的坟冢坚定地说："任书记，这就是蚩尤真坟，我们祖爷就是看坟的，他死的时候才对我说，这里埋的人叫蚩尤而不叫白龙，这个人了不得，通天知地，是祖师爷，我们村年年风调雨顺、五谷丰登，都是因为他在保佑着，但官吏们总是反他，千万不要把真名说出去，如果被知道了，坟遭到了破坏，我们村就要遭殃的。"说着他指着坟北面一个地方说："过去那儿一直立着一块石碑，这个碑无字，只刻着一条龙，龙就代表着蚩尤。1966年，'文化大革命'开始后，红卫兵到处破四旧，我怕红卫兵把碑弄坏，半夜里叫了几名老头，偷偷把石碑埋在了我家猪圈地下。只要你们能保证安全，我就把它献出来。"现在蚩尤坟前的这块碑就是周德伟保存了30年之后献出并安放原处的。

我们又通过八卦村李锦提供的线索，首先找到了"立马关"，"立马关"位于柳树庄村西，此山高千米有余，山的北面是灵山河下游，直达蚩尤寨、八卦阵。山的南面是灵山及灵山河的源头，整个灵山河谷也叫凶黎之谷，其东面是塔寺沟。从"立马关"向北是涿鹿大战的主战场，那里已经是黄、炎二帝的势力范围，向南是东灵山，海拔2306米，山势陡峭，无路可走，所以当年蚩尤手下的兵士只能是向东走进入塔寺沟。这说明，当时马死后，蚩尤是被人们抬进塔寺沟的，那么，到底蚩尤的真身在塔寺沟的什么地方呢？塔寺村有一个传说基本上是人人皆知。人们说，古时候有一个人在矾山打了败仗死了，之后他的尸体被手下的人抢出来抬到这里，怕追兵追住，就先把这个人的尸体放在了祭山（指蚩尤坟南面的一座山）半山的一个石洞里，手下的人就在山上守着，等到兵荒马乱过去后，又把这个人的尸体从山洞里抬出来，埋在了北面的山坡上，据说他叫白龙，从此以后，这座山就叫作了白龙岭。手下的人也在白龙岭附近居住下来，捕捉猎物，开垦荒地，种植谷物，繁衍生息，逐渐形成了一个小村落，村里的人也世世代代一直守护着白龙的坟，并在坟旁修建了祠庙，栽种了古树，建了古塔，这个村子就是现在的塔寺村。

我们通过对蚂蚱口、柳树庄、塔寺村、孙庄子等村的几十名长者和文化人士的走访，并对矾山及塔寺之间15平方公里的地域进行了遗址遗迹的考证，使我们看到了一条很清晰的线索，即涿鹿大战中的蚩尤战死后，是手下人用马驮出阵地，经过翻山越岭，到达立马关，最后葬在了塔寺村的白龙岭。所以，可以认定当地人传说的白龙就是指蚩尤，为纪念白龙所修建的祠庙也应称为蚩尤祠，而白龙坟就是蚩尤坟，即蚩尤真身的埋葬地。

（二）对塔寺村周围无字碑、古树、蚩尤祠、古塔等文物的考究和蚩尤坟千古隐秘原因的分析

塔寺村现存有一组重要而宝贵的历史文物，如碑、树、祠、塔等。这些历史文物都是因蚩尤坟而产生，也是因为蚩尤这个人而隐匿的。

我们对这些历史文物的产生做了调研。

无字碑： 无字碑很久以前就立在蚩尤坟前，据村里的文化人士讲，无字碑就是为蚩尤立的。那么，为什么要立一块无字碑呢？大家知道，涿鹿大战中蚩尤战败，黄、炎二帝得胜，并从此建立了以黄、炎为主的统治格局，而后慢慢演变成了以汉族为统治阶段的封建社会，而在中国漫长的封建社会中，"官家"人有一门哲学，叫作对敌人不但要打倒，而且要搞臭，并使之永世不得翻身，因此蚩尤一直没有得到执政者的承认。但民间却一直把蚩尤作为战神，小规模的祭祀活动一直没有间断过。《苏氏演义》据古代传记说："冀州人把蚩尤称为神（涿鹿古称冀州），民间人常作戏；齐魏之间，太原村落中祭蚩尤神；汉武帝时，太原人还为蚩尤立祠。"而《史记》也记载汉高祖刘邦当年在沛县起兵时，就曾祭祀蚩尤（原文见《史记·高祖本纪第八》）。涿鹿一带作为蚩尤当年生活、争战过的地方，祭祀蚩尤的习俗一直很盛，但在当时的政治环境和历史背景下，人们还不敢公开的给蚩尤坟树碑立传，于是便有了大家现在看到的无字碑，但由于年代久远，缺乏依据，无字碑立于何时已不可考。

蚩尤祠和古树：蚩尤祠是后人为了纪念蚩尤所建的，但它建于何年，又有何历史背景呢？据史书《保安州志》记载，在五代十国时期，后晋皇帝石敬瑭为做儿皇帝，把包括涿鹿在内的幽冀十六州于辽统和十三年七月献给了契丹国，契丹主耶律德光信奉蚩尤，在北方地区大兴祭祀蚩尤的活动，并下诏书要求各地"修山泽祠宇，先哲庙院，以时祀之"（见于《辽·圣宗纪》）。就是在这个大背景下，涿鹿一带的百姓为蚩尤建了祠，以祭祀蚩尤，并在祠堂周围栽植了树木，但时过不久，战乱又起，天下各地兵荒马乱，蚩尤祠得不到足够的保护维修，很快便被毁去了，只留下了残缺的墙基和少量树木，也就是现在大家看到的祠堂遗址和古云杉树。辽金距现在已有千年之久，这些古物存至今日，实为历史见证，难能可贵。

古塔：此塔建于金正隆三年，至今有七百余年。塔寺村也是因为村中建有古塔和蚩尤祠庙而得名的。那么为什么偏偏要把塔建在蚩尤坟旁呢？塔和坟之间又是什么关系呢？据民间传说，战乱中蚩尤祠被毁，祠中看守蚩尤坟的人也为躲避战乱而离开，其中有一个看坟人跑到涿鹿城西的清凉寺出家当了和尚，后来战乱平息，社会稳定下来后，这个人便重新回到了塔寺村，继续看守蚩尤坟，并且又找回了当时一起看坟的一些人，使守坟这一习俗得以延续下来。这个人死后，后人为了纪念他，便为他建了一座五级八角的大法师塔，名为炬禅师灵塔，并在塔身上刻下了"金圣川造塔，匠人何子祯，正隆三年七月十五日"的字样。经考证，金是代表朝代的即金朝，圣是代表地域的即奉圣州（金朝时涿鹿属奉圣州），而川是代表矾山川，即矾山川一带的人出力建造的。现在塔寺村里还有专人在看守着古塔。

通过对无字碑、蚩尤祠遗址、古树、古塔的考证可知，它们几者之间有着必然的联系，都是后人为纪念蚩尤而建的，由于种种历史原因，它们和蚩尤坟一起都被隐匿了千年之久，但正是由于这几个文物遗址的存在，使我们有了确凿的证据，得以认定南蚩尤坟即为蚩尤的真身墓。随着蚩尤真身墓的认定和始祖文化的普及，我们相信，这些历经了风雨沧桑的千年古迹，将会得到更好的修缮和保护。

三、总述

由于黄、炎、蚩时代是我国的原始社会末期，那时还没有文字，一切人类活动全靠世代传言和文物佐证，而真正有文字记载，已是上千年以后的事了。因此我国历史上的大部分典籍，只是简略地记述了蚩尤在涿鹿战死，而并没有记述蚩尤的历史功绩和他对文明初创的贡献。几千年来人们按照汉族的史书为正统教材，以及"胜者王侯败者寇"的观点一直把蚩尤作为"暴虐""作乱"的反面形象，使蚩尤遭受了不公正的评价，同时也使蚩尤的坟冢孤零零地历经了五千年的岁月沧桑。1995年9月，"全国首届涿鹿炎帝、黄帝、蚩尤三祖文化学术研讨会"的召开，还历史以公正，给蚩尤以正名，把蚩尤作为和黄帝、炎帝同等高度的祖先来敬仰，如今我们又对蚩尤的真身墓做了考证，这不仅使蚩尤的在天之灵得以安息，也使蚩尤的后人得以欣慰。蚩尤坟也必将成为海内外中华儿女，尤其是少数民族同胞们敬仰先祖，朝拜寻根的圣地。

探讨历史，目的是以史为鉴，愿我们大家把握现在的机遇，加强民族团结，共同创造中华民族大家庭幸福、美好的未来。

（任昌华系原涿鹿县委副书记）
（赵育大系原涿鹿县旅游局副局长）
（毕晓娟系原涿鹿县旅游局办公室主任）

"涿鹿"之由来

高志升

据《史记》载:"蚩尤作乱,不用帝命,于是黄帝乃征师诸侯,与蚩尤战于涿鹿之野,遂擒杀蚩尤"因涿鹿之战促成了中国古代部落间的融合和统一,对中华民族由野蛮向文明时代的转变产生了重大影响,所以"涿鹿"之地古今中外名声远播。

涿鹿名称的由来是什么呢?目前主要有两种说法。

一是因山得名之说。这种说法主要是口头流传的,认为五千多年以前气候比现在温暖潮湿,而涿鹿之地有座山,此山遍生竹子,同时有梅花鹿在这里繁衍生息,所以称为"竹鹿山"。"涿"是由"竹"演变而来,涿鹿山一带便称为涿鹿。

二是因水得名之说。这种说法见于著述,认为涿鹿属黄土地带,水土容易流失。其地有一泉,泉水流着黄土,形成"浊水",而浊水流过之山脚,就称为"浊麓",因"浊"和"涿""麓"和"鹿"可以通用,"浊麓"便是"涿鹿",而"浊水"便是"涿水"。

笔者认为这两种说法都值得商榷。

一、"竹"和"涿"既不同音也不同义,且无任何演变通用之根据。况且,涿鹿之地属典型的干旱黄土丘陵山区,很难找到喜暖潮湿的竹子生长过的痕迹。

二、认为水土流失形成的"浊水"便是"涿水","浊水"流过之麓便是"涿鹿",那么,广大的黄土到处都有"涿水"和"涿鹿"?

另外,文学上"浊"和"涿""麓"和"鹿"可以通用,但是,"浊麓"和"涿鹿"未必可以通用。

其实,考证涿鹿之由来和含义,还要从字词的本义上入手。

"涿"字有两个含义。其一,《说文》中讲:"涿,流下滴也。"俗称一滴为一涿。取此意而得名的有涿水郡(今涿州)。其二,敲击。涿鹿之

"涿"便取此意。

涿鹿山南连深山区，至今仍是狍鹿兔栖息的地方。远古时期，这些动物是人们的肉食仓库和衣着之源。在涿鹿一带猎获狍鹿兔之类远比到深山区猎获虎豹等山猛动物要收获多而风险小，因此，这里就成为狩猎者们的地方。尤其是这里的梅花鹿，其皮肉均是游牧民族所钟爱的东西。

但是，鹿性善惊，闻声逃逸，其奔跑速度也是人所不及。所以，远古的狩猎人要捕到鹿子，只得派一部分人携带弓箭埋伏起来，而另一部分人在远处相对的地方涿（敲击），器具发出响声，使鹿子受惊向猎人们埋伏的地方奔跑……人们能经常在这一带涿器具捕获到鹿，所以，时间长了这地方便有了"涿鹿"之名。而在涿鹿山及其南部深山区，至今人们狩猎时，仍要在远处先将猎物惊逐起来，俗称"赶坡"。

对于远古的人们来说，皮肉俱佳的鹿实在难得，因此，鹿死谁手谁就成了英雄。

后来，也就是五千年以前在涿鹿一带发生了著名的黄蚩之战，其战斗场面和捕获鹿子有异曲同工之处。黄帝擒获蚩尤，成了当时的大英雄，因此，被诸侯尊为天子，这以后，"涿鹿"就有了其引申之意——诸侯争霸方。这也是后世人将"鹿"喻作天下的由来。《六韬》中载：太公谓文王曰，"取天下若逐野鹿，得鹿，天下共分其肉"。证明了上述论述。

但是，涿鹿成了将定地名以后，争夺天下的事情，每日每时都在进行，人与人之间对"鹿"的追求不再用"涿"的办法，而是用"逐"（追逐、竞争）的办法，所以，后来才有了"群雄逐鹿""逐鹿中原"之名词。

（作者系原涿鹿县城建局局长）
一九九五年九月二十五日

三都文化论坛汇编

二〇〇三年

奥运圣火与涿鹿·中华合符文化高层论坛致辞

高金浩

尊敬的各位领导、各位专家、各位来宾、女士们、先生们、朋友们：

张家口市赴京学习考察推进合作活动代表团，带着全市人民的重托，带着寻求支持与合作的强烈愿望，来到北京。昨天下午，北京市主要领导刘淇书记、王岐山市长亲切接见了代表团，我们感到无比的荣幸，无比的高兴。今天，我们在这里举办"奥运圣火与涿鹿中华合符文化高层论坛"，荣幸地同北京奥组委、北京市委的各位领导，河北省委、省政府的领导，各位专家以及首都新闻界、企业界、旅游界的朋友们欢聚一堂，纵论中华合符文化，共商涿鹿筑坛点火圣举。在此，我谨代表中共张家口市委、张家口市人民政府及全市450万人民，向国家发展和改革委员会、文化部、体育总局、旅游局、文物局，向北京市委、市政府、北京奥组委，向河北省委、省政府，向港澳驻京办事处向与会的各位领导、各位专家、各位来宾、各位朋友以及对这次高层论坛活动给予大力协助和支持的各界人士，致以崇高的敬意和衷心的感谢！

2003年2月18日，北京市政府在京举办了由江泽民题词、贾庆林作序、刘淇主编的《北京奥运经济研究》一书首发式，书中提出拟在"涿鹿构建中华合符坛，作为2008年北京奥运会在中国土地上唯一取火点"的构想，河北省委、省政府的主要领导相继做出重要批示，要求省、市、县集全智、举全力修建中华合符坛，争取奥运圣火在涿鹿点燃传递。张家口市委、市政府对此高度重视，列为重要日程，做了大量前期工作。四千七百多年前，中华炎、黄、蚩三大人文始祖共同生活，争战合符建都，实现了中华民族第一次大融合，开创了中华民族的新纪元，对于黄帝、炎帝的阪泉之战，黄帝与蚩尤的涿鹿之战，《史记·五帝本纪》中早有记载。"千古文明开涿鹿"，这在1995年全国首届炎、黄、蚩三祖文化学术研讨会上已经形成共识，在涿鹿构筑中华合符坛并点燃奥运圣火是民族精神与奥运精神的完美结合，对促进中华民族的团结、统一、弘扬民族精神具有深远的历史意义。涿鹿县在久远的历史延革中，积淀了深厚的文化底蕴，现有三祖时期古遗址遗迹23处。近年来，随着古遗址遗迹、生态、人文景观的不断开发，涿鹿已成为理想的祭祖、度假、休闲、避暑胜地，在海内外华人中的知名度和影响日益扩大。涿鹿三祖圣地地处长城脚下，与北京相距一百多公里，黄帝城景区已被正式标注在北京最新的旅游交通图上，并纳入了环京旅游的大环线。同时，随着交通、通信等基础设施的改善，和以合符坛为核心辐射周边的全方位开发，我们有信心、有决心、高标准地承办奥运圣火点燃传递项目，确保顺利成功。举办这次高层论坛对弘扬中华合符文化，传承民族优秀传统，加快修建中华合符坛和争取奥运圣火在涿鹿点燃具有极大的推动作用。

　　张家口与北京唇齿相依，山水相连，京张两地人缘、地缘源远流长。这次论坛的顺利举办，特别是通过我们大家促成在涿鹿筑坛点火，也更加进一步推进京张合作，加深京张的感情及友谊，预祝"奥运圣火与涿鹿·中华合符文化高层论坛"取得圆满成功。

　　祝各位领导、各位专家、各位来宾身体健康、万事如意！
　　谢谢大家！

（作者系原张家口市人民政府市长）

全国人大常委、北京市政协副主席
朱相远同志的讲话

各位来宾,今天我非常高兴参加这样一个论坛。我作为一个北京市民对张家口颇有感情,大家都知道我们北京现在最紧缺的淡水资源,限制了我们城市的发展。北京有"两盆水",一个是密云水库,一个是官厅水库,官厅水库的水源就是我们张家口,现在水的质量还不行,我们希望尽快达到国家标准。

我去过两次涿鹿,深深感到张家口一带不仅是北京的水源,而且也是北京甚至全国文化的根源。刚刚专家都介绍了涿鹿考古的发现,所以我觉得这一点对我们是非常重要的。有时候我还和张家口的同志们讲,你们怎么对涿鹿这样一个文化渊源好像缺少认识,我就想如果涿鹿不是在你们这儿,而是在珠江三角洲上或者在长江三角洲上,它现在将会成为什么样子?当然,这次要说的是奥运圣火在合符坛点燃,我们把这个文化渊源发展下去。大家都知道现在全球经济一体化,所以我们主张文化的多元化,其实文化的多元化也是有主次之分,实际上最大的文化主流就是两大派,东方文化、西方文化。东方文化的主流就是我们中国。这两个文化各有特点,最重要的特点就是西方文化是上帝崇拜论,东方文化是祖先崇拜论,这两个差别就很大。上帝崇拜论即所有的人都是上帝创造的,因此是平等的,所以他们在平等这上面比我们要先进得多。对人的尊重,人权的平等,父亲和儿子是平等的,大家都是上帝创造的。东方文化不一样,是祖先崇拜论,我是怎么出来的,我是我父亲、我的祖父一代一代寻根上去的,其缺点就是家庭等级观念,也就是不平等观念的延伸。但东方文化有一个好处就是大家都在寻根、寻祖,增强民族的凝聚力。所以说我们中华文化在世界四大文化文脉中,其他三大文化都断了的情况下,就中国文化一直延续到现在达五千年,有的时候还说更长就是这个原因。所以说祖先崇拜论增加了中华民族的凝聚力。我们现在全世界十三亿华人，我们这么多的外商投资，分析一下，外资大部分都是华人，俄罗斯人也很多，俄国人在外边在别的国家为什么投资呢，他是上帝崇拜论，在哪儿都一样，都是平等的，我们是祖先崇拜论，都要想尽一切办法落叶归根，这种文化传统当然有它的负面效应，但它对增加国家的凝聚力，民族的凝聚力，对振兴中华民族伟大复兴起了很大作用，所以我觉得我考察涿鹿以后深深感到我们文化的渊源。

据传说，黄帝的纪元是公元前2697年，所以在辛亥的时候，孙中山革命成功了以后，他反对满，所以他就想国家的纪元从什么时候开始，就从这个时候开始，那就定为黄帝纪元，大概4608年，他把农历改为阳历，后来没有通过，还是用了中华民国的元年来计算。后来到了1949年，我们开政治协商会议的时候，毛主席提出来和世界接轨，还是采取全世界统一的纪元号。那么现在到明年2004年我觉得涿鹿县抓住了这个机会，2004年就按这个传说来讲，黄帝的纪元正好是4700年整，通过计算时公元前、公元后当中没有零年，当时的数学不发达，没有零年的话，两个相加，加了以后他减掉一个1，这好多人计算孔子诞辰多少周年都计算错，就是忘了当中没有零年，应该减掉个1，减掉以后正好2004年就是黄帝纪元的4700年整，如果这个时候合符坛搞开工典礼、奠基典礼，再加扩大宣传，我想这会产生更大影响。

奥运会即将召开，我们全国都在全力准备，全世界都在瞩目，十三亿华人共同的一种心愿，但是也不是都这样想，也有一小撮分裂祖国的人，他们想利用这样的机会，就是在台湾一心搞台独的人，他们就策划了一个阴谋，而且和我们的奥运会密切相关，他们正在要抛出一个新的宪法，这个宪法和"中华民国"一道主要为台湾独立铺垫些基础，他们用公民投票的方法来通过这个宪法，定的时间是2006年10月11日世界人权日那天，那么实施这步宪法规定的是2008年5月20日或是几日，那就是说2004年换届，换完了到2008年又换届，在下一届新上任的领导人将执行这个宪法，那么在执行这个宪法的时候，我们的奥运会即将要开幕了，他们利用这样一个机会，因为我们宣布，如果要台湾独立那我们就毫不客气，该出手时就出手。全世界都知道奥运会期间停止战争，停止一切杀戮，大家都要全力开好奥运会，他就在搞这样一个阴谋。所以我想我们要像刚才张先生讲的在台湾很好地宣传，我们全世界的华人都是三祖的后代，他们那些搞台独的人本氏的家谱都在福建，我去过泉州看过他们，全世界华人都为这个兴高采烈时，你制造这样一个阴谋。所以我们宣传三祖，纪念涿鹿的合符坛也不仅仅是促进了奥运会的盛况，也是促进了我们民族的团结，也是击败少数分子分裂祖国的阴谋。我们应该支持这样的活动，让这个活动如期地搞好，然后加大宣传，使台湾的同胞更多地了解我们都是三祖的后代，把这些台独分子的阴谋击败。我们应该从更广阔的意义上来对待奥运圣火在合符坛点燃。当然我们还是很热心的，很支持这个工作，希望我们在座的各位，大家都积极支持，希望我们能如愿以偿，谢谢大家。

（根据录音整理）

北京奥组委副主席蒋效愚同志的讲话

各位领导、各位来宾、各位专家：

大家下午好！

首先，我代表北京奥组委对"奥运圣火与涿鹿·中华合符文化高级论坛"的举办表示热烈的祝贺。

我们已经看到河北省、张家口市和涿鹿县三级政府正在为构筑涿鹿中华合符坛，并且争取使之成为奥运圣火的传递点积极开展各方面的工作，这一举动反映了河北省人民对北京2008年奥运会筹备工作的高度关注和巨大热情以及强大的支持，对此我们表示赞许和衷心的感谢！

奥运圣火的传递是奥林匹克文化活动中的一项重要内容，对于传播奥林匹克的理想、普及奥林匹克精神以及展示奥运会的主办国家和主办城市的自然景观、历史文化以及现代的建设成就都具有十分重要的意义。这项活动当中有许多引人注意的一些看点。比如，火炬接力路线的确定，火炬手接力人员的选择，火炬造型的设计以及点火台的方案，等等。北京奥组委将按照人文奥运的理念精心的设计和组织开展奥运圣火的传递活动，使之成为面向全世界的一个窗口和一个舞台，来充分展示中华民族的悠久历史和灿烂文化，充分表达我们中国人民、中华民族维护世界和平增进同各国人民的友谊，推动国际合作的良好愿望和坚定决心。北京奥组委成立已经一年零十一个月多了，在党中央国务院亲切关心和正确领导下，在全国人民的大力支持下，奥运的筹办工作整体上一直保持着扎实高效的推进态势，目前已经如期地完成了第一阶段的前期准备工作，正在由起步阶段向全面建设阶段扎实的推进，在奥运场馆的建设方面通过国际的招投标确定了奥林匹克主中心区和五棵松文化体育中心的总体规划方案，确定了国家体育场、国家游泳中心等场馆设计方案，确定了国家体育场八个场馆的项目法人。今年年底之前，包括国家主体育场也就是"鸟巢"，国家游泳中心也就是"水立方"，以及北京设计馆、北京老山自行车馆在内的四个场馆都要开工建设。明年还要有一系列的场馆工程开工建设,预计到2006年底我们的新建场馆都将如期建成,2007年以及2008年作为设备安装和调试,以及举行测试比赛来检验有关的运转方案以及场馆的功能。在市场开发方面,今年7月初北京奥组委和国际奥委会已经签署了市场开发的计划协议,9月1日在北京正式起动了奥运会的市场开发工作。目前正在和国内外的知名企业进行北京奥组委也就是第二十五届奥运会的赞助事务的联系和谈判,首批已经在四个领域开始公开征集合作伙伴,前天我们一些媒体已经做了一些报道,就是在银行、汽车、固定通信和移动通信的服务运营上方面确定首批合作伙伴,预计明年年初将确定第一家我们的合作伙伴。在新闻宣传方面,今年的7月13号开通了北京奥组委的官方网站中集网站;8月3号我们正式通过了2008年奥运会的新的会徽,8月底与国际奥委会电视传播公司签署了成立北京奥林匹克电视转播服务有限公司的框架协议;9月底还举办了首届北京2008奥林匹克文化节;另外今年的奥运歌曲的征集工作也已经初步结束,经过初评、复评和专家的综评,现在选择出一些推荐的歌曲正在进行后期的修改和精心的制作,预计年底以前将向社会公布并推广。此外,竞赛组织和服务保障以及我们北京以外赛场的筹办工作也都全面展开了,奥运筹办工作得到可喜进展,已经得到国际奥委会以及它的协调委员会和国际体育单项组织高度的评价并且获得了世界的普遍好评。还向大家介绍一下我们目前北京奥组委正在抓紧成立一些新的部门,包括安保部门、医疗部门,年底前我们还要专门成立一个文化活动部,这个部将承担奥运会的开幕式、闭幕式、火炬传递以及有关颁奖仪式,奥林匹克文化节青年营等所有有关奥运会的大型活动或仪式的设计策划。今后我们火炬传递将由奥组委的文化活动部来具体包办组织。按照北京奥运会的总体工作的计划,明年底以前要完成北京奥运火炬接力的战略计划,2005年底以前完成整个火炬接力的运行纲要,2006年6月要向国际奥委会、执委会来提交火炬接力的有关的路线方案,经过国际奥委会的审定批准以后在2006年底来宣布北京的奥运火炬的传递路线和整体的计划,要有这么一个过程,也就是说还有两年的时间最后才公布。现在要做一些前期的准备,包括备选方案和备选点以及整体的设计和火炬传递的专项的市场开发、资金的筹备等,我们将根据这个进度来开展传递方案的设计工作,确定传递地点的选择标准,并且根据公开征集传递地建议方案的情况考察和最终确定传递地点以及传递的路线,对于张家口和涿鹿在涿鹿修建中华合符坛，并且争取作为2008年奥运会的圣火传递地的思路和工作，我们将继续给予高度的关注。今天这个研讨会我们河北省的领导、张家口市的领导以及涿鹿县的领导已经充分表达了河北省人民的强烈的愿望，我们与会的专家也做了精彩的推荐和论证，这些我们将带回去认真的研究，作为北京奥运火炬传递路线设计时的重要依据。

我们希望张家口市和涿鹿县在开展这项工作的过程当中继续把展示中华民族的悠久历史、灿烂文化和传播推广奥林匹克的影响，普及奥林匹克精神和知识结合起来，把支持和参与北京奥运同推动本地经济社会文化体育事业的发展结合起来，能够进一步推动全民健身运动的开展。为成功举办历史上一届出色的奥运会，为光大奥运会对中国以及中华民族的积极影响，为我们丰富奥林匹克的遗产来做出贡献，最后预祝我们的论坛圆满成功，祝涿鹿好运。谢谢大家！

（根据录音整理）

中共北京市委副书记龙新民同志的讲话

各位嘉宾，女士们、先生们：

在我们满载喜悦送走金秋踏上初冬的美好时刻，张家口市委、市政府在这里隆重举办奥运圣火与涿鹿中华合符文化高层论坛，我很高兴被邀请参加这个活动。我认为这个论坛搞得很有意义，很有必要，而且在大家的关注和努力下，搞得很好，水平很高。因此，我首先在这里对奥运圣火与涿鹿中华合符文化高层论坛的成功举办表示热烈祝贺！

张家口毗邻北京，是首都的北大门，京张两市历来关系密切，友谊深厚。过去张家口为北京市的安全做警卫，现在又为北京市的建设和发展、市民生活的美满幸福而提供帮助，特别是在净化空气、优化水质、美化环境、提供市民日常生活用品等方面做出了积极的贡献。可以说北京市和张家口市是：山连山、水连水、辅车相依；两地人民心连心、情牵情、亲如手足。如果没有张家口，北京市的建设和发展就会受到影响；如果没有张家口人民辛劳智慧的奉献，北京人民的生活质量在一定程度上就会难以得到保障。因此，借此机会我代表北京市委、市政府及全市人民对张家口市委、市政府及张家口人民表示感谢！

刚才，听了涿鹿县对修建中华合符坛的介绍，听了各位专家的演讲发言，又听了北京奥组委及国家机关一些领导同志的讲话，感受很深。"千古文明开涿鹿"。五千年前，我们中华民族的三大人文始祖炎帝、黄帝、蚩尤在涿鹿这块热土上征战融合、建都立业、繁衍生息，从而奠定了中华民族的根基，开启了中华文明的历程，勤劳勇敢、自强不息的中华儿女开始走上了团结、统一、发展、向上的文明之路。

通过这次高层论坛我们了解了涿鹿五千年文明史，知道了黄帝合符在涿鹿，建都在涿鹿，中华文明的起源在涿鹿；也了解了张家口市在涿鹿修建中华合符坛的历史意义和现实意义。更值得一提的是，这些独特的人文资源与北京2008年奥运会的"绿色奥运、人文奥运、科技奥运"的主题紧密相连。所以，张家口市在涿鹿修建中华合符坛，争取奥运圣火在涿鹿传递的行动，是表达了张家口人民对北京奥运的积极参与和热情支持，而且是对五千年中华文明的进一步传播和颂扬。现在，张家口市就这一项目已申报立项，成立了领导小组，设立了专门机构，投入了大量资金，我们感到非常赞赏，我个人认为，北京奥运圣火传递没有理由不考虑涿鹿渊源深厚的文化底蕴和独一无二的文化资源，我将尽力为了这件事情提供方便和帮助。

谢谢大家！

河北省委常委、宣传部部长张群生同志的讲话

尊敬的国家机关有关部门的各位领导，尊敬的北京市委、市政府及市直有关部门的领导，尊敬的北京奥组委的各位领导，尊敬的各位专家、学者，港澳驻京办事处的官员和台湾同胞，尊敬的首都企业界及国家和北京市新闻媒体的各位领导和记者，同志们，朋友们：

由张家口市委、市政府主办的"奥运圣火与涿鹿·中华合符文化高层论坛"在北京举行，受到了各级各方面领导和首都各界朋友的广泛关注和支持，许多领导和专家以及港澳驻京办事处的官员、台湾的朋友在百忙之中专门出席今天的论坛，这不仅是对涿鹿人民、张家口市人民，也是对河北省的关心和支持。在此，我受省委书记白克明、省长季允石的委托，向国家机关有关部门的领导，北京市委、市政府及市直有关部门的领导，北京奥组委的领导，各位专家、学者，港澳驻京办事处的官员，台湾同胞，首都企业界、国家和北京市新闻媒体的各位领导与记者，向所有光临论坛的朋友表示衷心的感谢和崇高的敬意！

2001年7月13日，北京申奥成功。消息传来，举国庆贺，全民欢呼，海内外中华儿女为之兴奋自豪，中华百年奥运梦变成了现实。2003年2月18日，北京又传出喜讯，即"在涿鹿黄帝城构建中华合符坛作为2008年北京奥运在中国土地的取火点"。消息传来，涿鹿县、张家口市干部群众深受鼓舞，他们把完成这一光荣而神圣的任务作为支持北京举办奥运会的头等大事，决心集全市、全县之智，举全市、全县之力决心在2005年前把中华合符坛修建好。从那时起，他们就组成了以书记、市长，书记、县长为总指挥和政委的工作班子和专门机构，紧锣密鼓地开展了修建中华合符坛工作。省委、省政府白克明书记、季允石省长等7位主要领导于7月做出了重要批示，要求全省有关部门要全力支持涿鹿修建中华合符坛，争取奥运圣火取火点的工作。之后，省长季允石及我本人又专门就此事到涿鹿县进行调研，检查指导。修建中华合符坛争取奥运圣火取火点不仅已经变

成涿鹿县、张家口市各级干部和广大人民群众的统一认识和自觉行动，而且修建中华合符坛项目的建设已经展开，他们的工作是得力的、出色的，省委、省政府是满意的。

这次论坛是推动这一工作的又一重要举措，目的就是在涿鹿中华合符坛项目实施的同时，加大对这一项目的宣传力度，听取专家学者，特别是北京市委、市政府，北京奥组委的领导和专家的高见，得到社会更高层次、更广泛人士的关心和支持，确保涿鹿修建中华合符坛作为2008年北京奥运圣火取火点这一光荣任务的圆满完成。刚才，各位专家、学者的发言，特别是北京市委龙书记、奥组委蒋主席、市政协朱主席的讲话和指示，都对张家口市、涿鹿县的工作给予了充分肯定和鼓励，对涿鹿县修建中华合符坛给予高度重视和积极支持。对在中华合符坛取火传递寄予很大的希望和鼓励，我感到非常高兴和感动。在这里，我再次代表河北省委、省政府对国家机关有关部门的领导，对北京市委、市政府、市政协、北京奥组委的领导及北京市各部门的领导，对各位专家学者，对港澳驻京办事处官员及台湾同胞，对首都企业界、新闻媒体及海内外的朋友表示深深的敬意和感谢！

河北省作为环京津的省份，我们将对北京举办奥运会尽全力给予支持，我们将借这次论坛的东风进一步加大对修建中华合符坛的领导和帮助，加大在涿鹿中华合符坛取火的宣传和造势，加大对张家口市涿鹿县修建中华合符坛项目的支持力度，一定举全省之力，高标准、高站位地在2005年前把中华合符坛建起来，为北京成功举办奥运会、为传承中华合符文化、为弘扬中华民族优秀传统、为振兴民族精神、复兴中华伟业做出我们积极的努力和贡献！河北省委、省政府再次恳请国家机关有关部门，北京市委、市政府、北京奥组委的领导和各方面和专家学者，企业界的人士及新闻媒体的各位朋友对涿鹿修建中华合符坛作为2008年奥运圣火取火点项目给予一如既往的关心、支持和鼓励，河北省人民将永志不忘。

最后，祝论坛举办成功！祝各位领导、各位嘉宾、各位朋友工作顺利，万事如意！

2008年北京奥运旅游重大项目及庆典策划专家李庚先生的发言

谢谢各位,谢谢涿鹿、张家口、河北省的父老乡亲们给我这样的荣誉。

合符坛——这是一个将会影响世界的概念,"合符"这个概念在中国的大地上深藏五千年,在两千年以前,太史公司马迁就已经在《史记》的开篇《五帝本纪》中确凿地提出"合符釜山邑于涿鹿之阿"。它的宗旨就是战争结束以后大家采取大团结、大统一、大会盟的方式,在釜山举行了一个盛大的相当于我们当今新中国成立的这样一种盛典,或者叫我们中华第一盛典。而后又在涿鹿山下就是合符坛的对面创建了中华第一座古城,以城邑的方式宣告中华一个政权的诞生。当然他们还是以部落大联盟的方式进行的。那么两千年之后,中国的又一个伟人毛泽东在国难当头的时候为了激发中华儿女的激情又提出了"懿唯我祖,命世之英。涿鹿奋战,区宇以宁"。毛泽东是在1937年"七七卢沟桥事变"以后提出来的,那么从司马迁到毛泽东这段历史,这段不容置疑的历史,清楚地写在我们民族的最危难的时刻。如今他们提炼来的这个政治意义经河北人民,特别是涿鹿几任领导班子带领涿鹿人民经过十年的艰苦奋斗一件一件地办成了。第一件事我们先从两战开始。确认中华民族最大、最初实现走向统一的战争是涿鹿之战。大家看博物馆开馆的第一张战图就是涿鹿之战,一张羊皮上做的。第二件事是涿鹿人民在各方面专家的帮助下,提出应当变炎黄两祖说为中华三祖说。把华夏民族中原已认定的炎帝黄帝扩展到当年虽败犹荣、虽死犹生的南方部落首领蚩尤。蚩尤至今仍然是南方及长江以南少数民族共认的始祖,他们称蚩尤为阿尤、阿尤公,在美国明尼苏达州有40万苗人,他们都认为蚩尤是他们的祖宗。那么我们在省市县各级领导的支持下,特别是在新加坡作家协会名誉主席周颖南先生捐资100万元建立了大家看到的中华三祖堂。我们第一次把中国历史上认为的罪人恶人、不能容忍的华夏民族的另外一个"敌人"请到一个殿堂里来，这样一来就把中华民族尤其是以中原的、华夏的为核心的，以胜者王侯败者寇这样一种偏见通过涿鹿人民纠正了过来。以我们当代共产党人的气魄、气度、胸怀，还历史于根本，这样就实现了中华民族大团圆，各族人民无论大小的平等。这个意义，这个团结比多少口号都有用。所以中宣部鉴于此正式发表通知，就是在正式场合不要称华夏子孙，可以称中华儿女。第三件事就是我们经过近三年的努力，又从战说、祖宗说推进到合符说。这是被我们大家长期忽略了的中华民族的第一大事件，它比战争比人物更重要。采取合釜的方式举行了一个盛大的仪式，那么我们认为这种合釜就是统一、就是团结，就是中华民族的第一次诞生的第一事件。涿鹿理所应当地在中华民族的历史上是中华第一祖庭，所以炎、黄、蚩是中华第一祖宗，涿鹿的矾山镇是中华第一祖地，轩辕庆典是中华民族五千年元年的第一祖纪年。这样我们就避免了一个笑话，就好比中华世纪坛，中华世纪坛说中华坛可以，说世纪坛也可以，但是它不是中华世纪，那只是耶稣历，我们的中华世纪是五千年历法，是有着一套独特的传承，所以我们这样认定有着巨大的、广阔的意义，对奥运来说它是人文奥运的标志。我们认为人文奥运要高举一面旗帜，就是它应该是最新挖掘的体现中华民族最高利益和最大影响的旗帜，那么选择谁，有很多方面可以选，但是综合来看，统一来看，在国际上正面的形象，从团结海内外各族人民来看，合符是最重要的形象，我们如今从子孙的角度在给它认定光大而已。所以，我们认为在涿鹿修建中华合符坛并作为 2008 年奥运圣火点燃传递点将对奥运，对我们中华民族是有双重意义的。所以，我很荣幸地在《北京奥运经济研究》一书当中向北京市委，向北京奥组委提出了这样一个建议。我建议大家有时间一定要去看，涿鹿还有两项奇观，竟然在北京附近就能看到黄土高原，因为它是黄土高原的北角，另外在平地上竟然有昼夜涌出 4800 吨矿泉水的奇观，它一年的涌泉量是全中国目前瓶装矿泉水产量的总和，两千年没有变化。而像这样的黄帝、黄土、黄帝泉的奇观，在全世界、在中国的北部难得一见，它不仅在人文上，在自然地貌上也是一种奇迹。我建议，对于涿鹿人民精心呵护的这块土地，作为我们中华民族的第一个祖庭、第一家园，我们应该通过奥运这样一个契机来光大它，让全世界知道，使我们全国人民知道，全世界的华人子孙知道。我想这个时候我们在世界上的影响将会更大，办成最出色的一届奥运会才有它的基本的文化底蕴和它的旗帜。我个人在这里郑重地向奥组委蒋效愚副主席，向河北省委张群生常委建议，第一，在涿鹿县的涿鹿山下构筑中华民族首次大统一的中华合符坛以体现我们的第一祖庭、第一祖宗、第一祖地和第一祖纪年。第二，以此确立为2008年北京人文奥运的第一标志点，以确保办成最出色一届奥运会，提供具有一流的国际水准的人文精神内涵与物质实体的景观。第三，确立北京奥运会独特的人文科技绿色三大火炬传递系列。其中，将人文奥运之火在世界人口第一大民族的诞生地点燃并传递，最后使它成为为后世存留的原创性奥运遗产，我们认为奥运不仅要利用现有遗产、现有的景观，更要通过我们的奥运活动以中国的方式，以北京的方式创造出原创性的奥运遗产，并且直接推动永续使用成为世界文化遗产与自然遗产的一种典范，谢谢大家！

（根据录音整理）

中国先秦史学会常务副会长孟世凯先生的发言

尊敬的各位领导、各位来宾：

我今天发言的题目是"圣火当取自炎、黄、蚩三祖交汇之地"。

圣火当取自炎、黄、蚩三祖交汇之地。根据古文献记载，我国有文字可考的历史已经有五千年，当然从考古学上证明超过了五千年，中华民族源远流长自古就是由众多氏族部落经过争斗融合发展而形成，这远古的人和事都是靠口耳相授代代流传，到能有文字记录的时期就连续不断地注入史册，这在世界文明史中仅成一国。古文献中明确的记载中华民族人文始祖是炎帝、黄帝、蚩尤，但是，在历史进程中，由于胜者王、败者寇思想的影响，将蚩尤排斥于始祖之外。1995年9月25日至28日在河北省张家口市涿鹿县召开了第一次全国首届涿鹿黄帝、炎帝、蚩尤三祖文化学术研讨会，此会的起因是由涿鹿县委原副书记任昌华同志提议，他是根据《史记·五帝本纪》所载黄帝、炎帝、蚩尤在涿鹿阪泉两次战争，尤其是这三祖中的蚩尤应该给予重新认识。在涿鹿县内有一些传说，故事中涉及三祖的就有黄帝城、阪泉、桥山、合符釜山、蚩尤寨、蚩尤城、蚩尤泉、温泉行宫等许许多多，该倡议得到中华炎黄文化研究会和省市的支持，1994年10月25日他到中国社会科学院历史研究所向所长李学勤和中国先秦史学会常务副会长兼秘书长孟世凯介绍了涿鹿有关情形，拟邀请中国先秦史学会参与组织学术研讨会。10月30日李学勤和我到涿鹿县考察了残留的遗迹，还见到了一些挖掘出土或采集到的文物，如黄帝城出土的仰韶文化的彩陶、龙山文化的暗纹灰陶、石钺等礼器，而且此地还有不少先秦时期其他时代的遗存遗物，说明此地自远古至战国时期都是历史人物活动的区域，于是李所长决定由中国先秦史学会协助涿鹿县人民政府开好这次三祖文化学术研讨会。参加会议研讨的有先秦、先秦史、考古、历史及文化史等方面专家学者。我认为这次会最大的收获是重新确认了蚩尤也是中华始祖之一，确认了我国正史二十四史中司马迁的《史记》开篇《五帝本纪》

中记述的炎帝、黄帝、蚩尤阪泉之战和涿鹿之战，经过学者的认证，经过路线是三祖交汇之地区，确认了文献中黄帝活动的踪迹，冀州指的就是现在的涿鹿地区一带，现在涿鹿是近代行政区划，古代的范围可能要比现在大得多。《史记·五帝本纪》所说的"黄帝北逐荤粥，合符釜山，而邑于涿鹿之阿"。当是信史。黄帝制定的文化礼乐和各种制度，许多是后世史家附会的，但说明黄帝在北方各氏族部落的心目中已是一个统一天下的国君。这次研讨会得到了先秦史、民族史、社会文化史学界大多数学者的认同，尤其是南方苗族、彝族，等等。去年我在桂林参加一个现代的礼学会，因为这些年我在全国各地参加会议说实话比较多，我当时发言的一个题目第一项是涿鹿县三祖文化，会后广西壮族自治区原广播电视厅副厅长"说我们壮族也是蚩尤之后，如果你不信的话我带你去西山区，是我们壮族人。现在家里都供着大牛头"。这样就又多了一个壮族也是蚩尤之后，去年在浙江龙游县开文化学术研讨会，当我在会上讲了涿鹿三祖文化时候，会下有好多地区学者就说我们山里也是这样，你要不信，去看看，还供着蚩尤像，由于时间关系，例子很多我就不一一列举了。当然在历史上《五帝本纪》有两次战争，地方不同也有不同的解释，有的认为不是在涿鹿县而是在陕西、延庆等地，实话实说在这次研讨会召开之前我的把握也不是很大，原因就是历史上有不同的解释，我除了查史料之外，还向两位当时80多岁的先秦史专家杨向奎和北京师范大学赵光贤老先生请教，杨老是古代历史的元老之一，赵老是著名的先秦史专家，二老都肯定在涿鹿召开三祖文化学术研讨会有重大意义，两战地望在涿鹿地区无大问题。因此我心中比较踏实了，二老还分别介绍近代研究的情况，杨老还说蚩尤的平反早在二三十年代就有学者提出过，因当时环境条件限制，不能召开全国性的学术会议去论证，我本想请杨老、赵老参加会，但因当时去涿鹿的路很不好走，我们先秦史秘书处的同志们担心80多岁的老人受不了，所以没有邀二老参加，会后二老从先秦史学会的内刊《先秦史研究动态》1996年第一期上看到研讨会的情况和资料，一直盼望会议内容的出版，但是到他们2000年3月和2003年8月先后去世，都没有见到。1999年秋历史研究所邀杨先奎老先生出一本庆祝杨先奎先生教研生涯论文集，我原拟写一篇论文，杨老把我叫到他家去说你不必写什么论文了，就写记涿鹿三祖祠，当时我早告诉他就是三祖堂，这个题目是他给我出的，他给我改成三祖祠，老先生这么定了我也不好跟他争了。杨老说你把涿鹿的三祖原原本本的写出来就是一篇好文章，我就按他的意愿写，足以说明老一代的先秦史专家对涿鹿县三祖是三位始祖交汇地区的认同和关心，他们生前很想到涿鹿三祖堂去参观，因许多原因我始终未和涿鹿联系，这个本来给杨向奎先生纪念的论文集有110多万字，全部是学术论文，结果我这篇文章在里边，因为是记这个会议过程和三祖堂怎么建立的过程。

中国先秦史学会近十多年来致力于历史文化研究，先后有一些市县开发利用当地历史文化资源，增加当地在发展旅游业中的人文内涵，也促进了先秦历史文化的深入研究，但涿鹿对炎帝、黄帝、蚩尤三位中华人文始祖的研究，并取得了历史学界大多数人的认同，还是独此一家，因此，我认为全世界都关注的奥运圣火如果能在三祖交汇之地采取，将具有深远的历史意义和现实意义。

（根据录音整理）

中华炎黄文化研究会第一副会长
张文彬先生的发言

各位嘉宾、女士们、先生们：

今天我很高兴地参加"奥运圣火与涿鹿中华合符文化高层论坛"。我代表中华炎黄文化研究会，代表费孝通、程思远、萧克会长对论坛的举办表示热烈的祝贺。

"千古文明开涿鹿"。据史书记载：涿鹿是中华民族的重要发祥地和文明起点，是我们的先祖黄帝、炎帝和蚩尤及其部落征战的地方，同时，也是互相融合的地方，是黄帝打败炎帝、蚩尤后"合符釜山"被各氏族部落拥戴为天下共主而建立都城的地方。我们整合历史文化遗产不能不从涿鹿这块地方开始。研究中华民族的历史离不开涿鹿，涿鹿是中华民族历史的源头。

90年代初，我们研究会的领导和专家学者多次到涿鹿考察，并与中国先秦史学会等单位牵头，先后两次召开全国涿鹿黄帝、炎帝、蚩尤三祖文化学术研讨会，大家公认"涿鹿是中华民族的奠基地、发祥地和寻根问祖的圣地"，并把这几句话写进会议纪要里。充分说明涿鹿这块地方在中华文明形成过程中的历史地位与杰出贡献。尽管全国不少地方都有我们始祖黄帝、炎帝、蚩尤的遗存，但谁也不能与涿鹿比。涿鹿是三大始祖唯一会聚的地方，是开中华文明之先河的地方。两次大战的结束，黄帝一统局面的出现，为各氏族部落人民协调一致，提高生产能力，战胜自然灾害，摆脱野蛮走向文明奠定了基础。他们在涿鹿征战、融合中创造的天人合一、自强不息、勤劳勇敢、勇于改革、厚德载物、无私奉献等原始共产主义的风尚和美德逐步形成，而且深入人心，有力地促进了社会的发展。以炎黄文化为标志的我国古代文明发展得如此丰富多彩，在哲学、政治、军事、经济、文化、艺术等方面都呈现了繁荣局面，促进了多元一体的中华民族融合和发展。无疑涿鹿具有其特殊的地位。

"合符文化"概念的提出，我本人非常赞赏。合符文化就是大一统文化，是团结的文化，是爱国的文化。历史证明"民族的团结、国家的统一"代表了中国各族人民的最大利益，大一统思想是多元一体的中华民族形成和发展的基础。爱国主义的内涵是爱国、爱民，包括热爱祖国的山川田园、热爱民族的传统文化、热爱国家的主体——人民、父老乡亲、骨肉同胞。探讨和研究涿鹿建都以来的优秀文化传统，应该抓住主流与精华，弘扬爱国主义主旋律，为人文奥运做贡献。

我国在二〇〇八年举办奥运会，全国人民闻讯欢呼雀跃。奥运圣火的点燃与传递如经过涿鹿到达伟大祖国首都北京，跨越了五千年时空，传承了五千年文脉，那将是二〇〇八年奥运会人文奥运的亮点。将涿鹿作为奥运圣火的点燃与传递点，既是历史的选择，也是科学的选择。世界上没有一个国家能像我们中华民族有着绵延不断的文明史，而涿鹿是中华文明史的开端，理所当然，奥运圣火应该从涿鹿点燃传递。我们吁请奥组委要高度重视特别关注这件令海内外中华儿女瞩目的大事。历史会证明这是最明智的决策。

我们中华炎黄文化研究会，将凭借庞大的组织网络和海内外众多会员群体的人才优势，为在涿鹿点燃奥运圣火这件盛事给予关注与支持。

谢谢大家！

台湾群益国际投资有限公司总裁、涿鹿中华炎、黄、蚩三祖文化研究会顾问张益瑞先生的发言

各位同胞：

大家好！今天，我专程从台湾赴京，参加此次"奥运圣火与涿鹿中华合符文化高层论坛"，并有此发言机会，深感荣幸，在此表示衷心的感谢。下面我讲三点：

一、台湾同胞对涿鹿的了解和认识

从1993年起，台湾中华伦理教育学会、台湾鬼谷子学术研究会、台湾中国人间的净土功德基金会、台湾易经大学等相关民间社团组织和有关人士，先后数十次近千人到涿鹿，就中华民族的人文始祖炎帝、黄帝、蚩尤的历史遗迹进行了反复考察、研究，祭祖尽心。经过长时间、多批次的反复考证，得出了如下共识：

1. 涿鹿是五千年前我们中华民族的三大人文始祖炎帝、黄帝、蚩尤在同一时间会聚的唯一地点，在全国是独一无二的。

2. 涿鹿不仅是古战场，而且是五千年前各部落、集团融合统一的圣地。黄帝合符釜山后留下的宝贵遗址和文物，如合符坛、丹樨地、合符石等，使我们台湾同胞感到兴奋、自豪。五千年前，釜山合符事件以及因此而形成的中华合符文化不仅使中华民族实现了早期融合、统一，而且为我们国家的统一、民族的团结提供了坚实可靠的思想基础和文化理念。

3. 黄帝当年合符釜山后定都涿鹿，使得中华民族能够延绵不断，中华儿女能够始终如一的血浓于水，不论在何国度，是何信仰，只要提到中华，提到龙，就会立即亲如一家，亲如兄弟，亲密无比。

4. 我们中华民族共同的图腾龙自产生至今兴盛不衰。我们的先民崇拜龙、信仰龙、歌颂龙，为龙而生，为龙而死。直至如今，只要是中华儿女都为自己是龙的传人而自豪、奋进。龙是我们的祖根，是我们的灵魂，是

我们民族团结的纽带。作为台湾同胞来到涿鹿，就如同回到祖家，感到格外亲切、自豪、神圣。所有来过涿鹿的台湾同胞都为之兴奋不已，还想再来。这种同祖同根，祭祖归根的理念，把我们的心与涿鹿紧紧连在一起。

总之，五千年前，涿鹿是中华民族的源头；今日，涿鹿是中华民族的祖根，未来亦如是。

二、奥运圣火在涿鹿中华合符坛点燃或传递是海内外中华儿女的共同期盼和心愿

五千年前，我们中华民族的三大人文始祖炎帝、黄帝、蚩尤及其率领的部落在涿鹿这块热土上征战、融合、建都、立业、繁衍、生息，从而奠定了中华民族的根基，开启了中华文明的历程。如今，在涿鹿修建中华合符坛，并作为2008年奥运圣火点燃或传递路线，不仅是对以"团结、统一、融合"为内涵的中华合符文化的最好继承与发扬，更是对加强民族团结、促进祖国统一的有力推动；不仅是对远古先祖开创文明的最好纪念，更是血脉相承的海内外中华儿女的共同期盼和心愿。

如果北京奥组委确定在涿鹿点燃圣火或将此作为传递路线，我们认为符合海内外中华儿女的心愿、既是大陆的最佳选择，也是台湾同胞的共同心声。可以说，在涿鹿中华合符坛点燃圣火或进行传递，意义是非常伟大而深远的。说明我们中华民族的文明始祖给我们留下的文明业绩和传统文化，留传五千年而长生不灭。如今，奥运圣火从这里点燃或传递，不仅可以告慰我们文明始祖的在天之灵，而且我们当代的中华儿女也会为之振奋不已，中华文明也会向奥运圣火一样传递不断，生生不息，直至永恒。中华民族也将会因此而更加强大。为此，我们台湾各界人士将十分关注在涿鹿修建中华合符坛，关注奥运圣火能否在涿鹿点燃或传递。我本人及我所主持的台湾鬼谷子学术研究会、台湾财团法人中国人间净土功德基金会、台湾易经大学、台湾群益国际投资有限公司将在台湾广为宣传，尤其是本人在台湾电视公司已经转播有一千八百余天的节目中，也会呼吁更多的台湾同胞和社团参与和支持涿鹿中华合符坛的修建工程，参与奥运圣火在涿鹿点燃或传递的宣传，关注奥运圣火在涿鹿中华合符坛点燃或传递的最终决定。

三、涿鹿是一个投资环境很好的地方

通过我本人多次到涿鹿的实地考察，感到涿鹿真是物华天宝、人杰地灵。涿鹿不仅有着丰富的始祖文化资源，而且当地百姓热情好客、民风淳朴，不愧是中华文明的发祥地、起源地。当局领导一直致力于始祖文化开发，对各地来涿投资的客商，不仅非常友好，而且从各方面都给予大力支持，投资环境宽松良好。特别是当地政府有着一批想干事、干实事的官员，他们对开发始祖文化的尽心竭力，使吾辈深为感动。在此，我可以向各位说明，由本人主持的台湾鬼谷子研究会、台湾群益国际投资公司已捐资千万元在涿鹿修建蚩尤祠、黄帝殿，涿鹿当局政府为我们提供了土地、道路、水、电等必备条件。目前，该项工程已顺利开工，预计2004年底可完成一期工程。

我想，作为奥运圣火点燃或传递的中华合符坛的建设，一定会得到大陆人民、台湾同胞及华人的支持和拥护。也一定会有包括我本人在内的众多仁人志士对此事给予关注和实质性的支持。大家共同努力来圆满再现我们中华五千年文明辉煌的梦。因为，这已不仅仅是涿鹿人、张家口人、河北人的事，而是海内外中华儿女，所有龙的传人的共同心愿。我坚信，涿鹿中华合符坛的修建工程一定会如期、顺利完成；更坚信奥运圣火一定会在中华合符坛点燃，还是中华儿女的光荣。

最后，我代表广大的台湾同胞吁请北京奥组委能及早确定奥运圣火在涿鹿点燃或传递；吁请与会的各位专家、领导和新闻媒体的同胞们都来关心支持这件中华民族五千年来的伟大盛事。

谢谢大家！

三祖文化论坛汇编

二〇〇九年

2009年海峡两岸"三祖文化"论坛纪要

为了进一步弘扬中华民族优秀传统文化，深入探讨黄帝、炎帝、蚩尤"三祖文化"以及合符釜山的历史价值和现实意义，从而不断地推进中国古代文明研究，保护、开发和利用涿鹿的历史文化资源，在国务院台湾事务办公室、河北省政府、张家口市政府和涿鹿县人民政府以及省市台办的正确领导下，经过涿鹿炎、黄、蚩三祖文化研究会会长任昌华先生多方奔走联络，在中国社会科学院历史研究所和中华炎黄文化研究会、中国先秦史学会、台湾鬼谷子学术研究会的积极配合和大力支持下，2009年的8月7日至9日"2009海峡两岸'三祖文化'论坛"在河北省张家口市涿鹿县隆重召开，与会专家学者紧紧围绕着"三祖文化"包括"合符釜山"这一主题，展开了广泛地、深入地探讨，取得了积极可喜的成果。本次大会可以说是一个高规格、高层次、高水平的学术盛会，引起了社会各界的强烈反响，中共张家口市委常委、宣传部长郑丽荣，市政府副市长侯桂兰，涿鹿县县长陈岗，县委副书记任元，副县长李阳，中国先秦史学会会长李学勤，中华炎黄文化研究会副会长赵德润，中国先秦史学会副会长宋镇豪，台湾唯心宗南天文化院院长杨极东，台湾工党主席郑昭民等台湾各界知名人士都亲临大会，并发表热情洋溢的讲话。著名文物学家罗哲文、著名学者冯骥才等纷纷来电来函，衷心祝贺论坛的成功召开，来自海峡两岸的历史学、考古学等相关领域六十余位专家学者出席了本次盛会，他们是我国著名的历史学家、古文字学家、考古学家和古文献学家，原中国社会科学院历史研究所所长、国务院学位委员会委员、清华大学终身教授李学勤先生，全国政协委员、著名历史学家、古文字学家、中国社会科学院历史研究所研究员宋镇豪先生，著名历史学家、河北师范大学历史系教授沈长云先生，中国先秦史学会副会长、中国先秦史学会秘书长、中国社会科学院历史研究所研究员宫长为先生，中国社会科学院民族学与人类学研究所研究员石茂明先生，国防大学教授房立中先生、王洪武先生，著名学者王大有先生，中国社会科学院历史研究所徐义华、马季凡、张翀、郑剑英诸先生，中华炎黄文化研究会常务副会长赵德润先生、副会长谭泽民先生，河北省社会科学院副院长孙继民先生，台湾鬼谷子研究会秘书长黄逢石先生，台湾唯心宗南天文化院院长杨极东先生，以及张家口学者安俊杰、任昌华、赵育大、李怀全诸先生。出席本次盛会不仅有学泽淳厚的年长学者，也有一批富有学术建树的中青年学者，还有致力于弘扬"三祖文化"的海外赤子，更有关心涿鹿发展的党政领导和社会各界人士，大家以文会友，切磋交流。大会共收到论文60余篇，还进行了一系列的演讲，会议还邀请新华社、人民日报社、中央人民广播电视台、中央电视台以及河北省、张家口的各家媒体，对论坛进行了全方位的报道。论坛期间，经过大家积极研讨，达成以下共识性意见：

1. 涿鹿及周边地区是我国古代文明南北、东西纵横交汇的重要平台。考古发现证明，史传远古时期黄帝、炎帝和蚩尤三大集团纷争和融合都围绕涿鹿地区展开进行。因此，深入挖掘、整合、开发、弘扬涿鹿中华三祖文化，是传承中华优秀文化的重要内容，具有重要的意义和不可替代的作用。

2. 黄帝城及其周边地区出土的仰韶文化彩陶、龙山文化灰陶以及陶碾、石钺等尤其引人关注，地上以及地下考古发现表明，《史记》中有关黄帝、炎帝和蚩尤的记载，并非子虚乌有，不应轻易否定，显示涿鹿地区在中国远古文明中心地位。

3. 从西周以来《逸周书》到司马迁《史记·五帝本纪》，包括出土文献在内的绵延不绝的大量文献叙述，揭示了这样一个历史事实，即炎、黄、蚩就是中华民族形成之初的人文始祖，又代表了几个时代的延续，炎帝和黄帝虽代表了远古时代两个前仆后继的时代，但炎黄蚩文化的发展是平行、并进式的，三者分布地域性的差异，社会构成和生活习惯的不同，三者间横的关系是了解古代文明形成及早期国家形成的关键，而三者是融汇在涿鹿文明初始最盛大的文明的圣地，也是三大集团实现大融合的归属地。因此，涿鹿的三祖文化是中华博大精深的传统文化的主脉和根本，深入研究和弘扬涿鹿三祖文化和合符文化尤为特殊和重要。

4. 蚩尤在中国古史上与炎帝和黄帝一样，应占有同等重要的地位，蚩尤对中华文明发展的贡献应给予充分的肯定。任昌华先生于1993年提出关于"三祖文化"的观点，把炎、黄、蚩作为中华文明的人文始祖，不仅符合中华文明多元一体的发展史实，而且利于民族团结，有其深刻的学术价值和积极的现实意义。

5. 黄帝合符釜山是炎、黄、蚩三大集团最终实现融合统一的标志，是决定当时历史发展方向的决定性历史事件，是中华民族进入文明社会的原点，是中华民族五千年人类文明的里程碑。由此形成的合符文化，是中华文化基石和精髓。

6. 黄帝合符釜山是在黄帝与炎帝的阪泉之战、黄帝与蚩尤的涿鹿之战后的政治大会盟，两战同在涿鹿地区进行，战后合符釜山的史传毋庸置疑。其具体地处在今黄帝城西北四十五公里的保岱镇窑子头村北三华里的釜山，至今釜山上仍留有合符石、镇石、丹墀地、陶片等大量文物遗存和遗迹，由此可知涿鹿县保岱镇的窑子头村实为黄帝合符的所在地，是三大人文始祖留给我们极其重要的人文遗产，应当得到国家的认同和国家的保护。

7. 黄帝合符釜山形成的"天人合一、自强不息、勤劳勇敢、勇于改革、厚德载物、无私奉献、胸怀天下、坦荡包容"的原始思想意识和文化理念内涵极其丰富，它的核心价值是融合、统一、团结、凝聚、协和、友善、竞争、共处、创新、发展。因此，2003年涿鹿县任昌华先生提出合符文化理念是研究中华文化的重要课题之一，引起党和国家重要部门的重视和支持，是当务之急的抢救性工程之一。涿鹿县应加大自身挖掘和研究的力度，建议省市政府引起重视，给予政策和资金的支持。

二〇〇九年海峡两岸"三祖论坛"组委会
二〇〇九年八月九日

张家口市人民政府副市长侯桂兰同志在2009年"三祖文化"论坛上的讲话

尊敬的台湾同胞、专家学者：

上午好！2009海峡两岸"三祖文化"论坛又胜利开幕了，这一切都充分体现了各级领导、社会各界对合符文化研究的重视和支持，也为涿鹿合符文化的开发提供了一个大好的机遇。五千年前，中华民族炎、黄、蚩三大人文始祖在涿鹿生活、征战、融合、建都，使涿鹿成为中华民族的发祥地之一。县境内至今保存有黄帝城、黄帝泉、桥山、釜山、蚩尤泉、蚩尤坟、炎帝营等三祖时期古遗迹23处，为我们保护开发三祖圣地、研究合符文化提供了第一手的资料。在20世纪的90年代，我们涿鹿县就开始了以任昌华先生为发起人、带头人以致力于"三祖圣地"和"合符文化"的研究与开发，对三祖文化的研究功不可没，他可以说是涿鹿三祖文化的发起人和奠基人之一。1994年由新加坡籍华人周颖南先生捐资100万元，涿鹿县出资400万元，共同兴建中华三祖堂，"三祖堂"成为全国的唯一一所纪念三祖文化的圣地。

1995年和1998年由中华炎黄文化研究会、中国先秦史学会等单位共同发起，先后举办了两届中华"炎黄蚩"三祖文化学术研讨会，三祖文化得到进一步的弘扬；1997年和1999年涿鹿县又先后与香港和澳门举办了"港土归根"碑和"澳土归根"碑母子连心活动，碑铭分别由原全国政协委员陈玉书和澳门特首何厚铧题写，全国政协副主席马万祺为"澳土归根"碑撰写了碑文；2003年在北京成功举办了"奥运圣火"与"中华合符文化"高层论坛；2007年成功承办了由"共青团中央"组织的第二届青年节"系台心，两岸情"青年大型交流活动启动仪式；2008年在承办经贸洽谈会期间，又广约海峡两岸专家学者在张家口市政府驻地举办了海峡两岸"三祖文化"研讨会。在上次大会上，大家通过研究讨论，统一了认识，进一步深化了认识，并取得了丰硕的学术成果。同时我们还规划了三祖圣地、黄帝殿、蚩尤祠和中华合符坛等人文景区的建设，进而将三祖文化进步发扬光大。在各位专家与学者的支持下，同时县委与县政府多方努力，才使远古文明与现代文明结合起来，开辟了弘扬三祖文化的良好局面。

去年张家口市政府和涿鹿县政府配合中央电视台《探索与发现》这个栏目组录制了五集专题片《发现黄帝城》，三祖圣地与开发合符文化取得了长足的发展，河北省政府对我市"三祖圣地"和"合符文化"的保护开发与研究工作给予大力支持。2006年时任河北省常委宣传部部长赵勇同志在视察后就提出"三个走来"：中华文明从涿鹿走来；东方人类从泥河湾走来；新中国从西柏坡走来。其中"两个走来"都在我们张家口。"三个走来"被河北省作为文化底蕴的三张名片进行宣传，这标志着三祖文化研究与开发工作进入了一个崭新的阶段。此次中华"三祖文化"论坛的举办，既标志着炎、黄、蚩三祖文化的开发工作与合符文化研究工作进入崭新阶段，又表明涿鹿作为中华文明发祥地逐步被人们所认知，这次论坛成功的举办无疑是进一步深层次追溯中华文明、弘扬合符文化、凝聚民族精神的一次具体行动。对于我们加强民族团结，构建和谐社会，促进祖国和平统一具有重大的现实意义和深远的历史意义。我们拜谒了三祖。在三祖面前，我们中华民族根是一条根，心是一条心，三祖在涿鹿的合符是中华五千年文明的根基。中华龙的图腾在中华三祖堂之地也就是合符山下腾升，它体现的是中华民族发展的影响力、凝聚力、感召力，正是在三力影响之下，五千年来中华民族可以拼搏进取，立于世界民族的不败之地。通过这次论坛，我们再去研究中华文化有着深远的现实意义和历史意义。在过去的五千年文明当中，龙的传人靠着龙的精神传承了龙的文化，那么今后的五千年乃至一万年龙的传人还会靠着龙的精神拼搏进取，让我们的国家更加强大。

最后祝我们的论坛取得圆满成功，祝各位学家、学者在涿鹿期间工作顺利、学术有成、生活愉快！

涿鹿县人民政府县长
陈岗同志在2009年"三祖文化"
论坛上的讲话

尊敬的各位领导、台湾同胞、专家学者：

在省、市政府的高度重视和大力支持下，在中华炎黄文化研究会、中华先秦史学会和台湾鬼谷子学术研究会积极的配合下，2009年海峡两岸"三祖文化"论坛今天胜利开幕了，这是全市乃至全省、全国学术界和文化产业史上的一件大事，更是我们涿鹿县三十三万人民的光荣和骄傲！此次论坛的举办必将对宣传"三祖圣地"和弘扬"合符文化"产生更为深远的影响，对加强民族团结促进两岸文化交流有着十分重要的现实意义，为此我代表涿鹿县委、县人大、县政府、县政协和全县人民对此次大会的胜利召开表示祝贺！对百忙之中来参加本次论坛的各位领导、两岸学术界的专家与学者表示崇高的敬意和真挚的感谢！就我们涿鹿县对三祖圣地和合符文化的挖掘方面所做的工作向各位领导和专家做简要的汇报：

涿鹿县位于河北省张家口市的东南部，东距北京市区一百二十五公里，全县总面积2802平方公里，辖一区十三镇四乡，373个行政村，总人口33万，是环京津的县区之一。千古文明开涿鹿，《史记·五帝本纪》记载约五千年前中华三大人文始祖黄帝、炎帝和蚩尤在涿鹿地区进行了"涿鹿大战""阪泉大战"，最终黄帝"合符釜山，邑于涿鹿之阿"，建立中华民族第一民族集中地，并汲取各部落图腾之精华，创造了中华民族共识的龙图腾，实现了中华民族的第一次大融合，开创了中华民族的新纪元。

1995年、1998年、2008年由中华炎黄文化研究会、中华先秦史学会、河北省炎黄文化研究会、河北省社科院和市县人民政府等单位主办分别在涿鹿、张家口市先后召开了三届三祖文化研讨会，百余位国内外专家和学者对涿鹿文化背景和历史底蕴进行了详细的研究和充分的论证，确定了三祖圣地和合符文化的历史地位，与会专家一致认为涿鹿是中华三大人文始祖会聚的唯一圣地，合符釜山是中华一统的标志。把黄帝、炎帝和蚩尤作为中华文明的三大人文始祖不仅符合我国历史的实际，而且有利于民族的团结，有其深刻的学术价值和现实意义，可以说涿鹿是龙图腾的诞生地、中华文明的开源地、中华民族的发祥地和中华儿女寻根祭祖的圣地。由合符釜山这一事件引发的合符文化既是由多元包容、和谐统一、共同繁荣为主题的中华传统文化的理念。合符文化以"合"为中心，与"和谐文化"一脉相承，大力弘扬合符文化、建设和谐社会、促进各民族的交流和融合有着十分重要的现实意义，而涿鹿正是这一文化的源点，开发三祖圣地和弘扬合符文化是对中华文明始祖"涿鹿之战""阪泉之战""合符釜山""定都涿鹿"伟大历史事件的最好评价和纪念，是创建和谐社会的重大举措，是促进区域文化建设与发展的需要。通过"三祖圣地"和"合符文化"的开发，可以使中华儿女更加深入地了解涿鹿，了解中华三祖圣地、合符文化，了解中华各族儿女同祖同根的血脉渊源，增强对中华文化的认同感和中华民族的归属感，激发中华儿女的爱国热情，进一步增强民族的凝聚力。

基于以上认识，近年来涿鹿县在合符文化的开发方面做了以下工作：一是挖掘整理资源，不断夯实文化资源的基础。组织有关专家和学者编辑出版了《涿鹿风土人物志》《轩辕黄帝史迹之谜》《千古文明开涿鹿》《血脉之源》等书籍。从历史记载和考古发掘等多方面收集素材对合符文化进行了系统的整理并取得一些成果，配合中央电视台先后摄制了《文明之光》《千年古县》《千古文明开涿鹿》等专题片。积极开展学术交流和探讨活动，特别是《探索与发现》栏目摄制的五集文献纪录片《发现黄帝城》，通过翔实的历史文献和丰富的考古资料，权威的专家点评充分论证了黄帝城在中华五千年文明的重要地位，极大地提高了涿鹿的知名度和影响力。二是制定了科学的开发规划，全力建设文化产业项目。我们始终坚持开发的高起点和科学性，委托中国科学院地理科学与资源研究所编制了涿鹿县旅游的总体规划、中华三祖圣地项目总体规划、黄帝城旅游区控制性详细规划和黄帝城的再建性规划。近年来涿鹿县按照规划多方筹集资金2亿多元建设了中华三祖堂、中华合符坛、蚩尤文化园等一批景观，今年投资了1.64亿元兴建了连接景区与北京及京张高速公路的二级路康祁公路，特别是新加坡籍华人周颖南先生捐资100万元启动了中华三祖堂建设，台湾群益国际投资有限公司投资1000万元兴建了桥山黄帝殿、立马关蚩尤祠为合符文化的开发做出了积极的贡献。三是大力开展舆论宣传，取得了海内外的广泛认同。近年来我们围绕三祖圣地和合符文化开展了一系列的宣传活动，取得了良好的宣传效果。先后举办了"港土归根"碑和"澳土归根"母子连心、奥运圣火与合符文化高层论坛、河北省第十一届运动会取火仪式、第二届两岸青年联欢节"系台心、两岸情"祭祖活动、2008年共祭三祖共谋发展冀台经贸洽谈会、海峡两岸同胞共祭三祖大典等活动，中央电视台、人民日报社、新华通讯社、光明日报社、中国青年报社、香港文汇报社、香港大公报社、凤凰卫视等媒体对相关活动都进行了报道，在海内外引起了强烈的反响，得到了各界人士的认同和支持。

中华三祖堂景区自1997年正式对外开放以来，已经先后接待来自加拿大、美国、法国、韩国等40多个国家、地区的华人、国际友人及港澳台同胞2万多人次，并与美国、韩国等多个国家的学术团体及高等院校进行了学术交流活动。这些年年平均接待国内游客30万人次，国际游客2000人次。我们相信随着基础设施的不断完善、旅游接待能力的不断提高，将会不断吸引海内外游人志士涌入景区，共同推动三祖文化的不断发展，促进三祖圣地整体开发水平的不断提高。

在此，真诚的希望各位领导、台湾同胞、专家学者对三祖圣地与合符文化的研究、挖掘和文化产业项目的开发与建设多提宝贵意见和建议，使我们的工作取得更大的进步，文化是一个国家赖于发展的有序之源，涿鹿在弘扬中华文化和建设中华民族共同的精神家园的过程中，将勇于承担起文化繁荣的重任和使命，我们相信通过此次论坛必将进一步促进海内外中华儿女相互间的文化交流与融合，作为中华民族文化的发祥地之一的涿鹿在海内外中华儿女的鼎力相助之下，必将重现辉煌，为中华民族的伟大复兴的目标做出新的、更大的贡献。

中华炎黄文化研究会常务副会长赵德润先生在2009年"三祖文化"论坛上的讲话

尊敬的各位领导、专家和学者：

2009海峡两岸"三祖文化"论坛开幕了，我谨代表中华炎黄文化研究会和许嘉璐会长对论坛的开幕表示衷心的祝贺，对北京和外地的学者特别是对来自宝岛台湾的学者表示由衷的敬意！

20世纪90年代中华炎黄文化研究会老会长、著名的学者费孝通先生曾在中华文化在新世纪的挑战的讲演中提出著名"文化自节"论，他说"文化自节"是生活在既定文化当中的人对其文化有自知之明，明白它的来历形成过程，所具有特色和它的发展趋向，自知之明是对文化转向的把握能力，取得适应新环境、新时代的文化选择的自主地位。改革开放以来是海内外专家学者进行文化研究的黄金时代。

1993年10月任昌华先生根据炎帝、黄帝和蚩尤在涿鹿的史实和对史志、古遗址及遗迹的研究，第一次提出"三祖文化"的命题，这是一个非常了不起的命题，得到了中华炎黄文化研究会、中国先秦史学会、台湾伦理教育学会及海内上专家的认同。中华炎黄文化研究会的三位会长费孝通、程思远、萧克先生都为"三祖文化"题过字，16年来三祖文化的研究取得了丰硕的成果。三祖在涿鹿的遗址、遗迹得到了保护，三祖堂及合符坛的建筑庄严肃穆，三祖祭祀大典成为继陕西黄帝陵祭祖大典、河南黄帝故里拜祖大典之后最重要的认祖归宗祭祀活动。在今天的共祭大典后，我在接受新华社采访时说道：中华民族五千年生生不息，我们经历了那么多的战乱与磨难，但是我们民族的文化没有断掉，并且延续下去，中华民族大家庭得到了维系与发展，这在世界上都是了不起的奇迹。它的原因很多，其中一个很重要的原因就是：我们具有识祖根源、认祖归宗的优秀民族传统。如福建的土楼，几百户人家延续的在那里生活几百年，在土楼的最重要地方、最神圣的地方供着祖宗的牌位，他们靠这个避过了战乱，靠这个有了自己的道德规范，在这个土楼里做到了"路不拾遗"，这就是一个生动的例子。刚才提到的费孝通的"文化自节"，我认为既包含探寻中华文化的"源"就是研究它的来历和形成过程；又包含探寻中华文化的"流"，研究它的发展趋向。在探寻中华文化"源"与"流"方面，我们目前都有很多工作要做，中华炎黄文化研究会愿与海内外专家学者一道深入研究三祖文化，为弘扬中华文化贡献自己的力量。祝本次论坛圆满成功！

全国政协委员、中国社科院历史所宋镇豪先生在2009年"三祖文化"论坛上的讲话

各位领导、专家、学者你们好！

  2009海峡两岸"三祖文化"论坛开幕了，我谨代表中国先秦史学会全体同仁以及会长李学勤先生，也代表中国社科院历史所学术委员会向本次论坛表示热烈的祝贺！

  早在20世纪90年代中期，在李学勤先生的主持下对夏商周进行文明探究，到1999年结束的时候就进行了中华伟大文明的探源工程。这个工程也是由李学勤先生主持的，这个工程进行了3年，紧随其后又进行了第二阶段、第三阶段的文明探源工程。文明探源就是要追寻我们中华文明的生成史和我们中国国家起源的这样一个重大的命题，讲实际一点就是追溯发生在五百前至五千年前中国大地到底发生什么事情，由此自然而然的让我们联想到历史上文献记载的两次重大的战争："涿鹿战争""阪泉战争"，这两次战争是围绕黄帝、炎帝和蚩尤在涿鹿地区的纷纭聚会，所以我们在中华文明探源和研究中华文化的时候，涿鹿在中华人文历史上有着无法替代的地位。

  我想10多年前任昌华先生到中国社科院来，当时就提出倡导"三祖文化"，希望我们能看一下，当时我和孟世凯先生特别感兴趣，连夜就过八达岭到了涿鹿县，到了涿鹿县后我们看到了满地都是老祖宗留下的陶片，我们感到这是一块宝地、是一片热土，这是中华文明发祥的一个证据，所以我们到了这里就有非常神圣的感觉。各地进行各种祭祖大典，比如陕西的祭黄帝大典还有别的地方的祭祀炎帝的活动都很多，但我们涿鹿县提出祭祀三祖活动，这是全国的首次。此类活动曾让苗族的人感叹地说：过去我们的苗王没有引起别人的重视，现在我们苗王得到普遍人的认同和重视，他是中华民族的三大人文始祖之一。所以三祖文化的提出有它重大研究价值和现实意义，所以今天这样的论坛，我预祝取得圆满的成功！我给各位专家、学者一个很好建议：涿鹿要发展，当地人才必不可缺的，在这里任昌华贡献很大，希望县政府多给予他大力支持！谢谢大家！

中国先秦史学会常务副会长兼秘书长宫长为先生在2009年"三祖文化"论坛上的讲话

尊敬各位领导、专家学者、来宾：

大家下午好！时值海峡两岸"三祖文化"论坛召开之际，在这里我受李学勤先生委托代表中国先秦史学会和李学勤会长热烈祝贺本次经贸洽谈会和2009海峡两岸"三祖文化"论坛胜利召开。大家知道涿鹿是中华文明的重要发祥地，三祖文化是中华文化的核心文化和源点文化，源远流长，影响致远。我们先秦史学会在20世纪90年代初专程到涿鹿进行考察、调研，并且随后召开首届"三祖论坛"研讨会，在县委、县政府的广泛宣传和任昌华、赵育大先生及多位专家的共同努力下达成共识，取得了积极的成果。现在山河依旧，三祖圣地犹存，旧貌换新颜，我们相信通过本次论坛能进一步推动三祖文化的研究，带动地方经济和文化事业的腾飞。

最后预祝大会圆满成功！

合符文化与龙图腾的形成

李学勤

尊敬的各位领导、各位先生：

我非常荣幸有机会在今天的这个论坛进行第一个学术性的发言，向大家请教。不过我刚才听几位领导、专家的致辞，我觉得有关的学术讨论已经开始了，大家关于三祖文化、关于合符文化、关于任昌华先生在这方面的功绩，以及今天召开的这个文化论坛的重要意义都进行相当深刻的认识和讨论。

所以我在下面提的第一个问题是三祖文化、合符文化这样的一个观念在学术方面上有什么重要的意义，文化对当前社会、大众所起的重要作用。特别是在我们改革开放以来差不多30年的时间内，在历史学界和考古学界有一个新的变革和新趋势。这个变革是什么呢？归纳为一句话就是：我们中国自古以来是一个多民族、多地区的国家，而我们五千年的辉煌灿烂文明是由多民族、多地区的人民共同缔造。但是这点听起来是平淡无奇的，可是大家知道这点在历史学、考古学及有关学科方面实际上起了个很大的变革作用。这是怎么回事，因为很长一个时期以来，在中国的有关的学科里面，比较占一个主导地位的一种观念、一种趋势，它是单线发展的，我们承认我们中国自古以来就是有着非常辉煌的五千年文化。它是一个单元、单线，它的起源是一个。它的发展基本上是一条途径的，这样就形成对于整个文化起源、发展一个中心的看法。这里我们有一个专业名词中原中心论，换句话是黄河中心的，黄河还不是整个黄河，确切地说是黄河的中下游地区，中原地区中心论这种观点也不是从近现代开始的，中国自古以来很长时间就受这种影响，就是在这点上自古以来就受儒家经典思想影响，大家知道儒家的经典是在孔子和他弟子的那个时期，他们是在中原地区的，可是那个时期由于国家具体形式，所谓内华夏而外夷狄，在这种形式下，特别强调了华夏与夷狄的差别，不是看作一个共同、和谐、友好的局面。而是内华夏而外夷狄这样一个局面，这就造成了一种对于史书和经书关于多民族、不同民族的记载，相对比较薄弱，应该说是有这么一个很长历史渊源的，所以把中国这么一个广大的地域、这么多人口、这么悠久的历史看成一个单元、单线的观点，实际上在相当的时期占着统治地位，当然有些人会反对的，可是是主流线。特别是在改革开放以后，特别是在我们考古学界，全国各地的田野工作普遍开展，就进一步认识到中华文明的起源，不是一个单元、单线，而是一个多元、多线的。很多过去在文明上不开化的地方，实际上有着非常悠久、长远的文明，这些文明后来是对于认为是中原的，而且是文化中心的，那些文化有着很重要的影响作用，这个观点从考古学开始到后来古代历史研究说文明的起源和探测是应该产生了重大的作用和重要的影响，我们提出这个三祖文化这个观点和趋势其实有着密切的关系，因为我们顺着三祖文化这个关系，和我们过去经常说的炎黄子孙的这个观点，不太一样。其实是讲的一个事，实际上不是一回事，炎黄子孙、炎黄文化五千年文明都是从《史记》上来的。为什么说我是炎黄子孙？为什么说我们是五千年文明？其根据是就是二十四史的第一部，司马迁的《史记》，一开头就是《五帝本纪》，它一开头就是讲了黄帝、炎帝这个事情。从这个事情一推算计算就是四千七百年到五千年之间，所以说我们是五千年的文明史，说我们是炎黄子孙就是这么来的。二十四史就是正史，正史这是这么讲的。可是实际上，今天我们再读《五帝本纪》只谈到两祖，根本没有谈蚩尤，蚩尤也在里面，这个传说在《史记》里面本身就是很神奇的，过去由于在这方面的理解，就没有提的，我们提出的三祖文化，涿鹿建立三祖堂、合符坛宏伟的有意义的建筑，这样的话是我们提出的不再是仅仅是一个民族、一个县、一个来源，而是一个多民族和谐的、融合的观点，这个观点是符合文化发展趋势的，这个有着比较明显的、良好的现实意义。

  我所说的第二点，三祖文化这个词，以及有关探讨，学术探讨。已经有若干年来在涿鹿进行，我也多次参加，我认为涿鹿在这方面起着很重要作用。涿鹿来起这个作用不是哪位先生临时想到的问题，它是历史必然。就应该这样阐述，也就是"千古文明开涿鹿"这句话其实是有着很深刻的根源的，涿鹿这个地方，这个名字怎么讲，为什么叫"涿鹿"？这个名字本身就很特点，一看这个地名就知道它有着非常悠久的历史。现在我们能查的文献当中，这个词最早出现不是司马迁《五帝本纪》，因为司马迁是汉朝人，这是非常晚的。以我个人所知"涿鹿"这个词最早见于《逸周书》（本来有71篇，现在还存在54篇）中的《尝麦》篇，《逸周书》是汉代以前已经有了。这部书基本上是从先秦传下来的，一直以来认为它出现比较迟，但从考古学证明此书出现的时间比较早，它上面的很多内容是比较古老。《逸周书》中的尝麦，这是古代帝王每年都要进行的一种仪式。在春天开始的时候，要尝青麦，这是当时的一种礼节，这是很重要。周初的王进行尝麦，修正国家的法律，这个里面引用很多的历史事实。这里面有很大一段讲了就是介绍三祖的故事。这一点比《史记》里面记载的要古老。如果大家觉得我的意见还值得考虑，我可以告诉大家，根据我这些年研究，虽然《尝麦》这一篇里面的内容经过后人的修订，里面有后人修订的痕迹，但它一定兴于西周。因为它的文句、文法一定是西周的。这里面已经讲了黄帝、炎帝、蚩尤的故事，而且特别提到了涿鹿，其实黄帝、炎帝、蚩尤的故事在《尚书》里面就有，其中很重要的一篇就是周穆王旅行，它里面就讲到蚩尤的事情，蚩尤做五孽之行，杀戮无辜……这个故事实际上没有讲到黄帝，没有炎帝和黄帝的名字，可是《尝麦》里面讲得非常清楚，古代"但作二后（后当时指帝王这两个帝就是炎帝和黄帝）……以见四方，蚩尤战于涿鹿之阿"。这是我对涿鹿的一点贡献，黄帝杀蚩尤于中冀，也是涿鹿。涿鹿称之为中冀，我们河北还叫冀，大部分就叫冀，九州的中心在冀州，九州的中心在涿鹿。《史记》记载很清楚，蚩尤被杀于涿鹿这个地方。这样天地才定下来，所以叫绝辔之野，辔就是马的缰绳，把马的缰绳都打断了，战争还是很激烈，这可能带有明显的神话传说。这就是我个人所能贡献给大家的古书关于涿鹿的最早记载，涿鹿就是中冀，也就是冀州的中心。

  第三个问题，就是怎么看待文献上古史的传说。今天我们在涿鹿这个地方，祭祀三祖根据就是古史传说，我们怎么看待这个古史传说，我们怎么去应对这个古史传说，这些问题在社会公众面前提出，在学术界也有多年的讨论，这些问题借这个机会来陈述我的看法。这些年来在中国先秦史学会上我都是提出我个人的看法。这个看法归根到底就一句话，古史传说是历史的一部分。当然是不同的一部分，为什么要说这么一句话，历史要是没有古史传说，那就缺一大块，如果不要古史传说，那就不要历史了。所以说它是不可缺少的一部分，可是它又是一部分，跟后面的历史又是不一样的。为什么这种说法，不能拿后代对历史要求和研究方法去要求和研究古史传说,你比如说是汉代的历史比较清楚,因为我们有《汉书》《史记》,尽管里面有很多东西没有、很多东西不是那么可信,可是它非常清楚没有怀疑。没有人说汉朝不存在或说秦朝不存在,甚至说没有秦始皇这么个人,没有人会这么说的。我认为这些事可以推到春秋战国时期,因为那时有《左传》《战国策》《史记》当中的各种记载,过去有人怀疑《左传》是后来人编的,但是这些今天已经不存在了,今天已经没有这种怀疑了。所以说春秋战国以下中国是个历史时期,这个是国际上说的,也有可以怀疑可以考证的,可历史就是历史,它也有它的一套研究方法一定的根据,我们看了以后不能否定。再往前就不这样推西周、商代、夏代的历史,有没有历史记载,当然有了,但它的历史记载不充足。我们知道的不多,而且越往前知道得越少。宋镇豪是甲骨文专家了,他可以告诉我们五经以前,没有甲骨文没有证据的历史就不是那么清楚的,但商朝一定存在,所以说这段时期考古的材料和文字的材料及古书的材料同等重要。不能说古书的材料不可信或考古的资料你没有,就能否定历史。五帝时代各种记载的东西相互矛盾,会有不同种说法。这种说法就需要用考古学人类学的方法去印证。你比如说我们涿鹿这个地方有仰韶时代的遗址,这些发现更多的研究发现,我们从这些方面文化遗址、文化遗存来了解五帝时代,三祖时代的历史情况,所以用后头的来要求前面的,不能说没有黄帝时代的甲骨文就是说黄帝不存在、这不可能,因为古代历史的没有矛盾的记载是不可能,说古代的历史是越往前越模糊,而且越往前神话色彩越多,这点很多的学者已经指出,现在我还想强调这一点。不可能用研究后者的方法研究前头,同时也不能用研究后史的古代传说方法来研究古代的历史,这是不对的。因为后来的传说故事跟古代民族文明起源那个时期人类的记忆性质是完全不同的。这不是一回事。如《水浒传》中宋江、卢俊义也是有的,但很多人不一定有的,每一个民族都有每一个民族的记录和传说,它是权威性的,是不能随意改动的,不是能随便加些东西,随便减些东西的,在它当中可以有变形,有改动,但不是随意篡改的。特别是中国古代有一个史官的传承,中国历代的史官,他对中国的历史就是代代相传。司马迁本人就是史官的史家,他家远古是做史官的,所以说他有这样的能力,这样的传统是我们中华民族的骄傲。所以说中国历史传统,外国人说中国人是历史的民族,这话不假。不能用这样的方法要求,尽管古史里面有很多传说的内容,我们看《五帝本纪》黄帝的内容,有很多神话传说，他那个时代就是这样的，如果不是那样的反而奇怪。

下面是我最后一个问题：是不是只有我们中国有神话传说，其实不是这样的，早在1925年的时候王国维先生（历史界的老前辈），他就指出世界各个民族的古史都有神话传说的存在，这个事实与神话总是混在一起不容易分开，这一点是世界共同的，王国维先生大家不要认为他是一个国粹家，王国维先生博通中西的，最近出版的《王国维全集》，他翻译的书差不多有30种之多，包括各种学科的第一本，比如中国第一本心理学就是他翻译的，所以他有权力说，全世界的历史就是有神话传说的性质的。如古埃及的历史的第一个王朝宗教神话的东西并没有很多，大家知道古埃及历史和古代中国的历史差不了很多，古代埃及的历史是怎么编的，其实它只根据一部书公元前3世纪相当于中国战国末到秦代这个时期，在埃及有一个僧人在当时亚历山大图书馆中利用图书馆里史料写了一本埃及史，后人翻译把古埃及分为古王国时期、中王国时期、新王国时期，埃及古王国时期和中国的五帝时期差不多，中国的夏代相当于古埃及中王国时期，新王国时期到第二世王朝和我们商代也差不多，各个时期最多也不超过一百年，非常奇怪非常类似，所以我们古埃及的历史可以追溯到五千年，有人问这里有多少神话传说？其实在《埃及史》的纪本里不只是有31个王朝，前面还有很多神话传说，该史书上把埃及分为神的王朝、神人的王朝、人的王朝，31个王朝只是人的王朝。神的王朝里还分前九神、中九神、后九神，而且还分成不同的说法，说这个神创造了这个世界，那个神创造了那个世界。这些比我国女娲等神还多，与他们相比我国的传说人的成分还很多，我之所以要说这个内容，就是要强调王国维先生关于古人和我们现在人对世界看法是不同的。

我的发言到此为止，希望各个专家、学者多提宝贵意见！

（作者系清华大学教授）
二〇〇九年八月七日

涿鹿古文化论坛演讲

宋镇豪

十年前，1999年我曾来涿鹿矾山镇，参加过由中国先秦史学会、河北省社科院、涿鹿县人民政府等单位共同发起组织的"全国首届涿鹿炎黄蚩三祖文化学术研讨会"，十年后我再度来到涿鹿这块热土，出席本次"中华三祖文化"论坛，不禁思绪如涌，难以自止。

河北省张家口市涿鹿县及其周围地区，地处蒙古高原东南缘坝下及太行山脉和燕山山脉相交的山前草原过渡地带，是古代人类南北东西纵横交接融汇的重要活动舞台。考古发现表明，这一带有许多旧石器时代、新石器时代仰韶文化、龙山文化、夏家店下层文化以及商周以来的考古文化遗存，文脉演绎源远流长，文化现象明显带有山东、山西、河南、陕西、辽西等地的考古学文化因素，又强烈呈现出冀北自身发展的特色。由内蒙古境内东部发现的赤峰英金河、阴河流域几十处史前古城堡群，联缀成为半月牙状弧带，构成涿鹿地区的北翼，山东、河南、山西等地发现的仰韶至龙山文化时期的几十处史前城址，则在其南、其西形成掎角之势。史传远古时黄帝、炎帝、蚩尤三大集团间的纷纷扰扰，也都在涿鹿地区展开。本次盛会在涿鹿举行，探讨中华文明邈远的演进流程，昭示博大精深的传统文化内涵，择地十分理想，对弘扬中华文化，提升中华民族的凝聚力，是有相当的学术影响和积极的现实意义。

从历代文献到地下出土战国楚简中关于炎帝、黄帝、蚩尤在涿鹿活动的传述，可谓绵延不绝，均揭示了一个事实，即炎帝、黄帝、蚩尤同是中华文明形成之初的人文三祖。炎帝和黄帝虽代表了远古所历经的两个前赴后继的时代延续，但炎、黄、蚩三族的文化发展却是平行并进式的，三族有分布地域上的不同，社会构成及生活习俗上的差异，其间的纵向与横向关系，都是了解中华古代文明形成及早期国家产生过程的关键。黄帝、炎帝、蚩尤三族在涿鹿地区风云际会，此地由此成为中华民族文明初始重大活动的圣地。因此，研究三祖文化，探源中华文明，涿鹿自有着无可替代的人文历史地理优势。

关于炎帝、黄帝、蚩尤三族的发祥地。据《国语·晋语》所说："黄帝以姬水成，炎帝以姜水成"，炎、黄两族均发祥于西部黄土高原今陕西渭水流域，黄帝族又是姬姓周人的始祖，涿鹿炎、黄两族的活动，是自西向东的发展。应注意者，传世文献中凡提及炎、黄、蚩的活动地名，每每与"中冀""冀州""涿鹿""阪泉""釜山"等相系，如：

《逸周书·尝麦解》云："蚩尤乃逐帝（赤帝），争于涿鹿之河（阿），九隅无遗，赤帝大慑，乃说于黄帝，执蚩尤杀之于中冀……"

《左传》僖公二十五年记晋侯将出兵勤王，"使卜偃卜之，曰吉，遇黄帝战于阪泉之兆"。

《山海经·大荒北经》记："蚩尤作兵伐黄帝，黄帝乃令应龙攻之冀州之野。"郭璞注云："冀州，中土也。"

《史记·五帝本纪》："（黄帝）以与炎帝战于阪泉之野，三战然后得其志。蚩尤作乱，不用帝命，于是黄帝乃征师诸侯，与蚩尤战于涿鹿之野，遂禽杀蚩尤……合符釜山，而邑于涿鹿之阿。"

"中冀""冀州""涿鹿""阪泉""釜山"，其地就在今河北北部涿鹿一带的冀北地区。炎黄创业活动的三大要地——涿鹿、阪泉、釜山，均在今河北省涿鹿一带。

清代道光年间保安知州杨桂森撰《矾山考古记》，北京大学王北辰教授《黄帝史迹涿鹿、阪泉、釜山考》都有过实地考证。

远古时期炎帝、黄帝和蚩尤的重要政治、军事活动都发生在涿鹿地区，传世文献对此早有记载，除上举诸书外，又如：

《战国策·秦策》记苏秦说秦惠王曰："黄帝伐涿鹿而禽蚩尤。"

《大戴礼记·五帝德》云："孔子曰：黄帝少典之子也，曰轩辕……抚万民、度四方，教熊、罴、豹、虎以与赤帝战于阪泉之野，三战然后得其志。"

可知传说中，中国历史上最早发生的两次战争，都交织在涿鹿地区。黄帝先"与炎帝战于阪泉之野，三战然后得其志"，继而"蚩尤作乱，不用帝命，于是黄帝乃征师诸侯，与蚩尤战于涿鹿之野，遂禽杀蚩尤"。据《史记·五帝本纪》说，两战胜利后，黄帝控制的四至范围，"东至于海，登丸山及岱宗，西至于空桐，登鸡头，南至于江，登熊、湘，北逐荤粥，合符釜山，而邑于涿鹿之阿"。

这两次战争也见于一部千年疑讼的《归藏》书中。《归藏》为"三易"之一。《周礼·春宫·太卜》："三易之法，一曰连山，二曰归藏，三曰周易。"《帝王世纪》说："夏人因炎帝曰连山，殷人因黄帝曰归藏，文王广六十四卦，著九六之爻，谓之周易。"其中《连山》《归藏》两部古老的筮占汇集，在汉魏时已不传，晋隋时先后复出，被疑为伪书，在宋元间又相续失传，但传世文献中尚散见一些佚文。1993年湖北江陵王家台15号秦墓出土竹简，发现两种《归藏》残简394枚，总字数4000余字，竟可与传世《归藏》佚文内容相对照，所谓晋隋以来伪书说，今又有重新检讨的必要了。如《太平御览》卷七九引《归藏》佚文："昔黄帝与炎神争斗涿鹿之野，将战，筮於巫咸。巫咸曰：果哉，而有咎。"

王家台竹简《归藏》也有云："昔黄帝与炎帝战……（巫）咸。（巫）咸占之曰：果哉，而有吝（咎）……"

两者文辞几乎相同，记载了我国历史上最早的发生于涿鹿地区的炎、黄、蚩之间的两次战争中的一次，即《逸周书》中记载的黄帝与炎帝在涿鹿的阪泉之战。这次战争是东西文化的撞击和交汇，促成了炎黄集团的联盟关系的形成。另一次涿鹿之战在王家台秦墓竹简《归藏》536简亦有涉及："昔者蚩尤卜铸五兵，而支占赤……"乃是此后炎黄集团与来之山东地区九黎蚩尤族的涿鹿之战的史影。这次战争成为一次东部地区南北文化交流和炎黄、蚩尤两大集团重新组合的标志。这两次战争虽带有原始性，并夹杂着许多神话色彩，但若滤掉其中的荒诞成分，毕竟提供了原始战争的史影素材。这类战争是民族融合的催化剂，有推动文明进程的积极作用，由此成为中华民族融合的动力。从这个意义上讲，涿鹿是中华民族的奠基地、发祥地和寻根问祖的圣地。

有关黄帝的传说中，有着许多东方文化的因素，黄帝是在我国东方地区全面登上历史舞台的，甚至周初"封黄帝之后于蓟"，说明冀北地区曾成为黄帝余裔的世居地。一般认为，炎帝、黄帝发迹于黄河中上游的西部地区，蚩尤原居地在黄河下游的山东境内，而涿鹿是炎、黄、蚩三族的前沿接触地，也是三大集团最终实现大融汇的归宿地。炎帝和蚩尤族后来又相机南下，最后立足南方长江流域，成为南人崇拜的两大始祖。特别要提到蚩尤，在中国古史上的地位与炎帝、黄帝一样，应占同等重要的一席，过去讲炎黄文化，不够全面，蚩尤对中华文明发展的影响，应予充分肯定，把炎、黄、蚩尤作为中华民族人文三祖，不仅符合中国历史实际，而且利于民族团结。

中华文明探源，应该重视涿鹿地区历史文脉的钩沉探颐。文明思源，重申和肯定涿鹿在中华文明发展史上的地位，加强涿鹿始祖文化旅游资源建设，对促进涿鹿和张家口地区社会经济与文化的振兴，前景无疑是好的。

参考资料：

《逸周书·尝麦解》："昔天之初，□作二后，乃设建典，命赤帝分正二卿，命蚩尤于宇少昊，以临四方，司□上天末成之庆。蚩尤乃逐帝，争于涿鹿之河（阿），九隅无遗。赤帝大慑，乃说于黄帝，执蚩尤，杀之于中冀。以甲兵释怒，用大正顺天思序，纪于大帝，用名之曰绝辔之野。"

清马（马骕）《绎史》卷五引《周书》："昔天之初，作二后，乃设建典，命赤帝分正二卿，命蚩尤于宇少昊，以临四方，司上天莫成之庆。蚩尤乃逐帝，争于涿鹿之河（阿），九隅无遗，赤帝大慑，乃说于黄帝，执蚩尤，杀之于中冀。"

《逸周书·史记解》："昔阪泉氏用兵无已，诛战不休，并兼无亲，文无所立，智士寒心，徙居至于独鹿，诸侯畔之，阪泉以亡。"

《山海经·大荒北经》"蚩尤作兵伐黄帝，黄帝乃令应龙攻之冀州之野"。郭璞注云："冀州，中土也。黄帝亦教虎、豹、熊、罴，以与炎帝战于阪泉之野而灭之。"

《史记·五帝本纪》："（黄帝）以与炎帝战于阪泉之野，三战然后得其志。蚩尤作乱，不用帝命，于是黄帝乃征师诸侯，与蚩尤战于涿鹿之野，遂禽杀蚩尤。……东至于海，登丸山及岱宗，西至于空桐，登鸡头，南至于江，登熊、湘，北逐荤粥，合符釜山，而邑于涿鹿之阿。"

"《集解》服虔曰：阪泉，地名。皇甫谧曰：在上谷。《正义》：阪音白板反。《括地志》云：阪泉今名黄帝泉，在妫州怀戎县东五十六里，出五里至涿鹿，东北与涿水合。又有涿鹿故城，在妫州东南五十里，本黄帝所都也。《晋太康地里志》云：涿鹿城东一里有阪泉，上有黄帝祠。按阪泉之野则平野之地也。《正义》谓黄帝克炎帝之后。《正义》言蚩尤不用黄帝之命也。《集解》服虔曰：涿鹿，山名，在涿郡。张晏曰：涿鹿在上谷。《索隐》或作浊鹿，古今字异耳。按《地理志》上谷有涿鹿县。然则服虔云：在涿郡者，误也。《集解》皇览曰：蚩尤冢在东平郡寿张县阚乡城中，高七丈，民常十月祀之，有赤气出，如匹绛帛，民名为蚩尤旗。肩髀冢在山阳郡巨野县，重聚大小与阚冢等。传言黄帝与蚩尤战于涿鹿之野，黄帝杀之，身体异处，故别葬之。《索隐》按，皇甫谧云：黄帝使应龙杀蚩尤于凶黎之谷。或曰：黄帝斩蚩尤于中冀，因名其地曰绝辔之野。《皇览》书名也，记先代冢墓之处，宜皇王之省览，故曰《皇览》，是魏人王象、缪袭等所撰。"

魏郦道元《水经注》卷十三"（㶟水）又东过涿鹿县北"。注："涿水出涿鹿山，世谓之张公泉，东北流经涿鹿县故城南，王莽所谓怖陆也。黄帝与蚩尤战于涿鹿之野，留其民于涿鹿之阿，即于是也。其水又东北与阪泉合，水导源县之东泉。《魏土地记》

曰：下洛城东南六十里有涿鹿城，城东一里有阪泉，泉上有黄帝祠。《晋大康地理记》曰：阪泉亦地名也。泉水东北流，与蚩尤泉会，水出蚩尤城，城无东面。《魏土地记》称涿鹿城东南六里有蚩尤城，泉水渊而不流，霖雨并则流注阪泉。"

《水经注》卷十三"漯水又东，温泉水注之，水上承温泉于桥山下"。注："《魏土地记》曰：下洛城东南四十里有桥山，山下有温泉，泉下有祭堂，雕檐华宇，被于浦上，石池吐泉，汤汤其下，炎凉代序，是水灼焉无改，能治百疾，是使赴者若流，池水北流入于漯水。"

唐李泰《括地志》："涿鹿故城在妫州（上谷郡）东南五十里，本黄帝所都。《太康地里志》城东一里有阪泉。"

《大平御览》卷五十五引《帝王世纪》："黄帝与神农氏战于阪泉之野。又曰：炎帝杀蚩尤于中冀，名其地曰绝辔之野。"

《大平御览》卷一百五十五引《帝王世纪》："黄帝都涿鹿，于《周官》幽州之域，在汉为上谷，而《世本》云：涿鹿在彭城南。然则上谷本名彭城，今上谷有涿鹿县及蚩尤城，阪泉地又有黄帝祠，皆黄帝战蚩尤之处也。"

宋乐史《太平寰宇记》卷七十一："涿鹿山山下有涿鹿故城，涿水出焉。美颉山黄帝祠，有泉湛而不流，即古阪泉也，今在城东二百步。"

宋王应麟《玉海》卷二十四《黄帝泉》引《史记正义》："阪泉今名黄帝泉，在妫州怀戎县东五十六里，出五里至涿鹿，东北与涿水合。《晋大康地理志》云：城东一里有阪泉，上有黄帝祠。"

宋罗泌《路史》卷十四《后纪五》："黄帝抚万灵，度四方乘龙而四巡，东薄海禅丸山，西逾陇（欸）笄屯，南入江内涉熊湘，北届（浮）碣，南临玄扈。乃开东苑，被中宫，诏群神，授见者，斋心服形以先焉，作清角，乐大合而乐之，鸣鹤翱翔，凤凰蔽日。于是合符于釜山，以观其会。"

清高士奇《春秋地名考略》卷十二《阪泉》："僖二十五年，秦伯晋侯将纳，王卜之，遇黄帝战于阪泉之兆。杜注：黄帝与神农之后战于阪泉之野，胜之。臣谨按：汉涿鹿县属上谷郡。应劭曰：黄帝战蚩尤处。文（颖）曰：阪泉在上谷。《水经注》涿鹿城外一里有阪泉，上有黄帝祠，泉水东北流，与蚩尤泉合，水出蚩尤城，城在涿鹿城东南六里。水又东北入涿。《括地志》黄帝泉在怀戎县东五十六里，今在直隶保安州境。"

清江永《春秋地理考实》卷一："《传》通黄帝战于阪泉之兆。杜注：黄帝与神农之后姜氏战于阪泉之野。今按，《括地志》阪泉今名黄帝泉，在妫州怀戎县东五里。又《晋地志》云：涿鹿城东一里有阪泉，阪泉之野则平野之地也。唐妫州怀戎县，今为怀来县地。涿鹿城在保安州，皆属直隶宣化府。"

（作者系中国社会科学院历史研究所研究员）

二〇〇九年八月七日

合符釜山与合符文化

任昌华

五千年前，黄帝、炎帝、蚩尤三大人文始祖，经过长期碰撞，磨合之后，在今河北省涿鹿县的釜山举行了大合符，并由此形成了"合符文化"。

那么，什么是"合符釜山"？"合符釜山"出自太史公司马迁的《史记·五帝本纪》。其中，有黄帝"合符釜山，而邑于涿鹿之阿"的记载。

人所共知，黄帝时代距今五千年左右。黄帝部落是以北方戎狄人为主体的联盟集团，他们先是在涿鹿与以蚩尤为代表的东部部落联盟进行涿鹿之战，打败了蚩尤。《史记·五帝本纪》这样记载："蚩尤作乱，不用帝命，于是黄帝乃征师诸侯，与蚩尤战于涿鹿之野，遂擒杀蚩尤。"涿鹿之战后，黄帝又与炎帝为首的西部部落集团在涿鹿县的阪泉进行了有名的"阪泉之战"，打败了炎帝。《史记·五帝本纪》就这场战争记载："黄帝与炎帝战于阪泉之野。三战然后得其志，于是合符釜山，而邑于涿鹿之阿。"两战之后，黄帝继续南征北战，"天下有不顺者，黄帝从而征之"（《史记·五帝本纪》）。直到黄帝控制了"东至于海，登丸山，及岱宗。西至空桐，登鸡头。南至于江，登熊、湘。北逐荤粥"（《史记·五帝本纪》），这样一个广阔的地域。在这种社会条件和历史背景下，黄帝将所有氏族、部落，部落联盟的首领召集于涿鹿县的釜山，举行了政治大会盟，即司马迁所说的黄帝"合符山釜"。至此，黄帝与诸侯在釜山合符契，"诸侯咸尊轩辕为天子"（《史记·五帝本纪》），天下共认黄帝为共主，一统天下。

釜山在何处？釜山即厉山，在今涿鹿县城西南十公里处的窑子头村，协阳山谷之北，即今涿鹿县辉耀乡岔道的协阳古道北端。黄帝把合符地选在釜山，是因为釜山像一口倒扣的锅，居高临下，可观四路古道，可看八方来员，可受众人敬崇。直到今天，釜山上仍留有：合符台、合符石、丹墀地和文化层及文物。这是我们的祖先留给全中华民族的一笔最值得珍爱和保护的文化遗产。

合符釜山，准确地说，不仅是以炎帝为代表的夏族予以黄帝为代表的华族的融合，事实上以蚩尤为代表的"九黎集团"的多氏族，多部落的先民也融入其中了，釜山合符奠定了中华大一统的社会基础。从此以后这些融合了的氏族部落和部落联盟的先民们，在黄帝的统领下，南下北上，西去东来，与当地的先民插花杂居，又形成了更大范围、更大规模的融合，逐步实现了整个中华民族的大融合、大统一。由此可以说，合符釜山，不仅只是华夏先民的融合统一，而实实在在的是中华各民族先民的大融合、大统一。

在釜山进行的合符是什么意思，也就是干了些什么值得我们这样纪念的事呢？通俗地说：这次合符就如同新中国成立前第一届政治协商会议一样，要选主席、定国名、定国旗、定国歌、定首都等。黄帝组织的釜山合符，虽然没有这么复杂，但所做的事近乎这样重大。当时，最重要的是办了三件事，一是共推轩辕为天子，公认黄帝为共主，中华先民第一次有了共认的领袖和统治者；二是合符契，即将原来各氏族、部落、部落联盟各自的图腾或叫符契一律废除。同时，又取各氏族、部落、部落联盟图腾的某一突出点组合共创了一个虚拟而又活现的、集万物于一身的、统一共认的图腾——龙，作为中华民族的共认的符契。可以说龙的产生是中华民族先民集体智慧的结晶，是中华民族大融合，大统一的标志，是中华民族由"迁徙往来无常处"的游牧状态进入农耕社会，由母权制进入父权制，由荒蛮社会进入文明时代的社会跨越式变革的里程碑；三是定都涿鹿，经过合符，天下公认黄帝为共主，统一符契共称龙。黄帝作为天子，奉天之命"邑于涿鹿之阿"。就是在涿鹿山边的一个高地上建起了都城，即黄帝城。后来曾称过：轩辕之丘、青丘，黄帝城，涿鹿故城，中华初都等。"合符釜山"的三个主要事件，是决定当时社会发展方向，历史发展进程的最重大的事件。我们可以假想：两战之后，如果黄帝不举行合符，不统一符契，不确立黄帝作为天子的统治地位，不在涿鹿及时建都，就没有统一的中华民族。争战会重起，融合会破裂，纷争割据会重演。那么，中华文明的开源、生产技术的发展，社会进步的变革就不会是合符以后的局面和走向。相反，可能许多氏族，部落仍然会在相当长的时期内在荒蛮中摸索，在"求生存"中挣扎。中华先民仍然会四分五裂、争战不断。文明社会可能要推迟几百年甚至上千年才能实现。今天，我们中华儿女都荣耀地喊

"中华文明五千年"，这要归功于黄帝的"合符釜山"的历史壮举，而釜山在涿鹿，所以，大史学家顾颉刚说："千古文明开涿鹿。"

五千年前黄帝"合符釜山"作为一个重大的历史史实当然值得全民族的永久纪念。但是，更值得纪念和永远传承的是"合符釜山"形成的合符文化和思想理念。

首先，我们从"合符釜山"的史实中，看到了一种融合统一的文化和团结稳定就发展的思想理念。轩辕黄帝作为胜者，既不把自己本部族的图腾强加于其他族的先民，也不维系各氏族原有的图腾，而是依据先民的智慧共创下个新的图腾。这既表现了黄帝的博大胸怀和撼山的魅力以及高度的包容和民主，又反映了各氏族的先民们的大局观念和凝聚意识。时至今日，我们中华民族仍然是视民族团结和祖国统一为生命，为这个大局，可以求同存异，可以做出最大的包容，可以做出局部最大的牺牲，这就是"合符釜山"形成的合符文化和思想理念。

其次，我们从"合符釜山"的史实中，看到了一种实事求是、与时俱进的文化和改革创新的思想理念。黄帝两战全胜，奠定了融合统一的社会基础。在这种社会背景下，黄帝面对现实，进行了合符，与其他氏族、部落平等相待，以德震慑，凝聚了民心，把中华民族带进了一个文明的新时代。这种实事求是、与时俱进的精神，改革创新推动社会不断发展进步的精神，至今仍然是我们中华民族不朽的文化和传统。

再次，从"合符釜山"的史实中，我们还看到了一种统一意志、服从大局的文化，万众一心、坚韧不拔的精神。黄帝合符就是统一天下先民们的意志，就是要各氏族、部落服从一个号令，接受统一的领导。定都涿鹿，就是要所有的氏族、部落都能为了一个共同的目标，万众一心地奋斗，决不停步不前，合符了事。而是建立统治中心，开始有组织、有领导、有目的的大发明、大创造。正是由于有了这种坚韧不拔，永不衰退的思想理念，才有了合符以后的"仓颉造字""迎日推策""定音律，获宝鼎""时播百谷草木，淳化鸟兽虫娥，旁罗日月星辰，水波土石金玉，劳勤心力耳目，节用水火材物"等。这种合符文化流传五千年，至今仍是我们中华民族重要的文化理念和精神支柱。

最后，我们从"合符釜山"的史实中，看到了一种勇于发明创造、重视科技进步的文化和勤劳智慧，艰苦奋斗的思想理念。龙的产生是智慧的结晶，创造的成果。发明农具、驯化野兽、冶炼制铜、缫丝织帛、观天象、定刑律等，这都包含先民们百折不挠、艰苦创业、发明创造，重视科技的精神和思想理念，仍然在指导我们不断地发展进步，致使我们中华民族在世界民族之林中始终处于不败之地。

　　总之，合符文化是以炎、黄、蚩三大始祖为代表的中华先民们留给我们后人的一笔古老、最基本、最精华的精神财富和文化理念，是博大精深中华文化的基石和主根。可以说，没有合符文化就没有延绵不断的中华文化，没有合符文化，中华文化就是无本之木、无源之水。五千年来，我们中华民族之所以历经磨难而永不衰落、历经艰险而永不败退，历经沧桑而永不熄灭，历经摧残而永不溃散，说到底，就是由于我们有"合符釜山"形成的合符文化和思想理念作为最强大的精神支柱和最坚定的思想文化支撑。因此，扬弘中华合符文化，对于振兴中华民族精神，促进祖国统一，复兴中华大业具有不可估量的作用。

（作者系涿鹿中华三祖文化研究会会长）
二〇〇九年八月七日

黄帝"合符釜山"的文化理念及其现实借鉴

孙继民　宋坤

"合符釜山"之记载出自太史公司马迁《史记·五帝本纪》。据《史记》载，黄帝先经阪泉迎战炎帝，"三战而得其志"。黄、炎结盟之后，又经涿鹿之战平定蚩尤之乱。涿鹿之战后，黄帝认识到"日中不奈，是谓失时，操刀不割，失利之期"。于是"天下有不顺者，黄帝从而征之。平者去之。披山通道，未尝宁居。东至于海，登丸山，及岱宗。西至于空桐，登鸡头。南至于江，登熊、湘。北逐荤粥"，之后集合所有氏族、部落、部落联盟的首领"合符釜山，邑于涿鹿之阿"。

众所周知，黄帝神话的流传、演变经过了一个漫长的历史过程。通过这个过程，黄帝成为中华民族的祖先和象征，但是这个过程也为后人认识黄帝其人其事蒙上了层层迷雾，造成现在几乎每个关于黄帝的传说都存在着各种争议，"合符釜山"也不例外。目前学术界"合符釜山"的争议主要存在以下两个方面：一、关于所合之"符"的争议。有的学者认为黄帝在釜山所合之"符"这"符瑞"，即各部族之图腾。黄帝"合符"是将各部族不同之图腾融合为"龙"这一统一之图腾。而有的学者则认为，"符"为"兵符"，"合符"即将所有派将征战时发出的兵符一一相合而验后收回，表示征战结束、神州大地从此完全一统。二、关于"釜山"之争。这是目前关于黄帝"合符釜山"一事争议最大之处，主要有两说："徐州釜山说"和"涿鹿釜山说"。

诚然，关于黄帝"合符釜山"一事的历史真实性问题在学术界存在着种种争议，但笔者认为这一流传千年的传说背后的文化理念更加值得我们深思。

首先，"合符釜山"所体现的最核心的文化理念即为"中华大一统"。在涿鹿之战前，黄河流域存在着炎帝、黄帝、蚩尤三个大的部族以及周边多个小部族，各部族之间则处于各自为政、万邦林立的分裂局面。而"合符釜山"不仅仅是炎、黄两个部落的统一，它实际上是包括蚩尤的"九黎集团"和周边多个小部族在内的多氏族、多部落的大统一。这在中国历史上是一个标志性的大事件，它奠定了中华大一统的社会基础，是中华民族发展进程中的第一个里程碑。而在黄帝初步建立中华一统大业之后，历经后世秦、汉、唐、宋等各个中央集权王朝的发展，几千年来"大一统、大团结"的文化理念已成为我们民族精神的重要内容之一。从孔子"一匡天下"到孙中山的"天下为公"，从陆游"王师北定中原日，家祭勿忘告乃翁"的临终期盼，到鲁迅"我以我血荐轩辕"的文人忧患，其核心理念都是维护中华民族的完整统一。正如《炎黄汇典·祭招》所说："黄帝之所以受到如此崇敬，固然是因其开创了中华大地上的一统之业，而更重要的则还在于其一统之业得以世代承传，五千年来，或有短时相分，然不为常态，最后皆重归于统一；虽然多次改朝换代，统领者各属不同族系，然皆归宗于炎黄正统；版图有扩，而中央之域未迁。"

其次，大会盟，成就了大一统；大合符，昭示着大融合。"合符釜山"还体现了"和合"的文化理念。黄帝"合符釜山"之后，将原来各部族不同的图腾融合为统一图腾——龙。而龙这一图腾的出现除了意味着凝聚为超越亲属部落的民族共同体的出现，同时还意味着中国境内大大小小的部族开始逐步融合为华夏族、汉族以至中华民族的历史演变进程，并由血缘民族开始进化为文化民族。正像学人所言："进行了一次大规模的搅拌活动，形成了华夏民族初始阶段你中有我、我中有你、密不可分状况。"同时，黄帝的"合符"也意味着罢战休兵，化干戈为玉帛，与其他氏族、部落平等相待，以致出现了"万国和，而鬼神同川封禅与为多焉"的局面。毛主席就曾在《祭黄帝文》中说："懿维我祖，命世之英，涿鹿奋战，区宇以宁。"这也体现了一种"和合"的文化理念，即朴素的"和为贵""合为上"和思想，这是我们先祖首次把"和合"的文化理念注入军事政治活动之中。而正是由于战争停息，才促进了社会文明和生产力的快速发展，把中华民族带进了一个文明的新时代。"合符釜山"实是我们中华民族先祖跨入文明门槛的标志。也正因如此，大史学家顾颉刚才说："千古文明开涿鹿"，釜山居于涿鹿。

最后，"合符釜山"体现了一种"崇文尚德"的文化理念，据《史记·五帝本纪》记载，在阪泉之战前，"炎帝欲侵陵诸侯，诸侯咸归轩辕。轩辕乃修德振兵，治五气，艺五种，抚万民，度四方"。而正是由于这些

"修德振兵、抚万民、度四方"的措施，黄帝才取得了阪泉之战的胜利。并且在"合符釜山"之后，黄帝更是依靠其"德治"的感召，使其治下出现了"万国和，而鬼神山川封禅与为多焉"的繁盛局面。除此之外，黄帝还非常重视"文治"，史载黄帝在"合符"之后，采取的治民政策包括"顺天地之纪，幽明之占，死生之说，存亡之难。时播百谷草木，淳化鸟兽蛾，旁日月星辰，水波土石金玉，劳勤心力耳目，节用水炎材物"。另外还包括"命大挠作甲子，仓颉作之书，伶伦定律吕，隶首定算数，并咨岐伯作内经，创医药之方，其妃嫘祖，又育蚕治丝纴衣裳之制，凡开物成务之道，宫室器用之制，至是大备"。虽然这些记载、传说不一定完全真实可信，但是其中所体现的"崇文尚德"的文化理念却一直是几千年来博大精深的中华文化的基石和主根。正如孙中山先生在1912年《祭黄帝文》中所赞："中华开国五千年，神州轩辕自古传。创造指南车，平定蚩尤乱。世界文明，唯有我先。"

虽然，"合符釜山"之事发生于上古时期，距今已五千余年，但是其所体现的文化理念对于我们处理当今社会中存在的一些矛盾冲突仍然有着极为重要的借鉴意义。比如分别于去年3月14日发生在西藏拉萨等藏族聚居区和今年7月5日发生在新疆乌鲁木齐市发生的打砸抢烧严重暴力犯罪事件，不仅造成了多人伤亡和当地的经济损失，而且破坏了我国长久以来所形成的民族团结局面，在国内外都造成了恶劣的影响。这两起暴力事件均是典型的由境外民族分裂分子指挥、境内不明真相的少数支持者行动，有预谋、有组织的民族分裂行动，其险恶用心就是煽动狭隘的民族主义，妄图达到其破坏社会稳定，干扰社会发展，进而妄图以牺牲当地民众的切身利益为代价，从而达到其分裂中华民族，满足其少数人私利的险恶用心，而在此情势之下，我们除了要通过法律手段和宣传媒体与境外的民族分裂分子进行针锋相对的斗争外，还需要对广大的社会民众积极宣传、倡导"合符釜山"所体现的"中华大一统""和合""崇文尚德"的文化理念，使民族团结共荣的思想深入人心。

"合符釜山"形成了我国多民族大一统国家的雏形。在这之后的几千年的历史发展进程中，各民族生死与共，携手并进，相互融合，共同开创了多元繁荣的中华文明。纵观中国历史，分裂就意味着战乱，只有国家统一才有利于民族的交流和融合，有利于文化经济的多样性发展。也只有国家统一才能创造政治稳定，经济繁荣的"文景之治""光武中兴""贞观之治""开元盛世""康乾盛世"等盛世局面。只有"中华大一统"才符合中华民族的共同利益。因此，越是在境外敌对势力想方设法制造民族矛盾，企图分裂祖国的时候，我们越是要积极倡导"中华大一统"和"和合"理念，维护民族团结、珍视民族团结，捍卫中华民族的最高利益，严厉打击民族分裂主义，坚决粉碎境内外敌对势力的分裂破坏图谋。

（孙继民系河北省社会科学院副院长）

二〇〇九年八月七日

古涿鹿地望及相关问题辨析

沈长云　白国红

黄帝是中华民族的始祖，又是一位伟大的人文初祖，与他相关的遗迹和事迹，遍布中华大地，遍见文献典籍，为后世子孙所景仰。我们满怀崇敬之心，欲对与黄帝有关问题略述自己的看法，以就教于诸位方家。

一、古涿鹿地望辨析

古涿鹿是黄帝族的兴盛之地，对其地理位置的确定具有重历史意义。然而，自汉代以来这一问题即呈现众说纷纭的局面，就我们目力所及，已有近十种观点。其中影响最大的当数河北涿鹿说和山西运城说。仔细梳理文献和前人的论证，我们认为，河北涿鹿说较之山西运城说更为令人信服。具体理由如下所述：

1. 先秦古籍中多次明确提到古"涿鹿"，根本无须待音转而定。持山西运城说的学者，根据我国历史文献尤其是先秦文献中存在的同音假借现象，将"涿鹿"同音假借为"浊卤"或"浊陆"，[①]以与山西运城之有盐池相对应，从而得出古涿鹿在山西运城的结论。虽然在中国古代历史研究中"同音假借"方法的正确使用确实在破解许多历史疑难问题时都发挥了相当重要的作用，但是，这一方法的运用首先要克服的就是随意性。而先秦古籍中多次明确提到"涿鹿"，根本无须待音转而定：

（1）《逸周书·尝麦解》："蚩尤乃逐帝，争于涿鹿之阿，九隅无遗。"

（2）《战国策·秦策》："神农伐补遂，黄帝伐涿鹿而擒蚩尤。"

（3）《庄子·盗跖》："……然而黄帝不能致德，与蚩尤战于涿鹿之野，流血百里。"

（4）《太平御览》卷十九引《归藏》佚文："昔黄帝与炎神争斗涿鹿之野，将战，筮于巫咸。"

在这些先秦文献中，都没有将"涿鹿"同音假借为其他写法，可见，"涿鹿"实为某一古地名的确称，这自然就否定了因将"涿鹿"假借为

"浊卤"或"浊陆"而推导出的此地应在山西运城的说法，为我们论证其地即为今河北涿鹿提供了前提。

2.《山海经》中相关内容的记述为我们提供了古"涿鹿"在我国北方的证据。《山海经》一书因记载了大量神异怪诞之事，导致学者们在很长一段时间内对其学术价值产生严重怀疑。然而著名历史地理学家谭其骧先生在对此书进行严肃、细致的研究之后，充分肯定了它的地理学价值。②更有学者认为，"特别要强调的是，《山海经》是一部没有经过后人系统化处理的古籍，其中关于地理的资料是最古老，也是非常可信的"③。上述所言，是我们进行本节论述的重要前提。

首先，《山海经》中记载有许多后裔散居北方，具体引述如下：

（1）《大荒西经》："有北狄之国。黄帝之孙曰始均，始均生北狄。"

（2）《大荒北经》："有毛民之国，依姓，食黍，使四鸟。"在《国语·晋语四》有关黄帝之子得姓的记载中即有"依姓"一支，可见，此"毛民之国"为黄帝后裔所建。

（3）《大荒北经》："有大人之国，釐姓，黍食。""釐""僖"二字古文献中经常通用，而"僖姓"也是《国语·晋语四》中所记黄帝后裔之一支。可知，此"大人之国"也是黄帝后裔所立之国。

（4）《大荒北经》："又有无肠之国，是任姓，无继之，食鱼。""任姓"也是《国语·晋语四》中所言黄帝分姓诸子中的一支。

（5）《大荒北经》："有儋耳之国，任姓。"《国语·晋语四》中所载黄帝后裔有"任姓"一支。

（6）《大荒北经》："黄帝生苗龙，苗龙生融吾，融吾生弄明，弄明生白犬，白犬有牝牡，是为犬戎。"

（7）《海外北经》："北方禺强，人面鸟身，珥两青蛇，践两青蛇。"郭璞注："字玄冥，水神也。"庄周曰："禺强立于北极。一曰禺京。"而"禺京"为黄帝后裔，又在《大荒东经》中有载："黄帝生禺虢，禺虢生禺京，禺京处北海，禺虢处东海，是为海神。"可知，身处北方的"禺强"也是黄帝后裔。

从上所引篇目及内容均可得出黄帝多有后裔散处北方的结论。

其次，与涿鹿大战有牵涉的数位人物（或称部族），他们在《山海经》中出现时多与北方有关。

（1）《大荒北经》："黄帝乃下天女曰魃，风止，遂杀蚩尤。"

(2)《大荒北经》："大荒之中，有山名曰成都载天，有人珥两黄蛇，把两黄蛇，名曰夸父。"同篇又载："应龙已杀蚩尤，又杀夸父。"按袁珂先生的见解，在黄帝与蚩尤之战中，夸父是蚩尤的同盟。④

(3) 此外，夸父又在《海外北经》中出现："（夸父）渴，欲得饮，饮于河渭，河渭不足，北饮大泽，未至，道渴而死。弃其杖，化为邓林。"

(4)《绎史》卷五引《黄帝内传》有"黄帝斩蚩尤，蚕神献丝，乃称织维之功"的记载，此蚕神在《海外北经》中也见载："欧丝之野，在大踵东，一女子跪据树欧丝。"

从上述人物（或称部族）在《山海经》中出现的篇目可知，他们应处在北部地带。

既然黄帝的后裔们多居处北方，与黄帝有密切关系的诸位著名人物（或称部族）也居于北方，那么我们有理由相信，黄帝族居住的地方应在北方，南至山西运城的可能性很小，如此，唯一能与之对应的即今河北涿鹿。

3. 周武王建朝后封黄帝后于蓟，这是证明与黄帝相关联的涿鹿即今河北涿鹿的最有力证据。相关文献记载见于《礼记·乐记》："武王克殷反商，未及下车而封黄帝之后于蓟，封帝尧之后于祝，封帝舜之后于陈。下车而封夏后氏之后于杞，投殷之后于宋。"除此之外，《史记·乐书》也有相同的记载。⑤从中可以看出，周武王褒封先圣王之后并不是随意为之，而是将其封建在各自的故地。周人乃是黄帝后裔，这是学术界公认的，对于自己祖先的原居地应该是清楚的，周武王既然将黄帝之后封于蓟，这显然是周人肯定"蓟"及其周边就是黄帝族的原居地。而"蓟"的地望即今北京市西部，与今河北涿鹿近在咫尺。由此说黄帝族所居之古涿鹿就是今天的河北涿鹿大概是没有什么问题的。

4. 从黄帝姻亲方雷氏（或称西陵氏）地望也可推知古涿鹿就是指今天的河北涿鹿。我们说方雷氏就是西陵氏是有文献依据的，《国语·晋语四》说："黄帝之子二十五人，唯青阳与夷鼓皆为己姓，青阳，方雷氏之甥也。"而《史记·五帝本纪》则记载："黄帝居轩辕之丘，而娶于西陵之女，是为嫘祖。嫘祖为黄帝正妃，生二子，其后皆有天下，其一曰玄嚣，是为青阳，青阳降居江水；其二曰昌意，降居若木。"从这两则记载可知，西陵氏即方雷氏，是同一部族的不同名称。这一部族的居地已有学者进行过考证，认为与古纍水（又称雷水）及古雷首山有密切关系，而古纍水就是今天发源于山西北部境内的桑干河，古雷首山则是今山西北部雁门关附近的累头山。⑥这一带应该就是方雷氏的居地。那么，作为方雷氏的姻亲部族，黄帝族的居地古涿鹿应该距它不远，从方雷氏又称西陵氏我们可以得到启示，黄帝族很可能就在它的东部—对应的正是今河北涿鹿。

5. 司马迁认为涿鹿应在北方。《史记·五帝本纪》记太史公曰："余尝西至空桐，北过涿鹿，东渐于海，南浮江淮矣。"以西汉首都长安为坐标，他"北过"的涿鹿只能是今河北涿鹿，而绝不会是今山西运城。

6. 汉代在上谷郡设涿鹿县，见于《汉书·地理志》，其地正在今河北涿鹿。有学者说，涿鹿为汉时所置县，为后起之名，不能以之作为古涿鹿在河北的证据。⑦我们看来，恰恰相反，这正证明直到汉代人们还都相信古涿鹿就在这一带，所以才有政府袭用古地名置县的举动。

7. 北魏郦道元所作《水经注》也持古涿鹿应今河北的观点。他在为"灅水出雁门阴，东北过代郡桑干县南，又东过涿鹿县北"句作注时写道："……涿水出涿鹿山，世谓之张公泉，东北流迳涿鹿县故城南……黄帝与蚩尤战于涿鹿之野，留其民于涿鹿之阿，即于是也。"

8. 从考古发掘来看，作为黄帝后裔的周人，死后葬式头向多北向，学者认为，这也可以接地表明黄帝族的故地应在北方，因为"尽管对于墓葬头向所表示的含义目前学者尚有不同看法，但认为其表示墓主人共同来源方向这样一种认识仍不失为一种具有说服力的解释。……崇拜祖先和崇拜亲族间凝聚力的周人大概正是以其死后埋葬的方式表示自己共同的祖源的"⑧。"结合周初封"黄帝之后于蓟的记载，则周人推崇的故地自然应该是今河北涿鹿了。

以上列举了八条证据来说明我们的观点，应该可以得出古涿鹿在今河北涿鹿的结论。

二、涿鹿之战原因辨析

涿鹿之战奠定了黄帝族在当时各部族中的优势地位，因此分析此战发生的原因是很有意义的。

对此战发生的原因做系统叙述的首推《史记·五帝本纪》，其中有言："轩辕之时，神农氏世衰。诸侯相侵伐，暴虐百姓，而神农氏弗能征。于是轩辕乃习用干戈，以征不享，诸侯咸来宾从。而蚩尤最为暴，莫能伐。炎帝欲侵陵诸侯，诸侯咸归轩辕。轩辕乃修德振兵，治五气，艺五种，抚万民，度四方，教熊罴貔貅䝞虎，以与炎帝战于阪泉之野。三战，然后得其志。蚩尤作乱，不用帝命。于是黄帝乃征师诸侯，与蚩尤战于涿鹿之野，遂禽杀蚩尤。而诸侯咸尊轩辕为天子，代神农氏，是为黄帝。"太史公笔下呈现一个世代更迭的场景，在当时的统治者神农氏政治衰微，无力掌控天下之时，天下出现动荡的局面，蚩尤以一个"暴虐""作乱"的枭雄面目出现，搅动天下大局。黄帝则以"修德"为根本，以"振兵"为手段，通过以"涿鹿大战"为转折点的一系列战争，诛杀蚩尤，重建当时的社会秩序。简言之，太史公笔下涿鹿之战爆发的原因就是黄帝要"除暴安良"，恢复天下秩序。太史公这样记载并非无据，其他文献也有类似的说法，《逸周书·尝麦解》即言："昔天之妆，作二后，乃设建典。命赤帝分正二卿，命蚩尤于宇少昊，以临四方，司上天未成之庆。蚩尤乃逐帝，争于涿鹿之阿，九隅无遗。赤帝大慑，乃说于黄帝，执蚩尤，杀之于中冀。以甲兵释怒，用大正顺天思序。"《尚书·吕刑》也说："若古有训，蚩尤惟始作乱。"以上是传统文献透露出的涿鹿之战爆发的原因。

持涿鹿为西运城说的学者认为，涿鹿即"浊卤"，涿鹿之战是黄帝、蚩尤两大集团为争夺位于今山西运城的盐池中的食盐而爆发的战争。[9]然而，将"蚩尤"与"盐池"相联系已经是非常晚起的记载了，见于北宋沈括的《梦溪笔谈》卷三，其文曰："解州盐泽方百二十里，久雨，四山之水悉注其中，未尝溢。大旱，未尝涸。卤色正赤，在阪泉之下，俚俗谓之'蚩尤血'"。又曰："轩辕冢氏诛蚩尤于涿鹿之野，血入池化卤，万世之人食焉。今池南有蚩尤城，相传是其葬处。"稍作分析即可知，沈括这一记载带有太过浓厚的韵味，且不见于更古的文献，不足信。

况且，对于后世之人来说，食盐固然是不可或缺的生活必需品，但是，我们并不能就此判定黄帝、蚩尤时期食盐已进入先民们的生活领域。至于我国先民食用"盐"起于何时，文献中的记载并不确切。《礼记·郊行牲》中尚有"大羹不和，贵其质也"的记载，在我国历史上周代贵州讲究饮食美味是非常著名的，即使这样，在他们眼中，不放任何调味品（当然也不放盐）的"大羹"却依然是诸羹之本，使用它，体现着崇尚传统。可以推知，我国先民在进入火食生活之后，还经历过一个相当长的"淡食"时期。据学者研究，甲骨文中已有"卤"字，又有"卤小臣"一词，可知商代已有盐官之设，"专门负责盐政管理，对卤盐进行官方控制"。而且，商王还将"卤"作为祭品以祭祀先王。[10]文献记载中，也是在夏末商初的伊尹"负鼎俎，以滋味说汤，至于王道"[11]与甲骨文的记载正可相互印证。因此说夏商时期，食盐已进入我国先民的日常生活，是可信的，学者更进一步推定，黄河中游自古以来最大的自然卤盐盛产地，是山西省西南部黄河由北折而东向的解州盐池，登高远望，白茫茫一片皆系卤泽，即《说文》"盐"字条说的"河东盐池"，这里在夏商时代均属于中原王朝控制领地或军事必争之地，疑夏商时代卤盐之大宗主要来自该地。⑫那么，今山西运城的盐池是夏商王朝食盐的主要产地，应该是可信的，至于黄帝、蚩尤时期的相关情况，则还需要确切的材料来证明。

如果接着追究我国先民食盐的历史，那么，还可以在《世本》中找到一条线索。《世本·作篇》秦嘉谟辑补本有言"夙沙作煮盐"，孙冯翼集本、张澍集补注本和雷学淇校辑本写成"宿沙作煮盐"，宋衷注曰："夙沙氏，炎帝之诸侯"，《北堂书钞》引《世本》则说："夙沙，黄帝臣。"如此，不正是证明了炎黄时期我国先民已开始使用食盐吗？需要讲明的是，这条资料说到"盐"应该是海盐，然非卤盐，证据有二：一是《世本·作篇》王谟辑本正作"夙沙氏煮海为盐"；二是夙沙氏为古部落名，其地望在今山东胶东地区。⑬直到春秋时期，这一姓氏仍然存在并依旧生活在其故地，齐灵公的臣子中就有名"夙沙卫"者，见于《左传·襄公十八年》，应该就是远古部族夙沙氏的后裔。因此，夙沙氏所煮当为海盐无疑，与山西运城的卤盐没有什么关系。

除以上所论外，还有一条旁证，即：先族先祖廪君与盐神的传说，《世本·氏姓篇》（秦嘉谟辑补本）言："盐水有神女谓廪君曰：'此地广大，鱼盐所出，愿留共居。'廪君不许。"这条资料似乎透露远古时期先民们对于"盐"的重要性的认识还不充分。

总而言之，就现在所见的资料来看，食盐成为我国先民们食物中的调味品的确切时间是在夏商时期。在此之前，食盐是否存在于人们的日常生活中还没有明确的证据，黄帝、蚩尤时期即使人们已经开始食用盐，也应该是海盐，且不可或缺。故而，因"卤盐"引发战争的可能性几乎不存在。

我们认为，考察涿鹿之战爆发的原因，除太史公等所记述的社会因素外，还应该把气候因素考虑进去。1972年，竺可桢先生发表了《中国五千年气候变迁的初步研究》一文，其结论是："在近五千年中的最初二千年，即从仰韶文化到安阳殷墟，大部分时间高于现在2℃左右。一月温度比现在高3℃—5℃。"⑭在此基础上，学者们经过进一步的研究，最终提出了

"仰韶温暖期"的概念,并逐渐得到公认。需要指出的是,仰韶温暖期尽管与仰韶文化相关,但并不仅仅限于仰韶文化的时期,也就是说,并不仅指距今6000—5000年的仰韶文化时期,而是要远远大于这一时期。[15]现在,学者们一般把仰韶温暖期的起止时间界定在距今8000—3000年之间。[16]另外,从空间范围看,仰韶温暖期的生态区域也不局限于仰韶文化的分布范围,它可以用来表示我国各地全新世中期生态环境的基本状况。[17]学者们研究认为,这一时期是全新世以来气候最佳适宜期,处在南北交接"生态过渡带"的黄河中下游地区,气候温暖湿润,植物繁茂,动物众多,水源充足,黄土疏松肥沃,这些适宜的生态环境为我国先民们提供了得天独厚的生存条件。[18]由此可知,黄帝、蚩尤时期,无论是经营原始农业的各个部落,还是从事游牧活动的各个部落,甚或依然处于采集、渔猎阶段的各个部族,都有相当优越的生活环境和生活资料来源。如此,这一时期社会应该呈现安定、祥和的氛围才与之相应,为何反而是在这个时期出现了我国历史上著名的涿鹿大战呢?

为了解决这一疑问,我们还是需要将与黄帝、蚩尤有关的文献资料拿来进行仔细的分析,从中可以发现,黄帝、蚩尤时期应该有过一个气候异常的阶段,因为在双方进行涿鹿大战的文献中,夹杂着许多与气候因素有关的传说:

其一,是有关女魃的传说。《山海经·大荒北经》记载:"有人衣青衣,名曰黄帝女魃。……蚩尤请风伯雨师,纵大风雨。黄帝乃下天女曰魃,雨止,遂杀蚩尤,魃不得复上,所居不雨。"可见,女魃是"干旱"的象征。

其二,是有关应龙的传说。《山海经·大荒北经》曰:"蚩尤作兵伐黄帝,黄帝乃令应龙攻之冀州之野,应龙蓄水。"《大荒东经》则言:"大荒东北隅中,有山名凶黎之丘。应龙处南极,杀蚩尤与夸父。不得复上,故下数旱,旱而为应龙之状,乃得大雨。"《大荒北经》又言:"应龙已杀蚩尤,又杀夸父,乃去南方处之,故南方多雨。"可知,应龙的出现是与"雨"相伴随的。

其三,是夸父追日的传说。《山海经·海外北经》记载:"夸父与日逐走,入日,渴,欲得饮,饮于河渭,河渭不足,北饮大泽,未至,道渴而死。"从中,我们可以读到烈日肆虐、河道干涸的景象。

有关这一时期气候异常的情况,在战国时期的诸子文献中也有透露。

《庄子·在宥》就有"自而（指黄帝）治天下，云气不待族而雨，草木不待黄而落，日月之光益以荒矣"的说法。《文子》中也有赤帝（炎帝）为炎灾，故黄帝提供了重新整合天下的历史机缘。

三、合符釜山的真实性和历史意义

根据《史记·五帝本纪》的记述，"天下有不顺者，黄帝从而征之，平者去之，披山通道，未尝宁居"。其足迹所践，"东至于海，登丸山，及岱宗。西至于空桐，登鸡头。南至于江，登熊、湘。北逐荤粥"。最终，"合符釜山，而邑于涿鹿之阿"。建立起黄帝族统治的"天下"。这是真实的历史吗？我们静心思考后，得出了肯定的答案。

首先，太史公是亲身考察、深思熟虑后才下笔成文的。这从《五帝本纪》篇末太史公一段叙述即可表明了，太史公也曾面对"百家言黄帝，其文不雅驯，荐绅先生难言之""至长老皆各往往称黄帝、尧、舜之处，风教固殊焉""书缺有间矣"这样纷繁而茫然的困境，但他经过自己的"好学深思"，终于"心知其意"，最终"择其言尤雅者""著为本纪书首"。因此，我们说，对于黄帝"合符釜山，而邑于涿鹿之阿"这样有标志性意义的历史事件，如果没有确凿的证据，太史公是绝不会轻言的，他治史的严肃性让我们相信这一记载的真实性。

其次，诸多文献中有关黄帝及其臣下发明创造的丰富记载是其确曾"合符釜山"的有力佐证。《国语·鲁语上》有言："黄帝能成命百物"，这可以说是对其人文初祖地位的笼统描述。《世本·作篇》中有具体的记载：黄帝造火食，黄帝作旃，黄帝作冕，黄帝使羲和占日，常仪占月，臾区占星气，伶伦造律历，大挠作甲子，隶首作算数，容成综此六术而著调历，后益作占岁，沮诵、仓颉作书，史皇作图，伯余作衣裳，胡曹作衣，胡曹作冕，雍父作臼，雍父作舂，雍父作杵，共鼓、化狄作舟，等等。黄帝及其臣下的发明创造真可谓蔚为大观，对这一情况我们应该如何认识呢？常识提醒我们，众多的发明创造不可能是一人或一个部族在一时之间完成的。合理的解释只能是承认"合符釜山"的真实性，上面提及的众多人名其实都是参与这一盛会的各个部族的首领，而每个部族都有自己擅长的技艺（或称发明），"合符釜山"后他们都融入了以黄帝族为核心的大部落联盟，后世文献将他们概括地称为黄帝之臣，而黄帝作为部落联盟的首领自然成为当时各文明因素的代表，久而久之，便确定了他人文初祖的地位。

再次，文献中所载黄帝臣子的名称也可证明"合符釜山"一事的真实性。黄帝臣子有名"风后、力牧"者，见于《史记·五帝本纪》《汉书·艺文志》《太平御览》卷十五引《志林》《帝王世纪》等诸多典籍，应该真实可信。而"后""牧"都是对古代部族首领的称呼，甚至夏、周二代中央政权的统治者还时进称"后"，譬如，人们习惯称夏代的第一位君主为"夏后启"，周武王临终时对周公有"我兄弟相后"的嘱托。⑲《尔雅·释诂上》："后，君也。"《易·姤》："后以施命诰四方。"《说文·后部》："后，继体君也。"《万言》卷十二："牧，司也。"《古今韵会举要·屋韵》："牧，治也。"《小尔雅·广言》："牧，临也。"葛其仁疏证："牧有临民之义。"可知，风后、力牧都应该是某一部族的首领，文献中既然又言之凿凿地称呼他们为黄帝之臣，那么，他们已融入黄帝为首的部落联盟应该是毋庸置疑的。这又可证"合符釜山"事件的真实存在。

"合符釜山"具有重大的历史意义，太史公对此也有记述，他认为自此开始了黄帝统治天下的时期，"官名皆以云命，为云师。置左右太监，监于万国。万国和，而鬼神山川封禅与为多焉。获宝鼎，迎日推。举风后、力牧、常先、大鸿以治民。顺天地之纪，幽明之占，死生之说，存亡之难。时播百谷草木，淳化鸟兽虫蛾，旁罗日月星辰，水波土石金玉，劳勤心力耳"。由于时代的局限，他的遣词造句带有明显的后世阶级社会的色彩，给后人以黄帝时代已进入国家状态的错觉，这是我们应该注意的。剔除这一因素，我们可以看到黄帝时期我国历史发展的确进入了一个崭新阶段：

1. 就"合符釜山"自身而言，它开启了后世盟会的先河。

2. 就黄帝而言，开始逐渐改变"迁徙往来无常处"的旧有习俗，向定居生活转变，承担起大部落联盟核心部族的角色。

3. 建立起融合了各古老部族的大部落联盟，华夏族之形成即于此发端。

4. 大部落联盟的建立，推动着管理公共事务的各种权力机构的萌生，是国家出现的先声。

5. 大部落联盟的建立，整合了各部族的先进文化，古老的文明曙光开始展现。

以上是我们一点粗浅的看法，敬请各位学者批评指正。

注释：

①张志斌：《中冀·阪泉·涿鹿考辨况》，《运城高等专科学校学报》2000年第5期。张玉勤、张辉杰：《论黄帝、炎帝及华夏文明的起源》，《山西师范大学学报》2007年第5期。

②谭其骧：《长水粹编》，河北教育出版社2000年版，第299页。

③刘毓庆：《黄帝族的起源迁徙及炎黄之战的研究》，《山西大学学报》2008年第5期。

④袁珂：《中国神话传说》，中国民间文艺出版社1984年版，第194页。

⑤《史记·周本纪》则曰："武王追思先圣王，乃褒封神农之后于焦，黄帝之后于祝，帝尧之后于蓟，帝舜之后于陈，大禹之后于杞。"应是太史公误记。

⑥沈长云：《从周人的起源论及黄帝氏族的发源地》，《张家口职业技术学院学报》1999年第3期。

⑦张志斌：《中冀·阪泉·涿鹿考辨》，《运城高等专科学校学报》2000年第5期。

⑧沈长云：《周人北来说》，《上古史探研》，中华书局2002年版，第113页。

⑨牛贵琥：《蚩尤与涿鹿大战》，《民族文学研究》2006年第3期。张志斌：《中冀·阪泉·涿鹿考辨》，《运城高等专科学校学报》2000年第5期。

⑩宋镇豪：《中国风俗通史》（夏商卷），上海文艺出版社2001年版，第185页。

⑪司马迁：《史记·殷本纪》，中华书局1982年版，第94页。

⑫宋镇豪：《中国风俗通史》（夏商卷），上海文艺出版社2001年版，第186页。

⑬《辞源》：商务印书馆1987年版，第655页。

⑭竺可桢：《中国近五千年来气候变迁的初步研究》，《考古学报》1972年第1期。

⑮王星光：《中国全新世大暖期与黄河下游地区的农业文明》，《史学月刊》2005年第4期。

⑯龚高法等：《历史时期我国气候带的变迁及生物分布界线的推移》，《历史地理》1987年第5期。

⑰王星光：《中国全新世大暖期与强河下游地区的农业文明》，《史学月刊》2005年第4期。

⑱王星光：《中国全新世大暖期与黄河下游地区的农业文明》，《史学月刊》2005年第4期。

⑲黄怀信：《逸周书校补注译》，三秦出版社2006年版，第218页。

（作者系河北师范大学历史文化学院教授）

二〇〇九年八月七日

黄帝合符釜山：从部落联盟到多民族国家

石茂明

千古文明开涿鹿，泱泱华夏求大同。

中华文明，延展数千年而绵延不绝，至今仍在世界舞台中举足轻重，汉民族成为世界上人口最多的民族，此乃世界文明史上的一大奇迹。

对于这种现象，中外学者进行过各种各样的探讨，包括地理的、人种的、文种的、文化的、文字的、历史制度的……各种不同的角度。这里，我们不去一一赘述。只是有一点，今天我们必须强调出来，也就是黄帝时代"合符釜山"为此奠定了坚实的基础。虽则黄帝时代尚无文字，但是关于"合符釜山"的记录必有所宗。即使是口述史传承，也是具有完整而明确的历史元素的历史性大事件。以前，我们更多的是强调春秋战国时期的"百家争鸣""孔孟儒学"、秦始皇一统天下，甚至大禹治水都被赋予了极高的位置，而更早的且富有奠基意义的黄帝合符釜山事件却被有意无意地忽略。

今天，我们在这里开会，希望能够促进学界对于这个古老的仪式在中国文明开创史早期的意义并予以重新思考。

一、从战争到合符

在大约五千年前，黄帝、炎帝、蚩尤代表的当时中华大地上三个比较大的部落或部落联盟。他们之间纠结的历史长达数百年乃至千余年，不可能单纯地理解为三个明确的历史人物。反过来分析，三个人物也不可能存在于夏商之前数千年的历史间，哪怕是数百年的时段。但是，几个部落之间延续几代人、时间长达数百年的战争交流（优质资源争夺）是可能的。更是由于有这样的持续的、激烈的关系，才是口述史传承中予以高度的重视，从而得以流传至有文字时代，并被史家记载下来。

阪泉之战后，黄帝与炎帝结盟；涿鹿之战后，黄帝合符釜山，形成以黄帝部落为首的超大型部落联盟，囊括了蚩尤九黎部落联盟的大部分外围成员。这样大联盟的优点很明显，一方面有利于整合和增强军事力量，另一方面有利于经济关系的协调，新技术的推广和传播。因此，也就奠定了中华文明的早期基业。所以此后，尧、舜、禹承接炎、黄、蚩，发展成为中原大地最强大的政治经济体。

涿鹿之战后，蚩尤九黎部落联盟的核心部分并没有臣服，南下江淮，控制了当地一些土著部落，经过联合后又形成了后来的三苗部落联盟。正是因为当时双方的战争冲突十分激烈，文化差异也很大，互相之间难以接纳，所以，战争之后，双方在口述传承中都给予对方恶性的记录。汉族古文献中充斥着对于蚩尤"暴虐""非人"的描述，苗族口述传承中描述的"格炎敖孜劳""召焦敖孜劳"也是魔头一样的形象。但是，也是只有苗族与汉族，存在了如此长期的相辅相成、相生相克的千年关系。

在历史的早期，这样以战争为典型的激烈对抗关系，是人群关系的正常状态。对此予以道德判断毫无疑义。战争关系的记录并不否认和平关系的存在，但是战争关系对于卷入的群体来说，其影响是明显而巨大的，可能是致命的。在有限的条件下，历史记录会倾向于记载和传承这样的内容。

当我们回过头来看的时候，应该抛开历史性的局限。比如，在涿鹿，把蚩尤所代表的部落的地位提升为炎、黄、蚩三祖文化之一元，颇受各界好评，尤其是避免了一些少数民族的异议和抵制，符合民族和谐团结的全民意旨。

现在，我们涿鹿又提出了"合符文化"，这个概念提出的意义，不亚于"三祖文化"。相比于三祖文化来说，"合符文化"概念所基于的核心词"合符"是一个仪式，包含动词意象在其中。只有合符，才有天下一统，才有稳定与发展，否则乱战可能还在继续。那么，合符，不是简单的一个形式，因为简单的形式不可能让天下各部落信服，这其中一定有谈判与妥协，对话与争鸣——这就是中华文化早期值得倡导和弘扬的社会人群关系处理模式。

在春秋时代，儒家又从黄帝、尧、舜的故事，生发出德政、文化的社会伦理理念，对后世历朝历代的政治和族群关系都有重要影响。

二、从部落联盟到多民族国家

黄帝合符釜山之后，结成了一个更大的部落联盟，这是华夏民族先民的早期国家的雏形。联盟下面，包括了东、南、西、北各个部落，既有各自为政，也有互相协同，历经尧、舜、禹，而真正建立国家体制。

我们现在的中国就是从那时候开启的。现在的中国有56个民族，实行各民族平等的政策。

自19世纪以来，古老的中国也进入了现代世界体系。过去很多传统的天下观和世界观被西方主导的观念体系和知识体系所更新。其中之一，西方世界兴起或实践了几百年的"民族主义"（nationalism）、"民族国家"（nation-state）体系也在冲击中国。20世纪初期，一些启蒙知识分子也都在推进中国的"民族国家"建设，其他内容比如国家边界的明确、藩国制度的消亡都比较顺利，但是，包括打造"中华民族"民族性在内的软性内容持续了近百年，却仍然前景未明。当然，除了中国，也还有很多非西方国家有着与西方民族国家完全不一样的国家形态。中国有学者提出了"多民族国家"（multination-state）概念，以解释中国等传统国家与西方国家在民族国家建构过程中的特殊情形。但是，对于这个概念却没有深入的研究，"多民族国家"（multination-state）到底是一个类型还是一种临时状态，并不明确。

中国宪法中，没有"中华民族"一词，只有"中国各民族"。二者是不一样的，后者不包括国族建构（nation building）的内涵。这给少数民族有更多的尊重和更加平等的权益诉求机会。

另外，在中国政权治下，香港、澳门实行完全不同的政治体制，而台湾仍然是独自的政治实体，中华一统是中国人向往的美好愿望。

"黄帝合符釜山"已经启示我们，中华文明具有谈判对话传统，华夏民族具有巨大包容性和韧性。从中，我们今天更应该大力倡导和弘扬我们民族历史上的文明结晶，为民族的前途与大任展示这个古老民族的智慧。

（作者系中国社会科学院民族学与人类学研究所研究员）

二〇〇九年八月七日

中华三祖文化在台湾的弘扬

杨极东

一、中华文化与中华文明

1. 中华文明是中华民族整体脉搏的文明。

2. 涿鹿是中华三祖文化的圣地,缔造中华文明。

3. 轩辕黄帝文化创造人文文明,神农炎帝文化开启农医文明,九黎蚩尤帝文化研发工业文明。

二、中华三祖文化在台湾的发展

1. 台湾文化命脉源自中华三祖文化。

2. 1967年正式成立中华文化复兴运动推行委员会(简称"文复会"),并制定《中华文化复兴运动推行纲要》;1981年成立文化建设委员会,隶属行政院,全面执行文化建造任务。

3. 文化资产的保存与维护。

4. 城乡区域文化建设的均衡发展。

5. 人文、农、医、工业、科学专业人才的培养。

6. 推行以中华文化为主题的相关研究。

7. 民间更有"财团法人黄帝文教基金会""中华神农大帝协进会"及轩辕教之专设机关的成立。

三、台湾民间信仰对中华三祖文化的弘扬

1. 财团法人黄帝文教基金会筹建黄帝先庙于日月潭,尊黄帝为"尊天玄法无太祖黄帝",认祖归宗,进行道统,迄今已有350年的历史。

2. 轩辕教继承黄帝统"上宗轩辕黄帝",下合道、儒、墨三家学说为一体,追求天人合一,致大同之盛世。轩辕教之最高信念"昊天上帝"口号是"黄帝子孙归宗"。

3. 中华神农大帝协进会,是以神农炎帝为祭祀主神的组成团体,目前有159个会员单位,其中以台北三重市先回宫最具历史与规范,该宫建于清乾隆二十年，首创庙宇崇礼祀神农大帝，至今有245年历史。

四、台湾禅机山"唯心宗"对中华三祖文化的追根溯源研究

1. 台湾禅机山唯心宗由宗主混元禅师于1983年创立，其名依据"天地立宗，唯心是宗"之法名而立，其发展脉络在"支持历史之精神与扣紧文化之慧命"以弘扬中华文化为宗旨，以中华文化道统《易经》为法源，以中华昆仑文明为法脉，以"养贤蓄才，振民育备、高尚其志，天下太平"为目标。尊人文初祖伏羲帝为八卦祖师，尊中华三祖轩辕黄帝为人文始祖，神农炎帝为农医始祖，九黎蚩尤帝为工业始祖，尊河南淇县云罗山鬼谷子为"唯心宗"本师。

2. 中华民族血脉的追溯研究

（1）中华道统，血脉延年

（2）中华历代天子帝王圣号录

（3）中华民族列祖列宗姓氏谱

（4）工业始祖蚩尤帝

（以上著作均由台湾鬼谷子学术研究会黄逢时秘书长编纂完成）

3. 中华文化道统——《易经》法脉的追根溯源

（1）鬼谷子心法在台湾——导论（2002年）

（2）鬼谷子思想学说与炎黄文化（2003年）

（3）二十一世纪中华文化大熔炼（2004年）

（4）唯心宗：中华文化道统（2006年）

（5）唯心宗：世界和平（2008年）

（6）中华三祖文化在台湾的弘扬（2009年）

（7）中华三祖文化对世界和平的贡献（2010年）

（以上著作均由黄春枝教授独立完成）

五、台湾禅机山"唯心宗"对中华三祖文化的弘扬

1. 普设道场（全台25处），供奉中华三祖，弘扬孝道

2. 创办易经大学，养贤蓄才，弘扬中华文化道统《易经》风水学

（1）易经大学是中华民族的文化传承。

（2）易经心法大专青年暑假精进班，在延续薪火相传。

（3）世界华人易经心法暨风水学养贤班，在培育海外弘扬中华文化人才。

（4）易经风水爱心团是易经大学的"服务学习"课程。

3. 鼓励研究与举办论坛，弘扬中华三祖文化

（1）易经讲师、弘法师均进行有关中华文化道统易经风水学专题研究，每年安排5—8场言讨会，以提升中华文化弘扬之人力素质。

（2）举办两岸鬼谷子学术交流。

（3）举办中华三祖文化论坛（炎黄文化与蚩尤文化论坛）。

（4）举办"世界华人易经与建筑风水"高层论坛。

（5）举办"易经风水建筑与世界和平发展空间"高层论坛。

（6）参与国际易学论坛弘扬中华文化。

4. 讲座传法与电视频道弘法广传中华文化

（1）讲座传法，遍及全台各都会乡镇社区。

（2）电视频道弘法，1997年开始在台湾电视台，每日6：00—6：30一次，迄今已近3900集未间断，主题以弘扬中华文化道统易经风水学为主轴，并融佛学及百家思想以弘法利生。

（3）2009年6月开始专属"唯心宗电视台"，24小时播送有关中华文化道统易经风水学。

5. 海外弘法与成立海外分会、分校，普传中华文化

6. 世界台商服务与讲座弘法广传中华文化

7. "唯心宗法宝大集结"典藏中华文化

8. 举办"追根溯源中华民族联合祭祖大典"，返本报始（2004. 2005. 2006. 2008. 2009. 2010），2004年开始，2010年大圆满

9. 启建黄帝殿于涿鹿桥山（2002年）、蚩尤祠于涿鹿矾山（2002年）、整修炎帝庙于涿鹿矾山镇七旗村（2006年）

10. 带领唯心宗弟子及大学教授参访团寻根寻祖源，弘扬三祖文化（1994年起，每年举办）

11. 法会科仪超度与奉送万灵节中华三祖黄陵净土并祈求世界和平（2004年起，每年举办）

12. 成立相关文化单位共同研究与弘扬中华三祖文化，共转法轮

（1）财团法人中国人间净土功德基金会。

（2）台湾鬼谷子学术研究会。

（3）唯心宗南天文化院。

（4）唯心宗易经出版社。

（5）唯心宗电视台。

（6）唯心宗梵呗学院。

（7）唯心宗世界台商服务联社。

（8）唯心宗文化传播股份公司。

（9）唯心宗晚经大学。

（10）唯心宗易经风学院。

（11）唯心宗世界和平发展促进会。

（12）唯心宗儿童讲易经推广中心。

六、结论

1. 中华三祖文化在台湾的弘扬，基本上是属于民族文化教育的议题，中华文化源远流长，上溯昆仑、伏羲、三祖迄今绵延不绝，它与民族发展脉络相关，与文化本身特性有关，更与人为的努力和不懈创造性有关。

2. 《易经》是中华文化的五学之原，六艺之首，中国哲学思想的总源头，广含天地人三才之道，是中华文化道统的核心体系，是万法之母，它源自人文初祖伏羲之书卦作易，并传衍至中华三祖。人文始祖轩辕黄帝、农医始祖神农炎帝、工业始祖蚩尤，共创璀璨的中华文明，孔子则集中华文化之大成而形成道统，再经历代迄今不绝。

3. 中华三祖文化在台湾的弘扬，包括中华三祖文化在台湾的研究和发展，台湾民间信仰三祖文化的弘扬，以及台湾禅机山唯心宗对三祖文化的研究与弘扬。

4. 目前在台湾对三祖文化的弘扬最为完整，也最有系统的宗教团体，是台湾禅机山唯心宗。唯心宗之法名，由宗元混元禅师所创立，在台湾力行中华文化道统易经风水学和中华三祖文化的全面弘扬，并播向海内外全球各地，是中华文化道统易之行者，是中华民族文化教育的推动者。二十六年来对中华文化道统的弘扬不遗余力，贡献极大。唯心宗对中华三祖文化的弘扬共有三大进程：一是宗教；二是教育；三是学术研究。

5. 世界知名历史学家英国汤恩比教授谓：世界欲和平，应弘扬中华文化。唯心宗以弘扬中华文化道统风水学为志业，力心灵升华教育、倡行利他奉献精神，并以促进世界和平为终极目标。

（作者系台湾唯心宗南天文化院院长）

二〇〇九年八月七日

涿鹿在古文化方面的重要意义

郑豪寿

　　河北省张家口地区涿鹿县以及周围地区地处内蒙高原东南的坝下及太阳山脉和燕山山脉交相的山区草原过渡地带，这里是古代人类南部的南北、东西纵横交错的融汇的重要舞台，考古发现表明这一带有着许多旧石器时代、新石器时代、仰韶文化、龙山文化、夏家店下层文化以及商周以来的考古遗存，文脉的演义源远流长，文化具象明显带有山东、山西、湖南、陕西和辽西等地考古学的因素，又特别具有了冀北的发展特色，因为内蒙古向东赤峰京津河和茵河几十处我们以前发现的史前古城堡，形成半月形地带，构成涿鹿地区的北翼。山东、湖南、山西等地发现的仰韶至龙山文化的几十处古城址，就在它的南边和西边形成掎角之势，历史上远古时代传说的黄帝、炎帝和蚩尤三大集团之间的纷纷扰扰也都是在涿鹿地区展开的。

　　本次论坛在涿鹿地区展开，探讨中华文明的绵远延进流程，昭示传统文化精神的内涵，选择的地点是非常理想的。对于弘扬中华文化的软实力和提高中华民族的凝聚力是相当具有决策影响和积极的现实意义。从历史影响和地下出土的简牍的文献记载的黄帝、炎帝和蚩尤在涿鹿地区活动的陈述，可谓是连绵不断的。昭示了一个事实，那就是黄帝、炎帝和蚩尤同是中华三大人文始祖，黄帝和炎帝同是远古时代前后连续的时代，但是炎、黄、蚩是远古文化平行的，并进式的。三祖分布的地方不同，社会贯穿的差异，起着纵向和横向的关系，是了解中华古代文明形成和早期国家生成的关键。

　　炎帝、黄帝和蚩尤在涿鹿地区的纷纭聚会，由此成为中华文明开始之初策划文明的圣地。因此在研究三祖文化、探寻中华文明之源涿鹿地区起着无可替代的作用。关于三祖的发祥地在《逸周书》中有关于涿鹿、中冀的记录，涿鹿是冀州的中心，还有很多文献都可以说明这是一个很重要的地点。文献当中关于黄帝、炎帝和蚩尤三祖所出现的地点，包括中冀、冀州、涿鹿有的时候还称为阪泉和釜山，它的地点是今的河北北部的涿鹿一带的冀北地区，炎帝涉及的涿鹿阪泉和釜山也都在河北涿鹿地区，清代道光保安志洲有一部《矾山考古记》，后来90年代北京大学教授王北辰也写过一部《黄帝在涿鹿阪泉釜山考》，他们在涿鹿地区进行古文化的考证。远古时代的黄帝、炎帝和蚩尤的事情都发生在涿鹿地区，传世文献中都有很多关于他们记载，例如《史记》记录是比较多的，我们有三部很重要的历史文献，它们是《归藏》《莲山》和《周易》，特别是《归藏》这本书译文记载黄帝三战得其志……在湖北的简当中明明白白记录此事的真实性。除了《逸周书》当中记载着黄帝、炎帝和蚩尤在涿鹿大战的记录。在湖北出土的"楚简"也明确的记录关于黄帝、炎帝和蚩尤在涿鹿地区进行阪泉大战。可见这样的传世资料，也表明涿鹿在探讨中华文明起着当仁不让的重要作用。

有关黄帝的传说是有着各方因素的，但是通常的说法是黄帝的发祥地是陕西。总之中华文明传延应该重视涿鹿地区的文脉的探密，文明之源重申、肯定涿鹿地区中华文明发祥的重要地位和旅游资源的建设对促进涿鹿和张家口地区经济和历史文化发展，前景是非常远大的。我对此次会议所起到的作用抱着很大信心的。

（作者系中华炎黄文化研究会会员）
二〇〇九年八月七日

三祖两战在涿鹿　合符釜山定中华

赵育大

"千古文明开涿鹿。"涿鹿在中国历史上是个名声显赫的文明圣地。

河北省涿鹿县地处桑干河流域的山间断陷盆地。由于独特的地理、气候和物产等条件，历史上就是我国古人类繁衍生存的重要地域。到了原始社会末期，涿鹿又成了氏族联盟、民族形成、国家初创的摇篮。

但是，由于历史久远，史料失传及其他一些复杂的原因，使曾经发生在涿鹿这段惊天动地、震四方、撼万民、定中华的历史变革史实几乎被人们遗忘，甚至受到种种扭曲。然而，任何人类的社会活动和历史发展，都必然要留下它自身各种历史痕迹。现今涿鹿县境内保存着密集而众多的遗址、遗迹或古文物，特别是比较集中地留存在矾山镇一带的黄帝城、黄帝泉、八卦阵、定车台、桥山、蚩尤城、蚩尤寨、蚩尤泉、蚩尤坟等一大批古遗址和文物即是证明。如此，我们来认真研究并正确地认识涿鹿的这段历史，以史实来教育人民、教育后代，这对于弘扬民族文化，振兴民族精神，增强中华民族的自识性、自尊性、自强性、向心力和凝聚力，都有不可估量、不可替代的现实意义和深远的历史意义。

一、涿鹿是黄帝、炎帝、蚩尤三大始祖唯一会聚的文明圣地

中华民族的形成与发展，历史极为久远。从涿鹿的邻县阳原泥河湾以及整个桑干河流域的考古发现证明，桑干河流域是世界上石叶系统细石器的重要发源地之一，也是古人类繁衍生息的重要区域之一。这是许多中外地质学家、历史学家、古人类学家和考古学家经过几十年研究形成的共识。而这个区域的中心，就是西起阳原泥河湾，东至涿鹿一带古老的沃野。

到了黄帝、炎帝、蚩尤所生活的年代，我国的先民们经过几百年甚至上千年的探索、总结，已经形成了有组织的群体，这就是由氏族联合而成的部落或部落联盟。而黄帝、炎帝、蚩尤就是在此基础上发展而成的、当

时最大的部落或部落联盟的首领。我国古代的典籍如《逸周书》《尚书》《管子》《战国策》《国语》《吕氏春秋》《史记》等。比较明确完整地记述了黄帝、炎帝、蚩尤都在涿鹿进行过古代历史上规模最宏大、争战最激烈、时间最长久、影响最深刻的"涿鹿之战"和"阪泉之战"。

当时中国社会正值由蛮荒走向文明的阶段，部落之间相互掠夺的战事时有发生，并通过争战促进部落的联盟和融合，推动社会不断发展。当此之际，黄帝、炎帝部落经过不断的吸纳、融合、联盟后，已稳居涿鹿为联盟大本营。他们一方面大力组织垦荒，广播百谷草木，发展农业生产，丰富联盟内的物质生活。另一方面又教育百姓习武练战，增强实力，用以自卫。这样，就使得炎黄联盟兵精粮足，实力强盛。正如古史所载"轩辕修德振兵，不好战伐"。而周围的部落或部落联盟，有的服其德而主动融于黄炎之中，有的慑其威被迫臣服于这个部落大联盟。

当时又有一个部落联盟东夷九黎强盛起来，他的首领叫蚩尤。这个部落先兴起于江浙太湖流域，后因水患北上到九黎之地约在黄河中下游一带。

这种形式上的联盟分治，实则又形成了三足鼎立的社会局面，本身又孕育了新的更大的争战祸根。因为在整个野蛮时代所形成的为掠夺财物而称雄争霸的社会基础，并不会因部落的和平联合而改变，分治的结果反而给分裂造成了社会组织基础。于是，蚩尤就像《尚书·吕刑》所记的那样，在九黎人居住地聚积财物，加紧制造兵器，并实行严格的刑治。继而"登九淖、伐空桑"，索性向炎帝发动进攻。结果炎帝一战败北，退回涿鹿向黄帝求救。蚩尤则尾追不放，一路追杀到涿鹿。所以《逸周书·尝麦解》中就有"蚩尤乃逐（赤）帝，争于涿鹿之阿，九隅无遗，赤帝大慑"的记述。蚩尤追杀炎帝到涿鹿后，一面与炎黄联盟激战，一面在灵山河谷西侧的山下筑城屯兵，并在灵山河谷营造大本营（后世史书均称为"凶黎之谷"）。当时，黄帝派手下大将应龙带兵沿西线，在西灵山脚下的峡谷之地（今水关村）筑坝蓄水。到次年秋雨连绵季节，趁云雾密布，大雨成灾之际，皇帝命应龙掘坝放水，将蚩尤城一举冲垮。这就是史书上所载的"蚩尤城无东面"的缘由。大本营被破后，蚩尤被迫在城北山坡上抢建兵寨（即今龙王堂村西边蚩尤三寨），据以战斗。但由于大本营已破，败局已定，最后被黄帝、炎帝联手打败，杀于八卦阵前，并分尸葬于八卦阵、釜山和塔寺，所以至今涿鹿就有三个蚩尤冢。

黄蚩涿鹿之战，大约用了五至七年的时间，可谓史前第一大战。但黄炎战胜蚩尤后，炎帝与黄帝又发生了权力摩擦，为争天下而分庭抗礼。于是黄帝指挥以熊、罴、貔、貅、貙、虎为军符的六部之旅与炎帝原地战于阪泉之野，三战打败了炎帝，炎帝从此归顺黄帝。这就是《史记·五帝本纪》所说的，"炎帝欲侵凌诸侯，诸侯咸归轩辕。轩辕修德治兵，治五气，艺五种，抚万民，教熊、罴、貔、貅、貙、虎，以与炎帝战于阪泉之野。三战，然后得其志"。

两战之后，黄帝认识到"日中不奈，是谓失时。操刀不割，失利之期"。于是，他改变了拥兵不战之策，派遣兵将对中原大地上存在的部落或部落联盟进行征服，派自己的官员进行施治。他的势力"东至于海，西至崆峒，南至于江，北逐荤粥"。然后在涿鹿合符于釜山，收回征战各军旅的兵权信契，并邑于涿鹿之阿。从此，全国实行统一刑典，统一文字，统一度量，统一符契，推行生产技术，广播百谷草木，人民安居乐业，使中国社会结束了野蛮时代，进入了文明时代。

以上可见，黄帝、炎帝、蚩尤是那个时代全中国先民中最著名、最具代表性的三位英杰。而他们先是在涿鹿会聚，以和平方式初建了部落联盟，使中华先民初步融为一体。后来又都集中到涿鹿争战，以战争的方式平息纷争，合符建都，肇造国度，开创了中国社会文明时代。值此，我想用两句话结束这个问题：在无阶级、无民族、无国家形成的情况下，黄帝、炎帝、蚩尤尽管相互争战，有胜有败，但都是中华民族大家庭的融合统一，是中国社会文明起源的奠基人和开拓者，是我们全民族共同的文明始祖！所以，涿鹿人提出了"三祖文化"新理念，把蚩尤提升到始祖地位，还他以历史的公正。涿鹿是全中国任何一个地方都不可替代的、唯一的一处三大始祖会聚并共同开创中华民族文明史的摇篮，是海内外中华儿女寻根问祖之圣地！

二、涿鹿现存的三祖历史遗址遗迹及相关的文物是全民族共同的珍贵文化遗产

在涿鹿这块古老的土地上，历经几千年沧桑，现在仍保存着黄帝、炎帝、蚩尤三大始祖生活、劳作、争战、融合、建都、创业的一大批遗址遗迹，以及与之相关的古文物，且没有人为的破坏，也没有任何挖掘。这是我们中华民族悠久历史和灿烂文化的见证，是全民族引以骄傲的一笔珍贵的文化遗产。

(一) 黄帝城

黄帝城遗址位于涿鹿县矾山镇三堡村北一个黄土丘陵之上。残存城墙呈不规则正方形，东西长约500米，南北宽约540米，城墙高5—10米，底厚约10米。遗址内现为果园，无人居住。地面的石器、陶器残片随处可见，大多为春秋战国及汉代遗物，也有少量属于仰韶文化和龙山文化时期。1957年11月30日《人民日报》报道中说："文物中属于生产工具方面的有石刀、石斧、石锛、石柞、磨用器及蚌器、陶纺轮等；属于生活用具的有残陶豆、陶鬲、陶鼎、陶缸、陶盆、陶甑等。建设遗迹除残墙基址外，又在城址内中部塌陷的地方发现板筑墙，板筑层有的厚约18厘米，有的厚约25厘米。在城址内北部还发现了各种板瓦、桶瓦和带鹿形等花纹的平瓦。当地群众还发现、挖出并保存过龟钮、蛙钮、铜印以及各种古代钱币等。"黄帝城是黄帝肇造国家初制后的第一个都城，史书记之为"轩辕之丘"，春秋战国时期叫"涿鹿城"，西汉置涿鹿县治于此。南北朝时期城毁后，史地志书记之为"涿鹿县故城"。到了明朝时期一些史志才开始称其为"黄帝城"。对于它的记载，《山海经》《魏土地记》《水经注》等都十分准确。对于它的考证，北京大学王北辰教授提供了更全面可靠的论据。

(二) 黄帝泉

在黄帝城东南接近一华里处，泉面300平方米，泉围98米，水深3米，昼夜流量4800立方米。其水冬不结冰，夏不生腐。经国家地矿部、卫生部、化工部化验鉴定为含锶质优质矿泉水。依《山海经》记载，是黄帝派人观察月球以定历法的地点之一，其司职者为常义等，也是黄帝族饮用之水。

(三) 灵山

灵山在黄帝城遗址南15公里处。分东、西两峰，东峰海拔2303米，名东灵山，现为涿鹿县与北京市区界山。西峰海拔2420米，称西灵山，是黄帝迎日推策，观日、月、星、辰运行规律之处，也是祭天之地。因山高林密，"百药爰在"，是巫咸、巫即、巫盼、巫彭、巫姑、巫真、巫礼、巫抵、巫谢、巫罗所居和采药的地方。唐代以前有庙宇，本人于1992年和1994年考察时，仅见旧庙址和唐宋时期的石、瓦、砖等。

(四) 水关遗址

水关在黄帝城遗址西南13公里处，即今天太平堡乡水关村。本人

1994年实地考察，峪底宽4.5米，两山高200余米，西岸石壁上有人工掘挖过的痕迹。附近山上有陶片等文物散落。根据这里是黄帝战蚩尤时命应龙筑坝拦蓄洪水的地方。《山海经·大荒北经》记载："蚩尤作兵伐黄帝，黄帝乃命应龙攻之冀州之野，应龙蓄水……"又曰："应龙处南极，蓄谓处'凶黎土丘'之南极也。"此注文中的凶黎土丘，是《山海经》对蚩尤城记述中所用的名称。同样，灵山河谷亦被称为"凶黎土丘"。

（五）八卦阵遗址

八卦阵遗址在今矾山镇东北三公里处，是黄帝战蚩尤而摆的阵地和工事。本人在1994年实地考察时见到，遗址上有古代人工挖掘的战壕约一华里长，为东南到西北走向。遗址东有村庄，因八卦阵而得名八卦村。此处原系涿鹿县地，清代划入怀来县。故《怀来县地名资料汇编》依古史志说："黄帝大战蚩尤，在此摆下八卦阵，因此得名八卦……蚩尤战死后葬死于村北，有两个大土丘即蚩尤坟……"原村在现址西有1.3公里处，1970年至1972年全部迁到太康公路南侧，仍称"八卦"。

（六）定车台遗址

定车台遗址在今矾山镇西门外，是黄帝战蚩尤时制造停放指南车和指挥作战的场所，因此得名定车台。当地农民叫这个地方的地块为"车台地"。此处文物很多，本人实地考察时从这里捡到石环一个、石斧一个和部分陶片等。

（七）桥山黄帝陵

《史记·五帝本纪》载："黄帝崩、葬桥山。"以后，《后汉书·郡国志》《魏土地记》《水经注·漯水》《隋书·地理志》《辽史》《清史稿》等历代史志都对涿鹿桥山进行了记载。桥山在黄帝城西北10公里处，今属温泉屯乡里虎沟村。桥山以山顶有一自然石桥而得名。石桥北侧三米有一石室，室门离地面约2.5米，可容纳10人左右，山下是九曲河沟环绕而过，桥山西侧的洼地有一小山包，高约80米，东西约100米，南北约50米，山体由岩石构成，北面积土覆盖。本人1993年实地考察时，敲打山顶听到"咚咚"响声。在小山包东北有人工凿石改水工程遗迹，桥山北1000米处发现连体石臼一个，再向北500米山坡上有一米见方的积石冢30余个，还在桥山脚下发现岩画两处。在桥山南2公里处有黄帝庙旧址，旧址上有石器、黑陶、灰陶、汉代砖瓦、南北朝及辽代砖瓦、雕龙、瓦铛堆积等。据史记记载，后汉、魏晋改制，祭五帝在都城。到北魏时期，道武帝拓跋珪、明元帝拓跋嗣、太武帝拓跋焘、文城帝拓跋濬又先后于天兴三年（400），神瑞二年（460）分别"行涿鹿，登桥山……以太牢祠黄帝庙"。石敬瑭将幽燕十六州土地送给契丹后，辽代圣宗皇帝耶律隆绪于统和十三年（995）下诏修庙，这是涿鹿桥山黄帝庙最后一次修缮，至今年正好1000周年。

（八）温泉行宫遗址

温泉行宫在桥山东北三公里处，今属温泉屯乡温泉屯村。面积约两万五千平方米，呈方形。东西南城墙仍残存，城墙横断面显示其建筑年代很早，原墙为堆土，后又在原堆上墙基础上增加了夯土墙。出土文物有石斧、陶器等。北魏帝王们祭桥山黄帝陵时曾多次"行广宁温泉宫""监温泉""作温泉之歌"。《魏土地记》载："下洛（今涿鹿）城东南四十里有桥山，山下有温泉，泉上有祭堂，雕檐华宇，被于浦上，石池吐泉汤，汤其下炎淳代序，是水灼焉改，能治百疾，是使赴者若流。池水北流，入于漯水（今桑干河）。"这些古籍记载与今实地十分相符。

（九）蚩尤城遗址

蚩尤城遗址在黄帝城东南灵山河谷中，《山海经》等古籍记蚩尤城为"凶黎之丘"，载灵山河谷为"凶黎之谷"。《晋太康地理记》说："蚩尤城，城无东面。"本人实地考察，只在蚩尤城的北部发现约10米长一段城墙遗址，其余均不存在，但城内土地表层有许多陶片，也发现过石器。据地质部地质遥感中心曾朝铭教授提供的遥感照片显示，蚩尤城在今龙王堂村南一公里处，呈南北长方形，面积约是黄帝城的1.5倍。

（十）蚩尤三寨遗址

蚩尤寨在蚩尤城西北的黄土梁上，共有南、北、中三个，呈南北一字排开。我在实地考察时发现，南寨除有大量陶片外，有大量磨制石器和古洞穴。中寨主要是陶器碎片和埠器片，寨子呈台阶形并有一个三面高、一面向南的100平方米的低洼平地；而北寨寨墙突出，北部有防御工事和作战工事，南面有进口。地面存有陶片、石器和灰坑等。我认为，南寨是蚩尤之旅的后勤制作供应点。主要是制作兵器，制作食品等；中寨是指挥中心，当年蚩尤很可能在中寨指挥打仗的，而北寨则是前沿阵地，易守难攻，十分险要。

（十一）蚩尤泉

蚩尤泉在蚩尤北寨东边的龙王堂村中，据当地老年人传说，蚩尤泉是供蚩尤之族人吃马饮所用。泉深 15 米左右，昼夜流量 800 立方米，经国家地矿部、卫生部、化工部化验鉴定为含硒质矿泉水。现在泉边有千年古树两棵，一棵叫"蚩尤松"，一棵是木千树，经测试树龄一千多年。

（十二）蚩尤坟

蚩尤坟有三处：一处是位于黄帝城东南 5 公里的八卦阵遗址北，即今怀来县二堡村南，有土冢两个，直径各为 42—46 米，高 7 米。一处是黄帝城西北约 40 公里的保公镇窑子头村南，也是釜山脚下的封土双冢。目前，只留下一个，直径 30 米，高约 5 米，另一个在农田建设时被平掉。留下的一个冢周围土中有黑、红、彩各种陶片。再一个蚩尤冢在蚩尤城南的塔寺村，立有一块无字碑，有三棵千年云杉，周姓一家几代人守坟至今。

（十三）阪泉

阪泉在黄帝城西南 1.5 公里处，是炎帝屯兵之处，也是炎帝之族生活争战的用水之源。因此，古史也有曰炎帝为"阪泉氏"的。泉边有一石阜，阜上原有古塔。泉边的村子原名叫阪泉村，后为纪念黄炎之战史事，依据黄帝率熊、罴、虎等六军之旅树起七旗布阵，改名为七旗村。又因村民沿阪泉水河（涿水河）而居，又分为两个村。泉水上游为上七旗村，泉水下游为下七旗村，关于阪泉的确切位置，《水经注》等将黄帝泉注为"阪泉"。实际上经过有关学者考证，特别是阪泉下游出土的辽代"阪水弥勒寺主郭荣"改葬墓地券文记述，以及《括地志》《怀来县志》之载，证明七旗泉就是古阪泉。阪泉至黄帝城 6 华里的河谷地带就是史书所载的"阪泉之野"，黄帝城至蚩尤寨一带为"涿鹿之野"。

（十四）烈山炎帝垦荒遗址

烈山，原名龙门山，隔桑干河于熊耳山对峙。在现孙家沟乡四顷梁村。烈山是炎帝焚林垦荒耕种之地，古史称"烈山而焚，竭泽而渔"。此山顶部目前仍有 400 亩地，并有炎帝庙。今只存庙址及残存汉代砖瓦，柱础。本人 1995 年实地考察时拣到过石斧一个和各种陶片等。

上述各遗址依地表所见石器、陶器残片及自然出土文物所证，时代相同，最早的有仰韶文化、龙山文化遗物，也有商代、周代文化遗物，战国到汉代文化遗物最多，最晚延续到辽金时期。1957 年、1982 年、1993 年、1994 年，中国科学院地理研究所、中国社会科学院历史研究所、考古研究所、北京社会科学院历史研究所、北京大学历史地理研究中心、中华炎黄文化研究会、中国先秦史学会、河北省文物局、河北省社会科学院、河北省旅游局等单位的领导和专家学者冯征、李学勤、安志敏、陈星灿、孟世凯、王北辰、王俊义、李耐因、鲁谆、罗琨、苏天钧、李宝田、高凡、徐兆奎、余美尔、马魁枢、王家骅、唐晓峰、王祖武、赵德润、严兰绅、陆正、夏之政以及台湾学者席瑜、马占魁等先后进行过考察。大家都认为，这一大批古遗址遗迹能够保存到现在极不容易，它是中华民族的极为珍贵的一笔文化遗产。应当积极进行保护，并在以保为本的原则下搞好开发利用，作为对全民族进行爱国主义和团结统一教育的基地。

三、"合符釜山"奠定了中华统一的雏形

在中国先秦历史上，涿鹿有四件大事扭转了中华乾坤，"涿鹿之战"已经写进了军史，被誉为"中华第一战"，并被编入新版的初中历史课本；"定都涿鹿"已无异议；"崩葬桥山"是涿鹿，还是陕西尚未定论；而更为重要的"合符釜山"世人还不甚了解，其实这是一座里程碑式的重要事件。

"合符"在我国是一项付之久远并屡见于典籍和出土实物（如"侯马盟书"）为证的"合盟"信物制度。彼此相合而结盟，以"合符"为信誓之物。《荀子·君道》："合符节别契券者，所以为信也。"把盟誓之词刻在圭上以为结盟之约，古代"圭以为信"即此制也。约五千年前，由以古戎狄人为主体在我国北方形成的黄帝部落联盟，曾经同其他部落联盟进行过长期而激烈的战争。黄帝率领他的部族擒杀了蚩尤，打败了炎帝。黄帝没有把败方像蚩尤那样诛杀，而是与天下各部落结为联盟。使"诸侯咸归轩辕"，黄帝自己成为"盟主"，黄帝两战皆捷后，势力大增，声威远播四方。《史记》始有"合符釜山，而邑于涿鹿之阿"的记载。釜山是各部族代表举行合符之地也即统一符契，共同结盟的地点。然则釜山何在？经过多年的考证与考察，釜山就在今天窑子头（属涿鹿县保岱镇）的后山上。查《后魏舆地图风土记》曰："潘城（今保岱村）西北三里有历山，形似覆符，故以史之，其上有舜庙、瞽叟祠存焉"，可知历山即釜山。（釜，古时之锅，覆符即倒扣之锅）。《魏书》记，釜山在潘城西北三里，《唐书》记，釜山在妫州城北三里，基本一致。笔者陪同多名专家考察了釜山的确切位置，认为距保岱三里窑子头村背后有一山形状如覆符，此即釜山，考察釜山，确如所记山上有数座殿堂庙宇遗址，从遗存的文物鉴定，当为汉以前建筑，起伏的群山中还有一块五十亩的平地，当地老乡称丹墀地（丹墀地是殿堂外的台地，是朝拜帝王的地方），丹墀地的高台上还留有一块

高二尺，边五尺，顶正方形，方内一圆，上面刻有圆形图案的合盟石（合盟时的主席台）。专家识别其意为东西南北中统归黄帝统领，普天之下莫非王土。天圆地方，四域疆土，天地交午，皆归于中。也正是"黄帝四面，监于万国"的物质客观论。

当地还流传着一则故事。据说黄帝釜山大会诸侯，均称黄帝是共主。当时是图腾崇拜社会，各个部落或部落联盟都有自己的崇拜物，有的崇拜蛇，有的崇拜老鹰……黄帝当时宣布既然你们都归属于我，以后就不能各打各的旗号，只打一个旗号，那就是龙。我们知道，世界上本没有龙这种动物，是黄帝综合了各个部落崇拜物的某一特征，综合成一种吉祥物。龙一般是牛的头，蛇的身，鱼的鳞片，凤的尾巴，山羊的胡子，鹰的爪……中国人是龙的传人由此始也。

轩辕黄帝"合符釜山"是古代氏族进一步融合的结果，标志着作为中华民族前身的华夏民族的基础已经奠定，一个融合了远古各方先民及其文化的华夏民族已经出现在历史舞台。所以说"合符釜山"是中华大统一的开端，合符文明是融合团结，凝聚统一的文明，是中华民族优秀的传统文明，釜山是开创中华民族的奠基地，是中华民族的发祥地。

四、保护和利用黄、炎、蚩三祖文化资源是国家与民族的一件大事

中国，是全世界历史悠久、文明发展最早的国家之一。中华民族是勤劳、勇敢、智慧、古老而又伟大的民族。举凡中国人，自古以来无不依据黄帝、炎帝、蚩尤，涿鹿奋战，吾华历史事实，尊黄、炎、蚩为开创中华民族文明历史的赫赫始祖，并以此为自豪，不断地激励自己，不忘祖宗，牢记国家，团结一致，弘扬奋发图强，振兴中华的强烈民族精神。正因为如此，历史上凡是妄图侵我国土，奴役我民族的一切外来势力，无不否定我民族先祖，瓦解我民族斗志。第二次世界大战期间，日本的白鸟库吉发表《尧舜禹抹杀论》是极好的例证。而我们的国家，为了动员全民族保卫国土，抵御外寇，又总是高举尊祖爱国的鲜明旗帜，以增强民族团结，鼓舞斗志。在抗日救国的紧急历史关头，国共两党共同祭祀轩辕黄帝，动员全民族团结抗战亦是历史证据。即便是今后或将来，我们的国家可以有不同党派，可能有不同证见，还可能会有争执。但是，在尊祖、爱国、文化认同却都是一致的。一提到我们是黄帝、炎帝、蚩尤的子孙后代，大家都会自然产生一种同根共源，血浓于水，骨肉情深的感觉，很多问题就会得到共识，得到解决。所以，保护和利用好黄帝、炎帝、蚩尤在涿鹿聚会、争战、融合、统一、定都、建国的各个遗址，对中华各民族人民进行悠久历史教育、优秀传统文化教育、民族团结统一教育和爱国主义教育有着不可低估、不可替代的重要意义。

我国有悠久的历史，文化遗产极为丰富。对此，全国各地纷纷开发利用，并且已经发挥了很好的教育作用、激励作用和对经济对社会进步的推动作用。但是，黄帝、炎帝、蚩尤三大始祖，不仅开创了中华民族的文明时代，而且对东亚、南亚、北亚乃至北美的广大地区都产生过深刻而积极的影响。因此，我认为黄帝、炎帝、蚩尤不仅仅是中华民族的文明始祖，也是东方文明的象征。从这个意义上讲，保护、研究、利用涿鹿大地上的三祖文化遗产就具有一定程度上的国际意义。

以黄帝城为代表的一大批历史遗址遗迹，虽然在涿鹿，但是，我们涿鹿人们长期对它的重要价值与意义认识不够。我们是在国家及有关部门领导的关注和大批专家学者不断考察、呼吁、促进、激励下才逐步认识的。特别是1992年以后，终于将这件关系民族的大事正式提上重要议事日程，认为始祖文化遗址遗迹在涿鹿，但这不是我们涿鹿的私有财产，而是全国、全民族的珍贵历史遗产。对它进行宣传、保护、开发、利用，我们如果不倡导、不牵头，那就是对国家、对民族、对历史的一种不负责任。而把这件事搞好，是国家和民族、是历史赋予我们涿鹿人民的特殊重任。

但是，如此古老而又众多的遗址遗迹要保护、利用，不仅技术性很强，而且耗资巨大。近年来，不少海内外中华赤子，抱着尊祖爱国振兴中华的一片热心，主动向涿鹿捐款、捐物、支持、呼吁。极大地鼓舞了全县人民保护开发始祖文化资源的决心和信心。我们相信，随着开发力度的加大，一定会引起各级政府的重视，社会各界和海内外华人的关注和支持，不久的将来，三祖在涿鹿的文化遗产定会重放光辉！

（作者系涿鹿中华三祖文化研究会副会长）
二〇〇九年八月七日

在编写《涿鹿县志》中凸显中华三祖文化

李怀全

1981年1月,涿鹿县建立了地名地方志办公室,地名和地方志合署办公,我担任了办公室主任兼、县志主编。同年3月,涿鹿县作为河北省地名试点县参加了北戴河地名普查工作会议。其间,秦皇岛市编写的地名故事深受启发,会后回到本县利用较短时间编写了《涿鹿风物志》一书,10万余字,突出收编了黄帝、炎帝、蚩尤三大始祖约五千年前经过"涿鹿之战""阪泉之战"碰撞、磨合实现联盟的伟大壮举,并将黄帝城、黄帝泉、阪泉、蚩尤泉、蚩尤三寨、炎帝营、桥山等20多处古遗迹、遗址分项记述,这本风物志先后出版4次,印刷2000多册,对内对外颇有震动,时任何北省常务副省长王东宁说:"《涿鹿风物志》是全省'文革'后第一本志书,能够把全县地情人情写出来实属好事!"

1983年3月,本县对全县1200多条地名进行了普查,其中重点对有关黄、炎、蚩遗迹遗址进行普查,建立了地名档案,在1:5万地图中标注位置。参考谭其骧编绘的《中国历史地图集》,我们自绘了不同历史时期10多份涿鹿历史地名图,而后又编写了《涿鹿县地名志》,地名志把全县373个行政村和有关黄、炎、蚩三帝古遗迹逐条记述。为了弘扬三祖文化、促进涿鹿旅游业的发展,我们又在通往矾山、保岱沿村树立地名碑,并重点在黄帝城、黄帝泉、蚩尤泉、蚩尤井、蚩尤松、蚩尤三寨、蚩尤坟、桥山、鹿峪、轩辕台、阪泉、上七旗、下七旗、舜乡堡、美峪所等处树立花岗岩地名碑,让游人直观感觉,为大规模开发以黄帝城为中心的全县旅游事业起到先锋官作用。

盛世修志,志载盛世。1986年开始谋划编写涿鹿县志。原张家口地区行署专员王权在全区地方志会议提出:要选一方高手,编写一代名志。当时,我思想压力很大,涿鹿县文明古县,从清道光年间留下一本十几万字的《保安州志》以后再未编写县志,1934年本县编写了约4万字的《保安州乡土志》，本县也无存稿（据说台湾大学图书馆保存）。面对上述情况，我们参考20多个有关县志篇目，拟定了《涿鹿县志》篇目共34篇，150多章，500多节。如何在县志中体现涿鹿特色，如何体现中华三祖文化，这关乎县志成败问题。经过反复研究，在《涿鹿县志》篇目中增设黄帝文化专篇。与大文化篇并列，这一创举得到方志地专家《秦皇岛市志》主编康占忠（本县人）支持。当时，我们想，如果一部百万言的《涿鹿县志》没有三祖文化、合符文化内容或者轻描淡写，哪怕其他内容写得再好，也感觉失去很重的分量。

《涿鹿县志》黄帝文化专篇篇目确立以后（当时三祖文化提法还未形成），在进入编写前，面临着黄帝与蚩尤战于涿鹿之野，还是战于涿县之野，还是战于延庆之野、黄帝崩葬涿鹿桥山还是陕西黄陵，涿鹿县几位文人经过较短时间在《人民日报》《文汇报》《中国地名汛》《中国农民报》《北京晚报》《河北日报》等数十家报刊撰文论述，并配以黄帝城遗址出土文物以及黄帝泉、蚩尤泉、阪泉三泉鼎立实地图片。这是涿鹿历史佐证，是独一无二的。从1981年到1986年我们接待陕西黄陵、涿县、延庆、河南新郑等友好有争议的市、县、家学者，并陪同他们到实地考察后，大部分原持异议的同志认可涿鹿。因为在此之前《可爱的河北》一书把黄帝与蚩尤战于涿鹿之野，写入涿县之野。为了澄清这一问题，我县又致信河北省委主管副书记，与有关争议县笔论，经过三次书信研讨，确定将黄蚩之战写入涿鹿之野，收编《涿鹿县志》，因为涿鹿县是中华三祖文化、合符文化发祥地，必须在县志中加以浓墨重彩。

1992年初，在邀请20多位地方志学者、专家评审《涿鹿县志》，除提出修改意见同时也做了肯定：涿鹿县志体现了涿鹿特色，原因有三：一是将黄帝城、黄帝泉、蚩尤泉、阪泉、桥山这么多古遗迹、遗址写入县志，在全国几千部县志中尚属首例；二是将黄帝文化列为县志专篇与大文化并列在全国志书中尚属首例；三是将黄帝、炎帝、蚩尤征战、融合过程写入县志并标出战争路线图在全国志书中尚属首例。

《涿鹿县志》经评审后于1994年8月由河北人民出版社出版，之后又三次印刷，发行到30多个国家、地区，国内1000多个市、县，极大地提高了涿鹿县知名度，凸显了三祖文化、合符文化。1994年，《涿鹿县志》荣获河北省人民政府志书奖、主编个人奖。

随着涿鹿中华三祖堂的建立，随着县籍学者任昌华、赵育大不懈的努力，以科学态度提出涿鹿中华三祖文化、合符文化并得到中国著名历史学家李学勤大师的首肯。当然在公元前4707年即黄帝纪年初年起，已经形成了中华三祖文化，合符文化，逐步实现了整个中华民族的大融合、大统一。合符釜山，不仅只是华夏先民的融合统一，而是中华各民族先民的大融合，大统一。五千年来，时时刻刻汉民族离不开少数民族，少数民族离不开汉民族。各少数民族之间相护离不开。中华文明五千年，这要归功于黄帝、炎帝、蚩尤"合符釜山"的历史壮举，而釜山在涿鹿。据此，中国著名历史学家顾颉刚在《上古史演义》一书中说："千古文明开涿鹿。"

这次两岸伟大的人民欢聚一堂，召开伟大的中华三祖文化、合符文化论坛会，将产生伟大的深远的意义，这本身就是五千年的合符文化在今天56个民族之间产生的团结，为了共同的目标、和睦和谐相处的大好局面，这是中华儿女都将永远愿意看到的！

（作者系河北省地方志学会会员、中国地名学会会员、涿鹿县志主编）

二〇〇九年八月七日

黄帝铸鼎与合符釜山史迹考察

张 翀

历史文献中有黄帝铸鼎的记载，这是叙述黄帝与鼎的故事。《史记·五帝本纪》说："黄帝获宝鼎，迎日推策。"但《史记·封禅书》又说了："黄帝采首山铜，铸鼎于荆山下。鼎既成，有龙垂胡下迎黄帝。"这两段文字被先秦历史学者常引，甚至变成了习语，但有聪慧者就看出了其中端倪。"在同一部书中，有黄帝'铸鼎'和'获鼎'的不同说法，可见黄帝铸鼎仅是一种传说，尤其是鼎铸成，黄帝骑龙升仙，具有强烈的神话色彩……"黄帝作为人文初祖，举凡遗迹或是文明的诸要素，世人总爱朝其身上靠拢，仿佛不如此就不能证明中华文明的源远流长。在世代流传的文献中，黄帝仿佛是无所不能的大帝，不仅铸鼎，还兼铸钟。

昔黄帝以其缓急作五声，以政五钟。令其五钟，一曰青钟大音，二曰赤钟重心，三曰黄钟洒光，四曰景钟况其明，五曰黑钟隐其常。五声既调，然后立五行以正天时，五官以正人位。人与天调，然后天地之美生。（《管子·五行》）

这段文字无非是反映着古代一种天人合一的思想，并非真是黄帝要摆开架势，铸鼎铸钟，从目前所知的考古发现来看，并非有五帝时代，即新石器晚期到夏代前期的铜鼎、铜钟的遗存。古人之所以如此记载文献，无非是想明确地表明一种观念：鼎，在中国古代社会是最高权力的象征。黄帝"铸鼎"或"获鼎"都应是一种比喻性质的象征，与"尊轩辕为天子"相呼应，反映着黄帝时进入文明初曙的时代，但无论如何，不能说明黄帝时已经具备能够铸鼎的技术条件。毕竟冶铸铜鼎是一件极为复杂的工艺，需要采矿、模范、刻画、浇铸等诸多工种配合才能完成的。对于这些，我们必须要探究一下史前时期关于"鼎"的真实器用。

虽然铜鼎在二里头文化中才能见其踪迹，但陶质的鼎在史前时期就已经大行其道了。最初，史前先民炊煮食物是用平底的陶釜（类似盆的一种器具，但比盆腹深）加上支架一类的组合型工具。这在广大的黄河、淮河、长江流域的史前文化都能看到，如河北南部太行山东麓的磁山文化、泰沂山脉北麓的后李文化、鲁中南山地东南的山前高亢地带的北辛文化等是用陶釜加石支架；长江流域有湘西北的彭头山文化、皂市下层文化、长江西陵峡两岸的城背溪文化、浙江宁绍地区的河姆渡文化等较多南方地域的史前文化，就将陶釜改为夹砂筒形平底盂，而用上端为三角形，中下端空心的陶支架代替石支架。但是在实际使用中，这种下端容有柴堆积并燃烧的空间的组合型器具，就显出搬用、存放的不便了，在物力缺乏的史前社会尤为突出。能够搁置平底或圆底炊器的灶要到很晚才出现了，所以带有三条或四条腿的陶鼎就应运而生了，陶鼎是陶釜和支架的接合体，鼎足起着支架的作用，这可以称之为新石器时代陶炊器制作的一大进步，也奠定了商周时期拥有大量铜鼎的基调。商周时期众多朴素实用铜鼎底部积着大量灰烬就是明证。

我们现在发现并出土了商周时期大量的青铜鼎，那么再早时期呢，位于五帝时代的黄帝有无铸鼎举措？目前所见铜鼎，最早为夏代后期。文献则相传夏朝禹之子启时就开始铸造的鼎，较早的出处见于《左传》《墨子》等文献。《左传》宣公三年曰："昔夏之万有德也，远方图物，贡金九牧，铸鼎象物。"《墨子·耕柱》则称："昔者夏后开（启）使蜚廉折金于山川，而陶铸之于昆吾……九鼎既成，迁于三国。"[①]有了这段文献的记载，《史记·封禅书》中才会枘比罗列讲，"黄帝作宝鼎三，象天地人。禹收九牧之金，铸九鼎"。以宝鼎三来象征天地人不能完全说过于附会，但也有着三皇或三才的影子。郑樵在《通志·三皇纪·序》中，也有如下的话：

  三皇者：天皇、地皇、人皇是也。其说不一，无所取证。当取汉代伏羲为天皇，神农为人王，黄帝为地皇之说为正。伏羲作《连山》，神农作《归藏》，黄帝作《坤乾》。

有学者认为郑樵的说法是把这一"三皇"说附会牵合于神话中的"三皇"说，而且还附会牵合于伪《三坟书》了，但《史记·封禅书》的这一句未尝没有类似的色彩。但黄帝有无真实的铸鼎举动么，结合文献及考古发现，答案还是肯定的，如在三门峡灵宝市西黄帝铸鼎原上的发现。[②]

据许先生介绍，1999年原黄帝铸鼎原管理处主任赵项申同志在西坡遗址灵阳公路旁边的灰坑中发现一块火烧过的铜矿石，大小约4厘米×6厘米见方，引起专家们的重视。1998年5月至8月，灵宝市文管所与铸鼎原管理处联合对荆山黄帝遗迹进行调查，在海拔1980米的具茨山发现古代采铜矿洞遗址一处。洞高6米，宽5米，进深17米，在洞口及其周围发现有砍砸器、敲砸器和高品位的铜矿石以及用柴炭烧结的铜矿石块，从而进一步证实《史记·封禅书》曾有"黄帝采首山之铜，铸鼎于荆山之下"的记述。以往人们往往将首山附会到昔南永济中条山的首山或河南省襄县。岂不知，荆山亦是秦岭之首，也称首山。甚至早在50年代曾在西安半坡、陕西华县姜寨仰韶遗址中出土有铜片的情况，可以认为黄帝时代已具有冶铜的可能性。

我们研究上古史，不仅要注意文献和考古材料的关系，还更应该区分和梳理传说和历史的钩缭，具体来说对于黄帝其人其事，就要审慎地考辨黄帝史迹和黄帝文化的异同了。以上，我们较为详细考察了黄带铸鼎的史迹，而黄帝合符釜山的相关记载也是甚为相同。

《史记·五帝本纪》记载，"东至于海，登丸山，及岱宗。西至于空桐，登鸡头。南至于江，登熊、湘。北逐荤粥，合符釜山，而邑于涿鹿之阿。迁徙往来无常处，以师兵为营。官名皆以云命，为云师。置左右大监，监于万国。万国和，而鬼神山川封禅与为多焉。获宝鼎，迎日推"。可见黄帝铸鼎和合符釜山不无关系。

《索隐》又曰：合诸侯符契圭瑞，而朝之于釜山，犹禹会诸侯于涂山然也。又案：郭子横《洞冥记》称东方朔云"东海大明之墟有釜山，山出瑞云，应王者之符命"，如尧时有赤云之祥之类。盖黄帝黄云之瑞，故曰"合符应于釜山"也。

《正义》《括地志》云：釜山在妫州怀戎县北三里，山上有舜庙。

《正义》又曰：广平曰阿。涿鹿，山名，已见上。涿鹿故城在山下，即黄帝所都之邑于山下平地。

《帝王世纪》亦记载：（黄帝）又征诸侯，使力牧、神皇直讨蚩尤氏，擒于涿鹿之野，使应龙杀之于凶黎之丘。凡五十二战而天下大服。

从上面文献可以知道黄帝是经过长期艰苦卓绝的斗争，与万邦氏族领袖，包括炎帝与蚩尤，"合符釜山"。在"釜山"结盟，建立酋邦制国家，之后，并确立建立军队制度，甚至有铸宝鼎铭功纪胜之举。另外，从所谓

"阪泉之战"和"涿鹿之战",以及"邑于涿鹿之阿",也可确定黄帝合符釜山的地望所在。而有关黄帝或者黄帝文化的遗留,如涿鹿县境内至今依然保存有黄帝城、蚩尤寨、蚩尤坟、炎帝营等三祖时期的23处古遗址遗迹却需要仔细甄别,有些还需做进一步的考古发掘工作。

最后再多说几句,当年围绕"合符"集大成的标志——"九鼎"的最饶有兴味的故事,莫过于楚王问鼎了。现不顾篇幅所限,录《史记》原文如下:

  八年,伐陆浑戎,遂至洛,观兵于周郊。周定王使王孙满劳楚王。楚王问鼎小大轻重,对曰:"在德不在鼎。"庄王曰:"子无阻九鼎!楚国折钩之喙,足以为九鼎。"王孙满曰:"呜呼!君王其忘之乎?昔虞夏之盛,远方皆至,贡金九牧,铸鼎象物,百物而为之备,使民知神奸。桀有乱德,鼎迁于殷,载祀六百。殷纣暴虐,鼎迁于周。德之休明,虽小必重;其奸回昏乱,虽大必轻。昔成王定鼎于郏鄏,卜世三十,卜年七百,天所命也。周德虽衰,天命未改。鼎之轻重,未可问也。"楚王乃归。

这段故事让太史公寥寥几笔也说得声情并茂,宛若再现,太史公此段亦是本于《左传·宣公三年》的有关记载。或可见在当时王臣上下,"鼎"之"重"已牢不可破,其先已早有苗头。"周公复卜申视,卒营筑,居九鼎焉"就可看出,九鼎乃是政权的象征。这为成语"定鼎中原"的滥觞,凡与鼎有关的一些成语也大多由此发轫。因为宝鼎一直在国人心目"悬挂",我们中华古老的国度重诺守信,礼仪有度的风范保留至今。与人相交,也讲究"一言九鼎",其语出上文引过的《史记·平原君虞卿列传》,乃是毛遂的故事,全文如下:"毛先生一至楚而使赵重于九鼎大吕。毛先生以三寸之舌,强于百万之师。胜不敢复相士。"然春秋之时,周室衰微,群雄并起,陵王室而窥宝器,遂有"问鼎"的故事,但"九鼎"一直存周,故有"鼎定中原"之说。与鼎有关的成语何其多哉——诗礼簪缨的世家,我们也能称之为钟鸣鼎食之家——这里不能一一尽举。正如有学者指出的,"九鼎的播迁说明它在阶级社会初期已从日用器皿中分化出来,被赋予了神圣的意义,变成了象征最高权力的传国之宝"[③]。周王朝以"小邦周"的身份取代当时巍巍的"大邑商",采取的首要统治手段之一就是如何对九鼎的处置,"乃用南宫百达、史佚迁九鼎三巫"④。

　　九鼎是中国传统文化、礼仪制度极度物化的代表,可以说它体现了王权的集中和至高无上,反映了国家的统一和民族的昌盛。几千年来,一直被人们视为中华民族传世之国宝,鼎和及相关的祖庙的仪式性建筑便成为"文明"发展由量变到质变的物质标志⑤。美国芝加哥大学华裔教授巫鸿先生在一篇题为"九鼎传说与中国古代美术中的'纪念碑性'"的文章中说,九鼎不仅仅标志某一特殊政治权利,同时也象征了政治权利本身。或者可以提醒我们,我们对九鼎的追寻不能拘泥于对实物的追踪,而是拓展到精神领域,因为"九鼎的迁徙因此成为历史进程的同义词","九鼎的政治象征意义之所以能够历经每个王朝数百年地流传下去,正是因为它们在祭祖中持续使用可以不断充实和更新对以往先王的回忆。由于只有王室成员才能主持这样的祭祖,九鼎的使用者因此也自然是政权的继承者"⑥。然而沧海桑田,今天我们已经没有所谓的王室、先王,昔日皇权象征的承天门也早已成了我们巍巍中华的象征标志之一——天安门了。罗琨先生在《"九鼎"的传说及其史实素地的思考》文中的一些思考,或许给我们以新的启迪。"禹铸九鼎"的传说,利用现代考古学知识很容易判定它是"伪古史"。但是如果梳理有关传说,区分其时代,追溯其祖型,就可以发现这个故事,正是"层累地造成的中国古史"的一个典型事例,它是逐步形成的,却不是任意的伪造⑦。罗琨先生认为,"禹铸九鼎"在历史上是不存在的,然而却也不是任意的伪造,追寻它的形成过程,依然可以发掘出某些真实历史的素地,对于认识中华古代文明的形成发展有所启示。由此看来,从秦汉唐宋帝王的求鼎、迎鼎、铸鼎可知,自秦统一中国以后,对九鼎的重视主要集中于它的"遭圣则兴"和"以象九州",赋予它国家统一和强盛的象征意义。在新社会时期,九鼎的意义也必然发生了一定意义上的变更、砺新。然而,在基于中华民族精神传承的意义上,"九鼎"究竟是什么可能也显得不那么重要了,也许这个谜在将来进一步的考古发现可能会予以揭开。鼎以其厚重、稳定、华贵、高大,成为中华民族的精神象征,而蕴结在九鼎上的中华民族最本质、最内核精神却薪火传承,口口相传,历百代而不息。

注释:

　　①孙诒让:《墨子间诂》,中华书局1954年版。别本此句为"昔者夏后开(启)

使蜚廉折金于山，以铸鼎于昆吾"。

②许永生：《黄帝铸鼎原与中华文明起源》，《三门峡职业技术学院学报》2003年第4期。

③赵世超：《铸鼎象物说》，《社会科学战线》2004年第4期。

④《逸周书·克殷解》。

⑤李京华：《再谈"一鼎三鼎和九鼎"》，《寻根》1999年第3期。

⑥巫鸿：《九鼎传说与中国古代美术中的"纪念碑性"》，《礼仪中的美术——巫鸿中国古代美术史文编》，生活·读书·新知三联书店2005年版。

⑦罗琨：《"九鼎"的传说及其史实素地的思考》，载陈祖武主编《从考古到史学研究之路——尹达先生百年诞辰纪念文集（1906—2006）》，云南人民出版社2007年版。

（作者系中国社会科学院历史研究所研究员）

二〇〇九年八月七日

这一万年
——从中华文明的形成与发展说起

宫长为

这一万年说是上溯历史一万年说起，在这一万年历史当中，把这历史分为几个阶段，严格地说，我在看黄帝、炎帝、蚩尤三祖文化，特别是在历史长河中的地位，我主要讲三个问题。

第一个问题是什么是文明。"文明"和"国家"是两个概念，往往是我们把文明和国家混为一谈，一说国家理解为文明，一说文明理解为国家，恩格斯的起源论已经提到国家分为蒙昧时代、野蛮时代、文明时代。整个人类历史都叫文明，国家只是人类文明历史的某个阶段。国家有产生过程也有消亡过程。

第二个问题是人类文明时代是怎样划分的。恩格斯在《起源论》中提到两种社会生产，一是人类自身产，二是人类社会生产。同时我们公共权力立好，我们找不到实际的东西，从考古学角度看有没有青铜器、有没有文字、有没有城市建设、有没有礼仪建筑等。甚至还有没有玉器，但是现在看来作为人类的文明，还是恩格斯在《起源论》讲有两种生产理论，拿这些来衡量人类文明的标志。我觉得要好，好在哪？首先是人类自身的文明，人类自身达不到某种程度，就谈不上人类自身的文明，所以我觉得人类文明一万年，就是自身生产一万年，大体上是这样的，人类社会由族内向族外过渡，这是人类社会的标志性事件，基本上在一万年左右。距今一万年左右的农业生产革命，农业生产作为人类社会的标志性事件，因为有了人类社会也可以说有了人类文明，但是从人类的进程看，作为人类文明形成的标志，人类社会三百万年，但人类文明只有一百万年历史，严格说是很漫长的，也就一万年，农业革命以后是工业基命，这又是人类文明进程的另一标志，后工业革命，人类的这一百年超过人类发展的 5000 年，后工业革命，基本上应该说我们现在处在后工业革命阶段。农业革命前叫作前农业革命期大约三百万年，所以人类期分为四个阶段。结合中国历史，这一万年前五千年是中华文明的奠基时期，后五千年中的前三千年是中华文明的开创阶段，从秦始皇一统天下到辛亥革命是中华文明的发展阶段，这两千年是中华文明的发展阶段，一直到今天是人类文明的转折阶段。我把人类文明大体分四个阶段，在这种情况，三祖文化在中国历史上具有重要的作用和地位。黄帝、炎帝和蚩尤在中华文明史具有开创性意义的，前五千年中华民族已经形成一个统一体了，以后每一阶段分别都是一个统一体，由此看中华民族是逐渐统一的，这是一个历史过程。不要把国家才看成文明的开始，人类历史是从缓慢发展到快速发展的。早期历史黄帝到夏商周这段时间很漫长，秦统一到辛亥革命这段时间历史发展很快，近一百年人类文明发展更加快速了，这是非常明显的，所以说我们"千古文明开涿鹿"，不要把眼光放在这五千年，应该放在一万年。这样才能看出三祖文化的特殊意义。

第三个问题是怎样进一步开发涿鹿三祖文化。研究要进一步深化，三祖文化和合符釜文化两者的关系，研究还要深入，资料库建设、媒体宣传还需要建设，需要县政府大力支持。

（作者系中国社会科学院历史研究所研究员）
二〇〇九年八月七日

三祖文化论坛汇编

二〇一〇年

涿鹿县委书记王江同志在 2010 年 "三祖文化"论坛上的致辞

尊敬的各位领导、台湾同胞、专家学者、各界朋友们：

今天，我们荣幸地请来了各位共襄 2010 年"三祖文化"论坛，这是河北乃至全国学术界和文化产业史上的一件大事，更是涿鹿文化事业发展史上的一件盛事。在此，我代表涿鹿县委、县人大、县政府、县政协和全县人民，向论坛的召开表示热烈的祝贺，对百忙之中前来参加论坛的各位领导、海峡两岸学术界和文化创意产业界的各位专家学者及有识之士表示崇高的敬意和衷心的感谢！

五千年前，中华民族的始祖黄帝、炎帝、蚩尤在这里征战、耕作、融合，建立了中华民族历史上的第一个政权集中地，创造了中华民族共认的"龙"图腾，实现了中华民族第一次大融合，开创了中华文明的新纪元。司马迁《史记·五帝本纪》载："黄帝与蚩尤战于涿鹿之野"，而"邑于涿鹿之阿"。因此，已故著名历史学家顾颉刚在《中国上古史》中断言："千古文明开涿鹿"，苏秉琦先生用"看一百年的中国到上海，看一千年的中国到北京，看两千年的中国到西安，看五千年的中国到涿鹿"，再次强调了涿鹿在中华文明发源中重要的历史地位。也正源于此，1993 年"三祖文化"命题正式提出，期间历经李学勤、孟世凯、王北辰等百余位专家教授的缜密探辨，四届国家级、省级高规格大规模研讨会的严格论证，从文化和史学的高度充分肯定了"三祖文化"的概念和其史学价值。中央电视台《探索发现》栏目制作的大型纪录片《发现黄帝城》，在央视多个频道热播，进一步推动"三祖文化"被世人所认知、认同和拥护。特别值得一提的是，在上海世博会上，涿鹿"三祖文化"被定为河北馆介绍城市起源板块"中华文明从这里走来"的第一项内容，向全世界证明了涿鹿黄帝城在河北乃至全国文明史上的重要地位，涿鹿是中华民族龙图腾的诞生地，是中华民族的奠基地，是中华文明的发祥地，是中华儿女的寻根祭祖圣地。

"三祖文化"也即"合符文化"，是和谐、统一、创造的文化，其所包含的多元包融、和谐统一、共同繁荣、以"和"为中心的传统文化理念，与当代我们倡导的"和谐文化"一脉相承，指引着中华文明的发展，是中华民族的根之所在、脉之所系，是保持中华民族始终屹立于世界之林的基石，是中华五千年文明的灵魂，是实现中华民族伟大振兴的精神支柱。随着"三祖文化"和"合符文化"的传播，必将在全世界各民族之间产生共鸣，对世界大同产生积极作用。

各位领导，各位专家学者，各位朋友，文化是一个国家和民族生存发展的永续资源，文化产业的发展离不开文化的积淀和传承，同时，先进文化的保护和传承也离不开文化产业的坚强支撑。因此，这次论坛的主题确定为"传承'三祖文化'、推动产业发展"，目的就是通过论坛的召开，进一步弘扬"三祖文化""合符文化"，促进文化开发与文化产业的和谐推进。"三祖文化"和"合符文化"浓缩着五千年中华文明的精髓，博大精深，其整体开发是一项长期的、庞大的系统工程，需要两岸专家学者进一步地探讨和深度挖掘，涿鹿作为中华文明的发祥地，对做好此项工作，还有大量的基础性工作需要我们去做。我相信，这次论坛的召开，必将对弘扬宣传"三祖文化""合符文化"，推动文化产业发展产生积极的作用，也必将为增进两岸文化经济交流，加强民族团结发挥重要作用。在此，我真诚地希望各位领导、台湾同胞、专家学者、各界朋友各抒己见，畅所欲言，为"三祖文化""合符文化"的深入挖掘和开发，提出宝贵的意见和建议，让我们的友谊在交流中加深，使我们的智慧在碰撞中升华。

最后，预祝"三祖文化"论坛取得圆满成功！祝各位来宾工作顺利、生活愉快、身体健康！

谢谢大家！

二〇一〇年八月

涿鹿县人民政府副县长
李阳同志在2010年"三祖文化"
论坛上的主持词

尊敬的各位领导，各位专家、学者，各位来宾，同志们，朋友们：

大家下午好！

2010年海峡两岸"三祖文化"论坛现在开始！

举办2010年海峡两岸"三祖文化"论坛，旨在弘扬"三祖文化""合符文化"融合统一的核心价值理念，展示涿鹿悠久的历史和厚重的文化，增强两岸同胞，同根同宗、同祖同源的民族认同感，传承优秀的民族文化，大力促进中华民族的和谐、团结、发展；同时，加大三祖文化产业的开发力度，形成经济文化融合发展的新格局，实现"以文化带动产业、以产业复兴文化"的总体目标。

首先，我介绍一下出席今天论坛的领导和嘉宾。

出席今天论坛的领导有：国务院台湾事务办公室领导，河北省台湾事务办公室副主任张献民、交流处处长孟相涛，张家口市委宣传部部长郑丽荣女士，张家口市人民政府副市长侯桂兰女士，张家口市文化局局长姜玉琛，张家口市文物局局长常进忠，涿鹿县委书记王江，涿鹿县人民政府县长陈岗。

出席论坛的嘉宾有：中华炎黄文化研究会常务副会长赵德润、副会长谭泽民、秘书练培黎，中国先秦史学会常务副会长兼秘书长宫长为，河北省政协社会和法制委员会主任王宽，河北省政协社法委副主任刘日，河北省港澳台和外事委员会副主任李红录，省文化厅厅长冯韶慧、副厅长李建华，首都旅游集团首席研究员李庚，北京凯龙集团总裁唐金贵，北京大运河文化集团董事长谷建华，加拿大CCM投资集团有限公司董事会主席陈建胜，中国生态农村工程建设项目联合工作组常务副组长杨繁星，中国文传媒集团董事长、中国文化报社社长孔繁灼，报社编委、公共文化部主任陈彬彬、办公室副主任郭素娥女士、记者赵志红女士，《炎黄大帝》摄制组编剧刘毅，中华海峡两岸企业交流协会会长李进秀女士，台湾中华统一促进会总裁张安乐，高雄市两岸关系研究学会理事长、人文资源研究学会理事、义守大学副教授晏扬清，高雄市旗峰会总干事、大仁科大通识中心教授施家顺，阿猴文教基金会董事大仁科大幼保系助理教授张坤乡，阿猴文教基金会副执行长、大仁科大观光系助理教授李明正，福尔摩莎医管学会常务理事、义守大学副教授应纯哲，孔孟学会理事、空军军官学校教授姬秀珠女士，客家学院文化咨询委员、朝阳科技大学副教授陈运星，研究员叶美明女士，私立高苑科大通识中心助理教授唐仁俊，公立屏东商业技术学院讲师曾宪扬，私立屏东美和技术学院讲师赵宏斌，义守大学工程顾问黄丽华女士，设计暨艺术学报总编、客家委员会客语新传师、大叶大学副教授曾贤熙，亲民党文宣部副主任、大叶大学副教授廖文章，助理教授吴佩芬女士，德馨人文工作室经理、树人医专助理教授章惠玲女士，资深讲师马政，高雄教区基金会理事、树德科技大学副教授隋复华，民主文化基金会董事、美和科技大学副教授吴炀和，商管自动化协会副理事长、高雄应用科技大学教授王天津，世界客属总会南投分会理事、大叶大学通识教育中心副教授欧秀慧女士，文化产业公司总经理徐正文，北京诺亚文化公司总裁陈忱以及市县专家安俊杰、任昌华、赵育大、李怀全先生。

下面请国台办领导致辞，大家以热烈的掌声欢迎！

下面请河北省台湾事务办公室副主任张献民致辞，大家欢迎！

下面请张家口市人民政府副市长侯桂兰致欢迎辞；

下面请涿鹿县领导讲话；

下面请中华炎黄文化研究会常务副会长赵德润教授讲话；

下面请中国先秦史学会常务副会长兼秘书长宫长为先生讲话；

下面请省政协常委、省政协社会和法制委员会主任王宽先生讲话；

下面请各位专家、学者以及文化创意产业界人士就"传承三祖文化，推动产业发展"为主题进行发言；

1. 首先请中华炎黄文化研究会副会长谭泽民先生发言；
2. 请首都旅游集团首席研究员李庚先生发言；
3. 请北京大运河文化集团董事长谷建华先生发言；
4. 请台湾中华统一促进会总裁张安乐先生发言；

5. 请张家口市原政协副主席、市泥河湾学术研究会会长安俊杰先生发言；

6. 请涿鹿中华三祖文化研究会常务副会长赵育大先生发言；

7. 请涿鹿县原政府办公室副主任、《涿鹿县志》主编李怀全先生发言；

8. 请涿鹿中华三祖文化研究会会长任昌华先生发言。

各位领导，各位专家、学者，各位来宾，同志们，朋友们，今天下午，各位专家、学者，以及文化产业界人士围绕论坛主题从不同角度、不同层面，发表了热情洋溢而又精辟的论述，观点鲜明，给人启发，令人鼓舞。各位领导的讲话高屋建瓴，言之恳切，令我们精神振奋，信心倍增，在此，我代表论坛筹备组对各位领导和专家、学者以及文化产业界人士表示深深的谢意！

"中华文明从涿鹿走来"，五千年前，我们中华民族的三大人文始祖炎帝、黄帝、蚩尤会聚到涿鹿这块古老的土地上，经过征战，融合，最终黄帝"合符釜山，邑于涿鹿之阿"，实现了中华民族的大一统，开创了中华文明的新纪元。如今，在涿鹿县近30平方公里的范围内，存留的三祖历史时期遗址遗迹达23处，其丰富度是举世罕见的，保护和弘扬这些文化遗产，并对其进行产业开发，是所有中华儿女的共同心愿，也是每一位龙的传人义不容辞的责任。虽然这次论坛的时间较短，但层次很高，内涵丰富，意义重大，我们相信，通过本次论坛，一定能够进一步弘扬涿鹿"三祖文化""合符文化"，必将对传承中华民族优秀传统文化，建设和谐社会，增强民族凝聚力，振兴中华民族产生重大而深远的影响。也必将吸引更多海内外仁人志士来到涿鹿三祖圣地，进行更为广泛的文化研究和产业开发工作，使涿鹿三祖文化成为优秀传统文化和先进现代文化高度融合的文化品牌。

这次"三祖文化"论坛在各位领导和专家、学者以及各界朋友的共同努力下取得了圆满成功。我代表论坛筹备组再次对在百忙之中光临论坛的领导、专家、学者，文化产业界人士，特别是千里迢迢跨越海峡的台湾专家，以及关心和支持本次论坛的社会各界朋友表示衷心的感谢！

现在，我宣布2010年海峡两岸"三祖文化"论坛圆满结束！

祝各位领导、各位专家、各位来宾身体健康、工作顺利、万事如意，谢谢大家！

与中华文明探源工程接轨，确立三祖文化在中华文明中的地位

安俊杰

自1993年任昌华先生提出"三祖文化"的观点以来，我们先后举办了四届"三祖文化"学术研讨会，每年都有数十名海峡两岸的专家、学者出席并发言，旁征博引、多方论证，一致认同"三祖文化"的观点，呼吁将蚩尤与炎帝、黄帝同称为中华民族的人文始祖。大家认为炎帝、黄帝和蚩尤在涿鹿的争战与融合，不但创建了中国王权国家的雏形，孕育了中华民族的前身——华夏民族，而且形成了以"和合"为理念，"合符"为标志的中国文化，从而为中华民族大融合、中国大一统思想奠定了永久的民族心理基础。特别是由于中国先秦史学会、中华炎黄文化研究会、中国社会科学院、河北省社会科学院、河北省文物局、中央电视台和李学勤、孟世凯、黄昆、李先登、宋镇豪、赵德润、郭大顺、沈长云、孙继民、王北辰、王大有、王朝文、周颖南等一大批重量级的研究机构和专家、名人的积极支持与参加，有力地推动了"三祖文化"的深入研究。由此，引发了成千上万的海内外华人前来涿鹿寻根祭祖、旅游观光、投资开发、合作建设，先后捐资修建了中华三祖堂、港土归根碑、澳土归根碑、母子连亲碑，成立蚩尤文化研究会、兴建蚩尤文化产业园区、桥山黄帝殿、立马关蚩尤祠以及中华合符坛。国务院台湾事务办公室、河北省人民政府连续三年举办冀台（张家口）经济合作洽谈会，有效地促进了张家口市和涿鹿县的经济与文化建设。

在近二十年的时间里，"三祖文化"这个发自民间的非专业的史学观点，竟然得到学术界和海峡两岸知识界及一般民众如此广泛的认同，是比较罕见的，值得我们深思。

人们不禁要问：这几年的学术研讨到底取得了什么成果？其前景如何？

笔者醉心于张家口的历史文化，前四届研讨会参加了三届，一直关注着三祖能否被确立为中华共祖，中华文明能否被公认为从涿鹿走来。2008年在会上做了以"中华为何有三祖"的发言。思考了一年，去年没敢作声。又思考了一年，形成了一些看法和想法，今天一吐为快，请大家指教。

一、学术研讨成果甚多

由于参加研讨会的代表面较广，有国家、省科研机构的专家、大专院校的教授，其中不乏顶尖级的历史学家和考古学家；有来自台湾各地的学者、企业家、民间团体人士；有本土的文史工作者和业余爱好者等，大家各抒己见，集思广益，多方面、多角度、多学科地论证三祖文化的诸多问题，搞清了不少史实，形成了一些共识，取得了不少成果。主要有：

（一）"中华理应尊蚩尤"已成共识

随着四届研讨会的召开，"中华理应尊蚩尤"的看法日益深入人心，这个本是个人对中国历史的看法、观点，已经形成众人的共识，转化为一种史学观念，被大陆和港、澳、台民众以及更多的海外华人所赞同。在20世纪90年代，已故考古学家苏秉琦先生就提出"满天星斗说"，即在距今5000年前左右，从辽西到山东，从陕西到山西、内蒙古、河北，中华大地上的文明火花，如满天星斗一样璀璨。这些文化各有其根源，都创造了灿烂的文化。这已被中华文明探源工程第二阶段的研究所证明，成为学界的主流观念。而炎帝、黄帝、蚩尤三大部落联盟在涿鹿的共同生活、争战和融合，正是仰韶文化、红山文化、大汶口文化在张家口一带汇聚、碰撞、吸纳和糅合的过程。这也已被20世纪80年代河北省文研所和吉林大学在蔚县三关遗址发掘研究的成果所证实。可以说：在"满天星斗"中，炎、黄、蚩三大部族文化最为明亮耀眼，因为他们代表了当时最强劲的三大文化（红山、仰韶和大汶口文化）。当他们在涿鹿聚首、争战以至与众多的诸侯会盟后，便成了璀璨夺目的北斗星。阪泉、涿鹿两次大战，角出了最后的胜利者黄帝，合符釜山，"诸侯咸尊轩辕为天子"，建立了王权国家，形成了华夏民族和中国国家的雏形。这是三大部族三位领袖依次上场的"集体创作"，是他们共同完成了中国历史上的首次"宏大叙事"，怎么能在"露脸"的时候搞"三缺一"呢？历史学家李学勤先生去年在论坛上说："今天我们再读《五帝本纪》，蚩尤也在里面。这个传说过去没有很好地理解。"现在理解了，是"中原中心论"的影响造成的，是"胜王败寇论""唯正史论"搞的鬼,从2001年开始启动的中华文明探源工程取得的一系列成果,已经宣告了"中原中心论"的终结。那么,"中华理应尊蚩尤",现在该恢复名誉、平反昭雪了吧?

(二)"千古文明开涿鹿"被广泛认同

"千古文明开涿鹿"本是1952年出版的一本通俗历史读物《中国上古史演义》第二回中的一句话,只因其书的策划者和作序者是大名鼎鼎的历史学家顾颉刚而广为流传。但是,由于"中原中心论"的盛行和考古证据的不足,并没有被社会广泛认同。"三祖文化"提出后,这几年不仅在社会上越来越多的人赞同这一观点,而且在史学界也得到了积极的回应,当有的地方要与涿鹿争黄帝会盟、合符之地时,不少专家挺身而出为之厘清。这不就说明了"千古文明开涿鹿"已经深入人心了吗?

去年8月8日,李学勤先生在论坛上发言,讲了三个问题,一是三祖文化在学术上有什么重要意义;二是涿鹿在中华文化中起着很重要的作用;三是怎样看待文献中的古史传说。这里有必要再听听老先生是怎么说的:"'千古文明开涿鹿'这句话,其实是有着很深刻的根源的。涿鹿这个地方,涿鹿这个名字怎么讲,为什么叫'涿鹿'?这个名字本身就很有特点,一看就知道它有着非常悠久的历史。现在我们能查到的文献当中,这个词最早出现不是《五帝本纪》,因为司马迁是汉朝人,这是比较晚的。以我个人所知,'涿鹿'这个词最早见于《逸周书》中的《尝麦》篇。《逸周书》这部书基本上是从先秦传下来的,一直有人认为它出现得比较迟,但它的很多内容是比较古老的。尝麦,这是古代帝王每年都要进行的一种仪式。在春天开始的时候,要尝麦,这是当时的一种礼仪。《尝麦》篇里面引用了很多史事,有很大一段讲了三祖的故事,这比《史记》里面的记载古老。如果大家觉得我的意见还值得考虑,我可以告诉大家,虽然《尝麦》这一篇的内容经过后人修订,里面有后人修订的痕迹,但它一定作于西周,因为它的文句是西周的。这里面已经讲了黄帝、炎帝、蚩尤的故事,而且特别提到了涿鹿……《尝麦》里面讲得非常清楚:上古'诞作二后(后,当时指帝王,二后即炎帝和黄帝),蚩尤乃逐后,争于涿鹿之阿'。黄帝杀蚩尤于中冀,也是涿鹿。至今河北还叫冀。九州的中心在冀州,涿鹿在冀州之中。蚩尤被杀于涿鹿,战争还是很激烈的,这当然带有明显的神话传说性质。"四届研讨会形成的共识是有关炎、黄、蚩在各地活动的传说很多,不尽一致。但关于他们一起在一个地方活动的却只有涿鹿，别无他处，历来没有歧义。再说，涿鹿境内现存的众多遗址、遗迹，都是最好的证明。涿鹿和蔚县相连，桑干河把阳原、蔚县和涿鹿串在一起。在黄帝时代，正是苏秉琦先生所说的"古国"形成的时候。三关遗址文化遗存所揭示的三种文化交汇共生，反映的就是这一地带共有的现象。也就是说，当时黄帝被众多诸侯尊为"天子"，成为天下共主时，实际上，涿鹿就是"国上之国"的王邦。即王权国家。考古发掘和研究证实了涿鹿县一带是中华三祖共创文明的地方。

（三）"中华文明从这里走来"在全省叫响

2006年，河北省提出"三个走来"：东方人类从这里（阳原泥河湾）走来，中华文明从这里（涿鹿）走来，新中国从这里（西柏坡）走来，成为宣传河北的三大品牌，如今已经在全省叫响。应该说，涿鹿能够入选，与三祖文化的持续宣传、深入研讨大有关系。

经考古与历史整合的研究证明，中华文明的生成不是单源、单线式的，而是满天星斗式的，由多民族、多地区的人民共同缔造的。也就是说，是多元一体的。但是，由于地域的不同、气候的变化，各地经济社会发展不平衡，文明程度和状况也有差异。如果说，晋南、关中、豫西、辽西是中华文明的核心地区，那么，绝对不能缺了苏秉琦先生念念不忘的"燕山南北、长城地带和桑干河流域"。因为这一地带在"中国文化史上曾是一个最活跃的民族大熔炉，又是中国文化总根系中一个重要的直根系"，苏老先生这番话里说的地方，其核心地区就是涿鹿、蔚县和阳原一带，这是满天星斗中北斗星升起的地方。因此，我们可以当之无愧地说：中华文明从这里走来，当然，准确地说，应该加个"之一"。

总之，持续十几年的舆论宣传和学术研讨，使"三祖文化"从一个个观点上升到了史学观念，并被学界不少专家所接受，得到广大民众的赞同。正如一位学者所言："近年来，学术界在讨论宜将炎帝、黄帝、蚩尤并称为中华三祖，足见此三人在古史传说和中国文化中的影响之大。据古代文献和传说资料记载，炎、黄、蚩之间有过大规模的战争发生，谓之'阪泉之战''涿鹿之战'。笔者认为，炎、黄、蚩战争传说是探索和寻找炎、黄、蚩时代历史文化的重要线索之一，也可能成为弄清古史体系的真面目，重建传说时代古史体系的一个重要突破口。"

二、存在一些问题

应该看到，我们的学术研讨还存在一些问题。我认为，我们的研讨尚属浅层次的研讨：一是涉及的学科少，特别是考古学界的专家参加得少；二是发言和论文，多为古文献和传说资料的引述及表态性发言，含金量较低；三是缺乏讨论交流，一定程度成了自话自说；四是一届一个主题，立意不错，但能否使研讨深入？在学术方面有哪些收获？五是我们的研讨会与历史学界、考古学界的院所之间的交流、合作如何？这些问题有待主办者考虑和改进。

三、一点建议

就是：与中华文明探源工程接轨，确立三祖文化在中华文明中的地位。

大家知道，1996年到2000年，在宋健和李铁映两位国务委员的倡导下，我国采取国家工程的形式，以自然科学和人文科学相结合，研究重大人文社会科学课题的工作模式，启动了"夏商周断代工程"，组织4个门类、10多个学科的专家、学者，运用现代科技手段，进行多角度、多层面的研究，编制出了夏、商、西周王朝的年代框架表（约公元前2070年至公元前770年），明确提出夏代不是中华文明的起源，在夏代以前还有一段相当长的历史。当时，李学勤先生就是这个工程的首席科学家和专家组组长。

据我所知，鉴于中华文明起源问题的重要性和复杂性，国家从2001年开始又启动了为期15年的"中华文明探源工程"，计划工程分4个阶段：2001—2003年为预研究阶段，2004—2005年为第一阶段，2006—2008年为第二阶段，2009—2015年为第三阶段。目前，前三个阶段已经完成。

预研究阶段的研究以公元前2500—公元前1600年的中原地区为工作的时空范围，设置了9个课题进行专题研究，此外，提出整个探源工程的实施方案。

第一阶段研究的工作范围放在中华文明核心地区的四处遗址：山西襄汾的陶寺城址遗址（传说是尧活动的中心地区）、河南登封的王城岗遗址（文献记载是"禹都阳城"的所在）、洛阳偃师的二里头遗址（青铜时代都城遗址）、河南新密的新砦遗址（二里头文化"新砦期"遗址）。后来应当地要求又增加了两处：河南灵宝的西坡遗址和郑州的大师姑遗址。重点是探索公元前2500—公元前1500年（即尧舜禹和夏王朝时期）中原地区的文明形态。这一阶段的工作由中国社科院牵头，北京大学、北京科技大学、郑州大学、河南省和郑州市文研所参加。共设置了五个课题，成果主要是搞清了中原地区文明形成时期的环境背景、经济发展状况、各个都邑遗址的年代关系、文明形成期聚落形态所反映的社会结构及其在文明形成中的作用。

第二阶段的研究，时空范围有很大扩展，时间范围设定在公元前3500年至1500年之间，空间范围由中原地区扩展到文明化资料丰富的黄河上中下游和长江中下游及西辽河流域。这一阶段的工程项目由中国社科院考古研究所和北京大学考古文博学院作为主要承担单位，联合国内30余家一流科研机构参与项目的实施。总负责人是中国社科院考古所所长王巍和北大考古文博院院长赵辉。成果是，在社会精神文化、年代环境、技术与经济等方面取得了重要进展，得出了如下阶段性认识：

1. 以约公元前2000年为界，中华大地上的文化发展和社会进步分为两个阶段。公元前2000年以前，辽西、海岱、长江中下游等地区的文化各有自己的起源和传统，虽然彼此有交流，但大致为独立演进发展的格局。

2. 在公元前2000年前后，由于气候变化、经济发展不平衡及发生战争等原因，各地区的先进文化因素开始汇聚中原，形成中原地区华夏文明独秀于林的局面。中原夏商王朝的文化又向周围辐射，各地逐渐被纳入以中原王朝为中心的轨道。

3. 这一时期，中原地区出现了包括谷、黍、大豆、小麦、水稻的"五谷农业"；辽西地区则多次出现了以谷黍为主、饲养猪牛羊家畜的农牧业转化现象；长江中下游为稻作农业。

4. 公元前2500年前后，各地以出现古城为标志，社会成员有了明确的等级分化，出现了为贵族服务的手工艺，经常发生暴力和战争以及干旱与水患。由于各地文明演进的方式、机制、动因不尽相同，中华文明的形成十分复杂而深刻。

据今年7月29日《人民日报》的报道：目前，探源工程第二阶段的工作已经结束，第三阶段的工作即将开始。

我向大家作上述介绍，一是想说，要想使三祖文化的观念得到国家的认可，必须首先得到历史学界、考古学界等有关学界的认可，而要得到学界的认可，现在则必须与中华文明探源工程接轨，成为工程的课题，进行多学科结合、多角度多层次全方位的研究。二是想说，该工程第二阶段把工作的空间范围锁定在黄河、长江、辽河流域之内，没有将桑干河流域列入；在第一阶段重点选了六处古城遗址，没有黄帝城，也没有蔚县三关遗址和阳原姜家梁遗址；工程已进入最后一个阶段，距离终结完工的2015年只有4年时间。我们要想方设法挤进第三阶段，参与工程研究。

时不我待，怎么办？我建议：

省、市有关部门应把"三祖文化是华夏文化的雏形""涿鹿是中华文明的发源地之一"作为两个课题，向国家科技部正式申报，争取列入中华文明探源工程第三阶段的任务，并且力求尽快启动。

据我所知，前几年内蒙古赤峰市就申报了两个课题，于2008年被列为中华文明探源工程——《中国文明形成与早期发展阶段的技术和经济研究》的子课题，已于同年8月19日在"华夏第一村"敖汉旗正式启动。还有河南省济源县，将其境内的原城遗址、曲阳遗址、苗店遗址等五个遗址捆绑成"怀川是中华文明的发源地"的课题予以申报。

我认为，我们有不少有利条件：文献有记载、故地有遗址遗迹遗物、考古有成果，还有像李学勤先生这样的权威专家的一贯支持。

我相信，我们的申报能获批，我们的预期能实现。

（作者系张家口历史文化研究会名誉会长）

二〇一〇年八月

谈涿鹿文化产业发展的运作

侯廷生

一、各种节事活动的规划与整合及研究

第一,三祖文化无疑是涿鹿的品牌,三祖祭祀每年一次,仪式及庆典活动对港台同胞及海外华人具有强烈的吸引力,已经有了一定影响,希望对相关庆典活动进一步深化,并在此基础上挖掘地方的文化特色,包括民间的文化形式,进一步提炼、创作和形成多个比较稳定的观赏性强的文化小品,可以进行常年演出,使晚上的文化旅游内容更加充实,拉长游客的滞留时日。

第二,加强对活动效益的科学分析研究,不能活动搞完了,就终结了;开展对旅游一日、两日、三日游的定量与定性分析,形成科学合理的发展模式和运作方式;在港台及海外团体来大陆日益增多下,对其价值理念的冲突及经济、社会效益分析,也应进行细致的研究。总之,要让学术性的、基础性的研究成为旅游文化产业发展的理性支撑。

第三,继续拓宽文化产业的内涵和路径,使文化产业的外延得到延伸,并努力发现、发掘新的文化产业品种。"文化产业"的概念是十分宽泛的,在涿鹿,要形成旅游产业为支柱、餐饮业、娱乐业、纪念品、特色农产品产业为辅助的相关文化产业链条,提升文化产业效益在全县经济中的比重,发展无烟产业,形成自然与社会经济的和谐。

二、抓住现代旅游理念,形成本地的文化产业营销方式

张家口涿鹿的优势有几个方面,一是地理自然条件较好,当地有句俗语云:千里桑干唯富涿鹿。据县有关资料显示,此地经济、自然条件是张家口市最好的,涿鹿正是靠的这得天独厚的自然条件成了远近闻名的富庶之地;二是文化基础条件也好,最著名的即"三祖文化"为代表的上古文化及遗迹;三是空间布局有山、有水。涿鹿的"一地"(三祖圣地)、"两河"(桑干河、洋河)、"三山"(灵山、黄羊山、小五台)的空间布局条

件，更适合现代旅游发展的理念和需要。

但我们和旅游线沿途，和周边北京、山西、内蒙古的优势比起来如何？我们的优势又怎样突出？这些需要进一步思考。

涿鹿毗邻北京，又处在都城文化放射圈内，处在北京到西北、内蒙古大通道上，它最大的旅游来源无疑应是北京。和北京只是一个八达岭之隔，需要很好地整合，建议要甘当"配角"，在整个大旅游的链条中甘当配角，就是主动融合，主动配合，主动整合。结合这些条件，要积极了解、配合周边文化产业的发展，利用自己的优势，形成边缘地带中的"中心地带"或"次中心地段"。

现代旅游理念主要是，一是都市旅游与乡村旅游结合；二是以旅客体验为核心。涿鹿的东灵山生态旅游区，有着高山草甸和原始森林；以温泉屯乡为代表的十万多亩葡萄基地，据说是华北最大的葡萄种植基地，还是著名作家丁玲的创作基地；有黄羊山国家级森林公园，这些无疑是涿鹿最为吸引都市游客的长期出游来此的最大优势，但要进一步把这些优势宣传到京城，传播到周边城市，还要推出若干新的营销手段和方式。比如温屯乡能否建立一个作家基地？等等。加强游客的体验活动。

据闻县里有关方面正在加快制定《涿鹿县旅游发展总体规划》《黄帝城旅游区控制性详细规划》《黄帝城旅游区概念性规划》等规划，除此之外，也要进一步开展基础研究，包括文化研究、文化产业定量与定性研究、文化产业承载力研究、文化心理与文化积淀研究等，也要做规划，也要投入一定的财力物力，从而进一步推动包括旅游产业在内的各项文化产业的上升。

最后想说的是，源远流长的三祖文化是中华三大始祖留给我们的一笔最宝贵的精神财富。要发展文化产业，这是国家强盛的需要，但我们更要尊重始祖文化，敬畏始祖文化，弘扬始祖文化，发展三祖文化，培护民族兴旺之基，固强民族兴旺之本，珍爱民族兴旺之根，创新民族兴旺之魂。在当今的和谐社会建设中，要树立崇高理念，提升民族精神的感召力。发展文化产业，要有利于维护绿色生态，有利于可持续发展，有利于健全健康的文化心理形成。只有这样，我们的发展，才是符合社会进步的发展。

（作者系邯郸职业技术学院赵文化研究所所长）

二〇一〇年八月

"合符文化"的精髓是和谐

戴长福

"三祖文化"即"合符文化"。五千年前,黄帝、炎帝、蚩尤三大人文始祖,在涿鹿经过长期碰撞、磨合之后,于釜山举行了会盟合符,一统天下,并由此形成了"合符文化"。

"合符文化"缔造了和谐多元的中华文化。

黄帝"合符"釜山,创造了集所有部落图腾特征为一体的龙图腾,从此成为华夏精神的象征。龙图腾的诞生不仅仅是产生了一个符契、一个图案,还将多个部落、多个民族融合统一了起来,从此朝着共同的目标迈进。"龙"的缔造也代表了一种先进的文化理念:"龙"是中华先祖"臆造"而成的,它的"角似鹿、头似驼、项似蛇、腹似蜃、鳞似鱼、爪似鹰、掌似虎、耳似牛",不是哪一个具体的动物,而是将各种动物的特征和谐地融为一体,由此可见,中华文化的精髓就是她的包容性、和谐性、共生性,是"有容乃大"的文化,是以"和"为贵的文化,是和谐多元的文化。

"合符文化"与和谐社会的理念一脉相承。

《史记·五帝本纪》这样记载:"蚩尤作乱,不用帝命,于是黄帝乃征师诸侯,与蚩尤战于涿鹿之野,遂擒杀蚩尤。"把蚩尤看作"暴虐""作乱"的代表,只记述蚩尤在涿鹿败死,而不去记载蚩尤的主要史绩及其对文明初创的贡献,这是不客观的。在我国,一些少数民族如苗族、水族、布依族、瑶族等,均崇蚩尤为始祖。"三祖文化"从根源上把蚩尤也提到了与炎帝、黄帝同等的地位。否定对蚩尤的不公正评价,敬崇其为文明始祖,对于中华民族的发展与繁荣是积极的,有利于民族团结和祖国统一。

由此可见,"合符文化"尊崇黄帝、炎帝、蚩尤为华夏民族的三大始祖,恢复了中华民族同祖共根的本来面貌。中华五千年的辉煌灿烂文明是由多民族、多地区的人民共同缔造的，这就说明中华文明的起源是多源、多线而非单元、单线的。各民族、各地区人民在中华文明进程中所起到的作用是均等的、平衡的，突破了那种对于"内华夏而外夷狄"的华夏起源之说的束缚。因此，"合符文化"与我们当代所倡导的"和谐社会"的理念是一脉相承的。各民族之间、人与人之间和谐共处，共同发展，正是"合符文化"精神核心的所在。

"三祖文化"传承中华五千年文明

王 江

千古文明开涿鹿。

五千年前，中华民族的始祖炎帝、黄帝、蚩尤在涿鹿征战、耕作、融合，建立了中华民族历史上的第一个政权集中地，创造了中华民族共认的龙图腾，实现了中华民族第一次大融合，开创了中华文明的新纪元。司马迁的《史记·五帝本纪》载"黄帝与蚩尤战于涿鹿之野"而"邑于涿鹿之阿"。因此，已故著名历史学家顾颉刚在《中国上古史》中断言："千古文明开涿鹿。"苏秉琦先生用"看一百年的中国到上海，看一千年的中国到北京，看两千前的中国到西安，看五千年的中国到涿鹿"，再次强调了涿鹿在中华文明发源中重要的历史地位。

也正缘于此，1993年，"三祖文化"命题被正式提出。经过李学勤、孟世凯、王北辰等多位知名专家教授的缜密探辨，四届国家级、省级的高规格大规模研讨会的严格论证，从文化和史学的高度充分肯定了"三祖文化"的概念和其史学价值。中央电视台《探索·发现》栏目制作的大型纪录片《发现黄帝城》，在央视多个频道热播，使世人对"三祖文化"有了进一步的认知、认同乃至拥护。

特别值得一提的是，在上海世博会上，涿鹿"三祖文化"被定为河北馆介绍城市起源板块"中华文明从这里走来"的第一项内容，向全世界证明了涿鹿在河北乃至全国文明史上的重要地位。涿鹿是中华民族龙图腾的诞生地，是中华民族的奠基地，是中华文明的发祥地，是海内外中华儿女的寻根祭祖圣地。

"合符文化"定中华。

"三祖文化"即"合符文化"，是和谐、统一、创造的文化，其中包含着多元包融、和谐统一、共同繁荣，以"和"为中心的传统文化理念，与当代中国倡导的"和谐文化"一脉相承，指引着中华文明的发展，是中华民族的根之所在、脉之所系，是保持中华民族始终屹立于世界之林的基石，是中华五千年文明的灵魂，是实现中华民族伟大复兴的精神支柱。

先进文化的保护和传承离不开文化产业的坚强支撑，文化产业的发展也离不开文化的积淀和传承。"三祖文化""合符文化"浓缩着五千年中华文明的精髓，博大精深，其整体开发是一项长期的、庞大的系统工程，需要两岸专家学者进一步地探讨和深度挖掘。涿鹿作为中华文明的发祥地，还有大量的基础性工作需要做，因此，这次论坛的主题确定为"传承'三祖文化'、推动产业发展"。

论坛的召开，必将对进一步发掘和弘扬"三祖文化""合符文化"起到积极作用，必将促进文化开发与文化产业和谐推进，也必将为增进两岸文化经济交流、加强民族团结发挥重要作用；"三祖文化""合符文化"的传播，必将在全世界各民族之间产生共鸣，对世界大同产生积极作用。

（王江系原涿鹿县委书记）

开发特色文化产业　打造特色文化品牌
涿鹿县全力完善公共文化服务体系

高　薇

　　涿鹿是中华民族发祥地，也是中华民族五千年文明史之源。近年来，涿鹿县着力以开发特色文化产业为核心，大力宣扬具有涿鹿个性的文化品牌，构建了良好的公共文化服务体系，促进了全县文化事业的繁荣发展。

一、公益性文化设施日趋完善

　　涿鹿是文化大县，有着渊源的三祖文化、桑干河文化、宗教文化、龙文化等，其中三祖文化和桑干河文化最为出名，并已经成为涿鹿文化产业的一大特色。近几年，全县依托特色文化资源，已建成县文化馆、图书馆、三祖文化广场和影剧院以及老干部活动中心、青少年文化中心等一大批文化基础设施。县文化馆内设录影棚、多功能室、舞蹈排练厅、文艺创作室、器乐室、综合办公室、服装器材室、摄影棚、合唱厅、练歌房等，基本实现了它的原有功能，活动形式主要有培训班、合唱、舞蹈、戏曲班等。目前，文化馆实现了免费开放，参加文化志愿者活动的人员有130多人。同时，积极推进城乡文化场馆、乡镇文化站等基层文化设施建设，17乡镇全部建有乡镇综合文化站，建设完成373个行政村的农家书屋。339个文化信息资源共享工程基层服务点。为加大特色文化之一丁玲文化的开发力度，投资130多万元对丁玲纪念馆进行修缮，正在申报成为省级爱国主义教育基地。各项公益文化设施的逐步完善，极大地满足了全县广大人民群众就近、经常和有选择地参加文化活动的需要，从很大程度上丰富了广大群众的业余文化生活。

二、新型文化载体不断拓展

　　近年来，涿鹿充分发挥特色文化优势，运用多种载体，丰富文化内涵，吸引群众积极参与，连续多年开展农村文化下乡演出和在三祖文化广场开展消夏"彩色周末"文艺演出活动，极大地满足了广大群众的业余文化生活需要。近几年又开展了农村数字电影放映工作，目前已演出1000多场。针对全县各乡镇文化力量薄弱的情况，积极开展志愿者服务基层工作的精神。在全县选派12名文化志愿者深入各乡镇进行文化帮扶，拟通过文化志愿者帮扶活动，培训乡镇文艺骨干，举办广场舞比赛等。通过开展教、传、授活动，辅导农村广大文艺爱好者骨干51人，充分调动了基层文艺爱好者的业务素质，提升了他们参加文化活动的积极性，为农村留下了一支永不走的文艺队伍。

三、群众性文化活动高潮迭起

以传承中华民族传统文化为目标，不遗余力地组织开展了系列群众性节日、民俗文化活动，有力打造了涿鹿县文化亮丽的名片。

在全县范围内开展数届涿鹿春晚、群众广场舞大赛、全民健身环城快步走比赛、三祖宴烹饪大赛、圣地秀场选秀等系列群众性文化活动。依托中华三祖特色文化资源优势，正式启动常态化拜祖大典，高规格举办"中华三祖文化与黄帝城遗址公园建设"高层论坛，成功举办"龙文化节"、全国诗歌大赛、"端午诗会"、涿鹿当代书画作品展、联合央视制作播出《中华三祖堂》《发现黄帝城》专题片等丰富多彩的文化活动。承揽张纪中导演拍摄的40集史实大剧《英雄时代》电视剧的主要外景基地之一。在2010年上海世博会上，"三祖文化"的亮相，则让全世界了解了涿鹿县黄帝城，扩大了"三祖文化"品牌在全国乃至世界的影响力。刘云山、贾庆林、李长春三位中央领导同志先后视察了三祖文化园区，并给予了高度重视、充分肯定和大力支持。

四、文化产品生产和服务逐步提升

加快公共文化服务体系建设，是涿鹿建设文化大县的一个重要组成部分。为此，必须采取积极有效的措施，提升文化产品生产和服务质量，大力搞好特色文化艺术资源开发，要充分发挥县文联的组织指导作用，提高文学文艺作品的创作水平，培养文学文艺人才，深入挖掘地域文化，重点做好文艺座谈会、诗歌征集、"涿鹿四季风光"摄影比赛等活动，从而逐步提升文化产品影响力。

在大力开发的同时仍要传承保护好具有当地特色的非物质文化遗产，为保护三祖文化遗产完整，涿鹿将中华三祖文化保护开发建设作为全县的"特号工程"。涿鹿祥龙文化产业有限公司成功开发了系列"三祖文化剪纸"，将世界"非遗"与三祖文化完美结合。即将建成中华文明源三祖文化博物馆，总投资约 2 亿元，以"一座博物馆，穿越五千年"为主题，集中展示中华民族的起源和中华文化的雏形，旨在弘扬"血脉同根、文化同源、民族同心"的文化理念。下一步将计划实施涿鹿系列文化旅游产品工艺品设计、开发和建设项目，扩大产业规模，开发生产相关的文化产品。但是在大力发展专业文化的同时，也不忘关注基层文化建设，要以乡镇、社区为重点，带动全县企业文化、校园文化、节日文化、广场文化、村社文化、老年人文化的整体繁荣。

涿鹿——点燃中华文明的薪火

李 阳

涿鹿，这个古老而神圣的地方，地处太行山脉和燕山山脉环卫的山间盆地，是我国古代人类文化南北东西纵横并会的重要舞台。五千年前，这里曾发生过令人荡气回肠的涿鹿大战、阪泉之战；曾见证了中华民族的三大人文始祖炎帝、黄帝、蚩尤及其部落和部落联盟"合符釜山"共建中华文明的辉煌史实。如今，这里的黄帝城、蚩尤寨等众多遗址遗迹以及开发建成的中华三祖堂、中华合符坛等建筑，向世人展示了其悠久的历史和深厚的文化底蕴。可以说，涿鹿是龙的诞生地，是中华文明的开源地，是中华民族的发祥地和中华儿女寻根祭祖的圣地，对于这一历史文化背景和历史定位，我们有以下依据：

一是有翔实的历史文献记载。描绘我国山川地理民俗的《山海经》和《逸周书·尝麦解》《周书》《春秋释例》等先秦文献以及《汉书》、魏《土地纪》、郦道元的《水经注》、唐《括地志》等史籍都有涿鹿是黄帝、炎帝、蚩尤征战、结盟、融合之地的记载。更为可信的是汉代大史学家司马迁在《史记》的开篇《五帝本纪》中对黄帝、炎帝、蚩尤在涿鹿的政治、军事、文化活动做了更为详细的记载。其中最引人注目的是黄帝于涿鹿的阪泉之野打败了炎帝；炎黄联盟又通过涿鹿之战打败了蚩尤；然后黄帝"合符釜山"被各部族尊为首领，在涿鹿山下兴建起我国第一座都城——黄帝城，中华民族各部族实现了第一次大统一、大融合。为此，我国著名历史学家顾颉刚先生在《中国上古史演义》序中断言"千古文明开涿鹿"。南宋民族英雄文天祥、一代伟人孙中山、毛泽东等在有关诗文中对这一历史事件都有吟诵。

二是有大量的三祖时期的遗址遗迹。县境内至今还保存有三祖时期的遗址遗迹达 23 处之多。其中有黄帝城、黄帝泉、黄帝合符结盟地——釜山、《史记》载黄帝崩葬地——桥山、黄蚩之战时蚩尤部落安营扎寨地——南、中、北蚩尤三寨。此外还有上、下七旗，涿鹿山，蚩尤坟，温泉行宫等遗址遗迹，集中在以黄帝城为中心的 30 平方公里范围内，其密集度、丰厚度、原始度及历史文化环境风貌的完整度相当难得。

三是有古老的口碑传说及民俗文化。长期以来，涿鹿一带流传着大量有关黄帝、炎帝、蚩尤以及先民们的故事。这些源于上古时期的口头传说，能够历经沧桑流传至今，足见三大始祖扎根于此，深受广大民众爱戴。同时，涿鹿一带之所以集中如此之多的传说故事，本身就证明"涿鹿之野"的历史遗存。这些故事从战争到和平，从生产生活到创造文明无所不包，从其形象细致地描述中，可以看出绝非后人任意想象和生造，它是未成文的重要历史文献。

四是有权威专家的研究论证。根据史籍的记载，出土文物的印证、大量遗址遗迹的存在和群众的传说，1995 年 9 月和 1998 年 7 月，由中华炎黄文化研究会、中国先秦史学会、河北省炎黄文化研究会、河北省社科院、市县人民政府共同主办，涿鹿连续两次召开了全国三祖文化研讨会。著名历史学家李学勤、孟世凯，著名考古学家、古建专家罗哲文等近百位国内外专家学者，对涿鹿的文化背景和历史地位进行了详细的研讨和充分的论证，正式确立了三祖文化的历史地位。与会专家一致认定，涿鹿是三大人文始祖在全国会聚的圣地，"合符釜山"是中华一统的标志。把黄帝、炎帝、蚩尤作为中华民族人文三祖，不仅符合我国历史实际，而且有利于民族团结，有其深刻的学术价值和现实意义。

弘扬三祖文化，是对中华文明始祖"涿鹿之战""阪泉之战""合符釜山""定都涿鹿"伟大壮举的最好历史评价和纪念，是创建和谐社会的重大举措，是促进区域社会文化经济发展的需要。涿鹿在"弘扬中华文化，建设中华民族共有精神家园"的进程中，将勇于担负起文化繁荣的重任和使命。诚邀海内外中华儿女鼎力相助，共同为实现中华民族伟大复兴的宏伟目标做出新贡献！

（李阳系涿鹿县人民政府副县长）

黄帝"合符釜山"之釜山在涿鹿

张生海

黄帝阪泉之战在涿鹿、涿鹿之战在涿鹿、合符釜山在涿鹿、黄帝定都在涿鹿……《史记》记载、专家论证都已充分证明，抛开这些，抛开涿鹿单纯谈"合符釜山"之地，就是无源之水，无根之木，无稽之谈。

黄帝是被中华民族普遍公认的文明始祖。我们通常所说的中华民族五千年的文明史就是从黄帝时期算起的。《二十四史》是我国独有的正史，被称为"史料宝库"。西汉大史学家司马迁在《二十四史》之首史《史记》中详细记载了黄帝、炎帝、蚩尤在涿鹿大战，黄帝打败了炎帝和蚩尤，最后黄帝"合符釜山，邑于涿鹿之阿"。已经充分证实黄帝是通过在涿鹿的四大事件：阪泉之战、涿鹿之战、合符釜山、定都涿鹿完成了部落和部族间的一统，确立了其作为中华文明始祖的地位。

中国社会科学院历史研究所研究员孟世凯等专家学者认为："中国古代社会的氏族部落既然在五千年前就已纷纷在扣文明社会的大门，他们在彼此犬牙交错而处发生部落冲突和联合而形成华夏族，产生奴隶制的文明国家。黄帝、炎帝、蚩尤之间的循环战争就是从这个时期开场的，标志着中国文明的开端。"我国五千年的文明历史指的就是自黄帝、炎帝、蚩尤在涿鹿之战开始。原中国社会科学院历史研究所所长、学部委员、中国先秦史学会会长李学勤，中国先秦史学会副会长孟世凯，中国社会科学院考古研究所研究员郑光，历史地理学家、北京大学教授王北辰（已故）、河北师范大学历史文化学院教授沈长云、河北省社会科学院历史研究所所长夏自正等几十位全国著名历史学家参加的全国首届黄帝、炎帝、蚩尤三祖文化研讨会通过实地考察和研讨，一致认为司马迁《史记》所记黄帝涿鹿大战、合符釜山、定都涿鹿等事件确实发生在涿鹿。最后在会议纪要中认定：河北省张家口市涿鹿县是中华民族的奠基地、发祥地和寻根问祖的圣地。

一、史书记载证明黄帝一生的重大政治、军事活动都是在涿鹿地区完成的

对黄帝的记载从成书于商周时期的《山海经》到近代多见于史料。《山海经》记曰:"蚩尤作兵伐黄帝,黄帝乃令应龙攻冀州之野(涿鹿属古冀州)。"战国《竹书纪年》载:"周显王十七年,燕伐赵,围浊鹿。"

《逸周书·尝麦解》云:"蚩尤乃逐帝,争于涿鹿之阿,九隅无遗,赤帝大慑,乃说于黄帝,执蚩尤杀之于中冀。"

战国时期的《孙膑兵法》(1972年山东临沂银雀山出简)上记:"黄帝战蜀禄"(蜀禄,即涿鹿,地名)。战国时的《列子·黄帝篇》载:"黄帝与炎帝战于阪泉之野。"《战国策·秦策》:"黄帝伐涿鹿而禽蚩尤。"

西汉司马迁的《史记·五帝本纪》载:"黄帝者,少典之子,姓公孙,名曰轩辕,生而灵、弱而能言、幼而绚奇、长而敦敏、成而聪明。""轩辕之时,神农氏世衰。诸侯相侵伐,暴虐百姓,而神农氏弗能征。于是轩辕乃用干戈,以征不享,诸侯咸来宾从。而蚩尤最为暴,莫能伐。炎帝欲侵陵诸侯,诸侯咸归轩辕。轩辕乃修德振兵,治五气,艺五种,抚万民,度四方,教熊罴貔貅䝙虎,以与炎帝战于阪泉之野。三战,然后得其志"。"蚩尤作乱,不用帝命,于是黄帝乃征师诸侯,与蚩尤战于涿鹿之野,遂禽杀蚩尤。"然后黄帝"北逐荤粥,合符釜山,邑于涿鹿之阿"……以上史书记载中毫无疑问地证明了:

(一)黄帝是继少典之后姬姓部族首领,其政治、军事活动都在涿鹿

少典之后,黄帝担任首领。由于轩辕"修德振兵",很快使姬姓部族发展成为黄河下游人数众多而强大的部族集团。尤其是黄帝以北方涿鹿为中心后,发展壮大之快,使其他部族刮目相看,且敬且惧。《史记》又记载:"轩辕之时,神农氏世衰,诸侯相侵伐,暴虐百姓,而神农氏弗能征,于是轩辕乃习用干戈,以征不享,诸侯咸来宾从……而诸侯咸尊轩辕为天子,代神农氏,是为黄帝。"历史的重任落于轩辕之肩。他胸怀大志,谋略过人,通过"阪泉之战",他兼并融合了炎帝;通过"涿鹿大战"彻底击败了强敌蚩尤。两战胜利后,黄帝足迹遍布各地,最后在北方取得一系列胜利后,召开部落及部落联盟大会,合符契,立盟约,定图腾,一跃从部落首领而登上诸侯联盟首领的天子宝座。随后就"邑于涿鹿之阿"。"合符釜山"从字面意思来说,是在描述黄帝在"釜山"一地与其他诸侯会合。"合符"就是指在打仗过程中将两半兵符进行契合从而调动人马。"邑

于涿鹿之阿"就是说黄帝在山下的广平之地建立了城邑。即今涿鹿县矾山镇的黄帝城遗址。为实现古国王朝建立后的治理，他设立管理诸侯的左右大监，以监万国；设置以云师为名的军队建置；划定各诸侯管辖的势力范围和地方政权的界线；颁发和平相处约束政令，禁止相互侵扰掠夺；布农桑、兴五气，制定发展家禽驯化和饲养的定居生活的政令；命仓颉为官而造文字；命伶伦为祀祈主持而造律吕，制订设立祖、神牌位的祭天方案；命容城造历作甲子，命隶首作算数，命宁封为陶工，赤将为木正，以利器用，命工鼓为舟楫，以通河渠，命元妃嫘祖教民养蚕，以脱去兽皮穿着衣裳……社会分工极尽细化。黄帝确定以龙为象征的统一图腾，并自喻是龙的化身应天而生。中华文明大踏步向前迈进，生产力大发展，人们安居乐业，"凤凰巢于庭院，麒麟游于苑圃"，社会上祥瑞之事层出不穷。中华民族由此从荒蛮时期走向文明初创阶段。概括起来，黄帝是通过阪泉之战、涿鹿之战促成了民族融合，奠定了华夏根基；合符釜山成就了一统大业；定都涿鹿开创了千古文明。黄帝一生最辉煌的业绩是在涿鹿实现的。所以大史学家顾颉刚在《中国上古史演义》开篇说"千古文明开涿鹿"。

（二）司马迁亲自到涿鹿考证后写的《史记》，是研究黄帝最真实可信的史料

关于对黄帝传说的记载，当然要以司马迁的《史记》为最完整可信的。司马迁在撰写《史记》时，特别是有关黄帝的事迹，不仅参考过先秦古文献，还亲自到有关各地去做过考察，访问长老。他在《史记》太史公自述中这样写道：自己"西至空桐，北过涿鹿，东渐于海，南浮江淮矣……"最后是"择其言尤雅者"编写有关黄帝的事迹。从文中我们可以看到，司马迁曾亲临涿鹿考察，确认黄帝涿鹿大战、合符釜山、邑于涿鹿之阿。否则，善于实地考察、严谨治学的司马迁是不会把釜山写入《史记》的。同时，他在自述中为什么要突出"北过涿鹿"？这是由于涿鹿是黄帝政治、军事的主要活动地域的原因。

（三）史书所载"涿鹿"就是今天的张家口市涿鹿县

按《汉书·地理志》记，汉代中国只有一个涿鹿县，位于上谷郡内。通过详查史料可知，上谷郡由来已久，战国燕置，秦得其地仍设上谷郡，汉则沿袭秦制。涿鹿地名早见于战国的上谷郡内。战国《竹书纪年》载："周显王十七年，燕伐赵，围浊鹿，赵武灵王及代人救浊鹿，败燕师于勺梁。"事情发生在公元前320年。浊鹿就是后来的上谷郡的涿鹿县。这个

地名两千年来一直相沿从未变动。涿鹿既是古县，太史公司马迁在访古旅行中又特意采访过它，那么他在《史记·五帝本纪》里所指的涿鹿，以及先秦诸家所记的涿鹿，都是指上谷郡的涿鹿，也就是今天的河北省张家口市的涿鹿县。

二、从历代地理书籍考证证实，司马迁所记黄帝"合符釜山"之釜山就在涿鹿

黄帝经过涿鹿大战取得胜利后，巡视各地，东至于海，西至空桐，南至于江；最后乃能"北逐荤粥，合符釜山，而邑于涿鹿之阿"。从记载中我们可以看到，釜山是黄帝"北逐荤粥（秦汉称匈奴）"后，与各部族代表举行合符之地，也即统一符契，共同结盟的地点。对于"釜山"的确切位置，司马迁之后的历代学者也都做过考证。尤为可信的是一些历史和地理书籍记载。据张守节引唐朝《括地志》云："釜山在妫州怀戎县北三里。"我们认为这是一条考求釜山所在的重要依据。《括地志》成书于唐贞观十六年（642），其时的妫州怀戎县又在何处？《括地志》记："潘，今妫州城是也。"《旧唐书·地理志》妫州怀戎县条下记："后汉潘县，属上谷郡……妫水经其中，（妫）州所治也。"《辽史·地理志》在可汗清平军条下所记略同，也说唐之妫州（指长安二年以前的故址）乃汉之潘县。关于唐妫州城故址问题，唐代地理书内并无足以显示其位置的记载，幸而《水经注》内留有汉潘县故城的注记，我们可以按注去考求潘城，潘城故址也即妫州城址。《水经注》㶟水篇斜阳关水条下记：

（协阳关水）水出协溪，《魏土地记》曰：下洛城西南九十里协阳关，关道西通代郡，其水东北流历笄阳头山，阚曰：笄头山在潘城南，即是山也，又北迳潘县故城，左会潘泉故渎，渎旧上承潘泉于潘城中，或云舜所地。《魏土地记》曰："下洛城西南四十里有潘城，城西北三里有历山（中略），其泉纵广十数步，东出城注协阳关水，雨盛则通注，阳旱则不流，惟洴泉而已。关水又东北注于㶟水。"

对于这段注文，清人杨桂森也进行过实地考察，其成果为《保安考辨》，也收进了他所重修的《保安州志》内。他认为下洛城即保安州城（今涿鹿）。古潘县为保安州西南之舜乡堡。协阳关乃舜乡堡南之下关。（《保安州志》关隘门引《畿辅通志》及《两镇三关志》）我们依据《水经注》，参考杨桂森的《保安考辨》，在涿鹿县保岱镇进行了考察，所见如下：

从今涿鹿县城向西南，有公路（下广公路）穿过山谷通向蔚县，中经下关、倒拉嘴两处隘道，这条大路历史悠久，因路经古协阳关，这里称之为协阳关路。保岱乡即清之舜乡堡，位于协阳关山谷北口的西侧，背依山地，东北面向桑干河平原，形势冲要。保岱村位于两座紧邻的古城内，东边的一座地势稍低，从建筑形式及破毁程度看，显然是明、清旧城；西边的一座地势稍高，残城的一面仅存墙基，形迹古老。西古城内有泉两处，东头一口砌以砖石，口径六七米，水面低于地面，供居民生活之用；西头的一口已干涸，老人们讲50年代泉尚有水，雨水大时，泉水穿越城而出汇入岔道河，岔道河即古协阳关水。1982年我们随北京大学王北辰教授（已故）考察时泉虽干涸，但穿越而出的小河道宛然可辨。又据《保安州志》载，清代舜乡堡内原有镇潭寺，寺内有泉。另有保宁塔，塔下有暗井四口，井与寺泉相通。现在寺、塔、泉、井虽都残缺不全，但这些记载反映出，古城内过去的泉水量比现在丰富很多。从泉、河等迹象看，西古城即汉之潘县故城，唐之妫乃潘泉故渎，水文状况与郦道元所记相同。

既已断定了保岱村的西古城就是唐妫州城，那么釜山就必然是保岱村北三里的某山了。关于釜山的位置，本文前已举出了两条资料，一是《水经注》引《魏土地记》云："潘城西北三里有历山"；二是唐《括地志》记釜山在妫州城北三里。对于历山，《太平御览》卷四十五，地部十引《后魏舆地图风土记》曰："潘城西北三里有历山，形似覆釜，故以史之，其下有舜庙、瞽叟祠存焉。"魏书记载山在潘城西北三里，唐书记载山在妫州城北三里，基本一致。因此，釜山即鬲山，在今河北省涿鹿县城西南十公里处保岱镇窑子头村北，协阳山谷之北。当地百姓称为"鬲山"或"覆釜山"。黄帝把合符地选在釜山，是因为釜山像一口倒扣的锅，居高临下，在釜山上，可观四路古道，可看八方来员，可受众人敬崇。直到今天，釜山上仍留有：合符台、合符石、丹墀地和文化层及文物。

三、从"釜"字的演变看，釜山就是河北省涿鹿县保岱镇之鬲山

釜产生于新石器时代中期，商周时期出现铜釜，秦汉使用铁釜。"釜"字在甲骨文中未见。甲骨文中习见鬲字。《方言》："鍑，吴扬之间谓之鬲。"《广雅》："鬲，䰝也。"由此推知商周时代从器物本身来说鬲釜（鍑、䰝）不分。后来逐渐产生区别认识，以无足鬲为䰝，从而衍生出相关字形，时间起码也是春秋战国时期。另外，随着春秋战国时期地方文化差异的扩大，鬲、䰛的发音又成为不同地方的方言。战国时代的金文陶文中，"釜"字的写法不是从父从金，而是从父从缶之形，还有另外一种写法是从鬲从甫，即"䰛"字。后来还出现了"釜"或"鍑"字。许慎释云："䰛，鍑属。从鬲，甫声。釜，䰛或从釜，金声。"马叙伦《说文解字六书疏证》卷六指出："䰛、鍑一物。"此外还有其他一些异体写法，也都出现在战国时期。综上所述，釜作为一种器物虽然很早出现，但真正定名的时间较晚，商周之前以"鬲"字代釜。后来才产生了一系列从缶从鬲从金的变体字。历山确为鬲山，亦即司马迁所记"釜山"。

《太平御览》四十五引《后魏舆地图风土记》云："潘城西北三里有历山，形似覆釜，故因以名之。其下有舜祠、瞽叟祠存焉。"这段文字记录了潘城西北三里（以北魏尺 28 厘米起算，1800 尺为一里，约合 1512 米）有座山名历山，形似覆釜。有舜祠、瞽叟祠。这是随着妫州东移带来与虞舜有关的传说。由于北魏时期已经有人认为此山形似覆釜，于是后人又称此山为"釜山"。怀戎县在武则天长安二年（702）之前治所就是潘城，即汉代上谷郡潘（音判）县故地，今天的涿鹿县城西南二十六里保岱镇。两文可以相互照应。可知历山别名釜山。上古时期釜鬲不分，所以有名釜山者，有名鬲山者，其实都是以山形类似倒扣的釜或鬲为形命名的。那么同一座山既可以称为釜山，也可以称为鬲山。而鬲历古通。"历山"也可以写作"鬲山"，与"釜山"其实是一个意思。因此说，釜山就是今河北省涿鹿县保岱镇西北窑子头村西北的历山是准确无误的。

我们可以研究历史，但是我们改写不了历史，改写不了《史记》。涿鹿作为中华民族的发祥地，是绝对经得起推敲的，我们欢迎国内外各界朋友前来涿鹿寻根问祖，前来实地证实，来看看涿鹿的釜山、涿鹿之战的古战场、涿鹿的黄帝城、涿鹿的炎帝营、涿鹿的蚩尤泉以及涿鹿的出土文物，这些将带给您涿鹿大地深厚的历史文化信息！这就是河北涿鹿——中华文明从这里走来的历史见证。

（作者系原涿鹿县旅游局副局长、涿鹿县三祖办副主任）

三祖文化论坛汇编

二〇一一年

会 议 纪 要

2011年8月8日至8月10日，由张家口市人民政府、河北省人民政府台湾事务办公室、河北省炎黄蚩三祖文化研究会主办，涿鹿县人民政府、张家口市文化广电新闻出版局、张家口市人民政府台湾事务办公室承办的第四届海峡两岸"三祖文化"高峰论坛在涿鹿县隆重举行。台湾"三祖文化"学术界和文化创意产业界等各界人士120多人参加了论坛。

本次论坛的主题是"中华三祖文化传承与产业开发"，旨在弘扬"三祖文化"，传承悠久历史，拓展文化创意，发展文化产业，加强冀台文化交流，促进中华民族团结，为经济社会昌盛贡献智慧和力量。

千古文明开涿鹿，合符文化定中华。涿鹿县位于河北省张家口市东南部，东距北京市区125公里，全县总面积2802平方公里，总人口34万，是环京津县区之一。据《史记·五帝本纪》载，约五千年前，中华三大人文始祖黄帝、炎帝和蚩尤在涿鹿进行了"阪泉之战""涿鹿之战"，最终黄帝"合符釜山，邑于涿鹿之阿"，建立了中华民族历史上的第一个政权集中地，创造了中华民族公认的"龙"图腾，实现了中华民族第一次大融合，开创了中华文明的新纪元。涿鹿成为中华民族的发祥地和中华儿女寻根祭祖的圣地。自1993年"三祖文化"这个命题首次提出以来，在18年的时间里，历经李学勤大师、王北辰教授等百余位学术界泰斗的缜密探辨，四届国家级、省级高规格大规模研讨会的严格论证，"三祖文化"逐步被世人所认知、认同，得到了社会各界的一致肯定和热烈拥护。特别是2010年11月成立了河北省炎黄蚩三祖文化研究会，切实树立了三祖文化的理论权威，为深入挖掘和进一步弘扬三祖文化奠定了基础。涿鹿始终致力于三祖文化、合符文化的传承、弘扬和开发建设工作。

此次论坛旨在弘扬"三祖文化"，传承悠久历史，拓展文化创意，发展文化产业，加强冀台文化交流，谋求共荣发展多种模式，共同推进海峡两岸经济、文化、社会的繁荣发展。论坛上，专家学者用共同观点、论据论证了合符会盟对于中华民族源远流长的重要意义和价值，阐述了促进

"中华三祖文化传承与产业开发"的理论研究成果。"三祖文化"成为凝聚海峡两岸同胞的品牌，得到两岸专家学者的认同。我们将认真学习借鉴，吸收应用好各位专家学者的意见建议，进一步整合社会资源，围绕民族团结和谐主题，努力提升"三祖文化"的影响力、不断激发"三祖文化"服务经济、服务社会的动力，让五千年的"三祖文化"在我们的手中焕发出新的生机和活力。

二〇一一年八月十日

张家口市委常委、副市长郑丽荣同志在2011年"三祖文化"论坛上的讲话

各位领导、各位学者专家、同志们：

　　朋友们，大家好！盛世文化，文必重史。由张家口市人民政府、河北省人民政府台湾事务办公室、河北省炎黄蚩三祖文化研究会主办，涿鹿县人民政府和张家口市文广新局、张家口市人民政府台湾事务办公室共同承办的第四届海峡两岸"三祖文化"高峰论坛今天隆重开幕！在此，我代表中共张家口市委、张家口市人民政府和论坛筹备组，对莅临论坛的各位领导、专家学者，各位嘉宾表示热烈欢迎和诚挚感谢！向多年来关心、支持、参与中华三祖圣地开发与合符文化研究的朋友们致以崇高敬意！

　　万里长城第一门，大好河山张家口。张家口地域广阔，总面积3.7万平方公里。位处要冲，东邻京津都市，西连煤都大同，南接华北腹地，北靠内蒙古高原，高速公路通车里程全省第一，资源丰富，草原、湖泊、丘陵地形地貌多样，全市已发现煤炭、有色金属等各类矿产83种，全市风能发电超过两百万千瓦。更为重要的是两百万年前的东方人类从这里走来，五千年的中华文明在这里发源，贯通欧亚的张库商道从这里开始，这里还是原察哈尔的省会。由此，泥河湾文化、始祖文化、草原文化、农垦文化、商道文化都在这里诞生、汇聚、继承、发展和融合。涿鹿三祖文化就是中华民族最为重要的基础和支撑。

　　千古文明开涿鹿。涿鹿是中华文明的起点，三祖文化是中华文明的基石。近年来，围绕打造三祖文化，张家口市委，市政府、县政府倾资建设中华合符坛、民族团结图腾柱、九龙腾飞等一大批文化旅游项目，硬件水平不断提升。成立了河北省炎黄蚩三祖文化研究会，多次举办高规格海峡两岸文化交流论坛，"三祖文化始涿鹿"的观点得到了国内外众多专家学者的认识、认同。先后三次成功举办冀台经济合作洽谈会，吸引了众多知名企业、重大项目落户投资，兴业发展。成功打造"冀台同胞共祭三祖大

典"文化品牌。充分体现了"同根、同宗、同源,血脉、文脉、相连"主题,提升了三祖文化在海峡两岸的知名度和美誉度。

继往开来一脉系,千古传承中华情。多年来,省委、省政府和社会各界对三祖圣地保护开发给予了大力支持,在座的各位专家学者为深入研究三祖文化,合符文化付出了辛勤劳动,也取得了可喜的成果。今天,召开这次高峰论坛,就是要围绕"中华三祖文化传承与产业开发"这个主题,继续深入挖掘三祖文化,继续全面传承三祖文化,继续科学开发三祖文化,不断加大理论研究,社会宣传,对外交流力度,以打造文化品牌和建设文化产业园区为载体,把具有悠久历史的三祖文化展示给中华儿女,展示给全球华人。会后我们要认真学习借鉴,吸收应用好各位专家学者的意见建议,进一步整合社会资源,形成研究三祖文化的合力;围绕民族团结和谐主题,全面展示三祖文化的魅力;唱响"中华文化从这里走来"品牌,努力提升三祖文化的影响力;以发展文化产业为抓手,不断激发三祖文化服务经济社会的动力,让五千年的三祖文化焕发出新的生机和活力!

我相信,在大家的热情支持和积极参与下,本次论坛一定会取得圆满成功!最后,祝各位领导、各位专家学者在张家口生活愉快!

谢谢大家!

二〇一一年八月八日

涿鹿县人民政府县长陈岗同志在2011年"三祖文化"论坛上的讲话

尊敬的各位专家学者，来自海峡两岸的新老朋友们：

大家下午好！

今天，我们再次相聚涿鹿，隆重举行第四届海峡两岸"三祖文化"高峰论坛，就如何传承和弘扬中华三祖文化、推动相关产业发展，集思广益、畅所欲言。在此，我谨代表涿鹿34万人民，向在百忙之中莅临我县出席论坛的各位专家学者和朋友表示热烈的欢迎！向大家多年来对三祖文化的一贯关心与支持表示衷心的感谢！

涿鹿县位于河北省北部，北京市西部，全县总面积2802平方公里，辖1区、13镇、4乡、373个行政村，总人口34万。涿鹿是环首都县。东距北京市区125公里，京新高速、109国道、在建中的张涿高速、京蔚高速和规划中的京涿一级路，共同构成了连接中西部地区、北京市和东部沿海地区的大交通网络格局。涿鹿是农业大县。历史上素有"千里桑干、唯富涿鹿"之说和"塞外小乌克兰"之称，涿怀盆地已经成为全世界知名的葡萄产区之一。全县耕地面积42万亩，粮食年产量1.78亿公斤，葡萄、杏扁、奶牛是我县的三大农业主导产业，其中，葡萄面积18.3万亩，年产1.7亿公斤，杏扁面积65万亩，年产330万公斤。依托丰富的农业资源优势，新上了一批农业产业化龙头企业。目前，全县农产品加工企业累计达到72家，其中，葡萄酒加工企业13家；在矾山镇建立了现代农业创业园，已有9家企业入驻；打造了"三祖龙尊"、益利牌葡萄酒、龙王帽牌杏仁等一批知名品牌。在我县，以葡萄加工、杏扁加工、畜禽养殖为主要特征的具有区域特色的农业产业化链条已经形成。涿鹿是工业兴起县。科技园区已入驻企业83家，年主营业收入50亿元，其中，太阳能光伏企业18家，单晶硅炉350台，初步形成了以太阳能光伏产业为主，食品加工、装备制造为两翼的"一主两翼"产业布局。涿鹿是文化名县。五千年前，中华民族的始祖黄帝、炎帝、蚩尤在这里耕作、征战、融合，开创了中华五千年的文明史，实现了中华民族的大统一，建造了中国历史上第一座都城——黄帝城，并融合各民族图腾共创了中华民族共认的"龙"图腾。对于这段历史，《史记》等数十部历史典籍有明确记载，著名历史学家顾颉刚先生用"千古文明开涿鹿"来评价涿鹿在中国历史上的地位。悠久的历史积淀为古老的涿鹿留下了丰厚的文化遗存，现仍保存着黄帝城、黄帝泉、桥山、釜山、蚩尤坟、蚩尤泉等古遗址遗迹23处。同时，涿鹿也是获得斯大林文学奖的丁玲名著《太阳照在桑干河上》的写作地。

近年来，涿鹿结合县情，围绕优势，发挥特色，正在努力建设"经济强县、文化大县、旅游名县"。2010年，全县生产总值完成55.6亿元，同比增长16.5%；全社会固定资产投资完成52.4亿元，同比增长23.7%；全部财政收入3.5亿元，同比增长29%，其中，地方一般预算收入1.8亿元，同比增长55.6%。今年上半年，全县生产总值完成22亿元，同比增长13.8%；固定资产投资完成17.1亿元，同比增长31%；全部财政收入完成2.6亿元，同比增长49.8%，其中，地方一般预算收入完成1.4亿元，同比增长53.7%。现已初步形成了光伏信息、文化旅游、食品加工、机械装备制造、矿产开发五大主导产业。同时，我们把城市建设和基础设施建设作为拉动经济、改善民生的重要手段，城市面貌发生了翻天覆地的变化，以前来过涿鹿的朋友可以明显感受到，涿鹿的市容市貌日新月异，越变越美，交通状况也在跨越发展，去年京新高速已建成通车，今年底张涿高速涿鹿至卧佛寺段即将通车，京蔚高速、京涿一级路等主干线也正在做前期工作，明年大家再来祭祖的时候，我们就能通过高速到达景区。

各位专家学者，各位朋友，纵观涿鹿，"三祖文化"始终是我们的独有资源，在国内具有无可比拟的垄断性优势。面对历史留给我们的珍贵文化遗产，我们审时度势，在统筹各项工作的基础上，始终坚持以打造"经济强县、文化大县、旅游名县"为己任，全身心地致力于三祖文化的挖掘、传承和开发，做了大量的工作，也取得了一定的成绩。主要表现在：

三祖文化学术研究成果丰硕。自1995年起我县连续举办了三届高规格的"三祖文化论坛"；2003年在北京举行了"奥运圣火与涿鹿·中华合符文化"高层论坛；从 2008 年开始连续召开了四届海峡两岸三祖文化学术研讨会；中国先秦史学会理事长、著名历史学家、古文字学家李学勤先生，国家文物局原局长、中华炎黄文化研究会第一副会长张文彬先生，国家文物局古建筑专家组组长、中国文物学会会长罗哲文先生等数百名著名专家学者参与了学术研讨，并形成了"涿鹿是中华民族发祥地""涿鹿是合符釜山的合符地""涿鹿是龙图腾的诞生地"等一系列重大理论成果；2010 年 11 月在省市领导的大力支持下，成立了由原省委副书记冯文海担任会长的河北省炎黄蚩三祖文化研究会，为深入挖掘和进一步弘扬三祖文化奠定了基础。

三祖文化社会影响不断扩大。从 1997 年举办的"港土归根碑"揭碑仪式开始，我县先后举办了"澳土归根——母子连亲"活动，省十一届运动会火种采集仪式，成功承办了第七、八、九、十届冀台经济合作洽谈会海峡两岸同胞共祭三祖大典；参加了上海世博会、台湾万人公祭三祖大典、中国深圳国际文化产业博览会、上海国际旅游交易会等大型交流活动，特别是 2010 年 4 月三祖文化首次亮相上海世博会，被定为河北馆介绍城市起源板块"中华文明从这里走来"的第一项内容，向全世界展示了涿鹿黄帝城在河北乃至全国城市建设历史上的重要地位，也充分证明三祖文化品牌在海内外的巨大影响力；先后协助拍摄了《搜索天下》《京西第一》《千年古县》等多部专题片；配合中央电视台《探索与发现》栏目组录制完成了 5 集专题片《发现黄帝城》，引起了较大反响；与北京张纪中传媒公司签订了《炎黄大帝》剧本创作协议，现已进入筹拍阶段。近年来，全国人大副委员长司马义·铁力瓦尔地、全国政协副主席厉无畏、全国人大常委会原副委员长姜春云、全国人大常委会原副委员长蒋正华、全国政协原副主席李蒙等国家领导人及台湾原"行政院"院长郝柏村、台湾新党主席郁慕明以及混元禅师等一批台湾知名人士先后对我县的三祖文化开发进行了实地考察，并给予了很高的评价。涿鹿日益成为海内外中华儿女寻根祭祖的圣地，三祖文化已被列为河北省非物质文化遗产，"中华民族从这里走来"成为河北省三大文化品牌之一。

三祖文化景区建设日臻完善。自 1994 年我县筹资 500 万元建成了全国唯一一处共祭三祖的中华三祖堂后，近年来，先后引资 4 亿多元进行了桥山黄帝殿、立马关蚩尤祠、中华合符坛、蚩尤文化园、泰子梅艺术馆、炎帝庙等一系列文化景区建设及相关配套设施建设，景区基础设施建设逐步完善，特别是2007年以来我县在县财政十分拮据的情况下，筹资3亿多元建成了中华合符坛，成为河北、全国乃至全世界唯一的祭祀三祖圣地，九龙腾飞雕塑是迄今为止全国最大的龙文化单体雕塑。

三祖文化产业蓬勃发展。先后投资1000多万元，编制完成了《中华三祖圣地项目总体规划》《黄帝城景区控制性详规》《中华合符坛景区控制性详规》，特别是《中华合符坛景区控制性详规》，通过了中国科学院、中国工程院"两院"吴传均、李道增等8名院士和李学勤、罗哲文等国内知名专家学者的评审，为我县三祖文化产业发展明确了思路，确定了重点，指明了方向。随着三祖文化品牌在海内外华人中影响力不断提升，先后有美国福建同乡会、香港天浚、中农国泰、河北远洋、西部控股等20多家公司前来洽谈三祖文化开发项目。8月6日，我们与澳门汇佳投资公司就中华三祖景区整体开发成功达成了合作意向，项目总投资15亿元。我们有理由相信，今后将会有更多的有识之士义无反顾地投身到三祖文化产业开发这一宏伟事业中来。

近年来的实践证明，传承中华三祖文化、推动三祖文化产业发展是大势所趋、大有可为，无论对文化产业本身，还是对区域经济增长，乃至对海峡两岸全方位合作，都具有深远的影响。目前，三祖文化开发面临着千载难逢的发展机遇，一是国家正在逐步加大对文化产业的扶持力度，二是涿鹿被河北省列入了环首都绿色经济圈，中华三祖文化产业园已成功列入了京北生态发展规划和"四区六基地"产业发展规划。本次论坛正是在这一背景下举办的，主要内容就是要紧扣主题，一方面，从历史学、考古学、文化学、民俗学等角度对三祖文化进行多角度、深层面、全方位的探讨，深入挖掘文化内涵，进一步提炼文化精髓，大力弘扬时代精神；另一方面，全面拓展三祖文化外延，认真研究文化与相关产业项目间的内在联系，积极破解学术成果向产业项目转化的障碍，使与之相关的旅游项目、文化项目、基础设施建设等各个配套产业同步发展，统筹推进，逐步把涿鹿打造成海内外华人万众景仰的祭祖圣地、河北省极具影响力的人文旅游胜地和京北地区最具活力的文化产业聚集地，最终实现"以文化带动产业、以产业带动经济、以经济带动全局"的战略目标。

各位专家学者，各位朋友，"弘扬文化、协调发展、深化合作、务实推进"是此次海峡两岸三祖文化高峰论坛的根本宗旨，"涿鹿"愿意为之不懈努力，同时也恳请各位专家朋友从学术角度上发表真知灼见，多提一些科学有效的建设性意见，多提一些切实可行的前瞻性建议。让我们在"弘扬中华文化、建设中华民族共有精神家园"的伟大进程中，团结合作，携手共进！

最后，祝本届高峰论坛取得圆满成功！祝各位领导、各位专家学者和各位来宾身体健康，心情愉快，工作顺利，万事如意！

谢谢大家！

二〇一一年八月八日

河北省台湾事务办公室副主任张献民同志在2011年"三祖文化"论坛上的讲话

各位尊敬的朋友，尊敬的各位领导各位来宾大家下午好：

我简要谈一点对本届论坛的粗浅感受，我们这次论坛能够叫第四届海峡两岸"三祖文化"高峰论坛，同前三界论坛相比，更突出了"高峰"两字的内涵：

一是从与会嘉宾来讲，它会聚了海峡两岸高端人才。在座有的是文化学术界资深学者，有的是文化创造各界精英，有的是文化部门的领导。高端精英聚会又能成就高端论坛，在此作为主办单位之一，我代表河北省主办方向与会的两岸嘉宾表示热烈的欢迎和衷心的感谢。

二是从本届论坛的主题来讲，更体现了三祖文化的高端研究，这次论坛会主题是"传承三祖文化与产业开发"。主题进一步深入拓展了三祖文化研究之内涵和外正，形成了一个新的价值，开辟了运用学术研究成果的新境界。要想说清楚，传承三祖文化与发展年代文化，创意产业的关系，首先要找到二者其中的相互联系，所作理解，三祖文化从无到有的过程本身就是文化创新模式在大融合，大统一基础上的创新。如集中各部落图腾的突出特点创造了中华民族"龙"的图腾，这就是创新，所以从一定意义上讲，三祖文化的传承发展就是创新。我们传承三祖文化就是发扬中华民族，传承文化创新精神，推动文化创新产业的发展，这就是本次论坛宗旨。创意与创新是一致的，所以我们本次论坛就占了一个新的视觉之点，丰富了三祖文化之内涵，叫高端论坛是名副其实的，说到这里我对于承办这次论坛的各位赤子，各位学者，以及相关部门，相关支持的人士表示诚挚谢意。

三是从这次论坛的意义来讲，将产生三祖文化研究讨论高度成果，高端人才。刚才我也提到这次论坛的一个新特点就是把传承"三祖文化"与推动当今文化创新产业发展有机结合起来。一方面我们传承"三祖文化"

就此发扬中华传统文化推动创新,另一方面用文化创新推动文化创意之发展,再通过文化创新之发展来进一步繁荣文化。另外,本次论坛形式又进一步加深了两岸文化创意、合作与交流,特别是台湾文化创意与发展之快,很多产业理念和经济值得我们借鉴。希望今后我们在这方面多交流、多合作、多出成果。

谢谢大家!

二〇一一年八月八日

中国先秦史学会常务副会长、秘书长宫长为先生在2011年"三祖文化"论坛上的讲话

尊敬的各位领导、专家学者们：

大家好！三祖文化论坛从1995年由中国先秦史学会、中国炎黄文化研究会联合举办，到现在已有近20年了，这些年来，省市县做了大量的工作并取得了很多成绩，特别是近年来的祭祖和论坛等活动。今天我们论坛的主题是"中华三祖文化传承与产业开发"，我要说的是，经济和文化是相互联系的，文化和产业是互补的，文化带动产业，产业推动文化，两者是互动的。一个民族的发展，文化是民族的灵魂。

我主要讲以下几点：

第一要说司马迁写的《史记·五帝本纪》首卷为什么要从五帝开始？我们讲三祖的本身是中华文明的始祖，或者说人文始祖，而炎黄子孙指的则是文脉，不是血缘问题，炎黄时期是中华文明发展阶段一个大的历史性标志。如果说这个标志产生了最初的国家雏形，那么我们可以说是炎黄子孙，龙的传人，这是从政治文明的层面来讲的。如果要从文脉或者从血脉上讲，中华民族的始祖肯定不是三祖了，因为我们现在说的56个民族，应该有56个民族的祖先了。因此说三祖是政治文明，要从中华文明这个角度理解。我们人类文明，人文历史，应该要先弄清什么是文明？我们说有了人，就有了社会，有了社会，就有了人类文明。有的人把文明和国家画等号，这是不准确的。文明不等于有国家，国家是文明发展到一定的历史阶段以后的产物。黄帝时代的文明距今有五千年历史了，是在中国历史上统一华夏，"合符釜山邑于涿鹿之阿"，是建立国家，在这个意义上才说是我们中华民族的三大人文始祖，是中华民族的祖先。所以说司马迁《史记》首卷的取点是以五帝作为书首，不同于孔子的取点从尧、舜、禹开始。我们探讨的三祖文化不是一个简单问题，三祖本身指炎帝、黄帝、蚩尤，炎帝和黄帝的关系是炎帝在先，黄帝在后，而且炎帝的历史要比黄帝的历史

起码早一千年，以前是炎帝统治天下，可最后衰落了，由黄帝来取代他。所以说历史就是过去发生的事，我们今天的讨论是对历史的一种解释，我们的这种解释能不能贴近历史，还有待于我们的认识。

第二个我谈一下史料问题。我们在考虑问题时候，往往缺少史料。先秦的历史文献相对来说比较少一些，司马迁作为史官，他具有封闭性，史官是一种特殊门类，是由一代代传下来的，当年司马迁也要查看大量的史料。我们看待史料问题不要把一些资料上的话看得太绝对化，则需要我们后期的整理，要严谨对待。

第三要说一下传说问题。因为《五帝本纪》过去叫传说时代，现在随着我们历史研究深入，对远古历史研究逐渐加大，一些传说还是有一定的根据，就是说人类文明最初历史都是史实和传说混在一起的，要是专门讲史实没有传说，这里历史肯定不真实。说以早先的传说不光是中国，包括国外也是人和神混合在一起的传说。所以我们把祖先神话了，而这些神话传说的出现，才可以证明这个时期的历史真实性。

我们现在要进一步拓宽延伸，这次通读《史记·五帝本纪》来促使我们更好地研究历史文化。涿鹿的三祖文化，它是独特的，是其他地域没有的，而且一年比一年的层次高，发展前景非常好。

谢谢大家！

二〇一一年八月八日

中国秦文化研究会常务副会长戴树先生在 2011 年"三祖文化"论坛上的讲话

尊敬的各位领导、来宾、海内外专家学者们：

大家好！时值新秋，我很高兴能够有这样的机会来到向往已久的河北涿鹿，来到我们中华三祖文化圣地。

今天上午，我们参加公祭中华三祖活动，巍巍壮观的中华三祖堂，气势恢宏的中华合符坛，令人无限遐想，给人以震撼的力量，壮哉，吾祖！伟哉，中华！

在这里，请允许我谨代表中国秦文化研究会谨向大会致以最热烈的祝贺！并借此机会，谨向出席会议以的各位领导、各位来宾、海内外专家学者致以最诚挚的问候！

大家知道，河北涿鹿位于西北部桑干河畔，东南距北京 120 公里。这里的历史源远流长，许多典籍都有记载。《逸周书·尝麦篇》之"蚩尤逐赤帝，争与涿鹿之阿，赤帝说皇帝执蚩尤杀之独鹿"。《战国策·秦策一》中，苏秦以连横之术说秦王："昔者神农伐补遂，黄帝伐涿鹿而擒蚩尤。"其他，如《列子》《尸子》《新书》《后汉书》《帝王世纪》《春秋释例》等古代文献，包括《山海经》《水经注》以及近代一些地方志中，都详尽地记录了有关涿鹿是黄帝、炎帝、蚩尤争战、融合、结盟之地，换句话说，也就是炎帝、黄帝、蚩尤三大人文始祖的发迹之地。

近些年来，在中央、省市的关心支持下，涿鹿县委、县政府紧紧围绕中华三祖文化，展开卓有成效的工作，不断地加强冀台文化交流，促进中华民族团结，从而带动了涿鹿社会经济建设和文化事业的蓬勃发展，取得了积极、可喜的成果。

我们相信，通过这次 2011 年海峡两岸"三祖文化"高峰论坛，必将进一步深化中华三祖文化研究，更好地弘扬和光大中华三祖文化精神，为我们伟大的中华民族复兴再做贡献！

谢谢大家！

中华三祖文化的传承

王大有

今天，我想讲一讲中华三祖文化的传承问题，我是从 1992 年就开始参与涿鹿的三祖文化的研究和开发，一步一步走来，中间有很多的认识，而下一步三祖文化怎么深入、传承，下面我来谈一谈。传承的问题的"传"的意思应该是往下传，所以我们要讲三祖文化的衍生问题，也就是子孙问题、姓氏问题；还有台湾高山族族源的问题，这些都需要我们认真地研究。"承"应该是承上的意思。所以要研究三皇自己的祖先。那么三祖的祖先是谁？我们现在说的三祖文化，首先要对三祖定位，这是第一个问题，然后才能研究上面的祖先是谁。我们如果以五帝来说的话，炎帝、黄帝、蚩尤他们各有自己的子孙，现在可以解读为龙的传人，不能够单一地把黄帝、炎帝、蚩尤分开讲，为什么呢？三祖他们有条共同的根，是指三祖共同的根，中华民族共同的根，这是我们的血脉和人脉。古代炎帝发明了烈山、农耕，所以被称为神农氏，少昊以前，天下都以功德命名。《史记》主要讲黄帝这段，炎帝的第八代叫渔网，渔网是当年第八代的炎帝，和轩辕黄帝和蚩尤在这打仗，从苗族来说打了 157 年，汉帝文献上记载打了 13 年，传说的史料不一样。但是我们认为东部苗族和西部苗族讲的那段历史，讲的是传说和山海经中的我们的祖母是三圣母，由西女、素女。黄帝打败蚩尤很重要的是得到了玄女战。这个玄女战就是民间道教叫九天玄女。我们说的织女三姐妹三圣母。织女是三位，这就是我们中华民族最初的根，然后他们发现了姓风。中国古代个人没有姓，族没有姓，合符釜山创造了龙图腾是不正确的。图腾是从太昊开始的，《左传》里记载，太昊以龙记管，太昊在原来甘肃雷山，河西走廊，龙首山、雷山都是龙的传人的地方。龙不是现象中的东西，实体生物就是我们讲的扬子鳄，古时候龙和蜴是一个概念，古书中把龙叫作水中蜥蜴。《易经》讲的都是龙的生活习性。潜龙毋庸说的是那个龙没有作为，见龙在田，如果说龙是个不存在的动物，我们这个龙的传人也就子虚乌有了。三祖文化往上延伸到伏羲女娲延伸到燧人氏，因为古代是走婚，三皇时代是婚姻制不是嫁娶制，婚姻是男的到女方家办好早晨再回来，现在在藏族还是这个婚姻制，蒙古匈奴都是这个婚姻制。到了黄帝才改成了嫁娶制。地脉，我们的冀州，是指蚩尤戴着假面，现在三祖对于一个领袖来说，是一个具体的人。当成为一个氏族的时候，分家给一个地盘就叫氏，冀州我们北方也叫幽州，兖州是玄女的地方，雍州也是玄女的地方。炎帝就是雍州的，河南的豫州和山西的一部分都是神农的地方。古代叫易启国。这个地方划定以后，我们就知道战争发生的原因了，有资源的原因和海难的原因。当时黄帝所处的年代，6500年以后，炎帝所处的年代，距今7000年到6500年之间，这个时候我们东海、黄海渤海的海平面比现在大约高8米。这个时候整个山东半岛和辽宁半岛的九黎民族就必须向内地逃亡，这个时候就和炎帝发生了冲突。炎帝的首都在陈留，在开封。在那个年代海平面太高，当时东海的海岸线在京广铁路线上，涿鹿之战不能划分为谁是侵略，谁是正义，是个生存空间的问题，生产资料的问题，各族的领地就是台湾是高山族。研究三祖衍生出来的姓氏和三祖衍生出来的民族，都是蚩尤的后裔。要从姓氏上要寻找根脉，提出一个新的问题，坚决予以支持祭祖问题。我们涿鹿有一个真正的山，千古一柱定中华，那个柱子在现代神话里叫通天柱。中华民族是一个连续体，中华民族是一个，不是多元统一体。现在的民族学是错误的，现在民族学理论是根据苏联斯大林的民族学理论来的。多元统一体主导着中华民族。釜山会盟不是，而是一元多支，所以他们有个共同的根。

（作者系北京大学国情研究中心太极文化研究所研究员）

二〇一一年八月八日

扬三祖文化　推产业发展　促强省跨越

刘进昌

大家好！今天出席这次论坛，感到非常高兴。不仅因为能够近距离地品读"三祖文化"，也为能够见到这么多高层次专家，学到一些中国传统文化知识。首先，我代表省政协教科文卫体委员会对"三祖文化"论坛的成功举办表示祝贺！对各位专家不遗余力地挖掘、推广中国传统文化的工作表示感谢！

千古文明开涿鹿，中华文化出河北。五千年前，中华民族的始祖炎帝、黄帝、蚩尤在涿鹿征战、耕作、融合，在这片神奇的土地上创造出了灿烂的"三祖文化"，开创了中华文明的新纪元。"三祖文化"中的"合符文化"是中华"和"文化的起源，象征着多元融合、和谐统一、共同繁荣，与当代中国倡导的"和谐文化"一脉相承，有着"合符文化定中华"之说。这次论坛的举办，必将对弘扬"三祖文化"、推动我省文化发展起到积极的促进作用。

文化就是以文"化"人，其重要功能在于引导社会、教育人民、推动发展。通俗地说，文化解决的是人的问题。而人的思想意识、思维方式又直接影响着社会的发展进步和国家的兴亡成败。可以说，中国历史上的"盛世"无一不是文化大发展大繁荣的时期。甚至从世界范围看，古往今来一切有作为的"君王"也都相当重视文化的发展。所以，当20世纪90年代初，世界上第一次把"软实力"作为国家综合国力的重要组成部分时，文化就当之无愧地成为衡量一个国家软实力的主要内容。随着国际、区域和省际竞争日益深化，竞争越来越清楚地表现为软实力的竞争，其实质突出表现为文化的竞争。当今世界，文化与经济融合互动，形成了文化经济化和经济文化化的双向运动。同时，文化作为特定的价值理念和人生态度，渗透于所有社会生活领域之中，深刻影响着社会关系变革和社会发展方向。说到底，抢占文化先机，就是抢占竞争先机，就是掌握推动经济社会发展的"核动力"。

每一种文化都有其独特的价值和生命力，"三祖文化"也不例外。传承中华文明的发展，维系中华文明的根脉，展示河北的悠久历史和厚重文化，增强两岸同胞的民族认同感，促进中华民族的和谐发展，就是"三祖文化"暨"合符文化"的价值体现。而要打造文化品牌，引爆文化生命力，永葆文化发展活力，除了深度挖掘研究文化的核心价值理念外，还应加大文化产业开发力度，将文化探究与产业开发协调同步推进，以文化带动产业、以产业复兴文化，形成经济文化融合发展的格局，为文化发展注入不竭动力。进一步弘扬"三祖文化"，离不开"三祖文化"产业项目的发展。而从一定意义上讲，这次论坛也是一次打造"三祖文化"品牌，吸引更多的人来这里问祖寻根、了解中华文明起源，挖掘"三祖文化"经济潜力的产业推广活动。刚才，听了大家的发言感到很受启发，也很受教育。下面，我想借这次论坛的契机，结合前段时间我们做过的一些调研，重点就发展文化产业问题，谈些认识和体会，不妥之处请大家指正。

文化产业具有优结构、扩消费、增就业、促跨越、可持续的作用，是增强文化软实力的重要途径，是解放和提高生产力的重要抓手，也是打造发展竞争力的重要载体。大力发展文化产业，对于实现我省"十二五"奋斗目标，加快科学发展、富民强省进程，全面推进小康社会建设，都具有重大的现实意义和深远的历史意义。

我省具有深厚的文化底蕴和独特的文化资源，且环绕京津，位居环渤海的中心地带，发展文化产业优势独具，潜力巨大，机遇难得，大势所趋。首先，中央和省委做出一系列安排部署，为文化产业发展奠定了基础。一是文化产业在国民经济中的地位日益提高，占GDP的比重大幅度提升。二是文化产业的发展环境更加优化，财政投入不断增加，公共文化服务体系建设步伐加快，文化惠民工程扎实推进。三是文化产业的发展活力全面迸发，体制改革进一步深化，机制进一步顺畅，管理进一步科学，文化生产力进一步解放，形成了文化改革与发展良性互动的新局面。其次，经济实力的不断提升，为文化产业发展提供了条件。国家"保增长、扩内需、调结构、促改革、惠民生"计划的实施，以及在文化基础设施建设、文化消费等方面的大力投入，都使得文化产业的快速发展成为可能；我省经济总量的大幅增长和社会全面进步，为文化产业的快速发展提供了有力支撑和保障。再次，人民群众对文化产品和服务的需求日益旺盛，为文化产业发展创造了空间。目前我省人均GDP超过3500美元，按照世界各国经验和经济社会发展规律,这个阶段已进入文化消费快速增长期,文化支出比重大幅上升,群众对文化产品及文化服务的要求也越来越高,必将拉动文化产业的大发展。

可以看到,近些年,我省文化产业的整体实力取得了长足发展,作为经济支柱产业的雏形已经显现。但应清醒地认识到,我们的文化产业发展水平在产业经济中仍是短板,与经济社会发展和全面建设小康社会的要求还不适应,与先进省份还有不小差距。这就要求我们,进一步统一思想,凝聚力量,不断增强文化意识和文化自觉,做大、做优、做强文化产业,努力实现从文化资源大省向文化强省的跨越。归纳起来,推进文化产业发展,我认为应从以下几方面着力:

(一)准确定位发展思路,正确处理几个关系

一是坚持以人为本,处理好人民群众基本文化需求与多样化、多层次、多方面文化需求的关系,充分发挥人民群众在文化建设中的主体地位。二是坚持协调发展,处理好公益性文化事业发展和经营性文化产业发展的关系,做到两手抓、两加强。三是坚持与时俱进,处理好改革创新和加快发展的关系,通过推进改革创新,增强发展活力。四是坚持突出特色,处理好区域文化、中华文化和外来文化的关系,努力将我省特色的文化资源优势转化为产业发展的比较优势。

(二)大力发展文化产业,积极在培育、强化市场主体上下功夫

一是做大做强国有文化企业,如出版集团、报业集团、影视集团、演艺集团等。一方面抓好内部改革,完善现代企业制度,提高市场竞争力;另一方面抓好引导,组织跨地区、跨行业的兼并重组,把体量做大。二是积极扶持民营文化企业发展,创造良好的政策环境和平等的竞争机会,降低文化市场准入门槛,打造一支民营文化产业的生力军。三是统筹规划文化产业园区和基地建设。要注重规划配置文化产业要素和园区,加快文化产业基地和区域特色文化产业群建设,实现产业集聚,创造规模效益,增强我省文化产业的品牌力、传播力和发展力。

(三)精心谋划产业项目,努力为群众提供受欢迎的文化产品和服务

只有把发展思路落实到具体项目上,文化的发展才能找到实实在在的抓手。一是立足资源优势。以"三祖文化"为例,应积极进行保护性、抢救性开发,要充分挖掘其"和"文化、"龙"文化等的文化特色和内涵,并运用现代科技手段,加大创新创意力度,将资源优势转化为产业优势、

经济优势、竞争优势和现代优势。二是发挥区位优势。我省环绕京津，在国家规划的环渤海文化产业带上处于重要位置。应积极促成京、津、冀三地联手整合文化资源，营造统一、开放、竞争、有序的文化市场环境，以资本为手段统筹跨区域、依存度高的文化产业项目的投资与开发，以市场化手段促进文化资源的优化配置，将京津冀地区打造成中国文化产业区域协调发展的示范区。三是适应市场需求。随着人们生活水平的提高，休闲、健身、科学饮食已成为生活时尚，形成了一个庞大的文化消费市场。因此要针对文化特色，大力开发符合各自文化内涵的休闲文化、健身文化、饮食文化等，满足人们日趋旺盛的文化需求。

（四）努力打造文化精品，增强文化的感染力、影响力

精品是思想和艺术的结晶，只有精品才能影响深刻、传之久远。加强精品创作，一是要立足燕赵文化积淀，传承河北人文精粹，同时突出时代精神。二是要为艺术家创造一种更加宽松的创作环境，让艺术家永远保持一种创作的活力。三是对于能够产生重大影响的鸿篇巨制，党政有关部门应积极引导、组织和协调。四是要着力创新文艺人才培养、使用和引进机制，培育优秀创作团队，培养各门类的专业人才和领军人物，建立一套从策划、创作、制作到宣传、营销的组织方式和运作模式，加强对文化产品创作生产的引导。

（五）不断强化创新意识，大力营造推进文化科学发展的环境氛围

文化工作只有不断解放思想，勇于创新，才能充满活力，增强动力。大力营造文化创新环境，一是要创新工作理念、工作思路和工作方法，大力推进文化服务创新，不断适应文化需求多样化和传播手段新变化。二是在传承优秀文化成果的基础上，提高创意含量和竞争优势。三是大力营造鼓励创新的社会环境，使创新成为文化领域的一种信念、一种追求。四是在加快推进我省文化改革发展的过程中，应当允许先行先试，允许在探索中发展，允许失误和宽容失败，特别是应使用好和保护好一大批积极推进文化事业与产业改革发展的干部。

（作者系河北省政协教科文卫体委员会主任）

二〇一一年八月八日

从地质地理学角度分析
"三祖"合符后为什么选择在涿鹿定都

冯健雄

"三祖文化"是指约五千年前黄帝、炎帝、蚩尤在今河北涿鹿一带共同创造的灿烂文化。1992年，涿鹿县委、县政府组织力量，对涿鹿矾山一带的黄帝城、阪泉、蚩尤泉等一批古文化遗址、出土的文物及历史文献和民俗风情进行了考证，在此基础上逐步形成了"三祖文化"学说。而后，任昌华先生撰写了《三祖文化始》一书。目前，对三祖文化的研究，海内外专家学者主要集中在历史、政治、军事、经济、文化封面的研究，而本文试图从地质地理学角度，对三祖合符为什么要选择在涿鹿定都这方面做了些探讨和研究，目的是拓宽三祖文化研究的视野和范围，填补三祖文化元素的缺项，丰富三祖文化的内容。

（一）自然地理特征

地理位置。涿鹿位于河北省西北部、桑干河下游，隶属于河北省张家口市管辖，东与北京为邻，西与阳原接壤，南与蔚县交界，北靠宣化。地理坐标为：东经114°55′—115°31′、北纬39°40′—40°39′，是历史上华北和西北往来的必经之地和交通要道。

地形地貌。涿鹿位于太行山与燕山复合交汇处地貌总体上属于山地与山间盆地。地形复杂，四面环山，中部为河川区，地势平坦，过渡带为低山丘陵区，周边有较著名的山峰小五台山、灵山、军都山和黄羊山等。

河川为桑干河、洋河两河交汇处，以冲击、冲洪积地貌为主，构成了涿鹿盆地的底部。程进东向展布，地形平坦，是涿鹿主要农耕区。

水系及单元分区涿鹿境内水系为永定河上游的桑干河支流和洋河支流，其中桑干河贯穿西东，有桑干百害，唯富涿鹿之说。

从水文地理分区讲，主要为最高的盆缘中山，中低山裂缝孔隙和岩溶水区（海拔1000—2000米）海拔中等的河间中低山裂隙水区（海拔900—

1600）和海拔最低的盆中平原孔隙水区（海拔600—900）该区域多地有山泉出露，较大的有黄帝泉、温泉屯和汤音寺等。

气候，属大陆性季风气候，由于地理位置、地形差异和大气环流的影响，境内各种气候现象并存，总体上属坝下凉温区。

（二）区内地质特征及演化史

地层。涿鹿一带除缺失部分地层（下古生界奥窑系、上古生界志留系、泥盆系、石炭系、上二叠系、中生界三叠系、上白系以）外年代最老的太古界桑干群（涿鹿塔院）至最新的第四系地层皆有出露。总厚度3万—5万米。本区出露的地层中包括的岩石种类也很齐全，不仅有最老的太古界变质岩，还有元古界。古生界、中生界、新生界的沉积岩。岩浆岩主要是中生代、新生代喷出岩。

构造从构造单元来讲，涿鹿位于近东西向的燕山构造带与近北东南的太行山隆升地块构造带复合交汇部位。属燕山沉陷带，冀西陷褶断束，军都山复背斜。次一级构造为涿—怀背斜和小矾山向斜及断裂带，均呈北东向展布。

燕山构造运动是指，一亿三四千万年到七千万年前左右这个时期，中国许多地区，地壳因为受到强烈挤压，褶皱隆起。形成绵延的山脉，北京附近的燕山是典型的代表，因此地质学家把这个时期的强烈地壳运动称为燕山构造运动，今天我们看到的地貌轮廓，就是在燕山构造运动中初步奠定的。当然近三千万年以来，地壳又一次经历了强烈的地壳运动，称为喜马拉雅山构造运动。对燕山时期形成的地貌轮廓也有一定的改造和影响。

太行山隆升地块构造，是在23亿年前吕梁运动期，形成太行山雏形，海水在奥陶中期退出。晚古生代时。山体发生凹陷，海水入侵。中生代南部上升，北部局部凹陷，尔后又经历了燕山和喜山构造运动，形成了现存的太行山地质地貌。太行山北起北京西山，南到河南黄河北崖。贯穿于北京、河北、山西、河南四省间。涿鹿处于太行山最北端，其中附近小五台山、东灵山、野三坡山峰等都属于太行山脉的组成部分。

上述两组构造的复合交汇作用，使涿鹿形成了独特的地质构造单元，涿鹿—延庆断陷盆地。这个盆地即保留有太行山地质遗迹和特征，又有燕山构造作用的遗迹和特征。

地质演化史。大约35亿年前。被水汽笼罩的华北大地混沌初开，在今赤城、密云、迁西一带出现海底火山喷发，陆地露出海面，形成初始陆核。距今30亿年左右，华北地区发生较大构造——桑干群。此后发生的阜平构造运动、五台运动使地层进一步变质，陆核范围增大并形成断裂。

距今25亿—18亿年前再次发生的吕梁构造运动、使冀北形成了横贯东西的尚义—平泉深大断裂，全长450公里，就是坝上、坝下的分界线。长期以来，断裂带以北不断上升，形成高原，南部不断下降，形成古海。所以在地史上距今18亿—5亿年之间涿鹿一带是一片海洋，从现存的地层看，发育有元古界、古生界地海相地层，震旦纪、寒武纪石灰岩（如武家沟、太平堡、黄羊山等地灰岩）后经多次构造运动地壳抬升，海水退却。

在2亿年左右侏罗纪时代，涿鹿一带湖泊发育，植被茂盛，由于地质作用形成了一系列的含煤建造，如今的武家沟，下花园、蔚县等煤田，就是侏罗纪时代形成的。而后在该地区又沉淀了新的第三纪、第四纪地层。同时，由于燕山和喜山构造运动又有大量的岩浆岩、喷出岩浸入，涿鹿地区由此就形成了如今的地质地貌。

（三）独特的地形地貌，良好的自然环境

由于地史演变和构造作用，造就了涿鹿独特的地质地貌和良好的地质地理环境。盆地周边是高山丘陵、中间是桑干河与洋河交汇冲积而成的平原区。涿鹿位于两河的交汇处，地势平坦，土地肥沃，植被发育，盛产粮食，水果。从人类发展史和世界史来看，河流交汇冲击而成的区域大都是人类文化的发源地和重要的发展区。世界上四大文明发祥地：古埃及的尼罗河三角洲；古印度的恒河和印度河交汇处；古巴比伦的幼发拉底河、底格里斯河都是例证。另外我们再看与涿鹿一山之隔的北京，有三千多年的历史，各朝在北京建都史长达800余年。他所处的位置也是燕山与太行山交汇处，也是古永定河和潮白河交汇冲积而成的冲积扇平原。其他方面的地质地理环境也与涿鹿盆地极为相似，历史文化的传承和地域渊源，使当地人把涿鹿称为"小北京"。

涿鹿之所以能够成为中华民族五千年文明的发祥地，中华民族的奠基地，中华民族最早的都城，除了其他因素外，其独特的地质地貌是其主要的因素，其软硬件主要表现在以下几个方面：

从军事方面讲，涿鹿盆地四面环山，易守难攻，兵器制造可以就地取材，从黄帝城挖掘出的石凿、石斧、石环、石杆和陶片等就是本地的花岗岩，石灰岩和烧制陶器的黏土等材料加工制造的，再加上植被茂盛，本地原料就可以制造弓箭等武器。

从生活上讲，涿鹿一带土地肥沃，粮草丰富，特别是水资源十分充足，如桑干河水系和出露的黄帝泉等水源地，也就是说吃、喝、穿生活必需品能够自给自足，不需外援。

从气候环境讲当时这个盆地有山有水，绿树成荫，水流潺潺，鹿鸣竹林，禽鸟成群，山清水秀，气候宜人，自然生态环境优美，非常适合人类居住。

从交通上讲，涿鹿位于蒙古高原与中原接壤地带，是南北往来的必经之路，在当时来讲交通还是较为方便的。

从以上几个方面分析看，由于涿鹿独特的地质地貌和地质地理环境决定了当时的涿鹿具备了作为一个都城的基本功能和要件。所以三祖融合后，选择在涿鹿定都是聪明智慧之举。同时也印证了黄帝不但是政治家，军事家，也是一个科学家，不但精通医药、农业等，还对地理学有研究。

（四）丰富三祖文化，促进产业发展

"三祖文化"博大精深，源远流长，需要全方位、多角度进行系统研究和深度挖掘，上述只是从地质地理学角度对"三祖"定都问题进行了一些粗浅的研究。下面，就"三祖文化"与地质地理相关联的产业发展谈一些思想和建议。

对旅游产业要系统规划，深度开发。目前三祖文化旅游仅限于部分历史人文景观，如三祖堂、合符坛、黄帝城遗址、港澳归根碑等，下一步应该对这段历史遗迹，如蚩尤寨、炎帝城、古战场。黄帝所葬的桥山及地质遗迹、自然景观，科普教育等资源融为一体，进行全面系统的研究、规划、整合和开发，从而提升旅游品质和品位。

同时，应开发有"三祖"品牌和文化特征的旅游产品和纪念品，如"黄帝泉"矿泉水。应尽快取得采矿许可证并形成品牌。及早谋划申报省级过国家级地质公园。由于涿鹿特殊的地质地理特征、一些地质遗迹和自然景观具有典型性、稀有性和科普性。如黄羊山、东灵山、黄帝泉等地质遗迹，应统筹考虑，做好前期地质考察和相关申报工作。

加大地热资源勘查和开发力度。由于地质构造作用黄帝城东部一带地热资源较为丰富且为洁净能源。未来充分利用好这种天然地质资源，应加大地热资源勘查和开发力度，尽快形成产业，以便吸引祭祖、旅游、度假、休闲观光的各方来客，扩大涿鹿的知名度，加大产业转型。

总之，"三祖文化"是具有历史性、典型性、稀有性、独特性的珍贵文化遗产。它不仅是属于中国的而且是属于世界的，所以还需要我们进一步拓宽视野、深度挖掘、强化研究，在科学性和知识性、自然性和人文性、历史性和现实性、完整性和系统性上下功夫、做文章，只有这样才能真正体现"三祖文化"的历史价值、文化价值、军事价值、社会价值、科学价值及经济价值，才能使涿鹿这块美丽富饶的土地再现五千年前昔日都城的灿烂和辉煌。

（作者系河北省国土资源厅总工程师）

二〇一一年八月八日

三祖文化开发与产业化

余 勇

很高兴与各位相聚在中华三祖圣地——涿鹿。首先,我谨代表世界华商联合会向第四届海峡两岸"三祖文化"周暨第十届冀台经济合作洽谈会的开幕和胜利召开表示热烈祝贺!

文化交流与经贸合作历来是两岸交往中最具活力的两个领域,像两个齐头并进的车轮,不断推动两岸关系。两岸各界同胞每年相聚于此,共同纪念中华始祖,弘扬中华文化,使我们的心贴得更近;共同探讨互利合作,谋求双赢发展,让我们的手牵得更紧。促进两岸同胞的相互了解,感情融洽。

河北是经济文化大省,张家口市潜藏着巨大商机的投资热土。涿鹿县是中华民族发祥地,也是海内外同胞寻根祭祖的圣地。共同的归属感必将加强两岸民众关系纽带,给两岸带来更多交流合作机会。今天有很多台商朋友在场,第十届冀台经济合作洽谈会张家口市签约招商项目37项,拟引进市外资金人民币244.96亿元。同时,市政府与台湾各主要商会签署了长期合作框架协议。这些重大举措都将会对三祖圣地的开发起到积极的推动作用。在此,我呼吁全球华商,尤其是台商朋友,要更多地到张家口和三祖圣地来走一走、看一看,在这里寻找商机、投资置业,参与三祖文化旅游产业项目的建设开发。

在当今时代,文化成为经济发展的重要资源,而文化产业则成为重要的支柱产业,许多国家都把发展文化产业作为寻找新的经济增长点的有效途径。经济强国在输出商品技术、资金和管理时,也大规模地输出自己的文化。

一、三祖文化产业从实际出发开拓创新

涿鹿的文化产业,要想在短时期内获得突破性进展,必须一切从实际出发,切实把握住自己的特色优势,扬长避短,确定符合自身实际的正确思路与对策。

在发展特色文化产业时，要结合产业发展的整体要求来把握特色优势，具有深厚历史底蕴的三祖文化是不可多得的宝贵资源，想要在现代市场需要和技术制作的背景下发展成为文化产业，就必须将这些资源进行合理、有效的配置，使资源优势转化为产业优势。

发展文化产业的关键在于，必须在坚持合作基本准则的前提下，充分利用市场这一巨大的杠杆，以市场为导向来生产和提供文化产品和服务，从而使文化产业真正成为新的经济增长点。

在文化产业中，要充分的发挥中介组织—文化经纪人的作用，以促进文化产业的市场转化。要发挥现有文化专业技术人才的作用，使他们的知识、技术、才华有效地成为文化产品生产的基本要素，并使他们能够以知识产权为股本参与文化企业的经营管理。

二、发展文化产业必须正确处理好的几个关系

推进文化产业的发展是一项庞大的、涉及面非常广的、长期的社会系统工程，尤其是在社会主义市场体制逐步完善条件下，各种新问题、新现象必然会不断涌现出来，这就需要我们坚持解放思想、实事求是、与时俱进的思想路线，正确处理好以下几个关系：

社会效益与经济效益的关系。

文化事业和文化产业的关系。

优先发展与共同发展的关系。

文化产品经营与资本运营的关系。

三、传承"三祖文化"品牌推动产业发展

目前，河南黄帝故里、陕西黄帝大典活动等，都有一定的影响力。与之相比，"三祖文化"具有自身的特点和优势，但对于"三祖文化"的开发和弘扬，不应仅仅停留在对历史事件进行不同角度解读的层面，还应该有一些具体的措施使之发扬光大。

面对祖先留给我们的优秀文化遗产，涿鹿始终致力于"三祖文化""合符文化"的传承弘扬和开发建设工作。在发掘整合中形成涿鹿"三祖文化"品牌。文化品牌的形成具有特殊性，它首先是一种文化理念。"三祖文化"这一理念具有史实基础，这也是优势所在。但品牌的发展和壮大是需要多方经营的，我们力求在科学的规划建设中打造涿鹿"三祖文化"品牌。

文化产业的发展离不开硬件的建设和投入，但品牌综合影响力的提升也是不可忽视的。产业发展要以大策划、大旅游、大开发为主导，才能形成大收益。

思想、高度、条件、大盘、政府、功德、祖宗、宗亲、归根、教育、旅游、历史、政治、文化、和谐、统一、共识等，都是项目的关键词！

四、中华三祖圣地项目开发建设思路

历史资源：

中华民族的重要发祥地和中华远古的原始都会，中华三祖圣地；龙的发祥地；中华文明五千年的发祥地；中华三祖事业成就之地；各族群和谐团结的开始；

项目定位：

以五千年文明和主打中华和谐为主旋律，形成全球华人了解祖先、崇拜祖先、再创新文明中华始祖文化圣地。实现中华海峡两岸统一大业，回归恭祖，建设中国最大的中华始祖文化旅游基地。

建设形式：

以世界华人华侨华商组织牵头，吸引风险投资和公益投资共同组建项目投资开发公司，在启动中期建设的同时，设立世界华商功德基金，建立产业管理团队，广泛吸纳全球华商的商业捐赠和功德善款，创建一个全新的以捐赠为主题的建设模式。华人捐款、公益捐款、私募基金、原始投资……投资和捐助并举。专业团队策划管理。

运作步骤：

以世界华商联合会和涿鹿政府的战略合作协议为基础，动员华商领袖捐款为主，从政府手中将现有成型项目土地和地上物接管过来，同时取得整个项目的开发权、经营权和使用权。有合作方共同组建项目投资开发公司，实施具体操作。

拟建项目：

中华姓氏祠堂；中华姓氏文化博物馆；世界华人成就展览馆；世界华商功德坊；世界华商功德碑林；世界华人爱国林；中华陵园；会展中心；中华大酒店；中华名人蜡像馆；中华九龙和谐墙；中华文化街；中华绿色食府；中华历史名胜古迹大观园；中华品牌展示中心。

宣传推广：

通过在世界范围内的千家媒体广泛宣传和各级政府组织的重大活动，提升中华三祖圣地的知名度，在中央电视台设立系列节目，建设中华三祖圣地门户网站，在三祖圣地召开全球华人媒体大会，集中报道和推广中华三祖圣地。

后续资金：

中华三祖圣地的建设资金主要渠道：

1. 全球华人华侨的捐资；2. 世界华商领袖的捐助；3. 华人社团商会的捐助；4. 中华姓氏祠堂捐资；5. 政府专项建设的资金；6. 重大活动的专项拨款；7. 公益功德基金的拨款；8. 世界华商私募基金；9. 中华文化三祖光复彩票；10. 项目开发公司上市资金。

经营收入：

1. 中华三祖圣地文化园门票；2. 全球华人捐赠铭刻碑；3. 中华名人蜡像铜像认捐；4. 中华姓氏祠堂捐建；5. 园区餐饮酒店住宿；6. 会议展览场馆租赁；7. 重大活动配套设备服务；8. 园区捐建项目管理费；9. 中华文化街旅游商铺出租；10. 中华陵园墓地经营收入。

世界华商联合会是世界华人协会的姊妹会，在全球拥有600多万会员资源，联合会是由世界杰出爱国华商侨领共同倡导发起成立的联合性组织，是世界组织及各国政府联系的桥梁和纽带，是全体华商共同的家园。

世界华商联合会号召全球华商联合起来，创建打造中华和谐经济平台，加强华商国际合作与交流，立足本民族，放眼全世界。让中华文化享誉世界，为全人类的进步和社会经济发展而努力奋斗。

世界华商联合会已和张家口市政府形成战略伙伴关系，我们在其重大经贸合作之时，很愿意担当起全球华商的倡导者，号召更多华商参与中华三祖圣地文化旅游产业的开发建设。积极融资引资，加大开发投资力度。

世界华商联合会会员均为各国华商工商、经贸、科技等方面的精英。具有强大的经济实力。目前，已成为世界上最大的华商组织之一，累计投资全球经济的资产超过千亿美元。

我们相信随着基础设施的不断完善，旅游接待能力的不断提高，将会吸引更多海内外仁人志士涌入涿鹿，将进一步促进海内外中华儿女相互间的文化交流和融合，共同推动"三祖文化"产业项目的迅速发展，促进三祖圣地的整体开发水平的不断提升。作为中华民族文化的发祥地之一的涿鹿，在海内外中华儿女的鼎力相助之下，必将重现辉煌，为中华民族的伟大复兴，做出新的贡献！

（作者系世界华商联合会主席）

二〇一一年八月八日

"合符釜山"与中国龙文化

季 方

司马迁在《史记》首卷《五帝本纪》中写道:"黄帝者,少典之子,姓公孙,名曰轩辕……轩辕之时,(炎帝)神农氏衰……以与炎帝战于阪泉之野,三战。然后得其志……蚩尤作乱,不用帝命。于是黄帝乃征师诸侯,与蚩尤战于涿鹿之野,遂禽杀蚩尤。而诸侯咸尊轩辕为天子,代神农氏,是为黄帝……天下有不顺者,黄帝从而征之……东至于海,西至于空桐,北逐荤粥,合符釜山,而邑于涿鹿之阿。"这段文字详尽记载了五千年前发生在涿鹿地区的黄帝、炎帝和蚩尤之间的政治与军事活动,使涿鹿拥有了全国独一无二的历史文化资源。

黄帝,原居于西北,后迁徙至涿鹿(今河北涿鹿东南)一带。时南方九黎族强势彪悍,在其首领蚩尤率领之下,与炎帝争夺黄河下游地区的土地;炎帝战败,逃往北方,向黄帝求救,并结为联盟。黄帝统帅炎、黄二部与蚩尤大战于涿鹿之野。在大将风后、力牧的辅佐下大败蚩尤,将其擒获并斩杀。涿鹿大战之后,炎黄两部之间又发生战争,黄帝击败了炎帝。至此,中原大地各氏族、部落和部落联盟"合符釜山",一致拥立黄帝为天下共主,实现了第一次真正意义上的华夏族的大融合,为此后华夏民族的形成与发展奠定了坚实的基础。

据史书记载,"合符",在我国古代是一种传之久远的"会盟"信物制度。一般多以竹、木、玉石等材料制成凭证,上刻文字或纹饰,以此作为结盟的信誓之物。对于"釜山"的确切位置,司马迁亲临涿鹿考察,确认位于涿鹿县。黄帝经过涿鹿大战取得胜利后,巡视各地,最后"合符釜山,而邑于涿鹿之阿"。可以看出,釜山正是黄帝"北逐荤粥"(秦汉时称匈奴)后,与各部落首领举行合符,即统一符契,共同结盟的地点。

"合符釜山"历史功绩有三:一是确立了黄帝在融合了炎帝部落、蚩尤九黎部落等各个氏族部落之后,被公推为天下共主的地位;二是废除了原来各氏族、部落、部落联盟各自的符契或图腾，取各自图腾的突出特点，组合共创出集万物于一身、统一共识的图腾——龙，作为华夏民族先祖们共认的图腾；三是在涿鹿之地建立了中华民族历史上第一个政权集中地，即后来的都城；从而实现中华民族第一次大融合、大统一、大团结，奠定了中华民族文化的千古根基。

值得指出的是，"合符釜山"不仅是以黄帝、炎帝为首的华夏族的大融合，而且将蚩尤九黎族的先民也融入其中。"合符釜山"之后，黄帝把涿鹿作为对外开拓、发展的根据地，基本结束了黄帝、炎帝、蚩尤等各个氏族、部落"迁徙往来无常处"的游牧或半游牧生活和长期相互征战的历史，进一步促进了社会分工，不断发展生产力，从而加快了历史前进的步伐。所以说，"合符釜山"初步奠定了中华大统一的基础，它宣告了一个融合中华远古各部族先民智慧的文化积淀已经形成，标志着中华大一统的开端。

中国是一个多民族、多地区的国家，自黄帝以来的五千年辉煌灿烂的文明是由多民族、多地区人民共同创造的。我国考古学前辈苏秉琦先生在80年代提出了"多源一体"的观点，即中华文明相对世界其他文明发生中心而言是独立起源、本土起源的；就中华本土而言又是多源多根系的。正因为如此，中华文明具有区别于世界其他文明古国的特点，获得了长盛不衰的生命活力。近年来，张家口有关专家、学者推出了以黄帝、炎帝与蚩尤为代表的"三祖文化"理论，在社会上，特别是在学术界引起很大的反响。从某种意义上说，"三祖文化"实际上印证了中华文明起源的"多源一体"学说。

尽管"三祖文化"概念和蚩尤的历史地位在学术界还存在着不同意见，但有一点事实不可否认，根据史书记载和大量历史遗存的出土，涿鹿应该是中华民族的重要发祥地和文明起点，既是黄帝、炎帝和蚩尤部落征战的地方；同时，也是相互融合的地方，是黄帝大败炎帝、蚩尤后，"合符釜山"、被各氏族部落拥戴为天下共主而建都之地。

实际上，蚩尤应该是中华文明史上一位杰出的代表人物。他所统领的三苗九黎部落曾经活跃在南至杭嘉湖平原，北至冀豫平原，从东海、渤海、黄海等海岸以西，直至太行山、大别山等广大区域，正对应着中国古代最发达、文明程度最高的良渚文化。春秋时代的管子曾称蚩尤"明乎天道""爱庐山之兵而作五金"；在冶炼和兵器制造技术上处于当时领先地位。而三苗、九黎是发明牛耕和率先种植水稻、黍米的部落；古书和今人常说的"黎民百姓"也源于此。

据古籍《逸周书·尝麦篇》记载，涿鹿之战之后，黄帝对于战败的东夷九黎部落并没有采取斩尽杀绝的极端手段，而是"命少昊清司马鸟师，以正五帝之官"，在东夷集团中选择一位能够服众的名叫少昊的氏族首领，继续统领九夷部众，用怀柔政策使东夷集团与华夏集团结为同盟，从而消弭了双方的敌意，促进了两大部族集团的交流与融合。涿鹿大战之后，大部分东夷九黎部族的人归顺了黄帝，与炎黄部落融合，部分人南走流入偏远地区，成为当今苗、瑶、黎等少数民族的祖先。多年来，西南地区的许多少数民族不仅认同蚩尤为其先祖，而且坚信蚩尤对当时社会的发展发挥了积极的作用。因此，千百年来所沿袭的炎黄为"正统"，视蚩尤为"邪恶"的偏见，应该得到纠正。我们应该准确、科学地认识中华文明的起源及发展史，不断地推进中华民族的大团结，使其在构建和谐社会、建设美好家园，振兴中华的伟大事业中，发挥更大的作用！

（一）"合符釜山"距今已经五千年，那么，它对于我们今天的社会还具有哪些意义和影响？

其一，"合符釜山"集中反映了中华民族和谐文化的深刻内涵。

中华民族是一个十分重视与崇尚和谐的民族。"合符釜山"是中华先祖在经过无数次激烈战争之后的政治盛典，也是中华民族的第一次和合盛典。"合符釜山"第一次提出了和合的社会理念，从而成为中华民族延续数千年不可改变的和谐文化的源头，既成为其后的道家之顺其自然、无为而治思想的渊源，也是儒家的强调秩序、礼乐文化的渊源。

其二，"合符釜山"揭示了中华民族统一融合的深远意义。

黄帝在当时各部落纷争的形势下，不是完全依靠武力去征服其他部落，没有对战败部落的子民斩尽杀绝，而是及时地把他们融合到自己的部落联盟中来，开创了中华民族大融合的先河。特别是在涿鹿大战之后的"合符釜山"，实现了"区宇以宁"，即实现了区宇统一而形成了中华民族最初的国家雏形的疆界，为此后五千年漫长的历史发展中，逐步形成各民族大团结的中华民族大家庭奠定了基础。

其三，"合符釜山"开启了中华民族龙文化的根源理念。

"合符釜山"重要的历史意义之一，就是黄帝成为天下共主后，废除了原来各氏族、部落、部落联盟各自的图腾或符契，将各氏族、部落、部落联盟各自的图腾动物最突出的特点组合，融合创造了集万物与一身、统一共认的共同图腾——龙，来作为中华民族的共认图腾，从而逐步发展成为以体现民族大统一、大融合、大团结为核心的中华龙文化。

（二）我们常说龙是中华民族的象征。中华龙文化是以龙为标志的，其内容博大，是中华民族的大文化、本源文化、轴心文化，中华文化之根基。在中华民族的发展历程中，龙文化是永远的主线文化、主旋律文化。中国的历史与文化，是与中国龙分不开的；它伴随、参与、见证、标志着中华文明的起源、形成、发展、强盛、转型和再兴。然而，中国龙到底是什么？在龙的身上，又隐藏着中华文明怎样延绵不绝的秘密？

1987年8月，在河南濮阳西水坡仰韶文化遗址M45号墓发掘出一条距今6400多年用蚌壳摆塑的龙图，造型生动，富有动感，形态成熟，从而震动了世界，被誉为"中华第一龙"。而五千年前的"合符釜山"正是集中了各氏族、部落图腾之特点，确定了以龙作为当时各氏族、部落和部落联盟的统一图腾，从而，使龙成为中华民族的象征与代表。今天，我们正是沿着中华龙文化这条生生不息的生命之脉，穿越历史的隧洞，去探索中华民族形成和发展的源流。

那么，龙到底是怎么形成的？千百年来，人们一直在寻找龙的起源。大量考古发现，通过龙在不同时期的体貌特征，龙的起源的生物原型与鳄、鲵、鱼、猪、马、鹿、蛇、牛、虎、熊、鹰等动物密切相关。此外，还有神秘的天象原型；《周易》中有"见龙在田""飞龙在天""亢龙有悔""群龙无首"等卦爻，这里的"龙"，指的是雷电。因此，龙是中国古代先人将生物原形和自然天象的多元融合为一体，而产生的一种具有喜水、好飞、通天、善变、显灵、征瑞等神性的神物。

此外，汉字"龙"的诞生，也和中国龙的形成与成长密不可分。"龙"字最早见著于甲骨文和青铜器上的金文，早在五千年前的贺兰山岩画上就出现了原始"龙"字。从上古时期的岩画、甲骨文，到商、周时期青铜器的金文，从秦篆汉隶，到唐楷宋草，一直到明清榜书，中国文字记载着中国龙的演变过程和发展历程。它与龙的生物原形、天象原形一起，成为中国龙的起源与发展的最直接的见证。

"龙的传人"，是全世界华人、华裔对自己骄傲的称呼。为什么中国人称自己是"龙的传人"？那是因为，在中国古代传说中，龙与盘古一起，成为开天辟地的创造神；龙见证了伏羲女娲的婚配，而使人类得到世代的繁衍；龙协助黄帝赢得了战争，为华夏统一立下了不朽的功勋；龙帮助大禹治理洪灾，为千秋万代造福……因此，凡是源于中华大地的炎黄子孙、华夏儿女，都承领过中华龙的福祉，都被称为"龙的传人"！

在中国古代神话传说中，盘古呈龙相，伏羲为龙种，女娲具龙性，炎帝秉龙兆，黄帝黄龙体，颛顼乘龙游，唐尧应赤龙，虞舜彰龙德，夏禹是虬龙；这便构成了所有的炎黄子孙、华夏儿女都称自己是龙的传人的"人文根据"，即祖先崇拜与龙崇拜结合在了一起。这使中华民族有了共同的文化象征，共同的图章徽记。从伏羲、女娲、炎帝、黄帝、颛顼、帝喾、尧帝、舜帝，传说中的中华人文始祖的世系中，我们看到的是一个又一个龙的身影！

龙的家族是庞大的，也是多元的。人们在创造龙的形象时，加进了各种奇思妙想，从而创造了大小形象各具特色、长幼尊卑各有差别、角色分工各不相同的庞大的龙的家族。在民间，很久就流传着"龙生九子，各不成龙"的说法，明孝宗年间，礼部尚书、文渊阁大学士李东阳糅合民间传说，归纳出龙的九子，爱好音乐的囚牛，好斗喜杀的睚眦，好险好望的嘲风，好鸣好吼的蒲牢，喜静不动的狻猊，力大负重的赑屃，能辨是非的狴犴，喜吞雷火的螭吻，贪食大肚的饕餮等。其实这些所谓"龙子"的奇兽都未必是龙，它们原来只是人们使用在建筑和器物上的装饰纹图，只是到了明代由于皇帝的参与，才将其归列为龙子。

从上古时期以来，中国龙的发展经过了五个阶段，即夔龙期、飞龙期、行龙期、黄龙期和祥龙期。

夔龙期是中国龙的诞生期，大约自上古时期的仰韶文化、大溪文化、大汶口文化、龙山文化期，是中华文明的雏形期。它以商周夔龙为代表，多出现在青铜器上，巨口卷鼻，凸目双耳，威严、庄重、华贵，方硬粗犷，充满原始力的美。

第二个演变期是飞龙期；贯穿于春秋战国至秦汉时期，与中华文明的成型期相吻合。这个时期的龙长出了翅膀，形象已趋于成熟，龙身上所具备的种种神性已经强大且彰显；这些神性和"帝王性"多有吻合之处。在中国历史上，秦始皇是第一个被称作"龙"的封建帝王。汉代龙纹在瓦当、画像石、画像砖、墓葬壁画、丝织品上有丰富的遗存。其造型手法简约、粗犷，体现出豪迈、奔放的气势和强烈的动感。

第三个演变期为行龙期，贯穿于魏晋南北朝、隋、唐至五代。这个时期是中华文明的繁荣期，龙体现了社会的繁荣。它对内融合各少数民族文化，对外融合佛教文化。龙的数量、种类和制作工艺等方面，都有了前所未有的发展。称之为"行龙"，是因为这个时期出现了比较典型的奔放矫健的"行龙纹"，具有丰满富丽、强劲健达的特点。

黄龙期，是中国龙演变的第四个重要时期，贯穿于宋、元、明、清四个朝代，与中华文明的转型期相吻合。由于宫廷黄龙是最具代表性的龙纹，所以称为"黄龙期"。萌于唐宋，定形于辽金元，盛于明清。这个时期的龙，沿着皇家宫廷龙和多样化民间龙两条线索发展。

北宋美术理论家郭若虚的《图画见闻录》总结，画龙要折出"三停"，也就是说，"首至膊，膊至腰，腰至尾"三部分的长度要相等；分作"九似"，即"角似鹿，头似驼，眼似鬼，项似蛇，腹似蜃，鳞似鱼，爪似鹰，掌似虎，耳似牛"。从此以后，龙的形象尽管有增舍有变异有发展，但在总体上还都没有超出"三停九似"。

自魏晋南北朝至唐宋，是中华文明的繁荣期，到了元明清三代，中华文明进入了转型期。元世祖忽必烈喜欢汉文化，对龙情有独钟，统一中国后，穿龙袍、坐龙椅，是首开垄断龙纹先河的帝王。1881年，清政府洋务大臣李鸿章奏请慈禧太后批准，最终确定大清国国旗为长方形黄龙旗。龙出现在中国国旗上的重要意义在于，龙已经由帝王皇权的代表向民族国家的代表转变。

中国龙的第五个演变期为祥龙期，即现代龙，它与中华文明的再兴期相对应。20世纪初期，统治了中国上千年的封建社会的结束。"真龙天子"终于走下历史舞台。从数千年前开始的龙图腾崇拜，到龙成为皇家专用，中国龙经过了无数惊涛骇浪，长期被皇帝借助其神威来维护自己的统治。封建统治解体以后，龙作为封建专制皇权象征的文化含义已经不复存在。但是，在封建专制时期由皇帝兴建的各种龙的建筑和皇宫皇族的各种龙的标志和物品，却都留给了人民，留给了社会。

如今，中国龙不再是帝王们的专宠，无论是建筑装饰，还是家居布置；无论是工艺美术，还是服饰冠履；无论是歌舞影视，还是岁时节庆，中国龙已经走进千家万户。无论是在繁华的都市，还是在边远的村寨，龙无所不在。龙文化随着民族的形成与发展贯穿始终，并早已渗透到各个民族的社会生活、民俗民风之中。龙文化覆盖了神州大地，形成了中华民族心理素质的重要组成部分。

公元 16 世纪，意大利神职人员罗明坚和利玛窦编纂的《葡汉词典》里，把龙译为 Dragon，这显然是一个误译。其实，中国龙与西方的 Dragon 无论从起源、形象、神性，还是从本质、文化背景、功能、地位等都不可混同。西方的 Dragon 怪诞、丑陋，"充满霸气和攻击性"；而中国龙则是多元一体的融合，神圣威严，通天善变，征瑞善良。2007 年 10 月在"首届中华龙文化兰州论坛"上发表的"兰州宣言"中，与会的国内百名专家、学者郑重建议：将 Dragon 直译为"劫更"，或"劫根"，将龙英译为"Loong"，以示区别。

五千年前，在涿鹿"合符釜山"确立的龙图腾，原本是中华祖先和中华民族的图腾徽铭。然而，在漫长的历史岁月里，中华民族独特的精神气质赋予了龙文化，使其成为中华古代文化与文明的表征，具有不可磨灭的民族凝聚力。所以，中国龙文化的发生与发展，本质上就是中华古代文化与文明发生、发展与壮大的过程，是中华民族和民族文化形成与发展的过程。

进入 21 世纪以来，历经数千年风雨的龙的传人，以崭新的姿态向人们讲述着历史，创造着现在，开拓着未来，塑造着龙的故乡新的形象。"龙的传人"，是全世界华人的骄傲；"龙的精神"，已成为全中华的一面伟大旗帜，中华民族五千年坚强不屈、奋进拼搏的生动体现！

（三）近年来，随着改革开放的深入发展，在国内外对文物与文化遗产保护工作越来越重视的大环境下，各地政府对于本地区的历史文物的保护、文化遗址的开发利用上，形成一种新的态势。特别是拥有像伏羲女娲、炎黄二帝，以及尧、舜、禹这样一些在中国历史上有着重大影响人物的地区，政府和相关单位更是积极发掘资源，多方论证，广泛宣传，扩大投资，大力开发，这应该是一件好事。

研究历史，发掘中华悠久历史的深刻内涵，一个重要的目的，就是更好地为发展社会主义文化、旅游和经济服务。以弘扬中华民族文化为宗旨，以展示华夏列祖伟绩为主要内容，大力发展文化旅游产业，是当前经济发展的一个重要课题。河北张家口地区拥有得天独厚的中华人文始祖历史文化资源，具有发展文化旅游产业的良好基础和条件。应当紧紧抓住当前中央关于落实"十二五"规划的良好机遇，开发与发展地区中华人文始祖文化旅游产业，将会增强文化旅游产业整体实力和竞争力，有力地推动冀北地区经济的发展。

开发与发展张家口地区中华人文始祖文化旅游产业，应该以弘扬中华文化、保护优秀物质与非物质文化遗产、保护生态平衡为根本，在努力恢复与保护历史遗迹的基础上，发挥现代旅游文化理念的优势，充分利用高科技手段，把优秀传统文化与现代科技完美地结合起来，打造一个既有丰富的中华文化内涵，又符合新世纪人们对旅游文化新的审美观和休闲旅游要求，以展示以"中华始祖文化"和"龙文化"为主题的新型文化旅游绿色生态景区。

开发与发展文化旅游产业，应该按照国家5A级文化旅游景区建设，使其成为张家口地区乃至河北省最具影响力、融合多元华夏文化为一体的大型旅游文化景观。在中央和地方文化、旅游部门及相关企业的配合下，除了每年举办固定的中华人文始祖祭祀活动外，更重要的是如何把文化与旅游结合起来，把观光与娱乐结合起来，使游人能够有的住、有的吃、有的看、有的玩、有的购，把旅游与地方民间民俗文化活动、与"非遗"项目结合起来，吸引更多的海内外游客参观游览。同时，应该充分利用丰厚的历史文化资源，经常举办多主题、多方位的各种文化论坛、专业学术研讨会，吸引海内外专家、学者、文化名人、艺术家开展广泛的文化交流活动，扩大张家口地区的社会影响，为地方带来直接和间接丰厚的旅游综合收入，形成良性的旅游经济效益链，有力地拉动文化、旅游和经济的发展。

长期以来，中国华夏文化交流协会以弘扬中华文化为宗旨，广泛团结海内外各界人士，继承、传播和发展华夏文化的优秀传统，支持与协助中华古都、历史文化名城、文化遗产遗址所在地政府与台、港、澳地区及海外相关机构建立沟通交流的服务平台，组织海峡两岸及海内外文化交流、经贸洽谈、招商引资、学术研讨、专家论坛及考察互访等活动；组织创作以传播华夏文化为主要内容的各类文艺作品；支持与推动文化旅游产业的开发建设，促进文化、旅游与经济的发展。

2008年，中国华夏文化交流协会与台湾中华经济文化发展促进会共同启动了《华夏列祖文化振兴工程》项目，以弘扬中华优秀传统为宗旨，以保护华夏列祖文化遗址为目的，以开发文化旅游产业为主要内容。到目前为止，协会已经策划并列为重点支持的项目有甘肃《兰州华夏文化博览园》、海南《三亚妈祖文化旅游生态园》等多项大型文化旅游产业园区，为促进当地文化、旅游与经济的发展，推动海峡两岸和海内外的文化交流,振兴中华做出了积极的努力。

最近,协会与张家口市梆子艺术剧院达成共识,并联合台湾中华经济文化发展促进会,由海峡两岸三方共同打造新编历史剧《合符釜山》,使其成为国内首部以中国传统戏曲形式,展现五千年前中华始祖黄帝、炎帝和蚩尤在涿鹿地区所发生的那场惊心动魄的历史事件,再现中华民族第一次大融合、大团结、大统一的宏伟场景,为中华民族复兴伟业做出贡献。

当前,在中华民族面临着重大变革和各种严重挑战的新形势下,追寻华夏列祖生息繁衍、发明创造、抗争自然、战胜强敌的过程,探索华夏列祖积淀文化、发展社会,推动历史前进的心路,在博大精深、丰厚凝重的华夏文化之中,探求伟大的中华民族精神形成之源,发掘、传承、保护和弘扬华夏物质与非物质文化遗产,是我们义不容辞的责任。这已经成为提升我们精神生活的重要内容,成为在新的历史时期,弘扬中华文化,促进文化大发展、大繁荣的需要。

让我们深刻领悟"合符釜山"的博大内涵,深刻领悟中华龙文化强大的民族凝聚力,努力承传华夏文明,传播中华文化,让世界更多的人认识中国、了解中国,使拥有八千年灿烂历史的华夏文化与文明,永远屹立于世界民族之林!

(作者系中国华夏文化交流协会会长、中国国际龙文化交流协会会长)

二〇一一年八月八日

中华三祖文化传承与产业开发

许水树

千古文明开涿鹿!

五千年前,中华民族的始祖炎帝、黄帝、蚩尤在涿鹿征战、耕作、融合,建立了中华民族第一个政权集中地,创建了中华民族的"龙"图腾,实现了中华民族第一次大融合,开创了中华文化的新纪元。在中华民族史上这一伟大而重要的历史时期所形成的创造的物质与精神文化,千百年来一直深刻地影响着华夏儿女生存繁衍的文化范式与智能规划文化的演讲图谱。直到1992年,作为一种历史研究成果和文化类群,以"三祖文化"为概念和特征的、具有科学与史实依据的"一段中华民族惨烈辉煌历史"得以彰显在现代人的面前。

据史学家和文化学者们的研究,"三祖文化"的内涵与时代特征可以概括为"合、融合、统一、修德、农耕、创新""三祖文化"丰富的内涵是其主要的基础,融合文化是其主要的表现形式,和谐文化是其核心价值观,道德文化是其区别其他文化的鲜明特色,创新文化是其永葆活力的源泉。这些内涵一直深深地影响着中华民族的发展,一直深深地影响着中华文化的发展、中华文化的发展,当然也一直深深地影响着文明每一个中华儿女。"三祖文化"在物质文化方面的创新与精神文化方面的创新,使人类的文明有了一个划时代的进步。正是这种创新的精神,才使中华民族得以五千年屹立于世界民族之林。

历史发展到今天,面对我们的先祖留给子孙后代的物质与精神遗产,我们所能做的就是保护传承、开发和创新。这些文化遗产既是中华民族的巨大精神财富,更是我们民族文化传承与创新的无形资源。在我们进行包括"三祖文化"在内的民族文化的保护、传承、开发与创新的过程中,我想有两个基本认知和思想必须是正确的,即一是物质文化遗存是文化的积淀而非载体;二是物质文化传承与开发并重。

目前文化保护与开发中常见的误区是将有形的物质文化遗产与无形的非物质文化遗产混为一谈。有形的物质文化遗产基本上就是文物古迹，所谓"文物"实质上只是逝去文化的物化遗迹，其保护方法即所谓"博物馆式的保护"。无形的非物质文化遗产一般都是存活于社会现实里的某种文化事象，即存活于特定人群内的文化传统，其保护方法只能是"社区化保护"，而保护的目的则是促进文化的传承和发展。

在人类社会中，文化的传承载体是人群而不是器物，任何一种文化只能存活于社会共同体当中，这种社会共同体大至一个民族，小至一个社区，至于物的层面，就现实而言，器物只是当下文化传统存活状态的物化表现，而不是文化传统本身；就历史而言，文物只是既往传统文化逝去形态的物化，遗存的不是传统文化本身。所谓"传统文化"作为一个全称概念，它包括了历史上已经死去的一切文化事象，其间有许多显然是无须也无法加以保护的，需要而且能够保护的是如今尚存并有可能继续传承至未来的"文化传统"。

三祖文化的传承与产业开发，实质是文化之源不断转化为文化产业与文化服务的价值实现过程。但是，文化资源优势并不能天然地转化为产业发展的优势，创新、创意能力的强弱喜爱是决定文化资源占有多寡和开发利用成效大小的关键。因此，我们要用全新的理念审视"三祖文化"资源的开发利用，在张家口市大力推动和发展文化产业的形势下，显得格外重要。在这里提出几点建议：

一、全面正确地认识"三祖文化"资源

全面正确地认识"三祖文化"文化资源，并对其进行梳理、归类，同时在产业发展的层面上对其进行科学划分，这是"三祖文化"开发的前提和基础。我们国家的许多地区都拥有丰富而独特的民族历史文化资源，当然这是发展文化产业的一个优势。但文化资源优势并不会天然地转变为产业优势和市场竞争力，这个转化过程需要创意的支撑和现代化生产技术的支撑。如果我们不能把握，"三祖文化"资源的非独占性特点，而一味地要去强调资源优势，而不采取积极有效的方式加以整合和开发，这种优势就极容易被别人利用，并且会随着宣传力度的加大而更加一览无余地呈现在世人面前，为别人的异地开发提供更多的机会和可能性，从而造成资源的严重流失，最终将会使优势变成劣势。

二、我们必须要明确"三祖文化"产业开发的目的、目标、内容、形式及其传承价值

在面对"三祖文化"之源传承与开发问题的时候,我们一定要清晰地认识到,并不是所有的文化资源都可开发为文化产品或文化服务项目。比如部分宗教文化、一些感念性的地域文化以及部分历史名人等,它们所承载的更多是一种形象价值、宣传价值、教化价值,难以转化为具体地包含着经济价值的文化产品。但是在文化产业发展热潮的鼓舞之下,国内有许多地方似乎恨不得在一夜之间把一切与文化沾边的东西都弄成能够立足市场的拳头产品,于是就不惜人力、财力与物力的投入,忙于做一些不切实际的规划,盲目地上了一些很难看到市场前景的项目,其结果是得不偿失。不但造成了人力、物力、财力的浪费,而且在很大程度上对文化资源造成破坏,更为严重的是大大挫伤了人们发展文化产业的信心和积极性。

三、文化产业的开发与当代社会经济文化发展需求相结合

文化资源的动态性特点,决定了在进行开发时不能故步自封,而要把握住其发展变化规律,以发展的辩证的眼光来看待它。其实,变化本身并不是都是坏事,我们应该去分析这种变化是否符合社会发展和历史进步的方向,是否符合世道的需要。当变化与社会进步的方向一致时,它就是一种文化的进步,因此在开发利用文化资源时,要有一种开放的目光和创新的意识,不能墨守成规,要善于把文化资源开发与文化资源创新有机结合起来,对文化资源进行分类评估,区别对待,探索不同的开发利用模式。资源的产品化、价值化是一个逐步推进的过程,需要寻找到最合适自身资源类型的特点的开发利用途径,这样才有成功机会。

四、传承与开发要创新文化价值

我们必须准确把握"三祖文化"特性,是合理开发文化资源的前提。要用市场的眼光、经济的眼光来审视文化资源,既不能似是而非,又不能空想臆断。要认真分析哪些资源具备产业化开发的价值,其可持续发展空间有多大,产品市场半径和容量究竟有多大,并且据此确定开发投入力度以及规模。某些资源本身并不具备产业化开发的价值,其价值仅在于维系一个地区的文化形象,那么对于这样的文化资源,更多的是要重视保护,而不是极为勉强地去开发它。那样做,最终只能生产出一些没有市场的文化废品,浪费有限的人力、物力和财力。所以这里要特别注意的——我们必须创造出新的文化价值!

五、必须建立政策规范和引导协调机制

我们要学习借鉴国内外的成功经验，用法制化手段来约束和规范文化资源开发的行为。具体地说就是要根据文化开发行为的发展变化，制定相应的政策法规，使文化开发逐步走上法制化轨道。开发文化之源、发展文化产业是一种集多种要素于一体的综合行为，必须建立健全有效的协调机制。这至少应该包括几个基本方面：政府管理部门与开发的协调，保护投入与开发收入的协调，长远目标和短期目标的协调，才能有效避免文化资源开发的雷同及低层次的同质化竞争，才能通向成功之道！

以上是我个人对于"中华三祖文化传承与产业开发"的一点浅见。中华三祖文化已是我们当地的一块品牌，而且是一块光天耀地、影响全球华人世界的大品牌、好品牌！希望在各级领导大力支持之下，把握上面所述几个原则发展相关文化，相信带来的总体效益和影响绝对是不可限量的！

（作者系中华经济文化发展促进会会长）

二〇一一年八月八日

托斯卡纳 VS 涿鹿
——涿鹿区域发展战略定位思考之管窥

刘青社

一个区域的发展取决于该区域的发展规划及发展战略的清晰定位,这是一个系统工程,必须详尽地分析该区域的人文、历史、政治、地缘等资源,不盲从不跟风,因地制宜、实事求是,理论与实践相结合,并沿着制定的发展战略的规划路线扎扎实实地发展下去,实现该区域美好的发展愿景,通过对意大利托斯卡纳地区和涿鹿区域的比较,我认为涿鹿区域应该发展以度假经济为主线的战略。

一、托斯卡纳(Toscana、Tuscany)

面积:2.28万平方公里。

人口:接近四百万。

气候:春季平均气温15℃,夏季平均气温可达27℃,秋季温和干燥,平均气温16℃,年降水量914毫米,冬季山区有降雪。

主要工业:橄榄油,大理石,珠宝,纺织,葡萄酒。

地理位置:北纬43.8度,东经11.2度,海拔38米。

托斯卡纳是意大利的一个大区,位于意大利中西部,拉丁位于其南,北、东北为阿普阿内山脉与亚平宁山脉所环绕,西、西南濒第勒尼安海,包括马萨、卢卡、皮斯托亚、佛罗伦萨、里窝那、比萨、阿雷佐、锡耶纳与格罗塞托9省。翁布里亚位于其东、艾米丽亚—罗马涅和利古里亚在其北,西濒第勒尼安海。首府佛罗伦萨。多山地、丘陵,平原分布于沿海与河谷地。海拔2165米的奇莫内山为最高点。地中海式气候。阿尔诺河与翁布罗内河是主要河流。山区富水力资源,建有大型水电站。有铁、铅、锌、锑、汞、铜与黄铁矿等矿藏,还有世界著名的卡拉拉大理石。全国最繁荣的农业区之一,主产油橄榄、葡萄、小麦、大麦、燕麦、黑麦、玉米与甜菜。锡耶纳附近蔬菜、水果栽培业很盛,牛、羊与家禽饲养业发达。

它经常被评价为意大利的最美好的部分。

　　托斯卡纳（意大利语为Toscana）的名称由伊特鲁里亚（Etruscan）演变而来，伊特鲁里亚文明在公元前500年罗马人入侵之前，统治着托斯卡纳地区。中世纪的托斯卡纳地区，各个城市都是独立的。在不断的征战中，梅第奇家族统治下的佛罗伦萨逐渐成为众多城市中最强大的一个。这里被认为是文艺复兴发端的地方，涌现出了以乔托、米开朗琪罗、达·芬奇、但丁和拉斐尔为代表的一批杰出艺术家。

　　托斯卡纳被公认为意大利的艺术摇篮，其最辉煌鼎盛的就是文艺复兴时期（15—16世纪），当时的佛罗伦萨起到的是意大利艺术之都的作用，而整个大区则成为绘画、雕塑和建筑人才的宝库。另外，那个时期有很多真正的艺术家在佛罗伦萨和托斯卡纳工作，例如达·芬奇、多纳泰罗、米开朗琪罗、但丁（意大利语之父）、马萨乔和布鲁内莱斯基等。

　　在欧洲，托斯卡纳早已享有盛誉，文艺复兴之城佛罗伦萨、海滨小城比萨与著名古城西耶那这三座意大利文明发祥地的美丽城市都是在托斯卡纳区内，佛罗伦萨更是托斯卡纳区首府所在地。阳光下的蓝天白云，是托斯卡纳最典型的天气。色彩鲜艳的墙壁，深绿色的百叶窗，深红色的屋顶才是这里的标志性色彩。托斯卡纳区拥有最安静、最原生态的生活。那些中世纪的古老小城，恬静悠闲，在大理石的面板上和面粉、被菩提树上杜鹃的叫声唤醒、沿着梯田散步、看看橄榄第一天长出时的样子……这就是托斯卡纳的生活。这里的气候干燥多风。是地中海沿岸的丛林地，这里长满了越橘和野草莓，也是野猪、箭猪、鼬鼠和鹿钟爱的栖息地。这里的景色常年在春天的绿色、夏天的金黄和秋天的深褐色中变幻，间或有地中海沿岸丛林中的常绿植物带点缀其中。在这里，每当晴朗的夏夜，你便能够清晰地看到银河系的主要星座。此地的小镇子上有一种悠闲的乡村感觉，老头儿们坐在广场的角上，喝小杯的黑咖啡，跟每一个过来的人打招呼，抱怨一下天气，问问中午要吃什么……隔壁的小餐厅老板也会出来插上几句，今天又搞到了什么稀奇的作料，哪家又出了超好的红酒、橄榄油，本地人对吃的兴趣是无穷无尽的。此地是绝对美丽的乡下，小镇的名字叫Gaiole，也许没什么人知道。托斯卡纳，就是这般得心应手地把大自然的优美，乡土感觉和优雅的生活糅合在一起的，满目青山的乡间和烫过的亚麻布床单在一起，对了，还要加上美食。当然，还有出经典红酒的山野

Chianti。若不是 19 世纪末的名族 Bettino Ricasoli 男爵突发灵想，把此地的几种葡萄混合，发明出后来名扬世界的红酒 Chianti Classico 配方，让绵延山区变成了浪漫的酒乡，可能这片托斯卡纳最偏僻的山野之地 Chianti 到今天还是一个贫瘠的地方。自然，在托斯卡纳的风水里是不可能真正"贫瘠"的。这个词的意思在此地更多是一种大自然本身的风度，一种粗犷的风格，就仿如中国墨宝里的"瘦硬"，跟周围地方的丰满、细腻之风相对照，Chianti 的坚硬、自然气息是一种难得的反差。橄榄树、葡萄园、挺拔如剑的剑松以及古老的庄园，错落有致地散布在如茵的大地上，是托斯卡纳最典型的景色。

记得美国畅销书作家梅耶斯在《托斯卡纳艳阳下》和《托斯卡纳的甜美生活》的扉页上，都轻轻飘着这么一句话：生活不断赐予你许多机会，而你唯一需要做的只是其中一个。她自己便抓住了一个机会让全世界都爱上了托斯卡纳这个地方。她在小说中这么形容托斯卡纳：不与时间计较，不会在乘地铁坐公车时还看书读报以致一直路过一直错过。拥有被杜鹃叫醒的早晨，沿着梯田散步，在葡萄园中歌唱、背诗，随手采摘垂下的李子，品着温和葡萄酒，尝着带点辣味的绿色橄榄油配面包的生活，是看书，是写作。在这里行走，阳光簇拥在身边，仿佛永远也不会知道什么叫悲伤，什么叫沮丧，空气里弥漫了红酒和巧克力的气味。

当我来到托斯卡纳之时，橄榄树上垂挂着累累果实，一串串颜色乌紫、蜡质的叶片在日光的照耀下闪烁着银光。葡萄园里果实已采摘，运到工厂酿成甘醇鲜红的 Chianti 葡萄美酒，空留下藤蔓上点缀的叶子橙黄棕绿。绿色山坡上有白色羊儿悠闲地吃草，远山清晰，不起云霭。栗子树下落满了秋实，没有路人拾取，只待鸟儿去啄食。很多去过托斯卡纳的人都觉得，托斯卡纳是如何描写都不过分的。它身上有晨曦的冲动、暮时的宁静，有一片片葡萄海洋的辛辣汹涌，也有绿色橄榄树的祥和。似乎浓缩了整个意大利最好的那些特质，有湛蓝海洋和零星岛屿，也有崎岖的阿尔卑斯山脉和野性的马勒马高沼地。当然，还有不得不提的蒙特卡蒂尼温泉。

蒙特卡蒂尼温泉现在是意大利最古老也是最好的温泉，曾在罗马时代就风靡一时。18 世纪后期，在大公拉坡多二世的赞助下，开始进入全盛时期。直至 19 世纪的时候，这里成了欧洲贵族最喜爱的疗养胜地之一。而蒙特卡蒂尼镇坐落于托斯卡纳地区绿叶繁茂的涅沃蒂河谷，并且身处历史名城比萨和文艺复兴的发祥地佛罗伦萨两地的正中间，因此，在镇上各个时代的建筑都留下了痕迹，风格和法国的戛纳相似。每年春暖花开的时候，蒙特卡蒂尼便活了起来，各地来此度假的人们络绎不绝。

托斯卡纳人爱喝葡萄酒是出了名的。有时候，很难说酒与城市，谁成全了谁。在托斯卡纳区里的每座城市，人人都是品酒的专家。他们对于葡萄酒的每一个细节都有讲究，甚至连葡萄产在阳坡还是阴坡、土壤中黏土与沙土的比例、某年某地的天气这种小差别也能在最后的口味中表现出来。

距离佛罗伦萨不远处，就是著名的 Chianti 酒产区。在托斯卡纳酒产区的夏天，有很多出租客房的城堡或农家，很多游客直接住在酒农的房子里，可参与部分酿酒的假日，更是托斯卡纳红酒痴子们的最爱，他们将这些天称作放酒假。

在欧洲，意大利托斯卡纳早已享有盛誉。从古到今，这里都是名人造访度假的地方。19 世纪英国诗人夫妇勃朗宁和勃朗宁夫人传奇般的爱情以私奔告终，他们逃离英国移居意大利，他们没有错过托斯卡纳。勃朗宁夫人写道："这里的空气似乎能穿透你的心扉。"英国作家艾·摩·福斯特的多部作品也都以托斯卡纳地区为背景。这里的草地和葡萄园正是《看得见风景的房间》中男主人公向女主人公表白的地方。今天，英国首相布莱尔一家也是托斯卡纳的常客，每年夏天他们都要在锡耶纳郊外的别墅里待上两个星期。很久以来，意大利，尤其是托斯卡纳地区，成了英国人逃避世界，或者寻找灵感、休憩身心的地方。

托斯卡纳地区最著名的城市当数佛罗伦萨。佛罗伦萨的旧译名是"翡冷翠"，比如徐志摩的《翡冷翠一夜》说的也就是佛罗伦萨。虽然看上去略有些匪夷所思，但是这个精致美丽的名字倒颇让人有些幻想。不过佛罗伦萨的基调并不真的如翡翠般嫩绿。这里最典型的天气——也是托斯卡纳最典型的天气——是阳光下的蓝天白云。色彩鲜艳的墙壁，深绿色的百叶窗，深红色的屋顶才是这里的标志色彩。

佛罗伦萨是文艺复兴的发祥地和重要城市。这座城市的每个角落都散发着古老的文化艺术气息，精美的大理石雕刻和建筑随处可见，有的还是文艺复兴时期留下来的遗迹，从中能看出佛罗伦萨在文艺复兴时期的繁盛。城内最负盛名就是佛罗伦萨圣玛丽亚教堂（Duomo Santa Maria del

Fiore)。教堂的墙面全部用白色、深绿、粉红三色大理石建成,颜色搭配简单而典雅。正面墙壁上有很多白色大理石雕塑,细致精美却不奢华。教堂建造于1248年,佛罗伦萨人为了显示自己的地位,想把教堂的穹顶建为当时世界上最大的穹顶,尽管教堂完工的日期又因此被推迟了将近二十年,但是这一切都是值得的,这座前后花了一百五十多年时间,经过好几代人的努力才最后完工的大教堂已经成了佛罗伦萨的代名词。

除了佛罗伦萨,另一个让托斯卡纳骄傲的便是这里的葡萄酒。意大利人有严重的葡萄酒情结,他们把葡萄酒与面包、橄榄并列为餐桌上的三要素。而且意大利人认为,葡萄酒能激发对生活的灵感和激情。或许意大利人的热情真的和他们钟爱葡萄酒有关。独特的土壤和高海拔的地势,加上地中海的微风,为托斯卡纳成为意大利最重要的葡萄酒产区提供了完美的自然条件。托斯卡纳葡萄酒据说因为有一种高贵的味道而与众不同,产自这里的Chianti酒风靡全球。

托斯卡纳区的古代艺术品和美丽的乡村景色比比皆是。但是如果要用一幅画面来概括托斯卡纳的印象,那就是一条两边长着树冠修长的柏树的乡村土路,小路直通向遥远不知名的地方,好像要把人带回到托斯卡纳辉煌的文艺复兴年代。

难得的欢乐时光总像忙碌的生活一样,急匆匆地来,又急匆匆地去。如果你厌倦了这种快节奏、张扬而喧嚣的快感,不妨换一种生活环境和生活方式,细细品味怡然"慢乐"的别样滋味。这才是人们休闲度假的原动力。

二、涿鹿

涿鹿县位于中国河北省西北部、桑干河下游,隶属河北省张家口市,与张家口市下花园区和北京市郊区相接。县城距张家口市区75公里,距北京市区130公里,总面积2802平方公里,总人口33万。民族以汉族为主,有满、回、蒙古、壮等8个少数民族。拥有中华第一古都黄帝城,拥有全国除新疆外唯一一个县辖区。

面积:2802平方公里。

人口:33.4万。

气候:涿鹿县属大陆性季风气候,具有四季分明、光照充足、雨热同季、昼夜温差大的特点。无霜期140天,年均日照数2875小时,日照率为65%,对农作物积累干物质极为有利。全县森林覆盖率达到了48%。

地理位置：北京市西北部，北纬40度的涿鹿怀来盆地。

涿鹿的详尽现状毋庸赘述。

三、发展战略规划建议

综合比较了意大利的托斯卡纳和涿鹿的情形，是何等的相似。我国百强县域其实各具特色，浙江的海宁不产皮革却是最大的皮革城，湖州的南浔不产木材却是全国最大的木地板加工基地，衡水安平的丝网走向了国际，霸州的钢木家具也是行销全国等不胜枚举，我们可以学习他们的创业发展的精气神，但是他们的发展模式不见得可取，应该认真整合自己的区域优势资源，制定适合自己的发展战略、发展思路和发展模式。认真研究意大利的托斯卡纳，走度假经济的发展之路。为高端人群服务，挣有钱人的钱。这些高端人群看惯了世事的浮华与躁动，亲历了都市的繁忙与劳顿，最需要的是放松身心，这是他们最强烈的精神需求，不堆砌富贵、不哗众取宠、舒适、惬意、自然的生活是他们的最爱，满足他们的需求，同时他们也满足涿鹿区域人民的富足需求。建议认真做好如下几点：

1. 三祖文化的挖掘与弘扬，传承与发展。提高论坛的层次、扩大论坛的范围。进行人文、历史、文化等全方位的打造。请高端设计院做好涿鹿县域的度假区域规划，切记我们不做旅游做度假，这包括区域道路、县城城际线打造、城外度假区域的建筑形态、高限、色彩基调等。好好考察考察意大利的托斯卡纳的区域规划与建筑风格。

2. 大力发展葡萄种植和葡萄酒产业。把种植区域进行纬度和经度的准确分区，细分还有阴坡和阳坡的区别。坡度还有东南坡和西南坡的不同，还有20和30度的区别。每年还要根据日照天数及温差的不同而定价。要让卖葡萄和卖涿鹿经纬度阴阳坡的葡萄成为不一样。加强与葡萄酒世界级酒庄的合作开发，做好葡萄及葡萄酒的文化包装，桑干酒庄还可以，华西村牌就算啦，没有国际品位。只是产品好不行，好产品还要有历史积淀和文化品位。要打造京津周围的度假胜地。这就要求加强葡萄酒酒庄与度假的结合，酒庄的地理位置、品牌、文化价值与酒庄度假别墅的建筑风格要进行精细化定位。

要利用好丁玲的《太阳照在桑干河上》这个名片，丁玲的纪念活动及相关文化论坛是不是可以在涿鹿举办一些。勾起这部分精英阶层的青葱回忆。美国畅销书作家梅耶斯在《托斯卡纳艳阳下》造就了托斯卡纳的度假天堂，丁玲的《太阳照在桑干河上》又是跟托斯卡纳何等的相似。打造文化名人、作家、书画艺术家、影视艺术家的度假及艺术创作的胜地，就像药引子。

（作者系河北省炎黄蚩三祖文化研究会会员）

二〇一一年八月八日

炎黄文化的发祥地——"涿鹿"与"阪泉"

崔勇 魏隽如

黄帝和炎帝是中国古史传说中杰出的部落首领，是中华民族的始祖，古代圣治之典范。本文根据有限的文献资料及近年来对河南省濮阳西水坡遗址的考古调查和发掘实物，在厘清传说真相的基础上，着重考证炎黄文化的最早发祥地——河北的"涿鹿"和"阪泉"，认为我们的祖先的确在涿鹿一带筑城生活过，也曾在这里多次交战，从而融合成今天的华夏民族，并成为中华民族五千年文化之源。

学术界以现有发现的最早文字——甲骨文为界，把中国历史分为传说时代和信史时代，甲骨文之前为传说时代。据现有资料看，由先民们口头流传下来，后经记载的两个最早的传说地名即"涿鹿"和"阪泉"。其反映了父系氏族公社晚期我们华夏族的三个祖先黄帝、炎帝、蚩尤之间所进行的两次大战——涿鹿之战和阪泉之战。

这两次大战不仅揭开了中华远古史上中国战争的序幕，也奠定了三大部族共同铸造的一种炎黄文化，它是早期华夏文化的代称，同东夷文化、苗蛮文化齐名。但炎黄文化发祥于何处？却是史家争论不已的一个重大学术问题。有说在陕西宝鸡，或云在山东曲阜、河北涿鹿、湖南鄮县、湖北随州等地。2010年4月13日"胶东在线"发表了河南省社科院考古研究所研究员马世之的《试析炎黄文化的发祥地》一文，认定炎黄的发祥地在河南省巩义县。我们根据文献记载和考古资料，认为炎黄的发祥地应在今河北的涿鹿一带，现从以下几个方面进行剖析。

一、"涿鹿之战"与三祖文化的传说及其融合

炎黄文化是由黄帝、炎帝和蚩尤三大部族共同铸造的早期华夏文化的代称。黄帝，姬姓，号有熊氏，是以熊为图腾的部族。《史记·五帝本纪》记载："黄帝名曰轩辕。"辕，引车的直木；轩，车的通称，因而他是车的发明者。黄帝生前有功于民，故死后便成为子孙怀念的祖宗神，并尊称为

黄帝。其部族长期未脱离游猎生活，故频繁流动，《史记》称："黄帝据轩辕之丘，邑于涿鹿之阿，迁徙往来无常处。"据郭沫若先生考证，上古时期，黄帝本居住在今陕西境内，为了寻找开阔肥沃的定居之地，率领有熊氏族部落从陕西沿着黄河中游的北岸东渡，顺着中条山和太行山到达晋南黄河之滨，后又辗转来到内蒙古及河北的涿鹿一带。

《史记·五帝本纪》引《正义》曰："涿鹿，山名，涿鹿故城在山下，即黄帝所都之邑于山下平地。"《读史方舆纪要》载："涿鹿山，州（保安州）西南九十里，一名独鹿山，涿水出焉，相传黄帝破蚩尤于此。"由此可见，涿鹿因涿鹿山而名，而涿鹿山又因涿水发源于鹿山而名。汉代设有涿鹿县，在今河北涿鹿县城东南还保存有古城垣的残迹。由此可见，涿鹿是黄帝部族最初的邑居生活之地。

炎帝，号神农氏，是农业的发明者。据说其生于姜水，故姓姜。姜水，在今陕西省岐山东，是渭河的一条支流。从渭河流域到黄河中游是古代羌人活动的地方。当黄帝部落东迁时，发祥于姜水之滨的炎帝部落也开始大迁徙。炎帝族是沿着渭河东下，又顺黄河东行，而与居住在黄河下游和江淮一带的九黎族相遇。其首领蚩尤为保护地盘，率领九黎族，并联合巨人夸父部族与三苗部族，共同驱逐炎帝，两大部族为了争夺适于牧猎和浅耕的地带而开始了遭遇战。九黎族相对炎黄部落，居于中原，较早进入农耕时期，加上其善兵器，又擅长角抵，故勇猛凶悍，几次交战打败炎帝，之后又乘势北进。炎帝则率族沿着黄河下游的北岸逃至大清河的支流白沟河、涿水、再向北来到桑干河流域的涿鹿盆地投奔黄帝族。因炎、黄两氏族同出于少典氏，有近亲关系，因而两族联合起来由炎黄二帝共同领导与蚩尤族展开了历时很长的"涿鹿之战"。

"涿鹿之战"，是一场青铜与石器的碰撞，是一场文明与野蛮的搏杀。就其规模和意义来说，都可与西方希腊古史上的"特洛伊"之战相提并论，是中国历史上有记载的第一次大规模战争。

战争初期，蚩尤使用魔法造成满天大雾，把炎黄联军团团围住，黄帝挥舞战剑站在指挥车上，却分不出东南西北，故连连败退。有个叫"风后"的臣子见状，忙打造了一个"指南车"，才冲出了包围，故传说黄帝发明了指南车。之后，蚩尤九战九败，并被黄帝擒杀在涿鹿，传说杀死他后手脚还戴着木枷，后血枷扔至荒野，顿时化作一片枫林，片片树叶鲜红，为血枷上的血迹染成。今长城一带还有秋后变红的枫林。还有一种传说曰蚩尤被追杀在山西解县，其尸首分解为二，故那个地方叫解，解池水为红色，即为蚩尤血化成。蚩尤部族被俘的一部分归入炎黄两部，一部分逃到南方同苗蛮部杂居融合。

二、涿鹿战地与黄河下游流向的渊源

涿鹿交战之地是炎黄文化发祥地的争论焦点，其究竟是在陕西宝鸡、山东曲阜、河北涿鹿、湖南酃县、湖北随州还是河南巩义县呢？从以上传说和历史记载不难看出，我们三大祖先部族的起源与融合均与黄河有着不解之缘，如果我们了解了古今黄河的变迁尤其是古代中下游的流向之后，对于涿鹿交战之地自然就会得出正确的结论。

黄河，是中国的第二大河。从巴颜喀拉山发源以后，流经青海、四川、甘肃、宁夏、内蒙古、山西、陕西、河南、山东等9省区，在山东垦利县入海，干流5464公里，流域面积175.24万平方公里。其上游从青海的巴颜喀拉山到内蒙古托克托县的河口镇；中游：从内蒙古托克托县的河口镇到河南郑州的桃花峪；下游：今天是从河南郑州的桃花峪到山东的垦利县入渤海。但是在历史上几千年的时间里，黄河流过郑州桃花峪进入下游河段以后，像所有平原地带的大河下游一样，在自然状态下是频繁改道，四处漫流，直到战国中期筑堤以前，还基本保持着这种自然的状态。其下游河道基本上是流经今河北平原（包括豫北、冀南、冀中和鲁西北），在渤海西岸入海。由于改道频繁，当时的黄河下游河道，布满整个河北平原。

据历史文献记载，在中华人民共和国成立前将近三千年的时间内，黄河下游决口泛滥1500多次，较大的改道有二三十次，其中特别重大的改道发生过6次，现在我们能够比较清楚地了解到的河道共有三条，分别见于《山海经》《禹贡》和《汉书·地理志》。

《山海经·北山经》记载，战国以前，黄河下游是经河北平原入海，具体路线是从河南浚县西南的古胥口开始，黄河流向转向北，流经内黄（河南、河北交界处）之后，再向北流入河北邯郸的魏县、曲周、邢台的平乡、广宗、巨鹿，转而流向东北至衡水的深县、安平后，又北流入保定的蠡县、高阳、清苑而折向东，经安新、容城又东流至廊坊的霸县，至天津市东北入渤海。此称《山海经》河道。

《禹贡》是我国最早的一部价值极高的地理著作，现在许多古老的地理知识均来自此书，作者不详，现代多数学者认为著作年代为战国时期。

《禹贡》中的黄河则由深县附近东转，流向东北方，在今沧州以北入海。此称《禹贡》河道。

《汉书·地理志》中的黄河河道，是从宿胥口向东北流，至今濮阳县西南的长寿津，折而北流，经清丰、元城附近，至今馆陶县东北，东折经高唐县南，北折至东光县西，再折而东北流，于今黄骅县东入海。

当时炎帝就是沿着《山海经》河道从陕西向今华北大平原西部地带发展，而与兴起于今冀、鲁、豫交界地区的蚩尤九黎族交战失败后，则由东向西发展。当时的黄河下游水流由河南入冀州（今衡水的深县、安平）后又北流向今保定境内，这里有大清河的据马河、易水、唐河、濡水四大水系的九条支流，即高河（潴龙河）、孝义河、清苑河（府河）、徐水、漕河、瀑河、杨村河、涿水、白沟河等汇流经白洋淀接纳了黄河水后东流入大海。

炎帝逃到黄河下游的今保定境内的蠡县、高阳、清苑后顺着白沟河而入涿水，再向北而进入涿水的发源地涿鹿山，蚩尤紧追至此，于是发生了著名的"涿鹿之战"，也由此产生了三大部族融合的主流文化——炎黄文化。

三、濮阳西水坡遗址的考古发现对"涿鹿之战"传说的佐证

1987年5月，河南省濮阳市文物管理部门在配合中原化肥厂修建引黄供水调节池的工程中，发现了一处距今6460±135年前（经碳14测定，树轮校正，公元前4510年）的仰韶文化遗址——濮阳西水坡遗址。其中心为45号大墓（发现于8月17日），墓内埋葬四人，其中有一壮年男性为墓主人，他左右两侧，分别用蚌壳精心摆塑一龙一虎。M45号大墓，东西宽3.10米，南北长4.10米，深0.50米。墓主人身高1.84米，位于墓室中央，仰身直肢，头南足北。此墓中另有三位少年的尸骨，分别埋于墓室东、西、北三面的小龛内，可能是三位自愿殉葬者。在墓主人骨架左侧为一只长1.39米的虎图形，在右侧为一条1.78米的龙图形。虎头朝北，背朝东；龙头朝北，背朝西。人居中，龙在东，虎在西。

中国历来以龙虎象征帝王，源于伏羲氏首王天下。据《礼记·月令》载：商代前后，历官在观察天象时，把春天黄昏时出现在南方的7个星想象为一只鸟形，东方的7个星想象为一条龙，西方的7个星想象为一只虎，北方的7个星想象为龟蛇缠绕形，共28个星而组成二十八宿，又把二十八宿分成四组，每组七宿，布列在东、西、南、北四方，即四象之说。其实

它们是上古时我国四个先祖部落东夷、西戎、南蛮、北狄的族徽（图腾）。春秋战国时期四象便标上了颜色，称为东青（苍）龙、西白虎、南朱雀、北玄武。苍龙是太昊族徽，白虎是少昊族徽（原为太昊的一支，后迁至西戎之地），朱雀为炎帝族徽（原在北方，被黄帝打败后南下江淮两湖地区），玄武为颛顼族徽，黄帝族在中原为黄色。

濮阳西水坡遗址45号墓圹为南圆北方的王冠形，圹深0.5米，墓主为面南的身位，在墓主人足北，还有一蚌壳堆和两根人胫骨摆成的勺形北斗星图案。这些既说明其履行过帝位，又说明其继承的是伏羲太昊文化传统，还表示墓主为龙虎二族联姻的族谱图徽。1995年10月8日在濮阳市召开了60人参加的"龙文化与中华民族"学术研讨会，专家们考证，大多认为此墓为蚩尤真身墓。

濮阳西水坡遗址45号墓况与《黄帝经》的记载也相互印证。

《黄帝经》是1973年在湖南长沙市郊马王堆西汉墓出土的，其中《黄帝四经·十大经》中记载了黄帝与蚩尤交战，并擒杀蚩尤的情况，较之他书为详。

《十大经·五正》说："黄帝于是辞其国大夫，上于博望之山，谈卧三年以自求也。单才、阁冉乃上起黄帝曰：可矣，夫作争者凶，不争亦无成功。何不可矣？黄帝于是出其锵钺，奋其戎兵，身提鼓鞄，以禺之尤，因而禽之。帝箸之明，明曰：反义逆时，其刑视之尤。反义怀宗，其法死亡以穷。"

此段说黄帝去博望山修道三年后，炎帝被蚩尤追杀到涿鹿，其部将单才、阁冉乃上山请黄帝出山争雄天下，黄帝认为开战危险不答应。单才、阁冉乃游说黄帝："兴兵作战固然凶险，若不争则不可能成功，为什么不争一争呢？"黄帝思考再三，于是带着斧钺，奋其军旅，亲身击鼓，与蚩尤决战，并将蚩尤擒获。定其罪名为"违抗天时兴不义，反正义违背黄宗"，施以死刑。

《十大经·正乱》中详细记载了太山稽回忆黄帝处置蚩尤的经过：

> 黄帝身禺之尤，因而禽（擒）之。剥其皮革以为干侯，使人射之，多中者赏。剷（刮）其发而建之天门，曰之尤之。充其胃，以为鞠，使人执之，多中者赏。腐其骨肉，投之苦醢，使天下难噉之……屈其脊，使甘其箮。不死不生，悫为地程。上帝以禁，帝曰：毋止吾

二〇一二年

339

禁，毋留（流）吾（醢），毋乱吾民，毋绝吾道。止禁，留（醢），乱民，绝道，反义逆时，非而行之，过极失当，擅制更爽，心欲是行……谨守吾正名，毋失吾恒刑，以视（示）后人。

以上记载黄帝处死蚩尤之刑法的残酷令人惊骇：先是一刀刀地剥下他的皮，用其做成一箭靶令人射击；进而抽出他的筋用之穿上一面旌旗悬于城门；再割下他的胃往里充塞杂物做成一球鞠令人踢；还将他的骨肉捣腐为苦醢使天下品尝，再把他的脊柱弄得像鼓风管样弯曲，进而折断，让他在不死不活的痛苦中忍受折磨。对此酷刑上帝为之震惊，禁止这样做，黄帝却说："不要阻止我的禁令，不要流弃我的醢酱，不要扰乱我的百姓，不要断绝我的黄宗大道。如果止我禁，流我醢，乱我民，绝我道，就是反义逆时，绝对禁止。一定要谨守我规定的法令，不要违犯我制定的刑法。"以此昭示后人。

从上述记述我们可以知道，蚩尤是先被生擒活捉，再剥皮，抽筋，剥皮是从眉心开第一刀，以破"天目"，抽筋可能是先从索骨下手。然后把他的腰脊打断，使他不能直立，后截断胸腔、胸椎，取出胃，使身体异处，分解为肩、髀两部分。

这个记载与西水坡墓主的尸体状况相吻合，其左臂折断三截，左手腕斩断已不复存在，胸椎、胸骨也被砍断不复存在，脚趾被截，胸肋被切，除胸腔上残存的两段胸肋外，其余胸肋都不存在，这显然是经过开膛破腹开胸取出内脏后，又被肢解的。墓主上半身胸以上只有头和肩，下半身只有腰、胯、髀，说明墓主下葬时是把肩髀两部分拼合成的"完尸"。依此可以推断，当时蚩尤余部乘黄帝族人沉浸在胜利的狂欢之时，将蚩尤的尸骨偷运到远离前线的地方——西水坡秘密下葬，时间是公元前4514年正月初八至十五日，从此这8天便成为九黎人的国难日。

再看九黎族后裔（彝族、纳西族、傈僳族、土家族、白族、普米族、苗族、侗族、仡佬族等）的难祭仪式和以上记载极其相似：

1. 设难坛，坛上供难黑虎真君和白虎八部大王两神。

2. 女性难师毕嫫身披虎皮八幅罗（难）裙在晚上祭罗神（说明蚩尤为晚间下葬）。

3. 难师毕嫫先跳"开山红"，用利刃在自己额上开血口，滴血于纸上，念道："以我之血，祭尔之祖"（表明蚩尤被杀先从额头开刀）。

4. 请九虎神，一老者扮黑虎头领，（象征蚩尤君长）另有八名成年男子扮白虎大王。（九黎族部落首领）

5. 由黑虎真君率八虎进村跳难。

6. 十五日那天，八虎入户拜年，挨户驱逐，送虎东归。（即蚩尤魂归故土）九黎族后裔的难祭仪式和濮阳西水坡遗址45号墓况，《黄帝四经·十大经》的记载相互印证，从而说明"涿鹿之战"传说具有真实可靠性。

四、"阪泉之战"与炎黄文化的形成及其发展

炎、黄二帝联合打败蚩尤后，为了争夺部落盟主又开始争战于阪泉。阪：山坡，泉：水。对于"阪泉之战"的地点，史学界颇有争议。主要有两种观点，一说在河北涿鹿东南。证据为：张守节正义引《括地志》："阪泉，今名黄帝泉，在妫州怀戎县东五十六里。出五里至涿鹿东北，与涿水合。又有涿鹿故城，在妫州东南五十里，本黄帝所都也。"今北京市延庆西北十五里有阪山，阪山下有阪泉。延庆、怀来这道川，统称为"阪泉之野"。

再就是《晋太康地理志》曰："涿鹿城（今县东南）东一里有阪泉，上有黄帝祠。"在古城垣东侧和阪泉平行还有一条蚩尤泉水，北流汇为涿水（今称清水河），流向东北，是今天官厅水库的水源之一。古城北面有东西走向的桥山，传说为黄陵所在，但只是其"衣冠冢"。

一说在今山西运城盐池附近，证据为：宋沈括《梦溪笔谈·辩证一》："解州盐泽方一百二十里。久雨，四山之水悉注其中，未尝溢；大旱未尝涸。卤色正赤，在阪泉之下，俚俗谓之蚩尤血。"

我们认为，在河北涿鹿东南更为合理，因为炎、黄二帝打败蚩尤后，应该先从涿鹿周围纷争而起，继而争斗到山西运城盐池附近是可能的。

"阪泉之战"是在黄帝与炎帝共同战胜蚩尤后因权力之争而爆发的又一次重大战役。战争期间，由于黄帝族民富兵强，又驱赶着各种猛兽做先锋，三战而打败炎帝，炎帝逃到南方，其部族归属黄帝。两战皆胜的黄帝，逐杀蚩尤，取代炎帝，昂首南下，至此取得了对中原地区的控制权，并成为各部落拥戴的天子。而炎帝败得心服口服，甘愿称臣，发誓不再与黄帝抗衡。

黄帝战胜炎帝后，由一个部族的首领变成所有部族的首领。遂率领炎黄部族又向南发展，进居到黄河流域并长期生活下来。

到了黄帝的后裔颛顼、帝喾时期，又开始从黄河流域向南进居到江汉

流域，据说在南迁过程中，"五十二战而天下咸服"，从此，黄河流域到江汉流域的许多部族便于黄帝族通婚，互为联盟，这时的联盟已突破了原来血缘氏族的界限而发展为地域性部落联盟。地域性部落联盟是最初的国家和民族的雏形，它比原来具有血缘关系的氏族或部落要大得多，所以到帝喾之后的尧、舜、禹时，这个部族的人便自称"夏"或"诸夏"，孔颖达解释"夏"为大，夏禹所建的夏王朝，即大王朝之意。所以炎黄战争，是开启中华文明史、实现中华民族第一次大统一的战争。从历史意义上看，是部落方国时期双头领导体制向文明时代一元化领导的一个转换，从而结束了原始社会末期因战争而形成的双头领导体制，并成为政治制度上一种具有划时代意义的历史变革，中华民族从此开始步入文明时代。

普鲁士将军克劳塞维茨在他的《战争论》中说："战争是一种人类交往的行为。"涿鹿之战和阪泉之战作为氏族部落间空前规模的大战，虽然很残酷，但结果却导致了三大部族的交往和融合，并构成了华夏族的最初联合。尤其是炎黄两族构成了华夏族的主干，故中国人原称自己为"炎黄子孙"。但由于炎帝失败后，黄帝成为两族的首领，历史记载和传说的黄帝便多，并成为中国人神话性的祖先，故后人又称"黄帝子孙"，鲁迅诗曰："我以我血荐轩辕"，更把轩辕黄帝当作祖国的象征。

著名历史学家李学勤先生很重视历史传说的价值，他认为历史传说与神话不同，其中包含着历史元素。关于黄帝、炎帝和蚩尤的一些传说也不失为研究史前社会的重要历史资料，其丰富的内涵折射了早期人类的生活经历以及古代人们对我国人类始祖业绩的怀念和赞美。从以上所引的文献记载，考古发现和九黎族后裔的祭难活动均证实了传说的真实性。说明我们的祖先的确在河北的涿鹿一带筑城生活过，也曾在这里多次交战，从而融合成今天的华夏民族。所以，我们认为，"涿鹿"和"阪泉"是我们炎黄始祖最早的发祥地，也是中华民族五千年文化之源。"千古文明开涿鹿"，我国著名的历史学家顾颉刚肯定了《中国上古史演义》中的这一名句，使涿鹿更成为黄、炎、蚩三祖共同开创的中华民族文明的摇篮。

(作者系河北保定学院教授)

二〇一一年八月八日

从血缘祖先到天下共祖

——中国国家起源中的共祖认同

徐义华

从"天命玄鸟,降而生商"、姜嫄"履帝武敏歆"等资料可以看出,夏、商、周具有不同的起源和血缘。但《国语·鲁语》《礼记·祭法》则奉黄帝、帝喾为各族的共祖。从各有起源到起于共祖,是后世族群认同扩大的结果。这种认同的一个特点就是各族为共祖建设陵寝,《山海经》中有同一帝葬于多处的记载,正是先秦时期这种认同方式的反映。

中国早期国家形成过程中,追认共同祖先是扩大人群认同与社会范围,进行族际融合和建立跨血缘政权的重要方式。这种追认共祖的行为,导致了广大范围内族群承认共同的血缘关系,祭祀共同的祖先,也导致了许多地区建立了共祖的陵寝。

(作者系中国社会科学院研究员)
二〇一一年八月八日

拓宽视野，深入三祖文化研究

赵育大

三祖炎黄蚩是我们中华民族的人文始祖，是中华文明的伟大开拓者。三祖文化是中国优秀传统文化的重要组成部分。涿鹿是三大始祖主要的活动地域，文脉源远流长，博大精深，是一份宝贵的历史文化遗产，是中华文化积淀的瑰宝。

经过二十多年的开发论证已取得令人瞩目的成就，但我认为挖掘得不够，研究得不深，停留在泛泛的层面上。

其实，涿鹿的历史可以追溯到更为久远的历史长河中。在一千多万年以前，也就是中生代末期和新生代早期，地球打破了平静，发生了一系列的燕山构造运动和喜马拉雅构造运动，地壳强烈巨变，地面褶皱巨峰突起，山间断裂低沉，从雁北地区一直到怀涿盆地形成了碧波万顷的史传大同湖。它的面积包括今天山西的大同、阳高、天镇、浑源、广灵、左云、朔州、右玉、怀仁、山阴、应县以及河北的阳原、蔚县、涿鹿等。广达九千多万平方公里，是一片浩瀚无际、碧水连天的内陆湖。一二百年过去了，突然地动山摇，大同火山爆发灼热的岩浆从湖底喷出，大同湖犹如煮沸的开水，热浪滚滚，水汽升腾，迷雾笼罩湖面，灾难降临。这样经过了很长一个时期，火山停止活动，石匣里裂出一道峡谷，湖水外泄，从此大同湖消失，形成了大大小小的盆地，留下了今天的地貌。

但真正揭开大同湖神秘面纱，还是中国的考古专家。贾兰波大师等走进了大同湖周边各地，在消失了古湖的地面上寻觅，在这古老的大同湖相沉积的地层中，石破天惊地找到了大量的新旧石器遗址，发现了大同湖地球上的最早的人类。

这些石器遗址星罗棋布地分散在大同湖周围各地。仅就涿鹿而言，著名考古学家安志敏就发现了涿鹿官梁旧石器遗址，采集到石核、石片、刮削器等旧石器。随后多位专家又陆续发现了西相广、下砂河、五堡、矾山、孙家寨、黄帝城、口前、潘城等众多新旧石器遗址。

涿鹿考古发掘基本上还是一个未被开垦的处女地，就是文物普查也粗得很。我们研究三祖文化就要寻找仰韶、龙山文化，红山文化在涿鹿的分布区，虽然近年屡有发现但很不系统。

当时为什么炎、黄、蚩会在涿鹿会聚，除当时这块地域气候温和（相当于今天长江中下游气候）物产丰富外还有什么因素？涿鹿大战、阪泉之战有多大规模？定都涿鹿有多长时间？他们在涿鹿都有哪些作为？他们的贡献于今有何教益？涿鹿应如何开发三祖文化为探源工程做贡献？如何为县域经济发展搭建平台……如此深层次的问题尚需各位专家赐教。

顺便说一句，中华民族所处的当代，竞争空前激烈，中华民族需要适合传统的民族精神，需要三祖文化的人文精神，仁厚、智谋、法度与科学的发展观。让我们共同为三祖文化的研究更上一层楼，让三祖文化更加灿烂辉煌！

（作者系涿鹿中华三祖文化研究会副会长）

二〇一一年八月八日

黄帝城与涿鹿故城同是一城

李怀全

一部记载我国上下几千年的《二十四史》，就是从发生在涿鹿这块土地上"黄帝与炎帝、蚩尤战于涿鹿之野""邑于涿鹿之阿"开篇写起。邑于涿鹿之阿，就是黄帝城建在涿鹿丘陵地带。

黄帝城（又名轩辕城）位于今涿鹿县矾山镇西。该城遗址是正方形，建筑在土丘上，是我国历史上最早的一座古代都城。城墙为夯土所筑，残存最高处6米，厚6米多，南北长830多米。1957年11月30日《人民日报》发表《在"黄帝城"遗址里发现的》一篇消息，消息称："在涿鹿县城东南五十多华里的三堡村北的地方，一向传说是'黄帝城'的遗址。河北省和涿鹿县文化部门在此进行调查，发现了许多文物。其中属于生产工具方面的有石刀、石斧、石锛、石杵，磨用器及蚌器、陶纺轮等，属于生活用具的有钱陶豆、陶鬲、陶鼎、陶缸、陶盆、陶甑等，建设遗迹除黄帝城原有城墙基址外，又在城址内中部塌陷的地方发现板筑墙，板筑层有的厚约18厘米，有的厚约25厘米。在城址内北部还发现了各种板瓦、桷瓦和带鹿形等花纹的半瓦当。涿鹿县文化部门和当地群众过去就曾在这城址内发现过石斧，带巨孔的石敲砸器，龟钮、蛙钮、铜印以及古代的各种钱币等。"同年同月《光明日报》也发表类似文章。

今日涿鹿县城东南30公里处矾山一带，先秦以前史书上称独鹿。因当地有一座山形状似只奔跑的梅花鹿，故名独鹿。后因此山脚下有泉水流出，又称为浊鹿，不久改为涿鹿，称此山为涿鹿山。

公元前206年西汉时开始设县，涿鹿境内设涿鹿县（治今黄帝城）、下洛（治今县城）、潘县（治今保岱），同属上谷郡。唐初撤废涿鹿县，改名为矾山县（治今黄帝城）。元初废县制改为矾山镇。因此在1981年全国地名普查时，根据《史记》《水经注》和谭其骧主编的《中国历史地图集》等资料以及国家、省、市地名专家评定后，涿鹿县地名委员会办公室在今矾山镇西侧的黄帝城竖立地名碑，同时还竖立了黄帝泉、蚩尤泉、阪泉、蚩尤城、蚩尤三寨等23处地名碑。

我们说今黄帝城遗址是两千年前西汉时涿鹿故城，那么在城内现大量的新石器时代的石器、陶器到西汉时期的铁器都出现了，所以黄帝城与西汉时涿鹿故城同是一城。

（作者系河北省地方志学会会员、中国地名学会会员、《涿鹿县志》主编）

二〇一一年八月八日

三苏文化论坛汇编

二〇一二年

全国政协教科文卫体委员会副主任张耕同志在2012年"三祖文化"论坛上的讲话

尊敬的孙家正副主席,尊敬的各位委员、专家、学者,同志们、朋友们:

中华三祖文化与黄帝城遗址公园建设高层论坛在这里开幕,这是一次很有意义的活动,对于孙家正主席,各位领导、委员、专家学者莅临论坛,我表示衷心的感谢!

"三祖文化"这个概念把炎、黄二帝和蚩尤作为中华民族的始祖,明确了中华民族同根同祖的观念,具有深远的历史意义和现实意义。三祖文化到今天其自身的内涵在不断地深化,其具有的爱国主义价值在当前显得尤为珍贵。这些研究成果的取得离不开众多专家学者的考证和研讨,离不开各级党委、政府部门的重视和支持,也离不开各级政协和相关团体的积极配合与参与。贾庆林主席、孙家正副主席十分关心三祖文化的研究和黄帝城遗址的保护,先后到涿鹿进行视察,并做出了重要的指示。

今年7月12日,贾庆林主席在河北视察期间,专程赶到涿鹿,考察了黄帝城遗址,并就弘扬三祖文化,建设好黄帝城遗址公园做出重要批示。贾主席明确要求要把黄帝城遗址公园建成,把黄帝城遗址保护好,这对于进一步弘扬三祖文化提出了新的努力的方向,并对开好今天的论坛也具有重要的指导意义。全国政协教科文卫体委员会一贯支持文化建设,特别是党的十七届六中全会以后,进一步推动文化大发展、大繁荣,更是我们义不容辞的责任。为了弘扬中华优秀传统文化,我们与各主办单位共同举办这一次"同根·同源·同心,中华三祖文化与黄帝城遗址公园建设高层论坛",衷心地希望各位与会委员、专家、学者,围绕本次论坛的主题畅所欲言,为弘扬三祖文化、建设好黄帝城遗址公园建言献策,努力推动我国文化的大发展、大繁荣。最后预祝论坛取得圆满成功,谢谢大家。

河北省政协副主席王玉梅同志在 2012年"三祖文化"论坛上的讲话

尊敬的孙家正主席，尊敬的各位文化大家，各位领导、各位朋友：

今天我非常荣幸地参加中华三祖文化以及黄帝城遗址公园建设的高层论坛，首先我代表河北省对本次论坛的顺利召开表示祝贺，对孙家正主席和各位领导、各位专家、学者到会表示热烈的欢迎，并致以崇高的敬意。

文化是民族的血脉，是人类的精神家园，党的十七届六中全会做出了推动社会主义文化大发展、大繁荣的决策，河北省委、省政府提出河北省要实现由文化资源大省向文化强省跨越的宏伟目标。当前河北文化建设的重点是围绕特色文化资源，打造东方人类从泥河湾走来，中华文明从涿鹿走来，新中国从西柏坡走来三张亮丽的名片和红色太行、壮美长城、弄潮渤海等五大文化品牌。中华三祖文化作为中华文明从涿鹿走来名片的核心内容，已经被列入河北省非物质文化遗产，中华三祖文化园区也被列入河北省文化产业振兴规划30个重点文化产业项目之一。今年5月12日和7月1日中共中央政治局常委、十一届全国政协主席贾庆林，中央政治局委员、中央书记处书记、中宣部部长刘云山先后到涿鹿视察了中华三祖文化建设。贾主席明确指示，要以遗址公园的形式把黄帝城遗址这个珍贵的历史遗迹保护起来。刘云山部长指出涿鹿是中华文明的重要发祥地，三祖文化跨越五千年，是中华民族悠久历史文化的根脉所在。两位国家领导人的重要指示为我们加快中华三祖文化建设，更好地保护和开发黄帝城遗址提供了难逢的机遇。

2011年，我也陪同孙家正主席到咱们县里面去视察了黄帝城，我记得孙家正主席也给涿鹿县挥笔留下诗句，也是对涿鹿县很大的鼓励。

本次论坛的主题是"中华三祖文化与黄帝城遗址公园建设"，旨在深入贯彻落实中央领导的指示精神，加快中华三祖文化的研究，促进黄帝城遗址的保护和开发；旨在弘扬中华民族优秀传统文化，促进文化的传承发展；旨在深化同心思想教育，打造海内外华人共同的精神家园，促进民族团结；旨在深度发掘中华三祖文化融合、统一、创新的丰富内涵，促进祖国的统一。希望在座的各位文化界、文物界和史学界的专家学者，积极发表你们的真知灼见，在此我也真诚渴望各位专家、各位领导一如既往地关心、关注、支持河北的文化建设，同时也欢迎各位常到河北去视察工作。

最后预祝本次论坛取得圆满成功，祝愿尊敬的各位专家、学者、朋友，身体健康，一切顺利，谢谢。

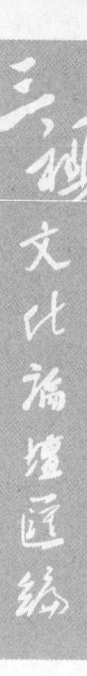

中共张家口市委书记王晓东同志在 2012 年"三祖文化"论坛上的讲话

尊敬的孙家正主席，尊敬的各位专家、各位领导、朋友们：

今天我们相聚在首都北京全国政协礼堂的金厅，隆重举行"同根·同源·同心，中华三祖文化与黄帝城遗址公园建设高层论坛"，共同就解读保护和弘扬三祖文化进行深入的研讨，这既是一次启迪人文智慧的盛会，也是一次促进交流、研究和友谊的盛会。所以我再次代表中共张家口市委、市人大、市政府、市政协，向莅临本次论坛的家正主席和各位专家、各位学者、各位朋友表示崇高的敬意和衷心的感谢！

千古文明开涿鹿。五千年前，黄帝、炎帝、蚩尤在涿鹿建都创业，不仅实现了中华民族的大团结、大联盟、大统一，而且造就了和平、和谐、融合、合作的核心的理念，这种和合的文化是中华民族精神家园的重要根脉，是中华民族兴起和五千年生生不息的重要力量。在当今和平与发展的大背景之下，这种文化，这种理念显得更加珍贵，更加重要，更加需要我们去思考、去感悟、去秉承、去弘扬。

这次论坛的宗旨是在尊重历史、尊重学术的基础上，从历史学、考古学、文化学、民俗学、建筑学等不同的角度，对三祖文化的历史起源和传承发展，对三祖文化的核心理念和丰富内涵，对三祖文化的历史价值和时代精神进行多层次、多方位的研究和探讨，并对黄帝城遗址公园建设的必要性、可行性，以及这一次的思路、方法、路径等诸多课题进行科学的、充分的研究论证，进一步深化三祖文化的专业化和系统化。这次论坛也致力于不断提高三祖文化的认知度，近年来我们市在国台办，在河北省委省政府的领导和支持下，连续举办了 6 届国家和省级的三祖文化研讨会，承办了 4 次海峡两岸同胞共祭三祖大典，在宣传推介三祖文化上也进行了一些可谓是积极的探索和尝试。三祖文化越来越多地得到学术界和社会各界的认可和肯定。本次论坛会聚了一大批热心三祖文化，在中华传统文化研究上具有深厚造诣的专家和学者，是三祖文化最大规格、最高规格的一次研讨，这次研讨的成果必将使我们对三祖文化的研究更加具有广泛性和权威性，也必将使更多的有识之士关注三祖文化、弘扬三祖文化。

近年来，张家口市依托悠久厚重的文化积淀，紧邻北京良好的生态环境，推进在各个领域当中的跨越赶超，现代产业加速崛起，基础设施日趋完善，城乡面貌日新月异，综合实力在不断地增强，应该说呈现出了勃勃生机，也展现出了美好的前景。我们也深知一个地区的绿色崛起更加离不开文化的繁荣，在推动张家口更好、更快、更大发展的进程当中，我们始终把先进文化的理念放在突出地方，先后打造出泥河湾文化、三祖文化等文化品牌（我们的泥河湾文化是两百万年前人类活动的遗址）。

积极探索特色文化的发展之路，让文化的软实力真正成为发展的硬支撑。作为三祖文化的发祥地，我们将以这次论坛为新的起点，进一步推动三祖文化的传承、保护、创新、发展，为弘扬中华民族优秀文化做出我们应有的贡献。我们一定全力支持各位专家、学者对三祖文化进行发掘、整理，深入研究，为大家开展学术活动、科研交流提供优质的服务和有力的保障。我们也真诚地希望各位领导、专家在今后的日子里，继续给予张家口一如既往的特殊的关心和指导，为张家口更好、更快、更大发展会诊把脉，多提意见。最后祝贺这一次高层论坛取得丰硕的成果，也祝家正主席，各位专家，各位学者身体健康，工作顺利，谢谢大家。

中共涿鹿县委书记陈岗同志在2012年"三祖文化"论坛上的讲话

尊敬的孙家正副主席，各位领导、专家、学者，各位新老朋友：

大家上午好。今天我们隆重举行中华三祖文化与黄帝城遗址公园建设高层论坛，在此我谨代表涿鹿县委、县政府向各位领导和专家、学者表示热烈的欢迎，向多年来给我们支持的国家、省、市领导，专家、学者及各界朋友表示衷心的感谢并致以崇高的敬意。

涿鹿地处北京的上风上水，是北京重要的水源地，东边与门头沟接壤，全县总面积2802平方公里，有1区13镇，4乡，到目前为止还是全国唯一的县辖区的行政管理体制。近年来，我们力图现行，着眼长远，努力把涿鹿建设成为环北京地区的经济强县、文化大县、旅游名县，近5年来全县各项经济指标都保持了较高的增长速度，GDP实现了翻番，固定资产投资增长了近7倍，全部财政收入翻两番，城镇居民人均可支配收入和农民人均纯收入的增长都在70%以上，人居环境更加优美，道路交通更加便捷，人民的生活水平有了极大的提高。

涿鹿的区位优势开始凸显，县城距北京中心125公里，109国道等高速公路构成了四通八达的交通路网，开通了北京八达岭公交快线，涿鹿成为大西北通往北京的重要城市。

形成了葡萄、奶牛、杏饼三大产业。全县葡萄种植面积达到了19.3万亩，常年产量5亿公斤，引进了中粮、长城等13家葡萄酒企业。建设了20平方公里的省级工业园区，主营业务收入超过50亿元，特别是对接北京工作取得明显成效。在项目引进上已经实现了由外迁企业向外溢企业转变，从2005年至今对接北京的工业项目已经达到了94项，总投资达到了680多亿元，先后和中粮、首航、北大青鸟等20多家央企实现合作，涿鹿的做法得到省委书记和副书记的重视和肯定。生态优势环境突出，境内小五台山自然风景区、国家森林公园、生态旅游区风景秀丽。今年我们实施了由西部控股集团总投资100多亿元的项目，着力改善生态环境，把涿鹿建设成为环北京地区、幸福生活、葡萄园区的魅力之城。

涿鹿是中华民族三大人文始祖炎帝、黄帝、蚩尤建功立业的地方，保存了黄帝城、黄帝泉等23处遗址，在国内外具有垄断性的优势。近年来我们举全县之力，推进三祖文化的开发和建设，经过近20年的挖掘和宣传，中华三祖文化得到了专家、学者们的认可和社会广泛认同，并取得了明显成效。

中华三祖文化的学术成果自1995年起连续举办了六届高规格的中华三祖文化学术研讨会，历经著名历史学家等百余位专家学者的细致探秘，形成了涿鹿是中华民族的发祥地，涿鹿是龙图腾诞生地，为进一步弘扬三祖文化提供了坚实的平台。中华三祖文化社会影响不断扩大，举行了港土归根碑等重大活动，连续4届成功承办了两岸同胞共祭活动。

同时涿鹿三祖文化的发展，多年来得到了中央、省、市领导和海内外知名人士的重视和关注，今年中央政治局常委、十一届全国政协主席贾庆林，中央政治局委员、中央书记处书记刘云山视察了三祖文化开发建设工作，并做出了重要的指示。孙家正副主席也于2010年7月视察了景区，对保护和开发有极大的关心和资助，并给予鼓励和指导。此外台湾国民党副主席林丰正等台湾政要以及台湾民间知名人士先后多次到涿鹿，对中华三祖文化的开发进行实际考察，并进行了大量的捐助，还参加过祭祀大典。黄帝城遗址文化园区建设不断加快，几年我县投资1000多万元，编制完成了景区控制性详细规划，这一次合符坛景区控制规划经过中国工程院和中国社科院等8名院士和知名专家学者的评审，为景区建设和开发奠定了方向。1994年开始筹资4亿多元进行一系列文化景区和配套设施的建设，中国三祖堂是迄今全国唯一一处供奉中华民族三始祖的殿堂，涿鹿黄帝城作为中华政权最早集中地，是中华民族文明起源的象征，历经五千年风雨，其原始度和完整度非常好，建设黄帝城遗址公园符合中央十七届六中全会关于文化发展繁荣的要求，对于弘扬中华民族优秀传统文化，促进祖国统一都有重大意义。

尊敬的各位领导、各位专家学者、各位朋友，今天能够来到全国政协礼堂这样庄严的地方，参加如此高规格的论坛，心潮澎湃，备受鼓舞，真正希望各位领导和专家学者能够为中华三祖文化的传承弘扬，为黄帝城遗址保护和开发多提建设性意见，多提供破解瓶颈的办法，我们在今后工作中以更加务实的作风、更加有力的措施为进一步弘扬中华三祖文化，建设我们中华民族共有精神家园做出努力。最后真诚地邀请各位领导和专家到涿鹿视察工作，谢谢大家。

涿鹿县委副书记、县长冯印涛同志在2012年"三祖文化"论坛上的讲话

各位领导、专家学者，朋友们：

今天隆重举办"同根·同源·同心，中华三祖文化与黄帝城遗址公园建设高层论坛"。大家集思广益，畅所欲言。从大家激情、热情、深情的发言中，我们深切地感受到了各位专家、学者饱满、激荡、澎湃的文化血脉；大家秉持对传统文化的敬畏，提出了很好的建议和意见，特别是对三祖文化和黄帝城遗址公园建设给予了高度赞誉和支持。在此我谨代表中共涿鹿县委、县政府和35万人民，向各位领导、专家学者、来宾、各界朋友表示衷心的感谢和崇高的敬意。

本次论坛，各位专家、学者旁征博引，就黄帝城遗址公园建设和三祖文化进行了深入探讨，提炼了观点，创新了思维，达成了共识。这些观点、思想和共识将使我们在三祖文化开发和黄帝城遗址公园建设上的目标更加清晰，思路更加理性，措施更加可行。从这一角度来讲，本次论坛将是思想碰撞，认识升华，实践指南的指引，为我们下一步开发提供知识积淀和理论支撑。

炎、黄、蚩是三大人文始祖，跨越五千年时空，将文明的曙光照在我们身上，所以我们每一个人都在感受文明的博大与温暖，我们每一个人也有责任将中华三祖文化薪火相传，彪炳千秋。我们将以本次论坛为平台和契机，积极吸取高层论坛形成的理论成果，认真贯彻、落实中央领导同志的指示精神，乘势而上，顺势而为，把三祖文化开发和黄帝城遗址公园建设，作为当前宣传文化建设的重要使命，打造文化大县一次历史机遇，推进文化大发展、大繁荣的一项战略举措。

以建设好黄帝城遗址公园，丰富三祖文化为主体，全力打造传统文化根脉，龙图腾诞生原点，以民族同根，文化同源，中华同心为核心，全力

打造中华民族和世界华人寻根拜祖的圣地，以文化创意，旅游拓展，产业提升为目标，全力打造新型的文化产业基地。

各位领导、各位专家、各位朋友，三祖文化开发和黄帝城遗址公园建设是一项博大精深的文化工程，是一项追溯中华文明，凝聚民族力量的历史工程，谋划好、实现好、推进好这一伟大的历史工程，离不开各级领导的大力支持，离不开各位专家、学者的热情帮助，离不开各界有识之士的帮助。希望大家一如既往关心涿鹿，全方位、多角度、深层次地参与中华三祖文化建设，为实现同根、同源、同心美好愿景不懈努力。最后诚挚地欢迎各位专家和学者到涿鹿考察指导，避暑度假，同时对全国政协各位领导，承办单位各位领导的帮助和支持表示感谢，谢谢大家。

著名历史学家、古文字学家李学勤教授在2012年"三祖文化"论坛上的发言

我们今天在这里讨论三祖文化,关于三祖文化这一提法,在会前有的领导反复跟我讨论到。我个人认为"三祖文化"这个概念,也就是我们人们常说的炎黄文化的扩大和完善,它补充了"炎黄文化"这个词所有一些不足的地方。我自己过去在有关三祖文化的学术讨论会上曾经多次讨论过,探讨炎、黄、蚩尤三祖文化和有关的历史,一个很重要的问题就是:理所当然地从历史、地理的角度,离不开涿鹿为中心的这一块重要的地方。

在这里,我想附带特别说一下,"涿鹿"这个词实际上是非常早的,很多人,包括过去涿鹿的一些地方志,里面都说"涿鹿"这个词始于秦汉,实际上不是这样子。因为我多次提到过,在我们有一部书里面,那是汉朝人收集先秦的书,里面有一篇《尝麦》,这里面提到了炎、黄、蚩尤有关的传说,而且有了涿鹿这个地名,而且指明了在冀这块原野中心的地方,有涿鹿这个地名。

我自己前几天在涿鹿产生了一个想法,为什么叫涿鹿?这个过去从来没有人好好解释过,涿好解释,因为这个地方有河。为什么叫鹿呢?从商代甲骨文以来,就有"鹿"这个词,这个就是《尧典》里面说"纳于大鹿","鹿"就是一个大森林,放到大森林里面。我个人大胆地猜想,"涿鹿"这个词就是"在涿水上的大森林",这个词非常久远。

涿鹿建在尝麦,在这里面凝聚各方面的考证,至少是在西周的时候就有涿鹿了。刚才说千古开涿鹿,这个千字还不够,应该是几千年的文明始于涿鹿还是有一定的文献依据的。

我在这里特别想提到,我们自从改革开放以来,历史学包括古代史的研究,还有考古学都有重大的发展。在考古学上应该说一个很重大的创新

和进步，就是把考古学文化纳入一个多元大体系，就是中国的文明，中国的文化不是一个单线、单独的，而是多元的、多系的，在考古学这方面已经有很多成绩。我觉得历史学家一个重大的发展，我自己归纳成这样的话：中国自古以来是一个多民族、多地区的统一国家，而这个统一国家所创造的灿烂的五千年的中华文明是由多个所有者，是各个地区、各种民族共同缔造。我想这一点和考古学上多元系的概念实际上也是互相适应的。从这个角度来认识三祖文化，能更好地揭示我们中华文明，特别是上古一段的发展脉络。

大家知道，《史记》是以炎、黄、蚩尤时代开篇，《史记》开头就是炎、黄、蚩尤这个时代，为什么是这样的呢？为什么中国古史传说时代从这里开始。我想是由于《史记》要叙述中华文明的产生和形成。大家都知道黄帝是人文初祖，这就是文明起源的意思，我们现在去看人文初祖就是这个意思。所以我觉得我们读《史记》，当然要看到阪泉之战、涿鹿之战这些内容，可是我觉得更重要的是要看中华文明的形成和生长的过程，而这样一个过程，我们现在仔细地去回顾从考古学、人类学等学科研究取得的认识，有一些相吻合之处，这说明我们炎、黄、蚩尤等传说不完全是凭空杜撰的，不是像后来的小说，而是远古文明时代人们一种神话的记忆。我们一定要说黄帝长成这样、蚩尤是不是这样，我想是做不到的，因为是带有神话性的，而古史传说一定有这样神话内容。我特别指出中国古史传说的神话色彩，我们在世界各个文明国家里面是最少的，其他国家讲的神话比我们这个更神乎其神。

在20世纪二三十年代以来，学术界包括历史学界和其他有关学术界人士，一直都在讨论怎么样研究、探索、中华古史传说时期的历史，当然时代越久远，越需要考古学和人类学，而且更多的是依靠考古。我想这是已经成为共识的事实，如果完全脱离以文献记载为主要依据的历史学研究，特别是历史学、文献学、古文字学的研究是不合适的。现在最近几十年的考古学和历史学的研究已经证明，我们古史传说很多重要的地点都在考古学上有了相对应的发现。最近，我刚刚在北京大学出版《古代文明研究通讯》的第53期上读到了李先生的文章，这篇文章是中国青铜文化研究的反思，他特别提到了以河南登封"皇城岗遗址"，作为夏代建立的起点和标志，这从一些书记载来看是比较合适的。可是这一点我们回想起来，登封皇城岗正好是赵国以来文献所说的禹都阳城。战国时代就有记载了，正好和时代相重合,我想不是偶然的事情。山西乡村的陶寺遗址,这是很好的古城遗址,它的时代和地点都和传说中的辽都平阳比较符合的。从这个角度来对比,我们来看不管是从历史学还是考古学,古史传说尽管有着那么多的神话色彩,还是包括一定的事实的内容,所以说这一点不是偶然的。

从这里面我们推论,涿鹿这个地方作为一个黄帝传说的中心,尽管有神话色彩的传说,它也一定有其历史背景,一定有史实的依据。

文献包含古史传说和历史学两方面的。夏先生说历史学和考古学是一个车有两个轮子、一只鸟有两个翅膀,两个互相配合、互相结合起来才能够前进,才能够发展。在这方面来说,特别是从考古学认识研究,提高到一个理论的高度,我觉得尤其必要。我们对中国古代的文明和起源发展的历史的研究,我想这不仅仅是对于中国,而且是对于整个世界的人类历史发展的规律,都会有所贡献。

大家知道在整个世界的古代文明的历史里面,中国是占着一个相当大的比例,我们的人口众多,幅员广阔,我们在这样广阔的幅员和人口情况下,文明怎么样起源的,经过什么样的过程发展成五千年灿烂文明,这个意义不仅仅是对于中国,对于世界都是很有意义的。

我多次引美国的张光直教授的话,他在美国哈佛大学担任考古学系主任。他特别提到中国古代的研究,应该对于社会科学的普遍法则有所贡献,这句话就是说我们中国古代文明的探索,包括我们今天所讨论的三祖文化的探索,不仅仅是对于中国有意义,也对于世界的历史的研究有着特别重要的意义。我说得不一定对,请家正同志和各位领导、各位专家批评指正。

全国政协常委、社会主义学院党组书记、第一副院长叶小文在2012年"三祖文化"论坛上的发言

大家上午好!

涿鹿县开发中华三祖文化得到了贾主席、孙家正副主席的高度重视。今天到全国政协来举办论坛,各位专家学者聚集一堂,这件事很有意义,值得大家关注和支持。苏秉琦先生说看一百年中国到上海,看五千年的历史看涿鹿,考古学家总是看得更远。我们为什么要看五千年,要在这里探讨那么遥远,这里面有众说纷纭的史料考证,还有传说的黄帝、炎帝、蚩尤的文化。

中国人有自创之文化,有其独立的生命。因为文化是民族的根,无论历史多遥远、岁月如何蹉跎、社会如何转型和变革,都不能丢了魂,都必须把根留住,根脉不能缺失。土耳其是有过奥斯曼帝国的大国,它本来是属于一次文明,但是现在转型中与伊斯兰文明断绝关系,力图成为西方一分子,结果如何呢?不管土耳其如何改选,西方国家和西方人从来没有把土耳其看作一个西方国家,这种不认同自己原有文明属性和无法被想加入的另外一种文明所接受的自取其辱,必然使全民族没有归属感。

一个民族的崛起或者复兴,常常以民族复兴和精神复兴为先导,一个民族的衰弱,常常以民族精神的萎靡为先兆,文化是精神的载体,精神是文明的灵魂,中华民族的伟大复兴要在现代化艰难进程中实现,这要靠坚实举措推动。文化又长期在传统之中,传统是民族之本,是时代精神的强调,是时代的理性认同。民族精神立足于情感认同,民族认同不是逻辑推理的结果,可能就在神话中和传说中,它是民族传统中长期的历史和文化积淀的产物。现代化呼唤时代精神,民族复兴呼唤民族精神,时代精神要在全民族中张扬,民族精神有必要从传统文化中深厚积淀,包括从涿鹿这

种地方重新铸造。

提倡三祖文化或许在一定程度上有助于克服忘乎所以的现代病。现代化使人们的物资生活水平普遍提高，可精神世界却缺少关照，出现了精神上的病害，现在人们拥挤在高节奏的现代生活中，人们没有片刻安宁。现在信念多变，精神信仰被弱化和抛弃，如果忘记自己的根，人靠什么安身立命呢，这就是生命的安宁。作为中国传统的话题，文化的传统，不仅是儒家的追求，也是儒、释、道的努力，我把这个作为三条约定去追求幸福，这也是今天现代化的动力。

尊重生命道德约束，敬畏生命。现代化和市场经济不断放大安身立命的基本规定，个体对物质的追求，追求幸福的约定和未来约定，见利忘义，甚至要钱不要命的现象，反而在今天生活提高、人类现代化浪潮中存在反弹。这种时候弘扬中华三祖文化不是发思古之幽情，而是今天以古见今，提醒大家在当下想想根、定定神，稳住脚步找到魂，无论怎么样搞现代化都不能忘记人类基本看法，基本信念是敬天法祖，这里说的天是指自然界，指文化传统，并非鬼神。人不应该敬畏鬼神，但是不能没有敬畏之心，三祖的文化原理是敬畏人，也是敬畏祖先、敬畏始祖。如果说金钱利益可以洗刷和消解人文道德，使这个变薄了，亚当斯密写过《国富论》，还写过《道德论》。企业家血管里面流的资本血液，如何流得进道德血液，如何在市场经济条件下克服现代病，如何返回对生命的尊重，这始终是没有解开的难题。我们今天解这个题要多方努力，树立和践行社会主义核心价值体系，也不妨有容乃大，包括弘扬中华三祖文化。

同根、同源、同心的中华民族，通过追源有助于把根留住，开创厚德载物、厚德载市场经济的新天地，谢谢各位。

全国政协常委、国务院参事室参事任玉岭在2012年"三祖文化"论坛上的发言

我对涿鹿的了解是有一个契机,有一个领导跟我多次探讨炎黄的问题,说炎黄丢掉了蚩尤这一部分,所以中华民族应该用大众化民族来形容和概括,我也是同意他的观点的,从那个时候,我才了解了涿鹿,但是涿鹿我一直没有去过。因为最近我写了一本书叫作《中华三百名城颂》,我把去过特别熟悉的城市写过300个,但是我反复觉得中华民族的根和源就在涿鹿,我说不去一下,不写进去,我觉得这本书就是一个最大的缺陷。所以去年我去大同的时候,我说无论如何绕道涿鹿看一下,在涿鹿看了一下。我回来也写了一首诗,就把300名城颂补上了涿鹿。这样涿鹿这个根和源,就不会丢。所以今天来之前,我还特别把这首诗写了一个书法,我想送给我们的涿鹿县。因为我个人主要侧重于研究经济和教育,今天我们的涿鹿县委书记提到了要打造城市经济,打造产业经济,打造物流经济的问题,所以我从经济的角度对涿鹿县的发展,谈一点自己的看法。

文化,现在中央是高度重视,文化是民族的血脉,文化产业迎来了一个大发展。在这时候讨论涿鹿的发展我觉得是非常及时,非常必要。我觉得三祖文化在涿鹿,根子很深,发展三祖文化怎么能够真正把涿鹿发展起来,我觉得我们不能走黄陵的老路,黄陵县多少年来年年祭祖,光靠文化,光靠旅游这个地方是很难起来的,我对这个问题研究了多年,要想把文化推起来,一定要把经济促起来,你没有经济的上升,这个地方的文化就不能够有一个大的发展。大家知道有好多名人,一些过去做过大贡献的人物。现在有写在这出生的,在那工作的,大家都在那儿争。结果是什么呢?现在例子已经很多了,谁有钱谁这个地方经济发达,谁就把这个文化搞起来了,纪念馆什么都出来了。那个穷的地方也可能是真正的根子,就在那个穷的地方,但是他就搞不起来,结果最后这个文化流失了。我自己

就在国内,现在已经看到很多这样的例子。我觉得现在,我们县委书记代表县委提出了要发展,刚才讲到物流产业等经济是非常必要的,只有把经济搞起来了,三祖文化才能够在涿鹿更好地弘扬,才能使涿鹿的三祖文化名扬世界,才能在中华民族的发展过程中提高它的地位和影响。

我同意县委这么做,我觉得三祖文化是有很大的凝聚力、吸引力甚至是冲击力。涿鹿县应该利用这样一个冲击力、凝聚力、吸引力来把涿鹿的经济推上去,然后反转过来使文化更好地提升。大家知道中国旅游业最发达的地方都是经济最发达的地方,绝对不是说这个地方只有旅游才能提高收入产值。旅游产值要上升到很高,这是不可能的,所以我觉得为了把涿鹿的经济搞上去,提三点意见:

第一,要造势。《孙子兵法》讲要打好仗首先是造势,在现在来讲就是宣传。我认为涿鹿对三祖文化的宣传还远远不够。比如说在电视上看不到讲三祖文化、讲涿鹿,在其他一些文件、资料上,我也很少看到,所以我提出来要造势,要加大宣传力度,宣传部部长在这,我觉得要把宣传摆在第一位。既然三祖文化、黄帝城引起了中央那么多领导的重视,现在每年已经有50万人到那儿拜祖,我觉得应该借助这个机会更进一步扩大宣传,知名度也是生产力。今天涿鹿的知名度怎样呢?宣传得如何呢?我觉得我们要反思这样一个问题,把知名度提上去,只有知名度上去了,生产力才能更好地上去。刚才我问了一下,大概涿鹿的财政收入这几年翻了两番,但是也只有四五个亿,四五个亿的财政收入是什么概念呢?在南方很多乡镇早已过15亿元的都有。涿鹿在北京边上是这样一个水平,这不利于三祖文化更好地弘扬。我觉得要加大宣传力度,更好地造势。

第二,要认真搞好规划。我看请来规划的都是专门搞文化的人,我不反对要把一些大家,文化大家都请来,在文化上大说特说,我觉得这是必要的。但是,没有经济社会专家参加规划,涿鹿的发展是很难有一个大的跨越,所以我是主张规划要有大的文化权威来做,也同时要有经济学家参与,要有社会学家来共同制定规划。规划就是目标,只有有了好的目标,我们才能更好地前进。我们一定要有好的目标才能有更大的发展,没有一个好的目标是不可能大发展的。周恩来总理当时说一定要跳起来摘桃子,我自己觉得在发展涿鹿的经济上,在发展涿鹿的文化上,要定一个稍微高的目标,要争取跳一跳能够抓住,在这个基础上要做好规划。规划首先要包括怎么样来搞好基础设施,怎么样搞好产业园区,我觉得在这方面要有一个宏伟的规划。产业园区我自己觉得，光一个文化园区是不够的，可以有低碳经济园区，可以有高科技产业园区，也可以有新兴产业园区，我觉得这么来搞几个园区，可以在竞争中促进发展。

当然黄帝城遗址一定要保留，在黄帝城遗址相对远的地方来布置这些园区，来促进现代经济的发展，搞好规划和基础设施。要搞好规划我觉得要确立三个观念。一个就是开放观念，一定要扩大开放力度。一个要有市场观念，现在是市场经济时代，凡是搞得不好的地方都是市场经济不到位。再一个就是科技发展的问题。三个观点还要有确保文化大发展的同时，有一个发展地方，如何发展地方，要有一个工业为主的思想。不搞工业地方富不起来，富不起来文化也搞不上去，所以要有工业推动的观点。还要有发展会议经济的观点，因为你们是在北京近郊，北京会议多如牛毛，而且只有100多公里，我觉得在这个地方要突出会议，让那边多建宾馆，多召开会议，这样也有利于低碳经济的形成，有利于地位优势。

从涿鹿资源出发，有什么水、什么山，如何利用好。搞好"三个引进"，大力引进资金、引进技术、引进人才。刚才我说产业园要有几个园同时竞争。要促成这个地方人文交流，要借助于旅游业发展，三祖文化扬名，把五湖四海甚至全世界的人引到这来，人气上来了，涿鹿才能真正发展，只有有了人，人流来了，资金流、信息流、文化流才能进来，我觉得在这方面要多下功夫。

第三，认真搞好招商引资。我觉得涿鹿要把三祖文化搞上去，把经济、社会搞上去，就要下功夫招商引资，要在招商引资上坚持一个观点，我认为就是"中国人不进，外国人不来"，不光想着外国人进来就是开放了，不是这样。中国人一定要先引进，而且要从自己的身边引进来，河北省先引，如果中国人不进、本地人不进，外国人是不会进的，本地人不进，外地人是不会进的，我觉得在发展产业方面要立足于这一点考虑问题。当然我们要大力做好外资的工作、外地的工作。

要做好几个瞄准，我们要瞄准天津、北京的市场，瞄准天津、北京的人才，瞄准天津、北京的金融，瞄准天津、北京的科技，瞄准天津、北京的文化，瞄准天津、北京的实际，瞄准天津、北京的民营老板，来做好我们的招商引资工作。

要搞好投资环境。对于地方来讲，人人都是投资环境，一定要把我们的窗口搞好，对外的服务窗口搞好，一定要使每一个人都认识到自己对地方的发展的重要性，每一个人的行为，每一个人对外来投资的态度，每一个人的作风，都会对招商引资带来很大影响。我觉得提倡人人都是投资环境，不仅要搞好硬环境，还要搞好软环境。

在招商的时候不仅是政府招商，还要实行民间招商，要以商引商，要搞节庆进行招商，靠旅游来招商。我觉得要做好这些方面的工作。要想搞好招商引资，促进三祖文化大发展，我觉得涿鹿要思想进一步大解放，要动员全体干部和百姓解放思想。我觉得河北省围绕着北京，经济起不来，关键还是思想观念落后，思想解放不够，要想办法解放好思想。作为干部，要扩大活动半径，更多地到外面看看外面的世界和经验，学习外面的做法，来推进涿鹿的发展。当年有一本《日本列岛改造论》，在发展最快的时候周总理在北京饭店搞经济规划的时候，发给我们每人一本，里面有一句话就是：一个人的贡献和他的活动半径成正比。这一句话不一定绝对对，但是他这句话对我们当干部的来讲，要想把这个地方搞好，就要扩大我们的活动半径，要更多地认识世界。我们干什么事都要做到"三快"，要占有信息快、加工生产快、占有市场快。这"三快"是20世纪80年代发展最重要的一条经验。

最后一点，必须使我们的干部全心全意为人民服务，只有全心全意为人民服务，才能把地方的工作做得更好，也像总理所说的要落实好科学发展观，就必须视个人利益淡如水，视人民利益重如山，也就是总书记讲的要发展好、维护好、稳定好，这样三祖文化才能迎来新的变化，最后衷心地希望涿鹿发展更美好。

全国政协委员、中华文学史料学会副会长、鲁迅研究馆原副馆长陈漱渝在 2012 年"三祖文化"论坛上的发言

我参加这个论坛很忐忑,更何况今天讨论题目和我个人的研究相差了三千多年,所以我肯定会说很多外行话。记得不久以前去世的一位"两院"院士叫潘家铮,他说反对者对三峡贡献最大,意思就是说正是三峡工程反对者的追问、质疑,才使得三峡工程的发展更加完善,避免了一些原来产生的错误。

我不是黄帝城遗址公园建设的反对者,但是对三祖文化的研究提几点想法,谈出来供各位领导和学者参考,可能也是一个很粗浅的认识。

首先我觉得应该厘清三祖文化的概念,中国人引进了不少概念,又创造了不少概念,但是往往对概念的内涵和外延缺乏准确的界定,进而容易产生一些歧义。谈起所谓三祖是指曹操、曹丕、曹叡,也曾把其他人称为三祖。目前《辞海》采用第二种说法,《中华大辞典》采用第一种说法。至于黄帝、炎帝曾经和伏羲列为三皇,在《淮南子》里,炎帝号称神武,把黄帝、炎帝、蚩尤并为三祖的说法,据刚才李学勤老师讲只有十几年的历史,并没有形成一个全社会的共识。如果改成三皇也有歧义,蚩尤没有进过牌位。关于涿鹿大战的文化,我认为仍然还是划归为炎黄文化的范畴,这样谁也说不出其他的意见,谁的嘴巴都能堵住,这是我的一个浅见。

第二,研究所谓中华三祖文化,当然要尊重历史的现实研究成果,但是最好能够尽量离开信古派和疑古派,作为一个地方政府,一旦卷入学术界论证难免会招架不住,黄帝、炎帝、蚩尤发生在传说时代,关于这个时期的文献记载有一些在古籍的注释,还有古书译文,文字说法也不统一。至于考古发现,同样十分艰难,虽然从 2002 年开始,国家文物局作为组织单位,进行中华文明探源工作,利用各种科技手段,也取得了很多成果。

比如说距今 6000 年前已经出现社会分化，5500 年左右权贵阶层已经形成，但是以我个人的保守的见解，不管考古工程取得任何进展，都很难再现黄帝、炎帝、蚩尤那个时候的原生态，很难设想会挖掘出类似的大规模的上古文化的遗址。

从 20 世纪 20 年代以来，历史界出现了疑古学派，持不同意见的成为信古派，信古派强调三派同源，认为不能把炎、黄二帝传说当作神话故事，否定其中的历史，更不能在"传说"上画一个引号。我个人认为信古派和疑古派都有贡献，他们力图把中华五千年文明衔接起来，增加中华民族文化自信心，扩大对外影响。疑古派打破了中华民族的观念，中国向来统一的观念，在打破了春秋末期神话人物的观念方面也取得了很大成就。

我觉得如果新建黄帝城遗址公园，不必拘泥于历史上有关情况。比如说蚩尤祖，一定要争论哪一处是正宗，这伤了和气，而正面利益微乎其微，我觉得历史事实和文化价值是可以二分的。比如说愚公移山等都找不到依据，但是这寄托了符合某种身份的社会需求，因而就成为一种心理事实。它不是一种物理形态的世界，而是一种价值形态的世界，所以文化工程实际上是一种价值工程，文化研究实质上是一种价值的探寻。如果新建黄帝城遗址公园，其核心的价值在哪里呢？我认为应该定位于从分裂到统一，从争夺到互补，从斗争到融合。其实这应该是人类社会发展的一个主流趋势，不仅中华民族是这样；而且也是一种朴实的价值观，古人就有大同世界的理想，我们马克思主义所要实现共产主义，我觉得这种价值观应该是我们开发黄帝城遗址公园的一个追求。涿鹿之战在我看来已经是一种生存资源的争夺，更是一场兄弟的争斗，因为在传说当中炎、黄二帝本来就是同母异父的兄弟。黄帝告诉炎帝，炎帝不听才发生战斗。至于蚩尤，根据记载，他们互相征战，也互相交流，逐渐形成了以汉族为主组成的中华民族，56 个民族。根据新华社的消息，当今中国实际上也不存在纯种汉族。到今天中华民族公认，司马迁记载的历史从黄帝开始，中国都以炎黄子孙自知，所以炎黄二帝不仅是一种语言文字，也不仅是一种古代传说的人物，而是一种象征性的语言文字，它不仅具有字面意义，而且具有一种含义更深刻、更广阔的第二重意义，那就是带有中国 56 个民族融为一体的追求。

研究三祖问题我觉得第三个方面要避免过度的阐释。因为对于传说故事的过度阐释很多。

  总之我还是支持以各种方式、各种手段弘扬炎黄文化，因为一个有文明史的民族，跟一个没有文明史的民族相比，他的未来社会的发展是很不一样的。中国古老的文明不仅会给未来社会的发展带来巨大的变化，而且文明史上博大精深的思想必然会铸成未来社会强大的人生哲学、价值哲学，所以我希望这一项工程实施成功，谢谢大家。

全国政协委员、中国社会科学院学部委员、中国社会科学院历史研究所研究员宋镇豪在2012年"三祖文化"论坛上的发言

当时曾共同发起组织涿鹿全国首届炎黄三祖文化研讨会，18年以后，我再次出席中华三祖文化活动，从心情上讲起来非常欣慰。河北省张家口涿鹿县以及周围的地区，地处在内蒙古高原东南，以及太行山脉和燕山山脉，这里是南北和东西纵横交界的融汇的重要活动点。考古发现表明这一带有很多旧石器时代的遗址、新石器仰韶文化、龙山文化和夏城文化，以及商周以内的考古文化遗产，文化具有明显的山东、山西、河南、陕西、辽西等地考古学家文化的因素，又强力地显示出冀北的特点，连接起来成为一个半月形的弧形带，构成了涿鹿地区的北翼。在南边和西边有十几处城址，这成为一个大势，三大集团在这里进行纷纷扰扰的各种活动，也都在涿鹿展开。所以本次会议在北京召开，探讨中华文明演进的过程，昭示三祖文化的内涵，对于弘扬中华文明软实力，提升中华民族的凝聚力有相当的学术影响和积极的现实意义。

古文献当中对三祖在涿鹿的活动情况，刚才有嘉宾已经做了介绍，他觉得在文献上可以追溯到西周时期。有关这些文献，胡适的信里面是这样说的，1921年1月21日写的，他说我们现在先从春秋战国写起，为什么呢？以前这一段历史有很多的争议，所以等到将来考古学和经史学走上科学轨道慢慢来拉长。后来造成很多误会，把他的话误解了，认为中国古史从春秋战国写起，以前没有了，这就是一个误解，因为学术界研究是与时俱进，不断在探索当中前进的。我们现在是有这样的，史书上讲到，黄帝和蚩尤两次大战，实际上都是追溯到西周的文献，实际上有地下出土的东西更加证明这个记载是可靠的。为什么呢？我们过去有一本书，这个讲了后人的杜撰，认为他是在汉以后存在的，以前这个书早就没有了。可是我们在20世纪90年代的时候在河北的王家台的一个15号墓的秦墓里面出土

了两份竹简，这内容是什么呢？就是《归藏》，而这个墓是在战国中期以后，明显地讲到了黄帝和炎帝之战，还有讲到阪泉之战，这两次战争在竹简里面有明显的记载，这都是从地下挖出来的记载，那时候完全没有什么后人杜撰的东西。过去书里面记载黄帝的内容和炎帝、蚩尤两次大战的内容被认为是杜撰的，我们现在有地下出土古文字材料追溯战国以前，这权威性更高，为什么呢？因为没有后人杜撰的色彩。

我们现在讨论三祖文化的时候，实际上是在严格的学科的立场上来讨论这个问题的，而不是今天要杜撰三祖文化或者是什么，这个必须要澄清，这个是结合了古文字学、考古学和历史文献的与时俱进的学科研究，而不是建立在还是20世纪30年代那种疑古信古之辨，远远超出那个范围，我觉得这个概念今天有必要讲清楚。

涿鹿地区的情况来看，有很多的说法，我认为是有一定的历史根据的。特别是在冀北地区，认为炎帝、黄帝发源于黄河中上游西部地区，蚩尤居住在山东境内，而这都是代表了整个五千年时期的涿鹿族群大的分布情况。最后在涿鹿实际上是炎帝、黄帝、蚩尤一个接触地带，也是三大集团最终大融合的归属地。由此说明中国古史的门类，现在看起来并没有把黄帝、炎帝、蚩尤作为三个人，他是从五千年前的历史时段来看，这样不仅符合中国历史事实，而且纪念三祖文化也有利于我们民族的团结。我们过去的炎黄的提法，现在应该更加充实，把蚩尤也应该放进去，这都是代表三大族群的，在中国大陆上的分布和历史的整个活动的背景，作为他的基础来出现的。

当然这里面有很多神话，世界很多国家，他们早期的历史差不多很多都是带有神话的。所以中华文明的探源应该注重各地区的构成，应该肯定涿鹿在中华文明发展史上地位，加强涿鹿旅游资源的建设，对于促进涿鹿和张家口地区的社会经济和文化的振兴，我认为潜力巨大，我相当看好，谢谢大家。

全国政协委员、民革中央宣传部部长吴先宁在2012年"三祖文化"论坛上的发言

黄帝、炎帝和蚩尤以及他们的事迹是具有一定史迹依据和考古材料集成的中华民族上古时期的传说人物和神话人物。这些人物事迹反映中国史的若干轮廓,成为后人了解历史发展的宝贵资料和文物见证。涿鹿县委、县政府对本地的挖掘、保护、研究和利用,在这方面做了大量的工作,提出了中华"三祖文化"的概念,大力弘扬和谐、包容、团结、统一的中华民族精神基本理念,并以此为主导,建设了包括黄帝城遗址公园在内的一系列历史文化设施。这些举措对拓展中华文明发展史的研究和认识,促进中国特色社会主义文化的大发展、大繁荣,树立社会主义核心价值体系,甚至对于突破以文字记载为基础,以朝代为线索的传统历史学框架都具有十分重要的意义。

他们对中华民族资源,中国文化之根的认识也非常重要。我自己对中国上古史完全是外行,不像宋老师、李教授。接到这个论坛通知以后,我看了一些资料,也做了一些思考。我下面简单对中华三祖文化和黄帝城遗址公园建设提出一些意见和建议,供在座的领导、专家和同志们参考。因为是外行,出现错误在所难免。第一,我觉得中华三祖文化和黄帝城遗址公园建设应注意在历史真实、神话传说中间保持平衡。我听了专家的话,里面好像就有点意思了,历史真实和神话传说,谁轻谁重的问题,我觉得要保持平衡。毫无疑问,炎帝、黄帝和蚩尤这样的人物在《史记》等古代典籍中都有记载,他们都是浓厚神话传说当中的人物。有说黄帝有四个面孔,但是我们后来儒家理性,特别反对这些神话,对这些要加以注释和改造,说黄帝四面是说黄帝控制了四个方面。你说到底是神话还是历史真实,作为纯粹的理论学术争鸣是可以的,但是我们如何实施一个遗址公园的建设,我觉得需要在这两者之间要平衡。

在景观内容设计的时候要避免强调一个方面,而否定另外一个方面。

比如说强调历史真实一面，而否定历史神话传说，觉得一提神话就会降低价值。其实不是不能谈历史，也不是不能谈神话，关键是超越历史和神话的表层，找到两者之间的平衡点，然后提炼出其中的文化真实和文化价值。比如说希腊罗马的传说，比如说奥德赛，西方人并没有否定当中大量神话传说成分，这也丝毫没有妨碍肯定书中精神。只要找准了文化价值的脉络，历史和神话不但不会互相否定，而且会拓展我们的设计思路，丰富我们的景观内容。

第二，中华三祖文化与黄帝城遗址公园的建设要注意在文化象征意义与现实教育功能之间保持平衡。我们现在成为三祖：炎帝、黄帝和蚩尤，中国上古时代的历史信息和文化象征意义，深入挖掘其中蕴含的文化象征意义，发挥现实教育功能，是我们建设黄帝城景观的目的之一。毫无疑问，这方面我觉得已经做得非常出色。同时我们也要清楚地了解，文化象征意义是深层的，还是简单抽象的，它所发挥的现实功能是在不言之中的，这种发挥太具体、太直白、太狭隘，反而会给人十分功利的感觉或者造成适得其反的效果。刚才任参事的话我非常赞成，他说要吸取黄帝陵的教训，年年祭，但是他这个东西形不成一个社会性的文化氛围，政府年年祭，但是效果并不好。我觉得把现实教育功能发挥得太具体、太直白、太狭隘了，让人感觉十分功利，造成的效果适得其反。

只有在文化象征意义和现实教育功能之间，找到一个平衡点，要充分利用好文化象征意义的内在特征，分析出、发挥出现实功能，才能取得预想当中效果。

第三，中华三祖文化与黄帝城遗址公园的建设要注重在知识传播功能和休闲娱乐功能之间保持平衡。我现在看到很多新开发的已有的景点景观，这些文化设施，总的来说，我们这些东西设计都是专家来设计，特别重视知识传播功能的系统准确，孤立了休闲娱乐功能。我去参观一个遗址，我觉得简直是一个很沉重的专业课，这对于景观，对于吸引我们文化娱乐的发展都是很不利，要照顾休闲娱乐功能和知识传播功能，为切合点找到平衡。这一点大家都不会有什么疑问的。

全国政协委员、农工民主党宣传部原部长、安徽大学教授李汉秋在2012年"三祖文化"论坛上的发言

十七届六中全会很强调文化自觉、文化自信，我觉得这个是非常重要的，很有针对性的。文化自觉，我的印象最早是费孝通先生提出来的，他原来的解释是什么叫文化自觉，文化从哪里走来，向哪里走去。我觉得这个也很有意思，我们的文化从哪里走来，从哪里来的，这个就有一个认祖归宗的意思，我们对自己的文化源流要有所认识，这样才知道我们文化将来走向哪里。文化源流怎么认识，这个是有针对性的，我们过去几乎是一个世纪左右的时间，对自己的文化批判得太多了，好像越彻底决裂越好，把老祖宗骂得越厉害就越是革命，这种风气到了"文化大革命"时期又恶性发展。所以搞得我们许多年轻人不知道我们自己的文化源流，不知道认祖归宗，不知道对我们自己的祖宗、祖宗的文化、中华文化应该有一种敬畏的心理，感恩之情都没有了，都无所谓了。

我们中国人原来觉得越是故乡的越是最好的，感情色彩很浓。结果后来变成美国的月亮最亮，这个感情就没有了。所以六中全会提出要文化自觉、文化自信是非常重要的，没有文化自觉就没有文化自信，没有文化自信也就没有文化自觉，这两个是相连的。现在许多舆论都很强调这两个命题，我觉得是很对的。要文化自觉、文化自信，认祖归宗，认自己的根和源，这是很重要的举措，很重要的一个方面。我们许多海外华人不远万里回来认祖归宗，寻根问祖，但是我们很大的一个反差，我们自己许多年轻人去过美国的父亲节，认美作父，这个反差太大了。人家不远万里跑回来认祖归宗，我们在大陆把美国的父亲节当作我们的核心，把美国的母亲节当作自己的母亲节，这是很奇怪的现象。5月第二个星期天是美国的母亲节，是1914年美国总统下令定的，许多国家人家都有自己的文化，阿拉伯国家是每年3月30日过自己的母亲节。父亲节你看看俄罗斯，2月过自己

的，德国也是有自己的父亲节，那是对自己文化的一种继承，特别是父亲、母亲这样的人伦大事，自己的父母啊，这个东西可不能轻易地就把人家的父亲、母亲当作我们自己的父亲、母亲了。我们偏偏地就觉得无所谓，因为美国的母亲节过得很好，美国的父亲节过得也很好，无所谓，我觉得真是很可悲的事情，不能坐视不理。

我们中国自己的母亲节定在哪一天呢？1982年，当时联合国一个非常好的倡议，当时联合国一个会通知各个成员国，每个国家按照自己的文化定一个老人日、老人节。我觉得这个通知非常高明，他不是以美国的老人节做各国的老人节，不是以某一种强势文化统一全世界。你各个国家按照自己的文化定一个老人节。1989年中国政府定的是农历九月初九，重阳节是中国的老人节、敬老节，这个非常好，因为我们原来重阳节就有惜老敬老的内容，把这个定位敬老节是非常符合中国的传统的。

2010年中央6个部委联合发了一个我们节日的主题活动方案，就把我们7个传统节日，每个传统节日的主题做了一个阐述。重阳节除了敬老之外，又加了两个字，重阳节的主题是什么呢？敬老孝亲，我觉得孝亲在里面加得非常好。敬老要落实到每个人、每个家庭，那就是要孝亲。从孝自己的亲开始，推广到敬全社会的老人，这是中国人整个的一个感情的层次。

重阳节是什么呢？九月初九，九月九，九是阳数，我们中国传统文化奇数是阳数，偶数为阴，天为阳，男的为阳，女的为阴，重阳节敬老孝亲更适合做父亲节，这个父亲节更重要的在下面跟我们有关系的。许多学者后来论证从汉代开始我们就在重阳节祭拜黄帝，我们早就有一个传说，黄帝九月九乘黄龙升天的。这个传说当然是传说的，乘黄龙升天更是一种神话。九月九成为祭拜黄帝的节日，后来有学者更加论证了就是："黄帝"是整个母系氏族社会向父系氏族社会转变的一个概念，从只知其母不知其父的母系氏族转向父系氏族。这种情况下，九月九重阳节兼中华的父亲节是非常合适的。

刚才任参事讲到我们要造势，要借助节庆加强宣传。如果我们在涿鹿这个地方，能够把黄帝，黄帝城，黄帝是中国父亲节的一个代表，是最早的中华父亲的一个代表提倡起来。那么黄帝城理所当然地就应该承担起提倡中华父亲节的这么一个历史重任。这样中华父亲节搞起来，一方面是有利于黄帝城、黄帝文化的弘扬。另一方面对建设我们自己的中华父亲节也做出很大的贡献，现在深圳市已经这么做，要在今年重阳节举办中华父亲节，我觉得我们涿鹿县在这方面应该有这个历史责任，而且这么靠近北京、天津，如果中华父亲节搞起来，能够在北京、天津的这么多人过父亲节的时候，九月九过父亲节的时候，都到我们黄帝城，到涿鹿来，来纪念自己的先祖，认祖归宗，既是弘扬我们中华文化，也是有助于当前的精神文明建设，也是发展我们涿鹿文化的一个非常好的路径，我提供这个思路供参考，谢谢。

全国政协委员刘震英在2012年"三祖文化"论坛上的发言

非常荣幸出席今天"同根·同源·同心,中华三祖文化与黄帝城遗址公园建设高层论坛",尽管我不是历史学家,但作为一个中国人,一位老新闻工作者,我很能够意识到这件事的意义和深厚的文化价值。为此,我这几天翻开了《史记》等书,重新温习了黄帝、炎帝、蚩尤的著名传说,那是我们中华儿女共同的记忆。每一个民族都有自身起源的传说,每一个人都有寻找自己,燃放心灵的愿望,这是文化传承的根本理由。五千年前他们在涿鹿,这是第一次中华民族大融合,之后诞生中华儿女普遍认同的精神图腾,那就是龙。龙图腾本身就是民族大整合的产物,是中华儿女期盼世世代代和睦相处、优势互补的精神象征,黄帝一统天下后取更具有优势组合创造出来的完美形象,通过这种整合吸纳各方优势,而使自己更强、更大、更有力量,从而能够更长远的发展思想,一直在我们民族的血液里面流淌,并在中华几千年来代代相传。我想这就是三祖文化的精神所在,中华儿女本就同根、同源、同心,只有坚守同样的精神根底和文化根底,才能将中华文明世代相传,发扬光大。

关于遗址公园建设我谈几点看法,这应该是三祖文化在涿鹿最重要的历史遗址,从某种意义上讲,从五千年前留下的古城堡走出了东方伟大的民族,创造了悠久的中华民族,保护好、建设好遗址是中国儿女的责任。按照国家有关规定,考古遗址是重要的遗址和背景环境为主题,具有科研、教育、游戏等功能,在考古遗址保护具有全国性示范意义的特定空间,建设各类遗址公园,能够有效缓解文化遗产保护和城市化进程之间的矛盾,也是我国现阶段保护遗址的有效突进。从这个意义来讲,这个遗址公园建设要把握好,遗址公园建设一定要在保护的基础上进行,这是遗址公园建设最为重要的前提。任何规划和设计和具体建设都要秉承保留和修复原则,充分发展文物原始风貌,即使有修复必要,也要尊重历史格调和本来面目前提下进行修复，不可破坏了文物的原始风貌，破坏了遗址公园存在的魂魄。不能以盈利为目的，遗址公园主要功能是传承和普及特定历史文化，虽然说还有参观、休闲的作用，但只能作为辅助功能存在，不能喧宾夺主，不能把它当作一般意义的旅游景点，经济利益的考虑只在其次，所以遗址公园建设从经济角度来讲，多数情况下可能是亏本买卖，这个建设主体应该是政府，只有这样才能保证遗址建设，才能不把经济利益回报放在第一位。

　　探索科学合理的机制。遗址公园不能以盈利为目的，并不是否认它应该具备自己养活自己的需要和能力，两者并不矛盾，只是哪些部分可以保护，哪些可以商业运用，这要深入挖掘三祖文化价值，同时兼顾一定的经济效益，这要求我们在整体规划时就要合理布局安排，在不违背保护优先的前提下融入商业开发的元素，并逐步探索适应当前实际情况的商业运作模式。

　　要高度重视挖掘历史内涵，增强软件建设。遗址公园建设是一项系统的全方位的建设，涵盖了软、硬件两方面，绝对不仅仅是建一个公园，公园只是一个平台，要让群众愿意来、喜欢来，就要重视历史内涵的挖掘，使人们在公园内部每时每刻都能感受到历史的声音。比如说可以在遗址公园外围建三祖文物馆，开发与三祖文化有关的相关产品，让人们通过不同的形式获得直观的体验，作为新闻工作者，我很愿意通过自己和同事的努力积极传播，包括三祖文化在内的优秀传统文化，传播河北文化，中国人民在传承祖先文化方面的业绩，最后感谢河北人民，涿鹿人民给我们提供了这样一个重温历史、感受历史、亲近历史的宝贵机会，谢谢大家。

全国政协委员、原国资委国有企业监事会主席、历史学家谢思忠在2012年"三祖文化"论坛上的发言

我想谈一下三祖文化的现实意义，我觉得三祖文化合符文化的现实意义，集中体现了中华传统文化的精髓"和合"，这两个字字意是不一样的，第一个是和睦相处、和谐共处；第二个合成一个有机的整体。我们知道季羡林老先生活着的时候，我们每年都看望，有一年春节我看望他，他说构建和谐社会，他说人类和谐。温总理说，季羡林你讲得非常对，他说管子有一个话，说和合才能达到和谐。据考证，最早提出和合是西周提出第一个和，就是和睦相处，到了后来先秦时代出现第二个合，就是合作，这就是和合完整的概念。我现在发现合符文化是和合文化的源头，所以这个和合文化，"和合"二字最早提出是《论语》里面提出来的，后来佛教也承认和合众源之说，道家也说和合阴阳，中国传统文化儒、释、道都是和合。"和合"二字意义深远，如果说中国传统文化的精髓用一个词就是"和合"，它与西方文化不同，西方文化讲对立，讲不同，讲斗争，中国人讲合作、共同、共源。所以，我觉得涿鹿文化的现实意义，大于历史意义。据我所知三祖有很多说法，我老家山西运城还有黄帝去过的地方，我就不谈这些，而是说现实意义。

我觉得某种意义上提三祖文化、合符文化太远了，我觉得三祖和合文化、三祖文化是历史概念，合符文化可以具象，大家在这合成一个符，没有提到文化，这个真正文化的内涵是和合，所以我觉得可以追溯到中国传统和合的根，就是从三祖时代大家组成一个民族——中华民族，这是我个人见解，不一定对。不如叫三祖合符文化，我觉得现实意义不仅在于我们构建和谐社会需要和合文化，我们"两岸三地"的统一也需要和合文化，世界大同也需要和合文化。我们要认识到文化的意义不在于打了一仗干了什么，而是不同的几个，打到最后合成一个民族，就是和而不同，大家观点虽然不一样，但是合到一起了，最后要达到合作做事情。我的粗浅意见不一定正确，请大家批评指正。

全国政协委员、农工党中央文化委员会主任张新建在2012年"三祖文化"论坛上的发言

涿鹿县提出了"三祖文化"的概念,这对于我们传承中华民族文化具有重要的意义。我想谈三个问题:一个是三祖文化的提出是中国史前文化研究的深化。三祖的资料很少,还有一部分是历史的传说,即使这些零星的资料和历史传说,也能够勾勒出我们的祖先创世纪时的英雄史诗。从地上文物遗址和地下文物发掘也印证了作为黄帝、炎帝、蚩尤的部落征战、交流、融合的过程,这个事件就发生在燕山山脉和太行山脉的交界处,又是内蒙古高原比较缓坡的地带,因此这个时候是农耕文化和渔业文化和游牧文化交流碰撞的一个过程。

我觉得在这个地方我们至少能够说,这里是我们中华民族的一个重要发祥地,提出三祖文化体现了原始先民族群的碰撞战争和逐渐融合的过程。同时提出三祖文化也是对祖先和这种创世纪英雄的敬仰。首先它是多元文化,而且是对英雄的敬仰,包括失败的英雄,蚩尤是一个失败的英雄,但是中国人不以成败论英雄,项羽也失败了,蚩尤也失败了,但是他们都受到了后人的敬仰。特别是蚩尤在汉朝的时候,在蚩尤部落流落到山东东部那一带的时候就成为一个兵神。

第二,敬祖与敬神同在,而重在敬祖,体现了中华民族文化的特质和传统的道德。三祖都是我们民族的祖先,但是在人们的传说中三祖又被神话了。比如说黄帝在和蚩尤的战争中就派遣能够呼风唤雨的云龙和汉马来参加这场战争,他被神化了。敬祖,重在敬祖,也体现了农耕经济社会血缘家庭结构,作为维系这个社会的紧密的纽带,所以敬祖的观念也来源于农耕经济社会知识的传承,可以说怎么样对待老人,体现了一个民族、一个社会的文明程度。在农耕经济社会,老人往往代表了知识和智慧,因为农耕经济社会的知识是积累的,是积累是有传承的,而现代社会是一种更新和取代式的传承,所以那个时候对这些老人,特别是祖先的族群,也体

现了对这种知识文明传承的一种崇敬。另外敬祖和养老有直接的关系，敬祖体现了社会尊卑，体现了这个社会对老人的态度，而且敬祖与后来形成的孝道紧密相连，成为维系封建社会主流意识形态的思想观念，这是第二个部分。

第三，敬祖不能急功近利。在当代社会，刚才讲到了知识的传承发生了变化，老人的地位受到了威胁。过去老人都是长者，而且对于农耕经济的知识和文化，具有绝对的发言权，因为那个时候知识是积累的，而现在知识是更新的。我们现在拿到一部新手机或者新照相机的时候，往往是先请教儿子，可是在农耕经济社会遇到问题的时候儿子往往是先请教老子，在这样的背景下我们更应该提倡这种敬祖的精神。这个敬祖也就是要提倡寻根文化，我们这个题目叫同根、同源、同心，同时还要提倡感恩文化。人是一切社会关系的总和，但是在这个社会关系中，它的血缘关系就是它的祖先，因此我觉得应该提倡感恩文化。

要提高我们民族的文化精神文明的素质，很快我们就进入了老龄社会，而我们现代社会那种宗法制家庭的养老模式已经完全改变了，都是婚姻小家庭，大多是三口之家。在现在的社会中让这种模式面对老龄化社会的提前到来，怎么样能够发挥多种优势，动员社会力量形成一种爱老敬老的观念，我认为对他们安度晚年都是必要的。对于这个敬祖不能急功近利，敬祖如果是急功近利了，我认为是对祖先的不敬，是对神明的亵渎。如果不要急功近利，而采取有计划、有步骤的保护、发掘，才能够真正地成为区域经济的一块金字招牌。比如说这个地方就可以发展旅游、演艺、工艺美术，以及相关产业。我认为通过三祖文化可以带动文化产业，特别是创意产业的发展。谢谢。

全国政协委员、中外名人文化协会副会长、中外名人文化产业集团董事长陈建国在2012年"三祖文化"论坛上的发言

中华文明是人类四大文明唯一一个延续到今天的文明，五千年的历史可以证明，无论人类经过多少浩劫，经过多少次战争，包括自然灾害，我们中华民族一直是全世界拥有人口最多的民族，这使我们中国人繁衍到今天，而且拥有了今天在世界上产生重大影响的一个民族。在今天我们去回顾五千年我们的始祖的时候，我们比任何一个民族都不同。但是近一百年来对中华文化确实有过太多的争议。从五四运动开始到今天，无论中国怎么走，中国的现代化道路应该怎样才会发展得最好是仁者见仁、智者见智，但是我深信不疑，我们任何时候不会割裂我们的根，只有加深我们民族归属感、文化认同感，才是真正中华民族复兴的基础。

大家都知道三皇五帝确实是传说，没有任何记载，包括今天上午大家谈到通过考证印证一些我们的传说。我觉得今天我们河北省张家口涿鹿县能够推广三祖文化，尤其是建设黄帝城遗址公园，真是打造我们中华文化始祖文化承载物最有意义的一件事情。

第一，远古题材的现代创作。我本来是中国传媒大学老师，后来创办了今天中外名人文化产业集团，在从事工作过程中，我发现对远古文化的研究是没有问题的，传播，今天依然是一个坎儿。大家说今天有一个讲远古文化的电影和电视剧吗？没有。但是，这个恰恰是我们今天，这个论坛上要讨论的最主要的话题。我们讨论三祖文化，中国远古文化史料非常之匮乏，几乎人们当作神话去传说，人们对那个时代了解不多，一个东西没有结论，这样制约了远古文化题材的挖掘。恰恰因为没有太多史料的约束，更可以发挥我们的想象力，这一点我觉得应该向一千年、两千年前的古人学习，那个时候他们创造了《山海经》《庄子》等，都记录了我们祖先在远古传说的想法。包括后来的《搜神记》等，这都是上古题材最好的

创作。可是今天没有了，一个都没有了。我觉得合符文化和龙腾图文化的诞生，涿鹿之战、阪泉之战是非常好的主题，这是涿鹿县具有世界意义的独享素材，其他地方没有。我想提醒的是独享并不是法律意义上排他性独占，如果我们自己开发不好就会把文化宝藏变成最初的也是最低廉的文化矿石让别人去开采，让人家雕琢成艺术精品卖给我们，赚我们的钱，《花木兰》《功夫熊猫》就是这样。我绝对不是说反对人类文化人类共同拥有，人类共同开发。我们应该清醒地看到我们的国家是全人类、全世界第一文化资源大国，没有任何一个国家比我们文化资源更丰厚，但是我们应该清醒地看到我们不是一个文化强国，我们文化并不强，我们还弱。十七届六中全会提出文化繁荣发展的动员，我觉得每一个人，包括在座的各位专家学者，应该齐心协力地去打造我们自己的文化教育、文化精品，来推动文化的发展，把我们自己的国家不但建设成为一个经济强国，也同时建设成为一个文化强国。我是河北石家庄新乐人，在我老家有一个伏羲庙，我对涿鹿三祖文化也了解不多，我回去几次以后，当地政府向我提出如何推出伏羲文化，拍成电影和电视剧难度非常大，我想拍摄成为动画片。我今天来的路上看到《冰河世纪四》，27 日到 30 日在首都剧院播出。我们今天做一个三祖文化题材的动画片，我想它的意义一定比我们现在很多孩子们看到的《喜羊羊和灰太狼》更有意义。比刚才提到的《冰河世纪》会更有依据。如果我们能够拍的在艺术上得到很多人的，至少得到我们国人，得到我们自己孩子的高度认同的时候，我想这个意义会比做其他的更大。

　　大家知道现在说体育明星和演艺界明星的私人生活都说得清清楚楚，我问过几个孩子：你们知道谁是三皇五帝吗？很多说不出来。这是我们当代人的责任，包括张所长说有了问题问老年人，我们虽然不是老年人，但是我们至少比孩子年长，我们有义务来推广我们中华文化的发展。

　　第二，活动传播和品牌塑造。我觉得作为我们这个涿鹿县，有这样好的文化资源，可以打造成为非常优秀的文化品牌，应该通过一些大型活动把我们三祖文化推广开来。从 2005 年开始，中央电视台中秋晚会我们推广策划，2009 年到河北承德开的，我想说的就是，我建议作为一个政协委员，我们给政府建言献策，我给涿鹿县建议多搞一些这样具有重大传播影响力的大型活动来推广三祖文化，这是最有意义的。

　　第三，远古文化的现代传播意义。中华文化虽然是连续的，但是经过近现代外部的冲击以及内部的变革，出现过文化断层，传承不完整，这受到了很大的挑战，全盘西化的口号不是空穴来风。对传统文化批判是我们走现代化强国之路必须面对的，但是中华文化在历史的长河中对不同外来文化的适应和迎合，并使自己进化更先进，这是最有意义的，也是我们必须管住的，要了解这种深奥的演变机制，这就需要我们从文化的源头进行梳理和分析学习。

今天我们谈三祖文化，大家知道蚩尤当时是被称为战神，他的军事力量最强，炎帝是农耕文明的继承者，而黄帝当时是最弱的，他领导的中华出现了龙图腾，历史上这样重大的有意义的事情，对我们今天，因为我刚才说了我们不是第一经济强国，更不是第一文化强国，在我们中华刚刚统一的时候就出现了以弱胜强，我们不是今天占领全世界，而是中华民族在这样现实的时候看到我们远古的文化，把自己的中华文化推广为全世界都认同的文化，我觉得是很有意义的。

我不敢说远古文化精神，因为我确实是一个外行，但是人类的精神是从人类文明形成的时候就开始的，人类学的研究对象往往是生活在远古状态的部落和族群，那样的环境才能够更直接地展示文化对人类最基本的意义。我们现在研究中华远古文明，也必须对人类文化的基础研究做出贡献，而传播是我们在座每一位传媒人不可推卸的责任。谢谢大家。

全国政协委员、中国社会科学院考古研究所研究员安家瑶在2012年"三祖文化"论坛上的发言

讨论中华三祖文化和黄帝城遗址公园的建设，我作为一个考古工作者也想提点建议。

现在提出建设黄帝城遗址公园的话，因为我这几年也做了一些考古遗址公园的工作，所以我想在这方面提一点建议。这个公园说是遗址公园，但是遗址相对来说是比较弱的。从传说神话来说是没有问题的，而且中外多次历史都证明，考古学证实了很多过去传说的东西，就是存在的。比如说在土耳其的特洛伊古城，那是希腊荷马史诗中的传说，但是通过考古学家在那经过一百多年的工作，证实了当时的希腊早期的这场战斗，也是一个很重要的旅游点。

我们在国内也是，比如说殷墟，原来都是说商代不存在，现在都没有疑问。殷墟的发掘，殷墟甲骨文的出现证实了商。我们记得这几年也做了很多工作，比如说有没有夏代，我记得我们的老所长、老院长夏鼐先生说我自己就姓夏，我何尝不希望有夏王朝。我们本身是考古工作者、考古学家，就是要以事实，以史料遗址来说话，他就觉得底气还不足，需要做很多工作。这几年夏代的考古也取得了很多的成绩，比如说二里头或者是山西的都可能是夏都，在学术界越来越得到认可。

说到我们的黄帝城遗址，相对来说还是比较薄弱。因为现在的黄帝城遗址规模是不算大，大不大再说。因为这个城级别只给定成省级文化保护单位，为什么呢？因为在那做过一些考古的调查，没有发现早的东西。现在地面上的城是一个汉代的城，大概往早推最多能推到战国，如果移到黄帝的时期还差一截。虽然说我们这些年做了一些工作，在周围发现了23个遗址点，但是这遗址点规模都比较小，而且他的考古的发掘研究基础还是相当薄弱，能不能得到学术界的承认？因为建立这种遗址公园，最关键、

最核心的东西是遗址，是文明历史的载体，而且它是不可再生的，而且是独一无二的遗址。所以我觉得在这方面希望涿鹿县能够在考古学的调查、发掘、研究上，再下大的功夫。一个遗址的发现研究，绝对不是能一蹴而就的，不是几年的工夫。河北离你们很近，今天早上你们局长还在，他做的泥河湾的遗址，人类从泥河湾走出来，两百万年。泥河湾遗址工作从新中国成立前已经做了80年的积累，而且中外科学家都不断在那做，也是做了很小一部分，得了很重要的结论，而且这个结论是站得住的，在世界上都站得住的，还能进一步来研究的。以它为依托的考古遗址公园就站得住。

比如说张家口张北县元中都遗址也是很重要的，当时等于从大都到元上都要经过中都的遗址，保存得也相当好，也做了很多考古工作，而且今年元上都的申请世界遗产，已经胜利地列入《世界遗产名录》了。元中都的进入其实就是被它铺了路子，元中都是很容易能够扩展进世界遗产，因为它有考古基础，遗址在这。

回头说黄帝城遗址，现在虽然说建立这个遗址公园，好像考古的发现还有研究的依托还是太薄弱了。虽然史学上，我们社科院历史所做了大量的研究，从所有的史料来看，这个地点应该问题不大，但是要拿出真的东西来。你要申请世界遗产的话，要看你的实际的东西，不是要多少传说的史料，这些都不足为主要的，最主要的就是遗址本身，这个方面我希望在考古的调查上、发掘研究上能下大的功夫。因为考古遗址，国家考古遗址公园是这几年新起的一个项目，而且收到了很好的社会效果。比如说第一批通过国家考古遗址公园12个，北京两个，周口店和圆明园遗址，只有这两个。河北第一批好像没有，但是有一些遗址预备在后面逐渐申请。

现在的遗址公园，如果在考古工作者来看，就更像一个主题公园，就等于我们根据史料的神话的一种主题公园，它不是真正的遗址公园。因为考古学是一个科学，也不能说没有多少再创造、再发挥的，真的是有一份材料说一份话，不管国内和国外的考古学家都是这样的。历史上记载的涿鹿是否和现在咱们县的县域是完全吻合的，还是当时的范围可能更大一些，所以河北和涿鹿县都应该在这个范围，更大地做一些考古的调查，而且考古学是一个很神奇的学科，你事先预想多少都没有用，你真的工作做到家了有时候，偶然会有很重大的发现。因为这么大的事件，这么重要的中华民族的事件在这个区域发生，而且后来这又不是一个很发达的地区，还应该保存一些很重要的遗址。谢谢大家。

全国政协委员、中国社科院民族学与人类学研究所宗教文化研究室主任何星亮在2012年"三祖文化"论坛上的发言

这一次论坛的主题具有比较高的现实意义,涿鹿是三大部落集团融合的地方。三大部落集团通过这促进了部落的融合,同时促进了文化的融合,为中华民族文化的发展奠定了基础,因此涿鹿是中华民族的发祥地之一,中华三祖文化是中华文明主要发祥地之一。追根溯源是文化进步和民族认同的重要方式,蚩尤是古代部落集团的始祖,苗族至今普遍传说蚩尤是他们的祖先,但是现在千万人把炎帝和黄帝、蚩尤并列,会更认同中华民族,有助于增强中华民族的凝聚力,有助于增强国家的认同。

从中华民族的起源来看,炎黄部落集团和蚩尤部落的各个集团,是中华民族形成的重要组成部分,建设三祖文化遗产设施,既有利于当地的文化建设,也有利于民族团结和中华民族的认同。中华三祖文化建设已经有十多年,取得了比较大的成就。我们不仅要借助历史文化遗产,发展文化产业,更要借助历史文化遗产,加强民族团结的教育,加强得到各民族的认同。我们一方面要发展文化产业,另外要大家认同三祖文化,加强民族团结的教育,这些方面提几点意见。

第一,我觉得应将三祖及其所属各个集团的互动、迁徙和融合作为三祖文化的主题。现在中央强调促进民族交流、交往、交融,这是胡锦涛主席提出的最新民族决策。为什么要强调这个东西呢?现在很多民族,改革开放以后民族意识有所增强,否定民族融合,否定历史上农耕文化。中华民族五千年的民族发展史,其实就是一个由松散到紧密,从可分到不可分,由比较松散的逐步逐步一体化的过程。中华民族的形成认为中华民族格局非常具有动力,是中国历史上五次大迁徙、大整合的过程。传说中的炎黄是夏王朝建立,是历史上第一次大迁徙、大互动、大整合的时代。炎

黄集团以中原为核心，然后进行密切的交流互动，使部分统一，随着夏王朝的建立形成华夏民族，之后得到比较高的整合和发展。通过这种历史事实的介绍，认识到各民族都是非常融合的，汉族就是大杂烩，汉族融入很多少数民族，少数民族融入汉族，各民族之间是相互融合的。我在《中国少数民族文艺史》那本书里面有详细介绍民族融合、民族迁徙的一些特征。

从历史上看，大多数民族都跟炎帝、黄帝有密切的关系，改革开放以后很多人，历史上就以炎黄子孙为荣，很多民族说是黄帝子孙，黄帝后裔。但是，现在反过来说，非要跟炎黄划清关系，原因是各民族的民族意识的影响。比如说藏族，原来说是主流的，改革开放之前的事情。改革开放之后却说藏族不是后裔，主要是藏代地区起源的，而且有一些纯粹的学术研究，有一些是带有别的目的。现在新疆也是一样的，维吾尔族是1840年迁入新疆的，当时才30万人口，现在通过让他们了解民族迁徙和民族融合，是中国历史的普遍的现象。各民族不清楚，汉族有很多少数民族血缘，20年前就强调要加强文化认同，改革开放适度。我觉得要提倡用现代的人类学，通过基因来验证藏族、维吾尔族和汉族之间的关系，事实也证明通过基因的研究，北方的汉族跟北方的少数民族基因有接近，南方的少数民族跟南方的汉族基因很接近。通过三祖文化说明民族之间互相迁徙，互相融合，互相不断的互动。

第二，强调合符，强调炎黄集团和蚩尤的结盟，建立三祖联盟。部落的特点是合符，这不仅在华夏进行融合，而且以蚩尤为主的部落，大部分先民融入汉族，小部分部落迁徙到山区，就是现在的苗族，大部分都融入汉族。

文字解说应该严谨一些，从所提供关于三祖文化的资料来看，比如说有关资料谈到成为中国民族的原点，这个原点不太合适。中华民族的奠基地，龙腾图诞生地都不太准确。看你们宣传有点跟事实不符恐怕不太合适。另外文字解说应该比较强调包容性，三祖文化不能包括概括中华56个民族，我把少数民族分成八大系统，实际上这样包容性更大一些，如果这样其他民族会有意见的，其他的突厥族认为我们不属于你三祖，藏族认为我不属于你们三祖，怎么样处理这些关系，这样包容性更大一些。由于时间关系我就讲这些，谢谢。

全国政协委员、民盟中央委员、北京市政协原副秘书长朱尔澄在2012年"三祖文化"论坛上的发言

我认为涿鹿县积极推进中华三祖文化为核心的黄帝城遗址公园建设也可以叫作主题公园建设,甚至我们也可以先作为一个文化园区的建设。我认为这个建设项目的研究和开发,是体现了我们涿鹿人基于文化自觉和自信的发展战略思考,我还是感到很兴奋和钦佩。

涿鹿县的工作非常注重学术研究为前提,认真听取其他各方意见,有着深刻的时代理解,我相信也会产生相应的现实价值作用和久远的历史影响。对于这一项工作的意义,我的理解可以这样归纳成两点,第一点我认为将会促进我们对我们民族历史的认同和文化的认同。因为黄帝城的遗址和合符的记载,是中国历史和文化的开端与雏形,这开拓了中华民族远古向更大领域,向更高文明的攀登。我认为可以用合符文明的理念概括在涿鹿发生和演变的那一个历史时刻和进程,也可以用合符文明产生生成的历史事件和条件作为推进这个历史演进的智慧力量。在我们历史和文化的认同过程中可以激发我们的民族精神和凝聚意识。

第二,我认为我们的项目的进展将会有力地促进我们的区域社会经济的共同发展,特别是促进环首都经济圈的建设。我觉得这不仅是区域,也将是一个国家的重大发展战略。因为构成首都的经济圈的周边的十几个区县,按照定位主要是以新兴产业为主导,为发展方向,所以涿鹿的这个建设方向,正是符合规划的要求。我认为对于我们这十几个区县,甚至会有更大的辐射效应,引领性的辐射效应。因此,我认为把这件事情做好,是否应该正视以下的困难,规避以下弊端。

第一,迄今为止人们对于黄帝陵以外的炎黄历史缺乏了解,包括我在内,我还曾经是中学历史老师,我都不是特别清楚。当今社会人们对一些事情很反感,就是各地在争建文明遗址,在争建名人故里冲动中造成社会

的反感。所以，我觉得更是要在工作当中进一步地扎实做好三祖文化的研究，提出恰当的宣传，要有一个很好的媒体效应、媒体素养。

第二，鉴于遗址公园建设本身的难度，还有现在我们社会对许多地方新建的仿古建筑大而无当，甚至不伦不类的通病，更要做好事情的规划、策划、设计，使我们遗址公园，还是主题公园还是文化园确实有表现历史和文化的准确性，确实有遵循文化与市场的规律性，从而能够具有汇聚人气的吸引力，这个持续太重要了。

我认为在这个地方我们是否可以坚持公祭活动，这已经是中华民族追根敬祖优秀的文化传统，在涿鹿的公祭应该有特定的含义，应该做出不同在黄帝陵的公祭内容形式，可以和北京的很多方面结合做，这个可以每年做出一些有创意的活动。

大力加强博物馆的功能建设，以本地区的出土文物为主，可以将较大范围的相同相近时期，比如说整个新石器时代末期，同时利用一些考古材料编组全面展出。凡是和黄帝有关的，说是黄帝发明的东西，这个我们怎么样在这里面全面地给予展示，以示黄帝时代奠定中国文化基本发展方向的特征，也就是来印证千古文明开涿鹿，这个博物馆才是重要的。我特别佩服小小南通市要建成全国的最好博物馆城市。我们博物馆建设恐怕是一个重头戏。

我们希望政府通过遗址公园体现教育功能，教育基地的功能特征。这个项目的建设，希望当地深入研究中小学课程的相关内容，青少年学生的学习特点，注重针对性、趣味性和体验性，做成一个与学校，与课程衔接互补的爱国主义教育、社会主义核心教育和创新教育的重要基地。我现在也在参与北京市教委得到中央首长三次批示的创新人才培养的工程，这个叫翱翔计划和雏鹰计划，在中小学中实施。我觉得如果这里有一个很好的创意园区，可以和北京市教委结合，因为北京没有这么一个地方，我觉得北京教育界肯定会重视、欢迎和愿意合作的。

精心打造专题性、多样性、系统性的文化艺术馆室。比如说霸州有一个自行车博物馆，这个自行车博物馆和自行车有什么关系，没有关系。北京人都为自行车博物馆到霸州而奇怪。我们本地本身就有一些历史文化特点，从这些文化特点出发来打造文化馆室是非常有意思的，我非常建议在这里能建一个龙文化艺术团，把龙图腾的诞生到发展历史沿革表现出来，我认为这是一个很好的地方。

建立一个有别于安阳的中国文字艺术馆，文字艺术馆是不是可以从我们陶文开始，而且也注重我们的书法艺术的演变。

因为有《黄帝内经》，我觉得是否在这里建一个中医药文化园。我特别羡慕青海西宁藏医药博物馆，他们建的那么有意思。我们中医居然没有一个博物馆，我们现在正在做一个小学读本，这是用漫画表现的。我们正在做中学读本，也是一个新题材。我们怎么样做一个小的艺术馆，很有意思。

和当地的自然风光和园林建设相结合，我希望这里能够有一个北京人特别期待的真正的生态文明园的建设。把我们原来的高山草甸、原始森林公园跟新的绿化结合，诠释我们作为中国特色社会主义文明总体布局，现在加上以及后面的生态文明建设，这里怎么样来体现生态文明？这是一个很好的小园区，一个好的呈现。

我特别希望现在讲科学与文化，把科学手段和文化内容紧密结合，用新媒体的表现形式来做一点艺术。涿鹿的故事已经成为许多动漫游戏的创作题材、故事来源。比如说美国暴雪公司开发的魔兽争霸，从玩家的人数，从同时在线人数之多是公认的，人家能够做这么一个大的网络游戏就是涿鹿的事、涿鹿的故事，我们为什么不可以超过人家呢？我也很高兴张家口河北梆子剧团做了一个河北梆子剧，有剧就好，因为我们的文化产业是内容为王，故事为王，所以我想应该在这里创作民族的、健康的，但是要特别好玩的动漫游戏影视作品和展示它和操作它、游玩它的游乐场。我特别希望北京做一次，但是我还是有遗憾，我希望在我们那里能够做一种新媒体的嘉年华，这个嘉年华是孩子们、年轻人特别愿意参与的事情，所以在这方面如果需要的话，我可以带一个团队过去，我们专门谈这个新媒体的建设问题。

关于景观设计和建筑设计，希望在基调上、风格上有一个整体性。因为黄帝城遗址公园或者说主题公园这是一个园区，这是一个时代，一定要有一个顶层设计来统领各组风格，以此能使来到此地的人们对原始古朴而伟大非凡的大时代有一种内心感受，所以说这个环境的设计也是需要很好的一个顶层专家的风格。

开发多种类、多层次的文化旅游纪念品，这是旅游产品的重要组成部分，这绝对不是说旅游收入的问题。好的文化旅游纪念品售出意味着是得到了游客衷心的文化认同和喜好，因此文化旅游纪念品是传播文化的重要载体和桥梁。我这几天在想"符"是合符文明的核心，这个符可以把基本的文化元素提炼出来做一个很好的多种材质的设计。我们这里可作为素材的很多。

希望坚持一个文化论坛，这个论坛内容可以是具体内容，也更应该坚持在文化自觉理论与实践方面的长期探索，可以是小范围，但是我也特别希望我们这么有志气的涿鹿人是否也可以考虑是一个国际论坛，来谈中国的文化自觉论。

希望建设好酒店、参观等综合服务设施，让旅游业吃住行、游购娱六大元素得到完美的体现，也可以考虑朝着北京周边的会展经济基地的方向去考虑。

中国政法大学中文系教授，中国辽金史学会副会长黄震云在2012年"三祖文化"论坛上的发言

对于黄帝城遗址的发展，首先各位都有基本印象，这个印象是具有远大的战略眼光。大家知道文化发展是国家发展战略，一般来说容易局限于自己的知识范围和地域。主办方和承办方也以黄帝文化、黄帝城作为它们的建设方向，这个和国家的发展和国家的整个文化形态格局是完全相配合的、协调的。为什么呢？我们知道陕西有黄帝陵，浙江有黄帝池，以后就有黄帝城，这样黄帝文化走中国的文化品牌，就形成一个完整的形态。那两个地方早就建好了，比如说黄帝陵老早就有，黄帝池有六朝的遗址。

第二，文化我们知道基本的东西，各个层面，各个团体都应该在一起，主要的场面上的这些文化。主办方和承办方能够抓住大家没有关注的或者说知道但是没有探究的，比如说蚩尤这样一个著名的历史人物，我觉得这是文化发展深化和深入发掘的底线，因此从这个角度来说，也反映出了品位和价值。

第三，就黄帝城遗址相关的事情，具体的我就不说了。比如说建网站或者是说宾馆，这些东西都是经济方面的，完全可以让中央企业来盖度假村，这是另外一回事。

黄帝首先创造了中国的政治体制。其次中国农业文明的完善和发展。黄帝城遗址相关的这两个问题，我想适当地展开，请大家批评。我首先讲第一个问题，就是农业文明的问题，我们知道炎帝初始给人们一个什么样的形象，是一个牛身，实际上是一个牛。我们当然可以用外国的概念来理解成它是一个图腾，中国古代没有图腾的说法，那不是图腾是什么呢？把人打扮成牛什么意思。其实这就是黄帝对于政治、体制的设计，包括行政体制的设计。黄帝的设置是两个方面，第一个是说行政系统是以云名官，都是跟云有关系的，比如说云中君，什么什么云，用这个云官，这是《史

记》里边讲的；之后以鸟名官；第三个就是尧舜以寿名官，这个体制就是黄帝创建的行政体制。

军队管理上黄帝是六世，这是什么呢？熊狼豹等，这都是以动物命名的，我们看朝鲜战场上有白虎团，这个创造就是黄帝创造的，我们有猛虎连，猛虎连就是军队的体制，合起来是中国的政治体制，这是黄帝创造的。他以云名官，以兽命军的时候，我们看狼就不是一般意义上咬人的狼了，这是指军人的体制。我们不能说古人胡说八道，是神话，是图腾的，在这一历史时期是对的，这是他政治体制的贡献。

黄帝和炎帝之争，最后天下平定，奠定了中国农业文明稳定和发展的格局。黄帝理论上来说我们都知道打败了炎帝，为什么炎帝排在前面呢？这个顺序不是乱排的，这个原因是因为炎帝他有一个姑娘生了儿子后记，从西周记录的时候就倒过来了，把炎帝放在黄帝之前，炎黄为什么炎排在前就是这么来的。这两个问题简要地向大家汇报一下，谢谢大家。

北京语言大学教授、中华文化研究所所长、中国屈原学会代会长方铭在2012年"三祖文化"论坛上的发言

把黄帝、炎帝和蚩尤三人放在一起作为中华民族的三祖，我觉得这个说法还是很有道理的。因为黄帝和炎帝，我们是炎黄子孙，但是现在蚩尤是九黎之祖，把他放在这个地方，西周有一个黎国（音），好像是蚩尤的后代。《史记》里面记载秦始皇祭祀神的时候其中有一神就是蚩尤，汉高祖革命刚开始祭祀的也有蚩尤，这个在《史记》里面《高祖本纪》里面有。也就是在秦代和汉代的时候对蚩尤这样的人，当时的领导所祭祀的，祭祀时跟黄帝或者跟炎帝放在一起祭祀，说明他是有价值的，这对我们来说是非常有意义的。黄帝在中国历史上有五帝的原因，黄帝主要是正面人物。我们对黄帝这样人的历史贡献，大家比较清楚了，特别是有教授也提到了，我们根据《史记》还有其他一些文献都提到了黄帝有封土建国，最早国家对古国的体制还有一些古代的官制，都与黄帝有关系，但是炎帝做了很多事情，他有很多意见跟黄帝意见不同，而且黄帝注意选任官员监督官员，帝国事迹里面记载一个是相，一个是将，花很多心思选择的，同时他在官员任用的时候，官员监督也提出了要求。官的要求跟今天要求差不多，你在声色、艺术、香料，住的房子都提出了不能奢侈。这里面讲人讲德，还成天，就是讲自然的问题，还讲和平。黄帝跟我们现在的文化建设内容是非常接近的，所以我觉得这个是很重要的，特别是黄帝开创了尧舜以来的大同世界、大同观念，还是尧舜的祖先，对中国大同文化影响是非常深远的。当然他还发展农业，黄帝有很多发明。刚才朱秘书长提到的，我的家乡在甘肃庆阳，那个有羲皇故里，所以《黄帝内经》写到那个地方，我们家乡把《黄帝内经》由书法家写好刻成石碑，也可以考虑在那个地方搞一个博物馆。

历史上黄帝没有问题，我们讲三祖文化炎帝，这在历史上跟黄帝发生

过战争，炎帝过去在史记里面看他好像有点不正常，但是我们知道实际上炎帝是中国古代的圣人，把炎帝看作圣人。过去讲黄帝是无道君主，中华炎黄文化研究会，原来费孝通先生当会长开了很多次会议，知道山西晋城有炎帝，宝鸡有炎帝，湖南的株洲有炎帝。实际上炎帝和黄帝一样，他经过很多地方，他的部落不断地搬迁，后代不断地搬迁，成为地名的传承过程。炎帝历史上未必是一个人，可能是一个部落，可能是很漫长的过程，而且炎帝为农业文明和商业文明都做了贡献。炎帝创建了火种天文历法系统的体系。蚩尤这个人我刚才提到了，在汉代都相似，但是蚩尤究竟怎么样，实际上《五帝本纪》里面说蚩尤最残暴，史记里面也提到蚩尤多作乱百姓，这两点看起来就有点不好了。我刚才提到了《高祖本纪》里面说四黄帝，同时蚩尤是九黎之祖，蚩尤一定有他的价值。这样我就想除了我们研究蚩尤的战争以外，还要对蚩尤的文化本身，他的意义、文化，作为三祖之一，而且历史上的确是三祖，我们要再挖掘一下，是不是对蚩尤的文化精神和当下的中华民族发展的基本认同的价值不同的地方要做一些解释。三祖文化也体现了文化建设的兼容性，蚩尤也代表了一个民族。我们在建立这个问题上，既然提出了这么考虑，特别是炎帝，炎帝我没有展开说。我们祭祀蚩尤，不能说他是战神，失败了怎么还是战神呢？他成了战神可能对文化还有其他的贡献，所以我觉得在目前要注重三祖文化的建设，特别是对黄帝和炎帝的文化发掘。我自己可能关注蚩尤，可能因为不了解，可能还有更重要的。

  同时我认为三祖文化，刚才考古专家提到了黄帝城遗址可能现在挖掘的还不够，但是我们觉得不影响，涿鹿这个地方本身有很多关于三祖文化的遗址，拿三祖文化的建设作为一个重心，同时结合三祖文化继续挖掘黄帝城遗址，在找证据。同时我还觉得即使分开做，实际上黄帝城遗址的保护也与三祖文化的保护连在一起，这虽然是两个问题，但是整个谋划可以联系在一起。我讲两个问题的时候，他是不是黄帝城，这是一个问题。另外我觉得三祖文化建设在目前情况下还是黄帝文化，的确我们看到涿鹿这个地方也具有以黄帝为中心的祭祖。

  我讲最后理论还是要以三个文化落实到精神层面，要讲德、智、体、美全面发展，这可能是最根本的了。

首都师范大学文学院、教育部人文社会科学重点研究基地教授赵敏俐在2012年"三祖文化"论坛上的发言

听到各位专家的介绍，我自己是学习了很多的东西，也是获益很多。既然来了，我也简单谈一点我自己的一些看法。首先大家都已经谈到的三祖文化的提法，我觉得这个提法还是非常重要的。因为关于三祖文化，黄帝、炎帝和蚩尤，他们三个在中国的历史上都有非常重要的意义，而且更重要的有《史记》的记载，他们确实是我们中华民族的共同的祖先，所以说是有一定的权威性，我们要把这个问题论证好应该说是非常有价值的。我觉得这个价值在我们中华文明关于同根同源问题上、中华民族精神共建方面价值远远超出一个县所承载的能力。

既然说到建立三祖文化，提出三祖文化的口号，还有黄帝城遗址公园，这是一个非常严肃的问题。从一个县里来讲，要建这样一个工作，中午吃饭的时候，县长说这个县经济并不是非常发达，已经投出好几个亿，这还是很大的数字。另外这也是非常严肃的学术问题，我觉得文化研究还是和建设统一在一起。因为三祖文化的提出，不管怎么说，提出来已经有20年左右的时间了，但要得到社会上所有老百姓的认可，恐怕还要有很长的时期。因为我们过去黄帝是中华民族的祖先，或者说炎黄文化，现在又加上蚩尤，我们的确在这方面需要有一个更多的论证，所以我谈的第一点，就是说我们文化研究开发，不能说主要把学术研究搞好再开发，但是一定要有一个学术研究作为一个基础，这个基础还是非常重要的。因为在中国《史记》当中，实际上炎黄两者记录还是以黄帝为主的，但是炎帝的材料，在先秦已经很多了，关于炎帝的一些记载，包括先秦就有炎帝的祭祀，相对来说蚩尤还是少一些。关于蚩尤的研究，这些年学术界逐渐取得的成果多一些。这三者之间的关系是非常重要的学术问题。

第二，既然是做一个文化开发，我想应该把工作做得更细致一些。现

在涿鹿县有23个遗址点，我不知道这23个遗址点之间有多大，是什么样的逻辑关系，因为我没有去过这些地方。另外就是出土文物，上午演示的片子我看了一下，那个文物有两件是一闪而过也没有看太清楚，这个出土文物和地下的考古，有关这些方面应该做得更细致，因为这才更有说服力。

第三，这个项目应该争取更多方面的支持。其实三祖文化虽然是涿鹿县在搞这个事情，但三祖文化的提出它的价值远远超出了一个涿鹿县所能承载的。如果这个提法真的改变了我们过去的史学观念，我们把过去的炎黄文化变成三祖文化，那确实是历史学和文明史研究的一个进步，非常重要的东西，我觉得这不是一个小问题。如果这样一个问题没有解决，我想包括涿鹿县真的很难把这个问题很好地支撑下去。在这个方面应该要召开很多的学术会议，另外也要得到各方支持，学术上的支持，还有政府的支持。比如说张家口市、河北省，还有要得到北京中央以及政府各个方面的支持，只有这样才能做大。因为涿鹿县是京津文化圈一个点，这个地方与京津文化圈联系起来，它的辐射力和影响力才比现在更大。作为一个县里面来说，应该在这方面做点努力，不要自己硬在这方面坚持，这是我提的一个建议。

刚才几位老师说的黄帝城的遗址公园，我看了这个题目也觉得有点问题。问题在哪儿呢？有两个题目，这两个概念之间多少有点矛盾，中华三祖文化，提到三祖文化，我们说黄帝炎帝和蚩尤，他们实际上是非常重要的，要不然为什么叫三祖文化。但是黄帝遗址公园又突出了黄帝，几位专家说黄帝遗址公园从考古学方面还很薄弱，现在只能追溯到汉代，为什么一定要叫黄帝城遗址公园，叫三祖主题公园是不是可以？

作为三祖就和中华三祖合在一起，这样三祖文化和黄帝城，这两者之间有点矛盾。我也赞成不叫遗址公园，叫主题公园，主题公园为什么好一些呢？你要强调"遗址"两个字，一定要把遗址落实，如果不能落实就有问题。你作为主题公园就可以把有关三祖文化，我们国内各地方的相关的东西都可以放在这里面进行论证，借全国的文化优势，来为涿鹿县文化旅游打造品牌，是否更好。这是我的粗浅看法，不一定对，我就说这些。

中国先秦史学会常务副会长兼秘书长宫长为在 2012 年 "三祖文化" 论坛上的发言

涿鹿县从 1995 年开始搞三祖文化到现在接近 20 年，确实扎扎实实地前进，特别是去年党的十七届六中全会以来，中央领导从贾主席到刘云山部长都亲自到场考察。包括这一次开会，我觉得在三祖文化因素上，应该说是具有里程碑的意义，今天开的会可以说是高规格、高质量、高水平的会议。来了这么多全国政协委员和常委，各民主党派都来了，我看非常好。

今天在这里我就讲两点。第一，我讲一个报告的题目：黄帝时代的政体。另一方面是黄帝文化的开发。黄帝时代的政体，我是中国先秦史学会副会长兼秘书长，我们研究秦始皇、黄帝、炎帝都归我们管，我们研究很多。今天开这个研讨会，黄帝会，前两天去河北迁安也是黄帝会，炎帝比如说宝鸡、山西高平，还有湖南炎陵等做了很多。三祖文化就是从我们开始做的，我们这些年弘扬中华民族传统文化做了很多。这一次会议从我们学会来看是很高规格的会议，我过去开了 6 届会，全国各地专家写了很多东西，我们也正在做准备变成文集，刚才各位专家也有一部分材料，如果有机会把书拿来，可能对三祖文化有更多的了解。

我下面说一下研究情况，全国来看涿鹿走在前面，做得很好。我过去写过几篇文章，因为是黄帝文化的表象特征，还有黄帝文化的关注。我今天再谈一个黄帝时代的政体。黄帝时候有没有国家，国家是什么形式。按照现在西方学者，比如说荷兰人类学者讲，这是属于早期国家初期阶段，我们根据这个理论来说，黄帝时代是什么国家，是早期国家的初始阶段就可以的。黄帝时代的政体，从目前来看根据《史记》这些书记载来看，这也是一个君主政体，我们从里面可以分几个层次。黄帝为什么产生这几个政体呢，这种国家产生的政体本身是有特点的，恩格斯写一本书谈国家起源，罗马产生贵族政体，德意志产生君主政体，而我们说炎黄是通过军事斗争结成联盟。大体上我们说黄帝这个国家，处在这个时期，中华民族一万年历史的话，黄帝是处在我们说五千年，是中国民族处在开创时期。比如说农业革命到今天一万年，我们三皇五帝，三皇是中华民族的奠定。前三千年皇帝到尧舜禹到战国之前将近三千年，这是开创时期。秦始皇统一中国到辛亥革命，这是中华民族发展时期，辛亥革命到现在一百年是转折时期，我们要明确黄帝处在历史的位置上，他是一个开创时期，在中华民族历史上做了巨大贡献，把这个概括起来一个是包容、一个是开创。黄帝精神能体现出包容性，另外还有开创性，这都没有问题的。

另外一个问题，今天我们中华三祖文化黄帝城遗址公园建设，大家都说了很多，建议都很完善，我再说也是重复。实际上是两方面，一方面是硬件建设，一方面是软件建设，软件建设就是文化宣传教育，我们造势上不够，另外还缺少出去说。今天专家来了都是政协常委，他们还有的不了解，说明宣传不够。我们这方面要拿一个系统方案，建一个论坛都很合适，建一个海峡两岸论坛，一年做一届，持续做下去。今年找一个主题开一届，明年开一届，这样比较零散不系统，我们在文化软件上好好做规划。

硬件规划，以黄帝城遗址公园为基础做一个硬件建设。刚才安教授和很多人都提到了，我们现在目前黄帝城遗址说是战国时期，这要能落实黄帝城遗址，历史学家和考古学家很难确定是。我们怎么样来做？它首先是一个文化性质，我觉得从这方面考虑规划起来。一个是硬件规划，一个是软件规划，我觉得最重要的是黄帝城遗址公园要赶快做好，通过这个会专家学者、政协常委在一起搞一个提案，向贾主席报告一下，怎么样把资金到位，我们启动起来，这是最重要的事情。

中国社会科学院民族学与人类学研究所研究员石茂明在2012年"三祖文化"论坛上的发言

我是一个学者,中国社会科学院民族研究所的学者,也是一个苗族人。因为咱们三祖文化黄帝、炎帝、蚩尤,现在苗族人普遍认同蚩尤为民族的祖先,从这个角度来说也有一定的代表意义。

我讲两点,第一,我简单地谈一下蚩尤文化在黄帝城这一系列遗址建设或者是遗址公园建设当中的地位。蚩尤文化遗产在河北涿鹿县分布广泛,非常丰富,有蚩尤泉、蚩尤寨,以及传说,这些富有历史价值和现实意义的遗址不被外界所知晓,我觉得需要加大宣传力度,增强传播的深度,使之在涿鹿县,三祖文化一系列的开发当中起到相应的作用,这一点是从文化基础的角度来分析。

蚩尤和黄帝、炎帝三角关系当中重要的一角,关键的一个方面。我们一般都会了解到这三角关系是最美丽、最稳固的,而且易产生精彩的故事,我们从这个角度来做一些工作,实际上是很容易产生一些效果的。我们知道三国演义,如果不是三个国家的演义,两个国家的话就很难产生这么多精彩纷呈而千古流传的故事。一直到现在三国演义的故事不仅没有褪色,反而借助电影电视互联网大放异彩。涉及中华始祖文化炎帝、黄帝、蚩尤,我觉得应该比三国演义具有更多历史价值的基础,从初始意义上来说都有很多东西可挖掘,应该产生更加精妙而流芳的文艺作品。比如说电影、电视或者是动漫作品,这些很值得我们去生产这方面的戏剧作品。现在中央提倡文化大发展、大繁荣,这些方面作为文化产业很值得做。

从刚才这一点来说,如果说我们在文艺创作,光是谈炎黄,可能就不如把炎帝、黄帝和蚩尤连在一起,故事会更精彩,会有很多吸引人的东西出来,这些从艺术角度来说都是有好处的。我们现在期待有这么一些比较强大的艺术作品或者是现代的网游作品能够出来,而且是希望有一些得到各民族认可的一些文艺作品出来,以前也有一些作品,可能会受到一些少数民族同胞的欢迎，因为涉及这个问题也要注意到这一点。

蚩尤是苗族人普遍认同的祖先，这不仅是苗族祖先，因为他当年生活的地方或者是战斗过的地方主要是在河北、山东、河南这一带，也是很多民族的祖先。从苗族来说，苗族现在也是将近一千万的民族，国外还有两百多万，在中国是一个前五大少数民族之一。前五个少数民族，这里面会有一定的代表性，从这个角度，炎黄三祖文化的连贯和提法，在主体民族汉族和少数民族之间就搭建了一种良性的积极的关系。我作为一个苗族研究学者，跟那么多少数民族的接触和做这些方面的研究，深切地体会到这种关系所具有的重大的现实意义。

上午李学勤教授说炎黄蚩三祖文化是一个完善和扩大，这更有包容性，思想上好像从社会关系上包容性对我们事业有很大的促进作用。当然我觉得也不用考虑很多，比如说有一些人说56个民族，你提了蚩尤是不是其他民族都要搞进来，我觉得没有必要，我们只是从涿鹿这个点来看，而不是一定要把所有民族包进去，有一些包不了。这里曾经就发生过三祖的故事，这里黄帝代表的当年缔造的合符釜山，具有中华民族初创的政权形式，在这里面具有代表性，你不能一个提法所有都包括，这个方面不要太忌讳这些质疑，把涿鹿本身文化提出来坚持住做好就行了。我们国家非常强调民族团结，各民族维护祖国统一的政策，这个蚩尤在三祖文化当中具有一种特别的意义。

第二，关于怎么做。其实也就是说自己的一些想法。因为我接触到三祖文化也有18年了，我接触也比较早，1995年就接触了。这里面从现在国家提出的文化产业的角度来说，文化做得多，产业做得比较弱，好多时候定位也不是非常明晰。我们到底是要做一个政治的项目、政策的项目，还是要做一个商业的项目不是非常明确。如果说我们要做一个商业的项目，那我们就是要加大招商引资，加大商业的运作。我们要做一个政绩的项目，搞一个爱国主义基地，就是要强调政治这个角度，这个定位要明确。不是说这个政治和商业是冲突的，而是什么东西为主的，一定要定位明确，否则我们做这个工作的时候可能摇摆不定，会影响我们工作的方向。

怎么做呢？涿鹿可以借力京城和首都，在京津冀经济圈当中具有很好的地理位置，还可以借助海外的认同，对中华民族的认同。

我觉得要借助互联网，我们三祖文化搞了这么多年，对互联网认同不够的，现在互联网对人们生活影响越来越大，我们在网上可以随时祭祀黄帝、炎帝、蚩尤，这样不会局限在某一个时间，某一个地点，对传播我们涿鹿县三祖文化的工作，对我们宣传涿鹿的事业都会有很好的意义。

我们做这些工作要步步为营、步步走实。时间关系我就不再详细说了。

最后我祝愿中华三祖文化在中国大地深入人心、家喻户晓，祝愿黄帝城遗址公园或者叫文化主题公园早日建成完善，并为中华民族的团结凝聚，也为地方经济社会的发展起到推进作用，谢谢大家。

中国社会科学院历史研究所研究员罗琨在2012年"三祖文化"论坛上的发言

我选择了一个题目叫三祖文化包容机制。既然讲三祖文化，三祖文化是什么，定位是什么。我觉得从严格的科学意义来说，炎黄文化就概括了三祖文化，早在20世纪40年代中国古史的传说，已经通过对我国古史传说时代的系统整理，仔细查出，研究考证，提出了华夏、彝蛮和中国人三个主要来源，这对于古代文化确有贡献，他们中间的交融相当频繁，相互错综，从而完全同化。蚩尤正是一位重要代表人物，所以狭义炎黄文化是传说中三黄时代最后一个阶段，这就涉及黄帝和炎黄的问题。实际上炎黄和黄炎是两个概念，这是由于战国时对古史传说的整理，而且把他们进行合户。黄炎，之后和蚩尤是开起历史大幕的三个代表人物，三祖文化和五帝文化应该是一致的。既然这样说，是不是提出三祖文化没有意义呢？我觉得完全不是这样，提出了三祖文化还是很有意义的，为什么呢？因为第一黄帝是五帝时代的一个重要代表人物，这个我们可以有文献的支持，也有考古学的支持，文献上至少有十来条，考古学材料很多，我就不一一介绍了。

这是真正的历史，在涿鹿之战以后，无论是文献记载还是考古学资料都说明了在涿鹿之战后没有形成以黄帝为首的华夏集团和东夷集团的统治，而是两集团共同融为华夏族的核心，这就是历史。由于各种原因，两千年来我们总是自认为是华夏，而不知道古代除华夏以外还有其他两个源头，一直长期以来存在着把蚩尤妖魔化的倾向，不和谐之音在现代社会还是有出现，这是不利于民族团结和社会发展的。前几年经常有相关的，比如说电影、剧本，文学这些东西让我去参加提意见，我所有的意见，我反复地讲，不能把蚩尤妖魔化，这不是历史，确实有这种倾向。

当然这也很难说，刚才有人讲，咱们关于黄帝时代文艺作品太少了，是太少了，我也跟他们说，这太难了，为什么呢？因为在那个时代，在史前时代整个的价值取向、价值观什么都不一样，和现在都不一样，虽然有很大的想象空间，我看到很多文艺作品，就是拿穿着古代衣服，借着黄帝和炎帝的嘴来说，那是完全行不通的。我觉得要真正地写好这一段，宣传好这一段的文艺作品，我们还要多多地宣传那个时代。其实那个时代是有很多可以借鉴的东西。蚩尤在社会上还是没有很好的正确认识，所以强调蚩尤是三祖之一是有意义的。

第二，在涿鹿强调三祖文化是有根据的。河北涿鹿存在很多炎黄时代的古史传说，而且固化在山山水水和村寨的地名中，这种在祖国大地并不显见，但是在涿鹿有特别的特点，涿鹿地名最早发现在炎帝、黄帝、蚩尤的大战。这一篇古文献还记录西周初成王讲了这个故事以后，还总结天下大成至今无乱，这是说明涿鹿之战之后建立了新秩序。在碰撞中迸发出火花，出现以血缘为纽带的社会机体，之后为地缘和国家的形成奠定基础，涿鹿在张家口地区，正是古代中原文化和北方文化交汇的三岔口，这是苏秉琦先生反复讲的，考古学文化告诉我们至今五六千年间河西走廊燕山以北的红山文化，他们在向外延伸的过程中，在河北省的西北部相遇碰撞融合导致了新的飞跃。这一段考古研究的新成果，对我们有什么启示呢？他启示我们长久流传的，作为一个里程碑的涿鹿大战，代表了部落集团之间的相征相亲，是更大范围内不同文化之间的撞击，为更大范围的文化交流和融合开辟道路。所以蚩尤他所代表的已经不仅仅是东夷集团，他代表人类前进道路上不断融入新的血液，在更大范围形成你中有我，我中有你的新群体，这就是中华民族富有凝聚力和包容性的基础。

第三，我们现在讲三祖文化还是有现实意义的。目前提出的北京精神，包容和厚德，这两种是关联的。君子以厚德载物，意思是说应该效仿我们大地母亲，要厚重自己，而且能够承载万物，只有不断地发展自己的德性才能承担重担。我们传统问题强调有容乃大，我觉得《尚书·君臣篇》，就是有容乃大，要厚要不断充实自己，要有包容精神，有宽容，在古代作为帝王之道提出来的，我们现在屹立于世界民族之林，所以要吸收融汇人类文明中一切进步因素和科学成果。所以我们今天讲包容、厚德的意义，要宣扬三祖文化就要提醒人们，我们祖先就是这么走过来的，所以我觉得包容精神应该是三祖文化宣传的一个重点。

我们现在是立足涿鹿、张家口地区和河北，但是我们还是要胸怀全国，要站得更高一些，看得更远一些。今天有同志就提出了合符，我觉得这是好主意，我们怎么样站得更高一点怎么样处理好这些关系来更好地宣传三祖文化。

我觉得以后怎么样做，今天一天好多人提了好多意见，觉得要造势等，我觉得这些意见很好，但是还要把握度，真理向前迈步，再往前一步就成谬误了。我们一些提法，比如说不要过量阐述，过量就会有问题。的确是这样，毕竟关于黄帝和炎帝是古史传说。以后怎么办呢？我觉得可以学习一下诸病源，他也是在金三角，我们这也是一个三岔口，怎么做可以看看他们的材料，他们那么厚一本，谢谢大家。

首都旅游集团研究院首席研究员
李庚在2012年"三祖文化"论坛上的发言

我有两个判断,第一个是站在今天如何看中华民族核心价值观里面一个什么标志,用什么来做,来代表。我感觉古史所记载的诸多事件当中,史记上五千年,在五千年的刹那,大体上就是几个字,三祖,三个部族两战,打了涿鹿和阪泉,打了合符。这个观点产生在2006年中央领导请14位各行业专家到中南海做客时确定中国遗产日和传统节日的时候。我在里面专门提交了一个方案,表达了这个。首年元年在哪儿发生的?选什么?我觉得是合符和以釜山为主的事。如果两战还是融合的过程,这个结果是我们长期忽略的,就是司马迁先生在说了合符釜山邑于涿鹿。中华民族立足,中华古国开国大典的意义。我在中南海汇报的时候,特别地说,假如我们现在塑造一个形象,中华民族的形象,已经把孟姜女哭长城变成了万里长城。假如我们在时空点上建立一个坐标,谁是中华民族的元年,元地元点在哪里?无疑是涿鹿,我们可能还有很多具体的,但是象征性我觉得非常重要,所以我个人感觉,因为我参与这个过程。我之前叫始祖,后来叫三祖,这都是为了响亮,我觉得要减少阻力,让大家多认同,要多用司马迁的话。大家谈的包括今天的没有多大分歧,是说技术路线怎么样走到前台,走到国家前面,这是今天会议非常重要的成功,就是共识有了,实质有判断的,三祖以至于更多的祖,更多的民族进入中华民族的原创民族,没有争议,是我们用什么词进行表述更准确,更走入当代的政治,走入中南海能听明白的事,这是一个很现实的,这是合符,我似乎感觉更是重要的一个事。

第二,中华民族到了今天选择谁作为时空点,我觉得以涿鹿为代表的应该是一个优选的,首位的首善之区,它既是立都、建国,当然是上古中华时期的,创立政治制度。刚才很多教授有很精彩的阐述,就是中华的智慧五千年到今天的,统战的思想其实也是从这里起来的,以弱胜强统战的思想，从黄帝到毛泽东，这是一脉相承的，也是中华民族五千年不衰的一个过程。贾庆林同志和我说，李教授你说这几大族，为什么别人中断了，而中华民族没有衰亡、没有断。我说有几个支撑点，其中有一个在涿鹿，在釜山合符大誓盟是非常重要的。他让我写这样的书，我以后系统地阐述。

第三，今天这个会得什么结论或者说这个或县市省，都很重视，又在这么高规格的会议室开会，我个人感觉分成两条线。第一条线继续完善原来的中华三祖文化和黄帝城遗址这个事，但是今天专家已经明确了，这不是短期的事，三祖还要有宣传、争论、结合的过程。遗址你得证明是遗址，这里有一个证明自身的过程，看来比较慢，这个事我建议再下大力气，做一个远的活持续抓。

其次我建议现在怎么样围绕落实贾庆林主席、刘云山部长考察这个事，先请他们几个领导做一个什么事，要钱你得把案子拿出来，证明领导批示的，你申请的，你有国家意义，所以我觉得这个现在优先做。这个技术线路在哪儿呢？我个人感觉是不是能够简单一点，减少分歧，简单在哪儿呢？我觉得能够简单在中华民族的认同，就是十八大以后提出的大的文化观点，叫文化力的支点，我们涿鹿这个项目要成为中华文化力的支点项目，要成为国家乃至更高的，新领导集体认定当代价值观的一个象征项目，所以易粗不易细，求同存异。同存在就是和，上午也有专家说就是和合，就是合符，因为你讲合符相对少，因为是司马迁两千多年前策划的，至于别的都可以从容有机会做，我们县市省要拿出实力来迅速形成领导很好批下来的方案，当然包括了我们刚才给到的博物馆的一些想法，但是我觉得要把要求领导支持我们什么，变成我们涿鹿为中华民族存留这样高等级的文化凝聚力的象征性的东西由我们担当些什么，在近期可能做成什么事。下面我再去学习，再向各位学习，谢谢。

国家文物局政策法规司政策研究处副调研员王汉卫在2012年"三祖文化"论坛上的发言

今天听了各位专家和前辈的发言很受启发,就这一点来说今天来的目的99%都已经达到了。我觉得咱们涿鹿县围绕着中华三祖文化来打造一个黄帝城遗址公园,这个事不光是对咱们涿鹿县、张家口市,而且对河北省,甚至对中国的文化建设、文化遗产保护,还有传承咱们中华民族优秀传统文化都是一个很有意义的事。

说到传承优秀传统文化,我向各位领导汇报一件事,前不久7月10日全国文物工作会议在北京召开,这个会议非常重要。说它重要,为什么重要呢?因为这是从2002年以来,第一次召开全国性的文物工作会议,中央政治局常委李长春同志,政治局委员、国务委员刘延东同志,人大罗永湘副委员长,政协郑万通副主席都亲切会见与会代表。李长春同志发表了讲话,他在讲话中特别强调了全国政协在文物事业发展过程中,不可替代的推动作用,特别强调这个。在他发言结束之后又一次强调全国政协提案、调研报告,发挥了很大的作用。

这一次会议提出了很多比较新的提法,比如说提出了通过文物保护利用传承发展来建设文化遗产强国的目标,这个应该说是在咱们正式的会议上是第一次提出来这么一个目标,非常振奋人心。在一些具体政策方面有是比较新的,比如说强调文物是国家重要的战略资源、基础资源。以前强调保护比较多,这一次会议上对文物的利用、文化挖掘方面强调比较多的。

这一次会议上提出来一些政策,我们三祖文化和遗址公园应该吸收这些政策。现在党和国家越来越重视文物工作,文物工作在经济社会发展中地位越来越重要了。我们文物局总结了四个密不可分,第一个与国家领土完整和族权密不可分,包括现在南海水下文物保护,大家知道黄岩岛这个事,水下文物是一个铁证,还是发挥了比较独特的作用。与社会民主团结和社会稳定密不可分，像新疆、西藏这些地方文化遗产保护，还是得到当地人民的一致关注。与提高国家软实力密不可分，我们三祖文化和黄帝城遗址公园起码占了两条。

文物除了这些社会价值以外，随着与旅游各方面产业结合发挥的经济作用也是越来越大。从2008年开始我们国家文物局跟国务院发展研究中心搞了一个文化遗产事业发展报告蓝皮书，这里面有比较权威的数据，就是说文物事业跟投入产出比是一比八，投入一块钱可以产出八块钱，这个投入产出率是比较高的。

各位专家也都说了三祖文化，都讲得很全面了，因为我也是了解得不多，我觉得涿鹿除了三祖文化这一块是一个主线，县里面提出来以这个为主线。据我了解还包括黄帝古遗址23处都是很好的文化遗产，而且这些东西在全国是绝无仅有的。涿鹿还有一些名人文化，比如说郦道元，这也是涿鹿的一个很重要发掘文化的线索。比如说黄羊山古寺都是很宝贵的财富。在中华三祖文化和黄帝城遗址公园建设中，我个人有几点不成熟的想法。

第一，还是要继续深入挖掘文物资源，加强文物保护工作，这是做好文物利用的一个前提。把这些珍贵的文物保护好。

第二，加强顶层设计，通俗地说就是搞好规划，立足长远。

第三，要树立品牌意识，专家也提到了品牌，通过申报各级文物保护单位，还有一些非物质文化遗产来打响涿鹿文化品牌。

第四，树立项目意识。在现在文化大发展、大繁荣的背景下，我们还是要制定一些比较切实可行的项目规划，争取国家各方面对涿鹿的政策和经费支持。比如说文化园区，比如说博物馆，专家也提到了这个博物馆。

第五，加强宣传，这一块宣传也是很重要的。

我相信通过各方面的努力，特别是在全国政协的指导下，咱们三祖文化和黄帝城遗址公园建设一定会取得重大成绩，说得不对请各位领导和专家批评指正，谢谢大家。

全国政协教科文卫体委员会副主任江绍高在2012年"三祖文化"论坛上的总结发言

本次论坛得到了国家省市级各级领导的高度重视和大力支持,全国政协副主席、中国文联主席孙家正在百忙之中亲临论坛现场,深入了解涿鹿三祖文化和黄帝城遗址公园建设情况,对论坛的召开给予充分肯定,全国政协教科文卫体委员会副主任张耕,河北省政协副主席,张家口市委书记等各级领导同志发表了热情洋溢的讲话,给予了中肯的建议,提出了殷切的希望。李学勤、叶小文、陈漱渝、李庚等22位委员专家学者围绕中华三祖文化,合符文化的核心理念,从不同的角度探讨了中华三祖文化的历史价值与时代精神,深入地研讨了黄帝城遗址公园建设的必要性和可行性。与会的委员、专家学者充分地肯定了中华三祖文化在中华文明史上的历史地位与重大意义,并认为黄帝城遗址公园的建设是三祖文化挖掘保护和弘扬的重中之重,主要形成了以下共识:

一、涿鹿是中华文明的发祥地,是龙图腾的诞生地,是中华儿女寻根拜祖的圣地,涿鹿以及周围地区是我国古代人类文化的重要舞台,是红山文化、龙山文化、仰韶文化的交汇处,是草原文明与中原文明的交叉口,在涿鹿发生的涿鹿之战,合符釜山、定都涿鹿等众多的历史事件,是民族生存和融合的催化剂,奠定了中华民族的根本,《史记》记载、考古发现、遗址遗存,民间传说等多个领域都已经得到了充分的证明,由此可见涿鹿就是中华文明的重要发祥地、龙图腾的诞生地、中华儿女寻根拜祖的圣地。

二、三祖文化是中华民族悠久历史文化的根本所在。中华三祖文化跨越五千年时空,把炎帝、黄帝、蚩尤一起定为中国文人始祖,与各民族同根共祖为价值观,形成了祖根文化,以团结和谐、统一为基本理念,弘扬和合精神和当代社会所倡导的和谐文化一脉相承,以国家初创为标志,其体现的创新精神是中华文明绵延不断、中华民族生生不息的动力所在。由此可见中华三祖文化是中华民族悠久历史文化的根本所在。

三、建设黄帝城遗址公园是弘扬中华三祖文化最佳途径。黄帝城作为中华民族第一都城，其特殊的历史地位和原始度、丰厚度，历史文化风貌的完整度，值得继续挖掘研究，围绕黄帝城遗址遗迹，建设遗址公园既是保护优秀文化地产，又是利用遗址的价值启蒙教育，增强中国源头文化对现代文明发展进程的促进作用，这十分必要，完全可行。

由此可以说建设黄帝城遗址公园是弘扬中华三祖文化的最佳途径，与会专家学者深入研究探讨推进遗址公园建设的思路、方法和路径，对黄帝城遗址公园保护性开发和加快中华三祖文化开发提出一系列科学性、前瞻性、可行性建议。

第一，黄帝城遗址公园开发，要严格按照文化产业开发的内在要求和规律进行建设。黄帝城遗址公园的规划必须有国家级设计单位进行论证、规划，并通过专家论证会后方可实施，真正做到保护开发并重，科学有序推进，要按照国家级专家学者制定出的黄帝城整体规划和控制性详规，分层次地拿出核心文化产业开发区、控制性开发区和文化产业开发区的开发规划，在核心文化产业开发区中划出黄帝城遗址公园合理开发保护范围，作为重点文化项目区域进行建设。

第二，黄帝城遗址公园建设前要采取相应的抢救性的保护措施，鉴于特殊的历史地位和遍布的地下古文化遗址遗迹，其历史环境和整体风貌，与会专家说应重视和加强本地区的考古工作，否则一旦毁去再来弥补将有愧于子孙后代。

中华三祖文化特征符合国家级非物质文化遗产规定要求，也应成为国家非物质文化遗产，目的是将黄帝城遗址更好地保护起来，更有效地推动黄帝城遗址公园建设进入实质性的操作阶段。

第三，动员各方面的力量，推动黄帝城遗址公园建设，涿鹿三祖文化遗址遗迹众多，开发的价值极大，在涿鹿县域开发资金匮乏，保护和开发技术手段落后，不具备独立建设能力，因此应该有国家相关部委牵头，协调黄帝城遗址公园建设事宜，设立文化基金会，广开融资渠道，团结海内外专家募集资金，加快建设步伐，推动中华三祖文化的开发建设。

后　记

　　在中国社会科学院历史研究所和中国先秦史学会的关心、支持下，经过四年多的艰苦努力，汇集弘扬三祖文化二十年来主要领导题词题字、活动照片、专家言论、研究成果的《三祖文化论坛汇编》一书，今天终于和大家见面了，这是国内外专家学者辛勤汗水和智慧的结晶，也是涿鹿县弘扬三祖文化二十年来主要工作的具体体现。是目前国内外唯一一部全面阐述和研究三祖文化的书籍。

　　本书的编辑出版从2012年年底开始策划，主要对涿鹿县20世纪90年代以来历届三祖文化论坛论文和照片进行汇编。我们从中筛选了上千张照片，搜集了1995年以来所有的论坛论文，终于形成了今天我们看到的《三祖文化论坛汇编》。《论坛汇编》所选论文及照片时限是从1993年至2012年，入编七届论坛（研讨会）的论文以及照片。本书内容由六个部分组成，一是遗址遗迹及景点照片；二是领导和专家对三祖文化的题词题字；三是各级领导视察三祖文化照片；四是历届三祖文化论坛照片；五是三祖文化活动照片；六是历届三祖文化论坛论文，共收录照片200多张，论文及领导讲话近百余篇，其中论坛论文部分近30万字。为了保证本书的全面真实完整性，我们在完成初稿后，请涿鹿中华三祖文化研究会会长任昌华先生多次审阅修改，最后由中国社会科学院历史研究所研究员、中国先秦史学会副会长兼秘书长宫长为先生审阅定稿并为本书作序。国学大师、著名历史学家李学勤先生在百忙中为本书题写了书名。在此，我们向所有为本书编纂出版付出辛勤劳动和给予关心、支持的领导、专家及各界朋友表示衷心的感谢！

　　由于编者水平所限，加之时间紧迫，年代跨度长，资料档案保存短缺，本书难免有纰漏之处。有些论文口语化强，高古深奥，虽经尽力订正，亦恐还有错误存在，敬希指正和谅解。

编　者

2015年12月1日